КНИГА ЗОАР

с комментарием «Сулам»

Глава Ваишлах

Глава Ваешев

Глава Микец

Глава Ваигаш

Под редакцией проф. М. Лайтмана

Под редакцией проф. М. Лайтмана
Книга Зоар, Ваишлах
Laitman Kabbalah Publishers, 2016. – 400 с.
Напечатано в Израиле.

Edited by Prof. M. Laitman
The Book of Zohar, Vaishlach
Laitman Kabbalah Publishers, 2016. – 400 pages.

До середины двадцатого века понять или просто прочесть книгу Зоар могли лишь единицы. И это не случайно – ведь эта древняя книга была изначально предназначена для нашего поколения.

В середине прошлого века, величайший каббалист 20-го столетия Йегуда Ашлаг (Бааль Сулам) проделал колоссальную работу. Он написал комментарий «Сулам» (лестница) и одно-временно перевел арамейский язык Зоара на иврит.

Но сегодня наш современник разительно отличается от человека прошлого века. Институт ARI под руководством профессора М. Лайтмана, желая облегчить восприятие книги современному русскоязычному читателю, провел грандиозную работу – впервые вся Книга Зоар была обработана и переведена на русский язык в соответствии с правилами современной орфографии.

Copyright © 2016 by Laitman Kabbalah Publishers
1057 Steeles Avenue West, Suite 532
Toronto, ON M2R 3X1, Canada
All rights reserved

Содержание

ГЛАВА ВАИШЛАХ

И послал Яаков ангелов 8
С Лаваном жил я 14
Молитвы праведников 21
И остался Яаков один 31
И боролся некто с ним 34
Отпусти меня, ибо взошла заря 36
Бедренное сухожилие 39
И поклонился до земли 46
И обнял его, и пал на шею его 48
Пусть же пойдет господин мой впереди раба своего 50
И построил себе дом 52
Не паши на быке и осле 65
Устраните чужих богов 69
И он построил там жертвенник 72
И поднялся над ним Всесильный 73
Яаков – Исраэль 74
Всякое начало трудно 76
Если ты оказался слабым в день бедствия 79
И было при исходе души ее 84
И поставил Яаков памятник 85
И пошел Реувен – и было сынов Яакова двенадцать 86
Кто она, поднимающаяся из пустыни 92
Родословная Эсава 96
И вот цари 97
Яаков, Исраэль и Йешурун 104
Не бойся, червь Яаков 107
Полночь и утренняя молитва 109
Нашёл духов в пустыне 115
Возблагодарю Творца всем сердцем своим 118
Ты укрытие мне 122

ГЛАВА ВАЕШЕВ

И поселился Яаков…………………………………………128
Вот потомство Яакова …………………………………135
По делам человека платит ему……………………138
Но к завесе нельзя ему подходить …………………144
Вот, прозреет раб Мой ……………………………………149
А Исраэль любил Йосефа ………………………………162
И приснился Йосефу сон ………………………………167
И пошли братья его пасти ……………………………171
Отстроенный Йерушалаим ……………………………172
И нашел его человек ………………………………………174
Братьев моих ищу я ………………………………………176
Гнев бывает разный ………………………………………177
А яма эта пуста, нет в ней воды …………………184
Цион и Йерушалаим ………………………………………191
И нарек ему имя Эр ………………………………………194
Войди к жене брата своего и женись на ней ………196
Но было злом в глазах Творца ………………………204
И сняла она свои вдовьи одежды …………………207
Йосеф же был низведен в Египет …………………209
И был Творец с Йосефом ………………………………212
И возвела жена господина его глаза свои……………214
И было так, что обращалась она к Йосефу изо дня в день ……217
Согрешили виночерпий царя египетского и пекарь………223
Пусть твой дух будет на мне вдвойне ……………228
Сердце чистое сотвори для меня, Всесильный ……………236

ГЛАВА МИКЕЦ

Положил конец тьме …………………………………242
И было по окончании ……………………………………247
И встревожился дух его………………………………253
И спешно вывел его из ямы …………………………255
Затем, что Всесильный возвестил тебе все это………265
И увидел Яаков, что есть хлеб в Египте………………273

А Йосеф – правитель 282
И узнал Йосеф братьев своих 285
И вспомнил Йосеф сны 289
И взял он их под стражу 298
И взял он от них Шимона 300
И устрашились те люди, что введены в дом Йосефа 307
И увидел Биньямина 311
Утром на рассвете 316
И у Йосефа родились до наступления голодного года 320

ГЛАВА ВАИГАШ

И подошел к нему Йегуда 336
Нефеш, руах, нешама 341
Ибо вот цари сошлись 345
Прекрасен вид 348
Шестьдесят дыханий 349
И будешь есть и насытишься, и благословишь 359
И не мог Йосеф удержаться 365
Почему ты причинил зло 370
И пал он на шею Биньямину, брату своему, и плакал 375
И услышана была молва в доме Фараона 377
Возьмите себе повозки для детей ваших 382
И запряг Йосеф свою колесницу 391

Глава Ваишлах

И послал Яаков ангелов

1) «И послал Яаков ангелов пред собою к Эсаву, брату своему, на землю Сеира, в поле Эдома»[1]. Сказал рабби Йегуда: «Ибо ангелам Своим велит охранять тебя»[2]. В час, когда человек приходит в мир, тут же вместе с ним является злое начало, которое всегда его обвиняет.

Сказано: «У входа грех лежит»[3]. Что значит «грех лежит»? Это злое начало. «У входа» означает – у «входа» в чрево, т.е. сразу с рождением человека.

2) Давид называл злое начало грехом, как сказано: «Грех мой всегда предо мною»[4], потому что каждый день оно подталкивает человека грешить перед своим Господином. И это злое начало с самого рождения человека уже не оставляет его никогда. А доброе начало является к человеку с того дня, когда он приходит очиститься.

3) А когда человек приходит очиститься? В час, когда ему исполнилось тринадцать лет, соединяется человек с обоими, одно – справа, а другое – слева: доброе начало – справа, а злое начало – слева. И эти двое – настоящие ангелы-хранители его, и они всегда находятся с человеком.

4) Приходит человек очиститься, его злое начало повинуется ему, и правая сторона властвует над левой, и оба они, доброе и злое начало, объединяются, чтобы охранять человека на всех путях его, которыми он идет. Как сказано: «Ибо ангелам велит охранять тебя на всех путях твоих»[2].

5) Творец послал с Яаковом станы ангелов-хранителей, так как он пришел в совершенстве, вместе с высшими коленами, и все они пребывали в подобающем совершенстве. Как сказано: «И Яаков пошел путем своим, и встретили его ангелы

---

[1] Тора, Берешит, 32:4. «И послал Яаков ангелов пред собою к Эсаву, брату своему, на землю Сеира, в поле Эдома».
[2] Писания, Псалмы, 91:11. «Ибо ангелам велит охранять тебя на всех путях твоих».
[3] Тора, Берешит, 4:7. «Ведь если исправишься, прощен будешь, а если не исправишься, у входа грех лежит, и к тебе его влечение, – но ты властвуй над ним!»
[4] Писания, Псалмы, 51:5. «Ибо преступления свои знаю я и грех мой всегда предо мной».

Всесильного»⁵. А здесь, когда он спасся от Лавана и отделился от него, соединилась с ним Шхина, и станы святых ангелов явились, чтобы окружать его, тогда: «И сказал Яаков, увидев их: "Стан Всесильного это"»⁶, и от этих ангелов он послал к Эсаву. И об этом сказано: «И послал Яаков ангелов»¹ – конечно же, это были настоящие ангелы.

6) «Стоит станом ангел Творца вокруг боящихся Его и спасает их»⁷. И сказано: «Ибо ангелам велит охранять тебя»². Многим ангелам. «Ангелам велит» – т.е. ангелам, как обычно, а «ангел Творца вокруг» – это Шхина. Как сказано: «И явился ему ангел Творца в пламени огня из куста терновника»⁸. И потому: «Стоит станом ангел Творца вокруг боящихся Его», окружая их со всех сторон, чтобы спасти их. И когда Шхина пребывает внутри человека, то и все святые воинства оказываются там.

7) В час, когда царь Давид спасся от Ахиша, царя Гата, сказал он это: «Стоит станом ангел Творца вокруг боящихся Его и спасает их»⁷, потому что Шхина окутала его, и он спасся от Ахиша и от народа его, и от всех атаковавших его. Сказано: «И притворился пред ними безумным, и непристойно вел себя при них»⁹. Надо было сказать: «Безумствовал при них», как сказано: «Что вы привели этого, чтобы он безумствовал предо мною?»⁹

8) Но это указывает на то, что сказал Давид вначале: «Ибо позавидовал я непристойным»¹⁰. Сказал ему Творец: «В самом деле, ты все еще нуждаешься в этом?» Когда пришел в дом

---

⁵ Тора, Берешит, 32:2.

⁶ Тора, Берешит, 32:3. «И сказал Яаков, увидев их: "Стан Всесильного это". И нарек он имя месту тому Маханаим».

⁷ Писания, Псалмы, 34:8. «Стоит станом ангел Творца вокруг боящихся Его и спасает их».

⁸ Тора, Шмот, 3:2. «И явился ему ангел Творца в пламени огня из куста терновника. И увидел он, что терновник горит огнем, но не сгорает».

⁹ Пророки, Шмуэль 1, 21:12-16. «И сказали Ахишу слуги его: "Ведь это Давид, царь страны! Это ему пели в хороводах и говорили, что поразил Шаул тысячи свои, а Давид – десятки тысяч свои!" И принял Давид слова эти в сердце свое, и весьма убоялся Ахиша, царя Гата. И притворился пред ними безумным, и непристойно вел себя при них, и чертил на дверях ворот, и пускал слюну по бороде своей. И сказал Ахиш рабам своим: "Вы же видите человека безумствующего, зачем же привели вы его ко мне? Не хватает мне безумных, что вы привели этого, чтобы он безумствовал предо мною? Разве может этот входить в мой дом?"»

¹⁰ Писания, Псалмы, 73:3. «Ибо позавидовал я непристойным, увидев благоденствие нечестивых».

Ахиша, и атаковали его, сказано: «И непристойно вел себя при них»⁹, – т.е. как те непристойные, которым он позавидовал вначале, сказав: «Ибо позавидовал я непристойным»¹⁰. И тогда явилась Шхина, и пребывала вокруг Давида.

9) Но ведь Шхина пребывает только в своих владениях, т.е. на земле святости, – почему же Шхина пребывала с ним в Гате, находящемся за пределами этой земли? И на самом деле, она не пребывает за пределами этой земли, чтобы не могли питаться ее изобилием, но для того чтобы спасти, она пребывает и за пределами святой земли. И здесь, когда Яаков ушел из дома Лавана, все станы святости окружили его, и он не остался один.

10) Если так, то почему сказано: «И остался Яаков один»¹¹, а где же были все эти станы ангелов, которые окружали его и шли вместе с ним? Случилось же это потому, что он подверг себя опасности, оставшись один ночью, хотя явно видел эту опасность. А поскольку они пришли охранять его лишь от невидимой глазу опасности, то покинули его. И тогда, прежде чем подверг себя опасности, сказал: «Мал я против всех милостей и всей истины, что содеял Ты с рабом Твоим»¹². И это те станы святых ангелов, которые окружали его, а сейчас отделились от него из-за того, что подверг себя очевидной опасности.

11) Ангелы покинули его, чтобы оставить одного с покровителем Эсава, который явился к нему по высшему позволению. А эти ангелы двинулись, чтобы вознести песнь, ведь в этот час настало их время вознести песнь пред Творцом.

По двум причинам покинули его ангелы:
1. С целью оставить его наедине с этим ангелом, чтобы боролся с ним.
2. Поскольку пришло их время вознести песнь, и после этого они вернулись к нему.

И это, как сказано: «Мал я против всех милостей.., а ныне стал я двумя станами»¹². Шхина и весь дом его были одним станом, как сказано: «Стан Всесильного это»⁶. Почему же сказано:

---
¹¹ Тора, Берешит, 32:25. «И остался Яаков один. И боролся некто с ним, до восхода зари».
¹² Тора, Берешит, 32:11. «Мал я против всех милостей и всей истины, что содеял Ты с рабом Твоим; ибо с посохом моим перешел я этот Ярден, а ныне стал я двумя станами».

«Двумя станами»? Для того чтобы показать, что он был совершенен со всех сторон, в двух частях, т.е. белой и красной, и это хасадим и Хохма, справа и слева, поэтому говорит он: «Двумя станами».

12) В ту ночь установилась власть стороны Эсава, т.е. левой стороны без правой. И это в тот час, когда сказано: «Да будут светила на своде небесном»[13]. Слово «светила (меорот מְאֹרֹת)» написано без «вав ו», и это в четвертую ночь, когда невозможно свечение из-за отсутствия хасадим.[14] Поэтому: «И остался Яаков один»[11]. И Яаков, т.е. солнце, Зеир Анпин, остался один, без Нуквы, потому что луна, т.е. Нуква, укрылась от солнца. И, кроме того, защита со стороны Творца не была снята с Яакова полностью, и поэтому (ангел) не смог одолеть его, как сказано: «И увидел он, что не может одолеть его»[15].

13) Почему тот не смог одолеть его? Посмотрел ангел направо от Яакова и увидел Авраама, совершенство правой линии, посмотрел налево от Яакова и увидел Ицхака, совершенство левой линии, посмотрел на тело Яакова и увидел, что оно включает в себя как правую сторону, так и левую, и это совершенство средней линии. А у ситры ахра нет удержания в месте совершенства, но лишь в месте недостатка. И потому (ангел) не мог одолеть его. И тогда, «затронул сустав бедра его»[15], т.е. одной из опор, примыкающей к туловищу и находящейся вне туловища (гуф). И там имеется недостаток, поэтому ухватился за него ангел, «и вывихнул бедренный сустав Яакова».[16]

14) «Стоит станом ангел Творца вокруг боящихся Его и спасает их»[7] – объял его со всех сторон, чтобы спасти от покровителя Эсава. И когда Шхина пребывала в нем, многочисленные воинства и станы ангелов шли вместе с ним. И от этих ангелов он послал к Эсаву.

15) «И послал Яаков ангелов»[1]. Почему захотел Яаков послать ангелов к Эсаву – не лучше ли было утаиться от него?

---

[13] Тора, Берешит, 1:14-15. «И сказал Всесильный: "Да будут светила на своде небесном, чтобы отделять день от ночи; и будут они для знамений и времен, и для дней и лет. И будут они светилами на своде небесном, чтобы светить над землей"».

[14] См. Зоар, главу Берешит, часть 1, статью «Два великих светила», п. 113.

[15] Тора, Берешит, 32:26. «И увидел он, что не может одолеть его, и затронул сустав бедра его и вывихнул бедренный сустав Яакова, когда боролся с ним».

[16] См. Зоар, главу Берешит, часть 1, п. 144.

Но подумал Яаков: «Знаю я, что Эсав трепетно почитает отца и не станет гневить его. И знаю я также, что пока жив мой отец, мне не страшен Эсав. Поэтому именно теперь, пока отец мой жив, хочу я примириться с ним». Сразу поспешил «и послал Яаков ангелов»[1] перед собой.

16) «И послал Яаков ангелов»[1]. «Лучше кажущийся себе презренным и рабом, чем тщеславный, но лишенный хлеба»[17]. Здесь говорится о злом начале, поскольку оно постоянно обвиняет людей. И злое начало возвышает в гордыне сердце и желание человека, а человек следует за ним, украшая кудри свои и голову свою, пока злое начало не вознесется над ним и не утащит его в ад.

17) Но «лучше кажущийся себе презренным»[17] – это тот, кто не следует злому началу и никогда не возносится в гордыне, и принижает дух, сердце и желание свои перед Творцом. И тогда злое начало превращается в его раба, и оно уже не властно над ним, а наоборот, человек сам властвует над ним, как сказано: «Но ты властвуй над ним!»[18]

18) «Чем тщеславный»[17] – преисполненный почтения к себе, украшающий кудри свои и возносящийся духом. Именно он – «лишенный хлеба»[17], т.е. лишенный веры, как сказано: «Хлеб Всесильному своему приносит он в жертву»[19], «хлеб Всесильному своему приносят они»[20]. И «хлеб» означает – Шхина, и здесь тоже: «лишенный хлеба» означает – лишенный веры, т.е. Шхины.

19) «Лучше кажущийся себе презренным»[17] – это Яаков, принизивший свой дух перед Эсавом, чтобы затем Эсав стал рабом ему, и он мог властвовать над ним, и осуществится сказанное о нем: «И послужат тебе народы, и поклонятся тебе

---

[17] Писания, Притчи, 12:9. «Лучше кажущийся себе презренным и рабом, чем тщеславный, но лишенный хлеба».

[18] Тора, Берешит, 4:7. «Ведь если исправишься, прощен будешь, а если не исправишься, у входа грех лежит, и к тебе его влечение, – но ты властвуй над ним!»

[19] Тора, Ваикра, 21:8. «И ты освяти его, ибо хлеб Всесильному твоему приносит он в жертву; свят да будет он у тебя, ибо свят Я, Творец, освящающий вас».

[20] Тора, Ваикра, 21:6. «Святы должны быть они Всесильному своему, и да не оскверняют они имени Всесильного своего, ибо огнепалимые жертвы Творцу, хлеб Всесильному своему приносят они, и потому должны они быть святы».

племена»²¹. Но сейчас вообще еще не пришло время Яакова, чтобы властвовать над ним. И из-за того, что Яаков оставил его до последующих дней, был теперь презренным. А в последующие дни – тот, кто был «тщеславен»¹⁷, станет его «рабом»¹⁷. И тот, кто был тогда «лишенным хлеба»¹⁷, Эсав, станет рабом тому, кому дано «обилие хлеба и вина»²¹, т.е. Яакову.

20) И поскольку знал Яаков, что тот нужен ему теперь, стал презренным в глазах его. И это было самым мудрым и хитрым из того, что он когда-либо делал против Эсава. И если бы Эсав почувствовал эту мудрость, то покончил бы с собой, чтобы не дойти до этого. Но Яаков сделал все мудро. И это о нем сказала Хана: «Сокрушены будут враги Творца... Творец судить будет все концы земли и даст силу царю Своему»²².

---

[21] Тора, Берешит, 27:28-29. «И даст тебе Всесильный от росы небес и от туков земли, и обилие хлеба и вина. И послужат тебе народы, и поклонятся тебе племена. Будь господином над братьями твоими, и поклонятся тебе сыны матери твоей. Проклинающие тебя – прокляты; благословляющие тебя – благословенны!»

[22] Пророки, Шмуэль 1, 2:10. «Сокрушены будут враги Творца, на них Он с небес возгремит. Творец судить будет все концы земли и даст силу царю Своему, и вознесет рог помазанника Своего».

ГЛАВА ВАИШЛАХ

С Лаваном жил я

21) «Так скажите моему господину Эсаву – так сказал твой раб Яаков: "С Лаваном жил я"»[23]. Яаков сразу решил принять вид раба перед ним, чтобы Эсав не позарился на благословения, которыми благословил его отец, поскольку Яаков отложил их на последующие дни.

22) Чего ожидал Яаков от своего послания к Эсаву, говоря: «С Лаваном жил я»[23]? И как это подействовало в его послании Эсаву? Но дело в том, что слух о Лаване-арамейце шел по (всему) миру – мол, не было еще человека, который спасся бы из рук его, ибо он был колдун из колдунов и величайший чародей, и отец Беора, а Беор был отцом Билама, как сказано: «И Билама, сына Беора, чародея»[24]. А Лаван был еще мудрее в колдовстве и чарах, чем они. И несмотря на это, не одолел Яакова. И он хотел погубить Яакова несколькими способами, как сказано: «Арамеец вознамерился погубить отца моего»[25]. И потому (Яаков) послал к нему (ангелов), передав: «С Лаваном жил я»[23], чтобы сообщить ему о своей силе.

23) Весь мир знал, что Лаван был величайший мудрец и колдун, и чародей. И тот, кого Лаван хотел погубить своими чарами, не спасался от него. И всё, что знал Билам, было от Лавана. О Биламе сказано: «Ибо я знаю – кого ты благословишь, благословен, а кого проклянешь, проклят»[26], а про Лавана и говорить нечего. И весь мир боялся Лавана и его колдовства. И потому первыми словами, которые послал Яаков Эсаву, были: «"С Лаваном жил я"[23], а если скажешь, что малое время, месяц

---

[23] Тора, Берешит, 32:5-6. «И повелел он им, говоря: "Так скажите моему господину Эсаву – так сказал твой раб Яаков: "С Лаваном жил я и задержался доныне. И стало мне достоянием бык и осел, мелкий скот, и раб и рабыня. И я послал сообщить моему господину, чтобы обрести милость в глазах твоих"».

[24] Пророки, Йеошуа, 13:22. «И Билама, сына Беора, чародея, убили сыны Исраэля мечом в числе убитых ими».

[25] Тора, Дварим, 26:5. «И возгласишь ты и скажешь пред Творцом Всесильным твоим: "Арамеец вознамерился погубить отца моего; а (затем) он спустился в Египет и проживал там с немногими, и стал там народом великим, могучим и многочисленным"».

[26] Тора, Берешит, 22:6. «И ныне пойди же, прокляни для меня этот народ, ибо он сильнее меня; быть может, я одолею, и мы нанесем ему удар, и изгоню я его с земли, ибо я знаю – кого ты благословишь, благословен, а кого проклянешь, проклят».

или год, то это не так, ибо "и задержался доныне"²³ – на двадцать лет я задержался у него».

24) «И если скажешь ты, что этим я ничего не достиг, сказал ему: "И стало мне достоянием бык и осёл"²³». Это два наказания²⁷, т.е. вредителя, поскольку оба они соединяются вместе только для того, чтобы вредить миру. Другими словами, они не могут вредить, иначе как соединившись. И потому сказано: «Не паши на быке и осле вместе»²⁸, так как он своими действиями приведет к тому, что эти два вредителя, бык и осёл, соединятся вместе и будут вредить миру.

25) «Скот и раб, и рабыня»²³ – это нижние кетеры (короны) клипот, которых Творец поразил в Египте, называемые «первенец скота», «первенец пленников», «первенец рабыни», и поэтому сказано: «Скот и раб, и рабыня». Сразу же испугался Эсав и вышел навстречу ему, и он боялся Яакова так же, как Яаков боялся Эсава.

26) Подобно человеку, который отправился в путь, и еще находясь в пути, услышал о неком разбойнике, устраивавшем засаду на дороге. Встретился ему другой человек, спросил он его: «Ты чей будешь?» Тот ответил ему: «Я из воинского отряда такого-то». Сказал он ему: «Уходи от меня, ибо на каждого, кто приближается ко мне, я напускаю змею, и она убивает его». Пошел тот человек к предводителю отряда и сказал ему: «Явился один человек, и на каждого, кто приближается к нему, он напускает змею, которая жалит его, и он умирает».

27) Услышал предводитель отряда и испугался. Сказал он: «Лучше пойти ему навстречу, чтобы примириться с ним». Но когда увидел тот человек того предводителя, испугался и сказал: «Горе мне, предводитель сейчас убьет меня». Начал он кланяться и падать пред ним на колени. Заключил предводитель: «Если бы была у него змея, которая может убить, не кланялся бы он так передо мной». Загордился предводитель, сказал: «Раз он так склонился предо мной, я не стану убивать его».

28) Так сказал Яаков: «"С Лаваном жил я и задержался доныне"²³, и двадцать лет провел с ним, и я напускаю змея,

---

²⁷ «Гзар дин» – высший приговор или высшее наказание.
²⁸ Тора, Дварим, 22:10. «Не паши на быке и осле вместе».

убивающего людей». Услышал это Эсав, воскликнул: «О горе! Кто же устоит пред ним? Ведь теперь убьет меня Яаков словом своим». Ибо подумал он: «Раз победил он Лавана, деда Билама, наверное сила его велика, как сила Билама, о котором сказано: "Кого ты благословишь, благословен, а кого проклянешь, проклят"[26], и он может убить словом своим». И пошел он навстречу ему, чтобы примириться с ним.

29) А когда увидел его Яаков, сказано: «И устрашился Яаков очень, и тяжко стало ему»[29], и когда приблизился к нему, начал преклонять колени и кланяться перед ним. Как сказано: «И поклонился он до земли семь раз»[30]. Сказал Эсав: «Если бы было у него так много силы, не кланялся бы он мне». И возгордился он.

30) Сказано о Биламе: «И явился Всесильный Биламу ночью»[31]. О Лаване сказано: «И явился Всесильный Лавану-арамейцу ночью во сне, – поскольку Лаван был велик, как Билам, – и сказал ему: "Берегись, чтобы не говорить с Яаковом ни хорошего, ни плохого!"»[32] Сказано: «Чтобы не говорить», но ведь следовало сказать: «Чтобы не делать Яакову зла»? Однако Лаван не преследовал Яакова с тем, чтобы воевать с ним человеческой силой, потому что сила Яакова и его сыновей превышала их силы, а преследовал его, чтобы убить словом своим и покончить со всем. Как сказано: «Арамеец вознамерился погубить отца моего»[25]. Поэтому сказано: «Чтобы не говорить», но не сказано: «Чтобы не делать». И сказано: «Есть в руке моей сила сделать вам зло»[33]. И откуда он знал, что есть у него сила? Поскольку ему было сказано: «Но Всесильный отца вашего прошлой ночью сказал мне так: "Берегись, не говори с Яаковом ни хорошего, ни плохого!"»[33]

---

[29] Тора, Берешит, 32:8. «И устрашился Яаков очень, и тяжко стало ему. И разделил он народ, который с ним, и мелкий и крупный скот и верблюдов на два стана».

[30] Тора, Берешит, 33:3. «И прошел он пред ними. И поклонился он до земли семь раз, пока не подступил к брату своему».

[31] Тора, Бемидбар, 22:20. «И явился Всесильный Биламу ночью, и сказал Он ему: "Если звать тебя пришли люди, встань, иди с ними, но только слово, какое говорить буду тебе, его исполни"».

[32] Тора, Берешит, 31:24. «И явился Всесильный Лавану-арамейцу ночью во сне и сказал ему: "Берегись, чтобы не говорить с Яаковом ни хорошего, ни плохого!"»

[33] Тора, Берешит, 31:29. «Есть в руке моей сила сделать вам зло. Но Всесильный отца вашего прошлой ночью сказал мне так: "Берегись, не говори с Яаковом ни хорошего, ни плохого!"»

31) И это свидетельство, которое велел возглашать Творец. Как сказано: «И возгласишь ты и скажешь пред Творцом Всесильным твоим: "Арамеец вознамерился погубить отца моего"»[25]. «И возгласишь (ве-аните ועניתָ) ты» означает, как в сказанном: «Не отзывайся (ло таанэ́ לֹא תַעֲנֶה) о ближнем твоем свидетельством ложным»[34], а он отзывался так о брате своем.

32) Сказано о Биламе: «И не обратился он, как прежде, к гаданию»[35] – ведь это было его обыкновением, поскольку он был гадателем. И также о Лаване сказано: «Гадал я»[36], так как он наблюдал с помощью колдовства и чар за делами Яакова, чтобы знать о них. И когда захотел он погубить Яакова, то своими заговорами и колдовством хотел погубить его, но не оставил его Творец, сказав тому: «Берегись, чтобы не говорить с Яаковом ни хорошего, ни плохого!»[32]

33) И так сказал Билам, сын сына Лавана: «Ибо нет гадания у Яакова и ворожбы у Исраэля»[37]. Иными словами: «Кто может одолеть их?! Ведь дед мой хотел погубить отца их заговорами и колдовством своим, и не вышло у него, потому что Творец не позволил ему навести проклятие». Это означает сказанное: «Ибо нет гадания у Яакова и ворожбы у Исраэля»[37].

34) И всеми десятью видами колдовства и чар от свечения нижних кетеров действовал Лаван против Яакова, но ничего у него не вышло. И об этом сказано: «Отец ваш глумился надо мною и переменял мою плату десятки раз»[38]. Ибо все их использовал Лаван против него, но не получилось у него навредить ему, как сказано: «И переменял мою плату десятки раз, но Всесильный не дал ему сделать мне зло». Что такое «раз (моним מֹנִים)»? Это «виды идолопоклонства (миним מִינִים)». И сказано: «Демонам, за которыми они блудно ходят»[39]. «Разы» (моним)

---

[34] Тора, Шмот, 20:14. «Не убей; не прелюбодействуй; не укради; не отзывайся о ближнем твоем свидетельством ложным».

[35] Тора, Бемидбар, 24:1. «И увидел Билам, что угодно Творцу благословить Исраэль, и не обратился он, как прежде, к гаданию, но обратил к пустыне лицо свое».

[36] Тора, Берешит, 30:27. «И сказал ему Лаван: "О, если бы я обрел милость в твоих глазах! Гадал я, и благословил меня Творец ради тебя"».

[37] Тора, Бемидбар, 23:23. «Ибо нет гадания у Яакова и ворожбы у Исраэля; в свое время рассказано будет Яакову и Исраэлю о том, что совершал Всесильный».

[38] Тора, Берешит, 31:7. «Отец ваш глумился надо мною и переменял мою плату десятки раз, но Всесильный не дал ему сделать мне зло».

[39] Тора, Ваикра, 17:7. «И чтобы не резали более жертв демонам, за которыми они блудно ходят. Установлением вечным пусть будет это для них во все поколения их».

– это «виды идолопоклонства (миним)». А десять видов идолопоклонства – это виды чар и колдовства в нижних кетерах клипот, и все их использовал Лаван против него.

35) Десять видов идолопоклонства, как сказано: «(Да не будет у тебя никого, кто проводил бы сына своего и дочь свою через огонь,) чародея, чар, волхва, и гадателя, и колдуна, и заклинателя, и вызывающего духов, и знахаря, и вопрошающего мертвых»[40] – всего десять. И ясно, что чары считает он за два вида, поскольку это множественное число.

36) Гадатель и чародей – это два вида, но восходят они к одной ступени. И когда выступил Билам против Исраэля, он действовал ворожбой, как сказано: «И ворожба у них в руках»[41]. А против Яакова идет Лаван с гаданием. И не получилось у них. И как сказано: «Ибо нет гадания у Яакова и ворожбы у Исраэля»[37] – т.е. затем, в дни Билама.

37) Сказал Билам Балаку: «Посмотри сам, кто может их одолеть?! Ведь всё колдовство и чары, которые в наших кетерах, украшаются свечением Малхут свыше, и Он», Зеир Анпин, «привязан к ним» – к Исраэлю, «как сказано: "Творец Всесильный его с ним, и расположение Царя к нему"[42]. И потому не сможем мы их одолеть чарами нашими».

38) Билам ничего не мог знать о высшей святости. Ибо не желал Творец, чтобы какой-нибудь народ или племя пользовалось Его славой, кроме одних лишь Его святых сыновей, т.е. Исраэля, называемых сыновьями Творцу. И сказал Он: «Освящайтесь и будете святы»[43], и это означает – те, кто свят, будут пользоваться святостью. И только Исраэль святы, как сказано: «Ибо народ святой ты»[44] – ты святой народ, но не другой народ.

---

[40] Тора, Дварим, 18:10-11. «Да не найдется у тебя никого, кто проводил бы сына своего и дочь свою через огонь, чародея, чар, волхва, и гадателя, и колдуна, и заклинателя, и вызывающего духов, и знахаря, и вопрошающего мертвых».

[41] Тора, Бемидбар, 22:7. «И пошли старейшины Моава и старейшины Мидьяна, и ворожба у них в руках, и пришли они к Биламу, и говорили ему речи Балака».

[42] Тора, Бемидбар, 23:21. «Не увидел провинности в Яакове и не видел зла в Исраэле; Творец Всесильный его с ним и расположение Царя к нему».

[43] Тора, Ваикра, 11:44. «Ибо Я – Творец Всесильный ваш, освящайтесь и будете святы, так как Я свят, и не оскверняйте душ ваших никаким пресмыкающимся, ползающим по земле».

[44] Тора, Дварим, 14:2. «Ибо народ святой ты у Творца Всесильного твоего, и тебя избрал Творец, чтобы был ты ему избранным из всех народов, которые на земле».

39) Те, кто нечист, нечистота предназначена для них, чтобы сделать нечистыми. О них сказано: «Отдельно находиться должен, вне стана место его»[45], вне святости. А нечистый призывает нечистого, как сказано: «И "нечист, нечист" кричать»[46] – т.е. тот, кто нечист, призывает нечистого, каждая вещь тянется к своему роду.

40) И разве подобает Яакову, который был в святости, говорить, что стал он нечист от Лавана и колдовства его, возможно ли, чтобы зачлось ему это в заслугу, ведь сказал он: «С Лаваном жил я»? Сказано: «Я – Эсав, твой первенец»[47]. И следует спросить, подобает ли такому праведнику, как Яаков, изменять свое имя на имя нечистого? Объяснение в том, что после «я» есть разделяющий интонационный знак, ибо под «я» стоит знак «пашта (פַּשְׁטָא)», а под словами «Эсав – твой первенец» стоит знак «закеф катон (זָקֵף קָטוֹן)», и их интонация отделяет слово «Я» от «Эсав, твой первенец», и это означает, что сказал он: «Я – тот, кто я, но Эсав – твой первенец».

41) «И стало мне достоянием бык и осел»[23]. То есть, он хочет сказать ему: «Не принимай близко к сердцу и не желай то благословение, которое дал мне отец, думая, что сбылось оно у меня. Он благословил меня: "Будь властелином для братьев твоих, и поклонятся тебе сыны матери твоей"[21], ибо говорю я тебе: "Раб твой Яаков господину моему Эсаву"[23]. Он благословил меня "изобилием хлеба и вина"[21], но это не случилось со мной, поскольку не накопил я их. Но "стало мне достоянием бык и осел, мелкий скот, и раб"[23] – пасу я скот в поле. Он благословил меня "от росы небес и от туков земли"[21], но и это не произошло со мной. И только "с Лаваном жил я"[23] – как чужак, у которого не было никакого дома. И уж тем более "от туков земли"[21] не осуществилось у меня, ибо не было у меня никакой земли, но только "с Лаваном жил я"». И всё это сказал он, чтобы тот не смотрел на Яакова с завистью из-за благословений его и не обвинял его.

---

[45] Тора, Ваикра, 13:46. «Во все дни, когда язва на нем, нечист будет, нечист он. Отдельно находиться должен, вне стана место его».

[46] Тора, Ваикра, 13:45. «А прокаженный, у которого язва, должен распороть одежды свои и волосы на голове распустить, и до уст должен он закутать себя и "нечист, нечист" кричать».

[47] Тора, Берешит, 27:19. «И сказал Яаков отцу своему: "Я – Эсав, твой первенец. Я делал так, как ты говорил мне. Поднимись же, сядь и поешь от добычи моей, чтобы благословила меня твоя душа"».

И потому сказал он: «С Лаваном жил я»[23], и не для того чтобы похвалиться этим перед Эсавом, а наоборот, упомянул того в отрицательном смысле, чтобы убедить Эсава в том, что был там чужаком, без земли и без дома. А слова: «Я – Эсав, твой первенец»[47] приводятся в доказательство того, что всё идет согласно намерению, и не считается ему грехом, что назвался он именем нечистого. И здесь тоже он не имел в виду ничего другого, кроме унизительного положения. И не считается ему грехом то, что кажется из слов, будто он хвалится связью с нечистым человеком.

42) Сказано о Яакове, что он был «человеком непорочным, живущим в шатрах»[48]. И назван он человеком непорочным, поскольку пребывает он в двух высших обителях, Бине и Малхут, шатре Рахели и шатре Леи, и он довершает как одну сторону, так и другую, т.е. он согласует правую и левую линии между собой и довершает их. И когда сказал: «С Лаваном жил я», он не сказал тем самым, что стал нечистым от чар Лавана, но говоря: «С Лаваном жил я», он хотел показать, что всем сердцем благодарен за милость и истину, оказанные ему Творцом. Ибо весь мир знал о делах Лавана, и кто может избавиться от обвинения его. «Ведь хотел он погубить меня, а Творец избавил меня от руки его». И это он имел в виду, сказав: «С Лаваном жил я». Всё это было для того, чтобы не завидовал ему Эсав из-за благословений, и не думал, что они сбылись у него, и не затаил против него ненависть. И об этом сказано, что «прямы пути Творца – праведники пройдут по ним, а грешники споткнутся на них»[49], и сказано: «Непорочен будь перед Творцом Всесильным твоим»[50].

---

[48] Тора, Берешит, 25:27. «И выросли отроки, и стал Эсав человеком, сведущим в охоте, человеком поля; а Яаков – человеком непорочным, живущим в шатрах».

[49] Пророки, Ошеа, 14:10. «Кто мудр, да разумеет это, благоразумный пусть поймет это: ведь прямы пути Творца – праведники пройдут по ним, а грешники споткнутся на них».

[50] Тора, Дварим, 18:13.

Молитвы праведников

43) «И возвратились посланцы к Яакову, сказав: "Пришли мы к брату твоему, к Эсаву, и он тоже идет навстречу тебе и с ним четыреста человек"»[51]. Но если сказано: «Пришли мы к брату твоему», разве непонятно, что это Эсав? Разве были другие братья у Яакова? Однако «пришли мы к брату твоему» означает: «Если ты думаешь, что он раскаялся и идет исправленным путем, то это не так, но "(пришли мы) к Эсаву" – грешнику, как и прежде. "И он тоже идет тебе навстречу", а если ты думаешь, что он идет один, то и это не так – "с ним четыреста человек"».

44) Почему же они сказали ему всё это? Потому что Творцу всегда желанна молитва праведников, и Он украшается их молитвой. И ангел по имени Сандал, который отвечает за молитву Исраэля, берет все молитвы и делает из них венец Оживляющему миры. И тем более, молитвы праведников желанны Творцу, так как они становятся венцом, чтобы Творец украсился этими молитвами. И может возникнуть вопрос: но ведь станы святых ангелов шли вместе с ним (с Яаковом), почему же он испугался? Однако праведники полагаются не на свои заслуги, а на молитвы и просьбы к своему Владыке.

45) Молитва общества восходит к Творцу, и Творец украшается этой молитвой. Ибо она восходит несколькими путями: один просит о милости (хасадим), второй – о мужестве (гвурот), третий – о милосердии (рахамим). И она включает в себя несколько сторон: правую, левую и среднюю, так как милость (хасадим) исходит от правой стороны, мужество (гвурот) – от левой стороны, а милосердие (рахамим) – от средней. И поскольку включает в себя несколько путей и сторон, она становится венцом и возлагается на голову праведника, дающего жизнь мирам, т.е. Есода, несущего всё избавление Нукве, а от нее – всему обществу.

Однако молитва одиночки не включает все стороны и бывает только одного вида: либо он просит о милости, либо о мужестве, либо о милосердии. Поэтому молитва одиночки не является

---

[51] Тора, Берешит, 32:7. «И возвратились посланцы к Яакову, сказав: "Пришли мы к брату твоему, к Эсаву, и он тоже идет навстречу тебе и с ним четыреста человек"».

исправленной, чтобы быть принятой, подобно общей молитве, поскольку не включается во все три линии, как общая молитва.

Яаков включал все три линии, будучи носителем средней линии, включающей две другие. И потому Творцу была желанна его молитва, пребывающая в полном совершенстве всех трех линий, подобно общей молитве. И потому сказано: «И устрашился Яаков очень, и стало тесно ему»[52] – поскольку Творец устроил ему это, чтобы он молился, так как желал его молитву.

46) «Счастлив человек, который всегда страшится, а ожесточающий сердце свое попадет в беду»[53]. Счастливы Исраэль, которых пожелал Творец и дал им Тору истинную, чтобы удостоиться с ее помощью жизни вечной. Ведь каждому, кто занимается Торой, Творец протягивает высшую жизнь и приводит к жизни мира будущего, как сказано: «Ибо Он жизнь твоя и долгота дней твоих»[54], а также сказано: «И благодаря этому продлятся дни ваши»[55], ибо она – жизнь в этом мире и жизнь в мире будущем.

47) Каждому, кто занимается Торой во имя нее (лишма), нет смерти от злого начала, т.е. ангела смерти, ведь он держится за Древо жизни и не отпускает его. И потому тело праведников, занимающихся Торой, после смерти не содержит скверны, так как не царит над ними дух скверны.

48) Почему Яаков, будучи Древом жизни, боялся Эсава? Ведь нечистая сторона не может властвовать над ним. И еще, ведь написано, что Творец сказал ему: «Вот, Я с тобою, и сохраню

---

[52] Тора, Берешит, 32:8. «И устрашился Яаков очень, и стало тесно ему. И разделил он народ, который с ним, и мелкий и крупный скот, и верблюдов на два стана».

[53] Писания, Притчи, 28:14. ««Счастлив человек, который всегда страшится, а ожесточающий сердце свое попадет в беду»».

[54] Тора, Дварим, 30:19-20. «В свидетели призываю Я на вас сегодня небо и землю – жизнь и смерть предложил Я тебе, благословение и проклятье, – избери же жизнь, чтобы жил ты и потомство твое, и любил Творца Всесильного твоего, и исполнял волю его, и прилепился к нему, ибо Он жизнь твоя и долгота дней твоих, чтобы жить тебе на земле, которую поклялся Творец отцам твоим, Аврааму, Ицхаку и Яакову, дать им».

[55] Тора, Дварим, 32:45-47. «И окончил Моше произносить все эти слова всему Исраэлю и сказал им: "Обратите внимание ваше на все слова, которыми я свидетельствую о вас сегодня и которые вы заповедуйте сынам вашим, чтобы строго исполнять все слова учения этого. Ибо это не пустое слово для вас, но это жизнь ваша, и благодаря этому продлятся дни ваши на земле, в которую вы переходите через Ярден, чтобы овладеть ею"».

тебя»⁵⁶. Почему же он испытывал страх? Сказано: «И встретили его ангелы Всесильного»⁵⁷. Но если станы святых ангелов были с ним, почему он боялся?

49) Всё это правда, что он не должен был бояться. Но Яаков не хотел полагаться на чудо Творца, считая, что не достоин, чтобы Творец совершил для него чудо, поскольку не служил отцу и матери как подобает, и не занимался Торой, – в течение двадцати двух лет, которые провел с Лаваном, – а взял (в жены) двух сестер. И хотя всё устроилось так, что Яаков при этом вовсе не согрешил, вместе с тем человек всегда должен бояться и просить в молитве пред Творцом, как сказано: «Счастлив человек, который всегда страшится»⁵³.

50) Молитва праотцев дала жизнь миру. Все приходящие в мир существуют благодаря им и основываются на их заслуге. Во веки вечные не забудется заслуга праотцев, ибо заслуга праотцев – это жизнь наверху и внизу. А жизнь Яакова совершеннее всех, и потому, когда приходит пора бедствий к сыновьям Яакова, Творец видит образ Яакова пред Собой и жалеет мир, как сказано: «И вспомню союз Мой с Яаковом»⁵⁸, где Яаков (יעקוב) написано с буквой «вав ו», потому что «вав» – это истинный образ Яакова. Объяснение. Яаков – это строение для Зеир Анпина, т.е. «вав ו» имени АВАЯ (הויה), и поэтому образ Яакова – это «вав ו».

51) Каждый, кто видел Яакова, словно смотрел в светящее зеркало, т.е. Зеир Анпин. Красота Яакова – как красота Адама Ришона. Каждому, кто видел во сне Яакова, облаченного в свои одеяния, добавляется жизнь.

52) У царя Давида, прежде чем он явился в мир, вообще не было жизни, за исключением того, что Адам (Ришон) дал ему семьдесят своих лет. И жизнь царя Давида длилась семьдесят лет. А жизнь Адама составила тысячу лет за вычетом семидесяти. И находятся Адам Ришон и Давид в первом тысячелетии сотворения мира.

---

⁵⁶ Тора, Берешит, 28:15. «И вот, Я с тобою, и сохраню тебя везде, куда ни пойдешь, и возвращу тебя в эту страну, ибо Я не оставлю тебя, пока не сделаю того, что говорил тебе».
⁵⁷ Тора, Берешит, 32:2. «И Яаков пошел путем своим, и встретили его ангелы Всесильного».
⁵⁸ Тора, Ваикра, 26:42.

53) «Жизни просил он у Тебя – Ты дал ему долголетие навеки»[59]. «Жизни просил он у Тебя» – это царь Давид. Ведь когда Творец создал Эденский сад и поместил в нем душу царя Давида, Он посмотрел на нее и увидел, что нет у нее собственной жизни вовсе – и так простояла она пред Ним весь день. Когда сотворил Он Адама Ришона, сказал: «Это, конечно, жизнь Давида». И от Адама Ришона были те семьдесят лет, которые царь Давид прожил в мире.

54) Еще одно объяснение. Каждый из праотцев дал ему часть от своей жизни. Авраам дал ему часть от своей жизни, а также Яаков и Йосеф. Ицхак не дал ему ничего, так как царь Давид произошел от его стороны. Ибо царь Давид – это Нуква от левой стороны, и тогда она – тьма, а не свет. И потому не было у него жизни, потому что жизнь бывает только от правой стороны – Зеир Анпина, называющегося Древом жизни.

Ицхак тоже относился к левой стороне, но поскольку он был включен в Авраама, как сказано: «Авраам родил Ицхака»[60], а также в силу того, что был связан для принесения в жертву[61], у него была жизнь. И всё это – только для себя, однако дать жизнь Давиду он не мог, так как основа его была от левой линии, и жизнь у него была не от себя самого, а только благодаря включению. И это означает сказанное: «Так как царь Давид произошел от его стороны» – иначе говоря, Ицхак тоже относился к левой линии, как и Давид, и потому не мог дать ему собственную жизнь.

55) Конечно же, Авраам дал ему пять лет, поскольку должен был жить сто восемьдесят лет, как и Ицхак, а прожил только сто семьдесят пять, и пяти лет недостает.

Яаков должен был прожить в мире по числу лет Авраама – сто семьдесят пять лет, а прожил только сто сорок семь лет. Недостает ему двадцати восьми лет. Таким образом, Авраам и Яаков дали ему от жизни своей тридцать три года.

---

[59] Писания, Псалмы, 21:5.
[60] Тора, Берешит, 25:19. «Вот родословная Ицхака, сына Авраама. Авраам родил Ицхака».
[61] Тора, Берешит, 22:9. «И пришли на место, о котором сказал ему Всесильный. И построил там Авраам жертвенник, и разложил он дрова, и связал Ицхака, сына своего, и положил его на жертвенник, поверх дров».

Йосеф прожил сто десять лет, а должен был прожить сто сорок семь лет, по числу лет Яакова. Недостает тридцать семь лет. Вместе с тридцатью тремя годами Авраама и Яакова выходит семьдесят лет, которые дали они царю Давиду для жизни. И Давид прожил все эти годы, которые дали ему праотцы.

56) Почему же Ицхак не дал ему ничего от своей жизни, подобно Аврааму, Яакову и Йосефу? Потому что Ицхак являл собой тьму, т.е. относился к левой линии, которая до ее включения в правую является тьмой. И Давид исходил со стороны тьмы, т.е. он тоже относился к левой стороне. А у того, кто пребывает во тьме, нет никакого света и нет у него жизни. И потому не было жизни у Давида вовсе. Однако Авраам, Яаков и Йосеф, у которых был свет, поскольку они относятся к правой стороне, светили царю Давиду. И от них он должен светить, чтобы была у него жизнь. Иначе говоря, он обязан включиться в правую сторону, потому что со стороны тьмы, т.е. левой, нет жизни вовсе. И потому не принимается в расчет Ицхак.

57) Почему Йосеф дал ему жизни более всех – тридцать семь лет, а они дали ему только тридцать три года? Однако Йосеф сам по себе оценивается как все вместе, поскольку называется «праведник», т.е. Есод, включающий все сфирот. И это значит, что он светит луне, Нукве, больше всех, и потому он дал царю Давиду жизни больше всех, как сказано: «И поместил их Всесильный на своде небесном, чтобы светить на землю»[62]. Небосвод – это свойство Есод-праведник, Йосеф. А земля – это Нуква, царь Давид. Таким образом, Нукве светит Есод, т.е. Йосеф, и потому он дал ему жизни больше всех.

58) Яакова защитила от Эсава молитва, а не заслуга его, так как он хотел свою заслугу оставить после себя сыновьям и не расходовать ее теперь для себя из-за Эсава. И потому обратился с молитвой к Творцу и не положился на свою заслугу, чтобы спастись с ее помощью.

59) «И разделил он народ… на два стана»[63]. Почему он разделил их на два стана? Потому что подумал: «Если нападет Эсав

---

[62] Тора, Берешит, 1:17. «И поместил их Всесильный на своде небесном, чтобы светить на землю».

[63] Тора, Берешит, 32:8. «И устрашился Яаков очень, и тяжко стало ему. И разделил он народ, который с ним, и мелкий и крупный скот и верблюдов на два стана».

на один стан и побьет его, то оставшийся стан будет спасен»⁶⁴. Спрашивается: разве не может случиться так, что Эсав разобьет оба стана? Откуда уверенность в том, что один стан спасется?

60) Шхина не отходит от шатра Леи и шатра Рахели. Сказал Яаков: «Знаю я, что есть у них защита от Творца». И потому «поставил служанок и детей их первыми»⁶⁵ – если ударит Эсав, то ударит по ним. «А за сыновей госпож я не боюсь, потому что Шхина с ними». Таким образом, «первыми» означает – первый, кто подвергается опасности. И потому сказал: "Оставшийся стан будет спасен"⁶⁴, так как Шхина с ними». И когда он это сделал, вознес свою молитву за служанок и их детей.

61) «Молитва обездоленного, который ослаб и пред Творцом изливает душу»⁶⁶. Это сказал царь Давид, когда он увидал и понял, что приходится пройти обездоленному. Увидал это, когда бежал от тестя своего, царя Шауля. Эта молитва, которую обездоленный обращает к Творцу, принимается раньше всех молитв мира.

62) Сказано: «Молитва обездоленного (досл. бедного)», и сказано: «Молитва Моше, человека божьего»⁶⁷. Молитва бедного – это тфилин руки, т.е. Нуква, так как Нуква называется бедной из-за того, что нет у нее ничего своего, и всё она должна получать от Зеир Анпина. Молитва Моше – это тфилин головы, т.е. Зеир Анпин. И не следует проводить разделение между молитвой бедного и молитвой Моше, между Нуквой и Зеир Анпином, потому что они всегда должны быть в зивуге, и оба они считаются как одно целое.

63) И потому молитва бедного принимается Творцом раньше всех молитв мира. Ведь сказано: «Ибо не презрел Он и не отверг молитву бедного»⁶⁸. Молитва бедного – это тфилин руки,

---

⁶⁴ Тора, Берешит, 32:9. «И сказал: "Если нападет Эсав на один стан и побьет его, то оставшийся стан будет спасен"».

⁶⁵ Тора, Берешит, 33:2. «И поставил служанок и детей их впереди, Лею с ее детьми – за ними, а Рахель с Йосефом – последними».

⁶⁶ Писания, Псалмы, 102:1. «Молитва обездоленного, который ослаб и пред Творцом изливает душу».

⁶⁷ Писания, Псалмы, 90:1. «Молитва Моше, человека божьего. Владыка, пристанищем Ты был нам из поколения в поколение».

⁶⁸ Писания, Псалмы, 22:25. «Ибо не презрел Он и не отверг молитву бедного, и не скрыл лица Своего от него, и когда он воззвал к Нему – услышал».

т.е. Нуква, называемая молитвой бедного, связанного со своей бедностью, подобно тому, у кого нет ничего своего.

64) Другое объяснение. «Молитва» – имеется в виду Моше, т.е. Зеир Анпин, «бедного» – Давид, т.е. Нуква, «который ослаб» – во время скрытия луны, Нуквы, когда солнце, Зеир Анпин, исчезает от нее, «и пред Творцом изливает душу» – желая соединиться с солнцем, Зеир Анпином.

65) Молитва любого человека – это молитва, но «молитва бедного» – это молитва, которая предстает перед Творцом, ибо она сокрушает врата и входы, и пробивается, чтобы быть принятой Им. «И пред Творцом изливает душу» – подобно тому, кто жалуется на суды Творца.

66) Молитва праведников – это радость для Кнессет Исраэль, Нуквы, увенчаться молитвой пред Творцом. И потому она еще более мила Творцу, чем молитва бедного. И потому Творец ждет с нетерпением молитву праведников в час, когда они должны молиться, поскольку знают они, как доставить наслаждение своему Владыке.

67) Сказано в молитве Яакова: «Всесильный отца моего Авраама и Всесильный отца моего Ицхака, Творец, сказавший мне: "Вернись на землю свою и на родину свою, и Я буду благотворить тебе"»[69]. Он довершил и установил связь в полном единстве как подобает, сказав: «Всесильный отца моего Авраама» – относится к правой линии, «Всесильный отца моего Ицхака» – к левой линии, «сказавший мне» – к нему самому, представляющему согласующую среднюю линию, ибо здесь от него, от средней линии, зависит сказанное, чтобы украсить место его между ними, между Авраамом и Ицхаком, правой и левой линией. И потому сказал ему: «Вернись на землю свою и на родину свою, и Я буду благотворить тебе».

68) «Мал я против всех милостей»[70]. Зачем должен был сказать Яаков, что «мал я...», вместе с тем, что упомянул раньше:

---

[69] Тора, Берешит, 32:10. «Всесильный отца моего Авраама и Всесильный отца моего Ицхака, Творец, сказавший мне: "Вернись на землю свою и на родину свою, и Я буду благотворить тебе"».
[70] Тора, Берешит, 32:11. «Мал я против всех милостей и всей истины, что содеял Ты с рабом Твоим; ибо с посохом моим перешел я этот Ярден, а ныне стал я двумя станами».

«Вернись на землю свою и на родину свою, и Я буду благотворить тебе»[69]? Однако подумал Яаков: «Ты обещал благотворить мне, но я знаю, что все Твои деяния совершаются при условии, что они выполняют Твою волю. А у меня нет никакой заслуги, ибо "мал я против всех милостей и всей истины, что содеял Ты с рабом Твоим"[70]. И поэтому Ты не должен выполнять для меня Свое обещание, и всё, что Ты сделал мне до сих пор, было не по причине моих заслуг, а благодаря милости Твоей, которую оказал ты мне. И вся эта милость и истина совершены были по доброте Твоей. Ибо при переходе Ярдена вначале, когда бежал я от Эсава, один перешел я эту реку, а теперь ты содеял со мной милость и истину. Ведь теперь я перехожу эту реку с двумя станами».

69) До сих пор он в надлежащем порядке вознес славу Владыке своему, а отсюда и далее – просил о том, в чем нуждался. Это показывает всем людям, что человек должен сначала восславить как подобает своего Владыку, а затем обращаться с молитвой.

70) «Избавь меня от руки брата моего, от руки Эсава! Ибо я боюсь его: как бы не нагрянул он и не поразил у меня мать с детьми»[71] – т.е. после того как восславил подобающим образом, обратился с молитвой. Отсюда мы видим, что тот, кто обращается с молитвой, должен как следует разъяснить свои слова. Сказал: «Избавь меня», – и на первый взгляд, этого было достаточно, так как не нужно ему ничего, кроме спасения. И вместе с тем (мысленно) обратился к Творцу: «Возможно, Ты скажешь, что уже спас меня от Лавана». Поэтому уточнил: «От руки брата моего». «Но может, Ты скажешь, что и другие близкие зовутся братьями». Поэтому уточнил: «От руки Эсава». И зачем? Поскольку нужно разъяснять все как полагается. И поэтому он продолжил свое обращение: «Если же Ты спросишь, почему я нуждаюсь в спасении, – потому что "я боюсь его: как бы не нагрянул он и не поразил у меня мать с детьми"». И всё это для того, чтобы разъяснить надлежащим образом обращение наверх и не оставлять неясностей.

---

[71] Тора, Берешит, 32:12. «Избавь же меня от руки брата моего, от руки Эсава! Ибо я боюсь его: как бы не нагрянул он и не поразил у меня мать с детьми».

71) «А Ты сказал: "Я буду благотворить тебе"»⁷². Что значит «А Ты»? Это как сказано: «И Ты даешь им всем жизнь»⁷³ – т.е. Нуква называется «Ты». И также здесь: «А Ты сказал» – это имя Нуквы.

72) Царь Давид сказал: «Да будут угодны слова уст моих и помыслы сердца моего пред Тобою»⁷⁴. «Слова уст моих» – те слова, которые разъяснены, а «помыслы сердца моего» – вещи неясные, которые человек не может разъяснить устами, это помыслы, таящиеся в сердце, и он не может их разъяснить.

73) А потому должно быть то, что разъясняется устами, т.е. «слова уст моих», и то, что зависит от сердца и не разъясняется устами, «помыслы сердца моего», так как всё это тайна. Одно соответствует нижней ступени, Нукве, а другое соответствует высшей ступени, Бине. То, что разъясняется устами, соответствует нижней ступени, которая должна разъясняться, и это открытый мир. А то, что зависит от сердца, соответствует более внутренней ступени, Бине, и это скрытый мир. И всё это как одно целое, то есть оба они нужны. И потому сказал: «Да будут угодны слова уст моих и помыслы сердца моего пред Тобою»⁷⁴.

74) И подобно этому сказал Яаков: вначале разъяснил все как положено, а после этого скрыл слова, так как они зависят от помыслов сердца, которые не надо разъяснять. Как сказано: «И сделаю потомство твое, как песок морской, который неисчислим от множества»⁷² – это то, что зависит от сердца, и не требует разъяснения. И так это должно быть, как мы уже сказали, т.е. оба они нужны, чтобы связать все в одно целое, как подобает.

Объяснение. Есть мохин числа, которые разъясняются устами, т.е. свечение Хохмы, раскрываемое с помощью Нуквы, называемой «уста». И есть мохин без числа, т.е. укрытые

---

⁷² Тора, Берешит, 32:13. «А Ты сказал: "Я буду благотворить тебе и сделаю потомство твое, как песок морской, который неисчислим от множества"».

⁷³ Писания, Нехемия, 9:6. «Ты, Творец, един, Ты сотворил небеса, небеса небес и все воинство их, землю и все, что на ней, моря и все, что в них, и Ты даешь им всем жизнь, и воинство небесное преклоняется пред Тобою».

⁷⁴ Писания, Псалмы, 19:15. «Да будут угодны слова уст моих и помыслы сердца моего пред Тобою, Творец, оплот мой и Избавитель».

хасадим,[75] которые притягиваются из Бины и называются «помыслы сердца моего».

Сначала сказал Яаков: «А Ты сказал: "Я буду благотворить тебе"»[72]. Это мохин числа, и потому поставил впереди имя «Ты» – открытый мир. А затем сказал: «который неисчислим от множества»[72]. Это мохин без числа, притягиваемые из скрытого мира, т.е. укрытые хасадим. И оба они нужны.

Счастливы праведники, которые умеют надлежащим образом возносить славу Владыке своему, а затем обращаться с молитвой. Поэтому сказано: «И сказал мне: "Ты – раб Мой, Исраэль, в котором Я прославлюсь"»[76].

---

[75] См. «Предисловие книги Зоар», п. 19, со слов: «И сказано: "Ибо по числу..."»
[76] Пророки, Йешаяу, 49:3.

ГЛАВА ВАИШЛАХ

И остался Яаков один

75) «И остался Яаков один»[77]. Заговорил рабби Хия, провозгласив: «"Не случится с тобой беды, и бедствие не приблизится к шатру твоему"[78]. Когда Творец создавал мир, каждый день Он выполнял работу, достойную Его. В четвертый день Он создал светила. И тогда была сотворена неполная луна, т.е. свет, который себя уменьшил. И поскольку она (относится к) светилам (меорот מארת), где недостает буквы "вав ו", предоставлено место для власти всех духов и демонов, и ураганных ветров, и напастей, и всех духов нечистоты».[79]

76) Все они поднимаются и блуждают по миру, уводя людей с пути, и отправляются они в места разрушенных поселений, невозделанных полей, непригодных для засева, и пустынных развалин. И всё это – со стороны нечистого духа. И мы изучали, что нечистый дух исходит от змея Акальтона, и это Лилит, и это сам дух нечистоты, который послан в мир, чтобы заманивать к себе людей, и поэтому злое начало властвует в мире.

77) И он подослан к людям, и находится в мире, и хитростью и интригами входит (в доверие) к ним, чтобы увести их с путей Творца, подобно тому, как увел Адама Ришона, чем навлек смерть на весь мир. Так он прельщает людей и навлекает на них нечистоту.

78) И тот, кто впадает в грех, навлекает на себя этот дух нечистоты, и он пристает к нему. И насколько они, духи нечистоты, предназначены для того, чтобы осквернить его, они оскверняют его, и становится он нечист. И оскверняют его в этом мире и в том мире.

79) И в час, когда человек приходит очиститься, этот дух нечистоты склоняется перед ним и не может властвовать над ним. И тогда сказано: «Не настигнет тебя беда»[78] – то есть

---

[77] Тора, Берешит, 32:25. «И остался Яаков один. И боролся некто с ним, до восхода зари».

[78] Писания, Псалмы, 91:10-11. «Не случится с тобой беды, и бедствие не приблизится к шатру твоему, потому что ангелам Своим Он заповедает о тебе – хранить тебя на всех путях твоих».

[79] См. Зоар, главу Берешит, часть 1, п. 98.

Лилит. «И бедствие не приблизится к шатру твоему»⁷⁸ – это остальные напасти.

80) Да не выйдет человек один ночью, и тем более в то время, когда сотворена луна, и она находится в ущербе, не светя в полную силу, поскольку властвует при этом дух нечистоты, и это дух беды. Дух беды – это змей зла. А бедствие – это тот, кто восседает на змее, т.е. Сам. Беда и бедствие – они заодно.

81) «Наказанием людским (досл. наказанием сынов Адама)»⁸⁰, которые родились от Адама, потому что в те годы, когда не приближался Адам к жене своей, духи нечистоты приходили и возбуждались от него, и порождали от него. И они называются «наказанием людским». Объяснение. Хотя мы и изучали, что бедствия – это духи, которые порождены Адамом, все же это не противоречит сказанному, что бедствие – это Сам, восседающий на змее, поскольку это два свойства.

82) И когда человек пребывает во сне и не властен над своим телом, и тело неподвижно, дух нечистоты входит и властвует над ним. А иногда бывает, что женские духи нечистоты приходят, приближаются к нему, увлекают его за собой, возбуждаются от него и порождают от него духов и прочую нечисть. А иногда они являются в виде людей, но только нет у них волос на голове.

83) И во всем и вся человеку следует оберегать себя от них, для того чтобы идти путями Торы и не оскверниться их нечистотами. Ибо нет того, кто на постели ночью во время сна не испытал бы ощущения смерти, когда душа покидает его. И поскольку тело остается без святости души, насылается на него дух нечистоты и властвует над ним, и оно оскверняется. И человек не должен утром подносить руки к глазам, потому что дух нечистоты властвует над ним.

84) Яаков, хотя и был любим Творцом, всё же из-за того, что остался один, иной дух должен был соединиться с ним.

---

[80] Пророки, Шмуэль 2, 7:14. «И если он согрешит, то Я накажу его палкой по-человечески, наказанием людским».

85) Сказано о том самом грешнике Биламе: «И пошел он в одиночестве»[81]. Что значит «в одиночестве»? Один. Подобно сказанному: «Аспидом на пути»[82], как тот самый змей, который ползает один и подстерегает на путях и тропах. Так и Билам шел в одиночку, для того чтобы навлечь на себя дух нечистоты, ибо всякий, кто идет один в известное время, даже (находясь) в городе, в известных местах, навлекает на себя дух нечистоты.

86) Поэтому человек не должен ходить в одиночку по дороге и по городу, но только по тем местам, где ходят или находятся люди. И также не должен человек отправляться один ночью, так как в это время нет людей. И это смысл сказанного: «И не оставляй труп на ночь на дереве»[83] – для того, чтобы не оставлять ночью на земле мертвое тело, из которого изошел дух. И потому этот грешник Билам пошел один, подобно тому самому змею.

---

[81] Тора, Бемидбар, 23:3. «И сказал Балак Биламу: "Стань у жертвы всесожжения твоей, а я пойду, может быть, явится Творец мне навстречу, и то, что Он укажет мне, скажу я тебе". И пошел он в одиночестве"».

[82] Тора, Берешит, 49:17. «Будет Дан змеем на дороге, аспидом на пути, который язвит ногу коня, и падает всадник его навзничь».

[83] Тора, Дварим, 21:23. «И не оставляй труп на ночь на дереве, но погреби его в тот же день, ибо поругание Всесильного повешенный, не оскверняй же земли твоей, которую Творец Всесильный твой, дает тебе в удел».

ГЛАВА ВАИШЛАХ

И боролся некто с ним

87) «И боролся некто с ним»⁸⁴. Что значит: «И боролся (ва-еавéк יֵּאָבֵק)»? Из пыли (авак אָבָק) явился к нему. И нам сейчас предстоит выяснить, что пыль ничего не значит в сравнении с прахом. Что (общего) между прахом и пылью? Оставшееся от того, что сгорело в огне, называется пылью, и она никогда не даст плодов. А из праха произрастают все плоды, и он – общность всего, как наверху, так и внизу.

Объяснение. Нуква Зеир Анпина называется прахом. И она – общность всех миров, и всё, что находится в БЕА, является ее порождениями. А «пыль» – это Нуква Сама, а он – «иной бог, который не принесет плодов», и поэтому она называется пылью.

88) Если прах настолько важен, что означает: «Поднимает из праха нищего»? Употребляется в прямом значении – ничтожность. Но именно таким образом – «поднимает из праха нищего», потому что у Нуквы, которая называется «прах», нет совершенно ничего своего, а получает она все от Зеир Анпина. И из этого праха, у которого нет ничего, когда она (Нуква) не находится в зивуге с Зеир Анпином, выходит нищий, у которого нет ничего. И из того же праха, когда она в соединении с Зеир Анпином, появляются все плоды и всё существующее в мире изобилие, и через него происходят все действия в мире, как сказано: «Всё произошло из праха, и все возвратится в прах»⁸⁵.

И мы изучали, что все произошло из праха, даже солнечный круг. Но пыль (авак אָבָק) никогда не дает плодов. И поэтому сказано: «И боролся (ва-еавек יֵּאָבֵק) некто с ним»⁸⁴ – т.е. Сам, который приходит к той же самой пыли, своей Нукве, и восседает на ней, чтобы обвинять Яакова.

89) «До восхода зари»⁸⁴ – с которой ушло его правление и исчезло. И то же самое произойдет в грядущем будущем. Ибо изгнание теперь подобно ночи, и это ночь, т.е. тьма, и эта пыль властвует над Исраэлем. И они будут повержены в прах до тех

---

⁸⁴ Тора, Берешит, 32:25. «И остался Яаков один. И боролся некто с ним до восхода зари».

⁸⁵ Писания, Коэлет, 3:20. «Все идет в одно место; все произошло из праха, и все возвратится в прах».

пор, пока не взойдет свет, и не засияет день. И тогда придут к власти Исраэль и будет отдана им Малхут, поскольку станут они «святыми Всевышнего», как сказано: «А царство и власть, и величие царств, что под небесами, будет дано народу святых Всевышнего»[86].

---

[86] Писания, Даниэль, 7:27. «А царство и власть, и величие царств, что под небесами, будет дано народу святых Всевышнего, царство его – царство вечное, и все властители будут служить ему и повиноваться».

ГЛАВА ВАИШЛАХ

Отпусти меня, ибо взошла заря

90) «И сказал тот: "Отпусти меня, ибо взошла заря", но он сказал: "Не отпущу тебя, пока не благословишь меня"»[87]. Заговорил рабби Йегуда, провозгласив: «"Кто это выглядывает подобно заре, прекрасная как луна, ясная как солнце, грозная как войска со знаменами"[88] – мы уже выясняли смысл сказанного.[89] Но "кто это выглядывает подобно заре" – это Исраэль. Когда Творец поднимет их и выведет из изгнания, приоткроется им очень тонкий и слабый просвет. А затем раскроется им другой вход, чуть больше этого, до тех пор, пока Творец не распахнет им высшие врата, раскрывающиеся в четырех сторонах мира». Объяснение. Избавление их раскроется не сразу, а подобно заре, «светящей всё сильнее, до полного дня»[90]. И поэтому сказано о них: «Кто это выглядывает подобно заре»[88].

91) И также всё, что делает Творец Исраэлю и праведникам среди них, Он так делает – т.е. избавляет их постепенно, а не сразу. Подобно тому, как человеку, находящемуся во тьме и всегда жившему во тьме, если хотят ему посветить, то сначала нужно приоткрыть ему маленький просвет, размером с игольное ушко, а затем немного больше, и так с каждым разом всё больше, пока не озарят его всем светом, как полагается.

92) И так же Исраэль, как сказано: «Постепенно изгоню их от тебя, пока ты не умножишься»[91]. И так же тот, к кому приходит исцеление, приходит оно не сразу, а постепенно, пока не излечится. Однако у Эсава это не так, но свет сразу озаряет его, а затем постепенно исчезает, пока Исраэль не усилятся и не изведут его отовсюду, – как из этого мира, так и из мира будущего. И из-за того, что свет вначале озарил его сразу, приходит к нему уничтожение отовсюду. А свет Исраэля

---

[87] Тора, Берешит, 32:27. «И сказал тот: "Отпусти меня, ибо взошла заря", но он сказал: "Не отпущу тебя, пока не благословишь меня"».
[88] Писания, Песнь песней, 6:10. «Кто это выглядывает подобно заре, прекрасная как луна, ясная как солнце, грозная как войска со знаменами».
[89] См. Зоар, главу Берешит, часть 1, п. 277.
[90] Писания, Притчи, 4:18. «Путь праведных – как светило лучезарное, светящее все сильнее, до полного дня».
[91] Тора, Шмот, 23: 30. «Постепенно изгоню их от тебя, пока ты не умножишься и не овладеешь этой землей».

возрастает понемногу, пока они не окрепнут, – и будет светить им Творец вовеки.

93) И все спрашивают о них, восклицая: «Кто это выглядывает подобно заре»[88]?! «Заря» – это предутренний мрак, т.е. тьма, усиливающаяся перед утренним светом, и это очень тонкий свет, как мы уже упомянули. А затем «прекрасная, как луна»[88], ибо лунный свет ярче, чем рассвет. А затем «ясная, как солнце»[88], свет которого сильнее и ярче, чем свет луны. А затем «грозная, как войска со знаменами»[88], и это означает, что она сильна, как подобает, благодаря сильному свету. «Со знаменами»[88] – это четыре знамени, которые включают двенадцать колен, т.е. окончательное наполнение Нуквы.

94) Когда прекращается день, и свет скрыт, и наступает утро, чтобы нести свет, оно начинает светить постепенно, пока не усилится свет как положено. И так же, когда Творец пробудится, чтобы светить собранию Исраэля, Он сначала будет светить «подобно заре»[88], которая черна, затем – «прекрасно, как луна»[88], затем – «ярко, как солнце»[88], а затем – «грозно, как войска со знаменами»[88].

95) «Ибо взошла заря»[87]. Сказано не «показалась заря», а «взошла заря». Поскольку в тот час, когда показалась заря, начал брать верх покровитель Эсава и нанес повреждение Яакову, и нанес этот покровитель повреждение Яакову с целью дать Эсаву силы, чтобы укрепиться.

96) Но когда возрастает предрассветная тьма, приходит свет, и Яаков берет верх, ибо тогда приходит его время светить, как сказано: «И засияло ему солнце, когда он проходил через Пнуэль, и он хромает на бедро свое»[92]. «И засияло ему солнце» – так как настало время светить.

97) «И он хромает на бедро свое»[92] – это намек. Ведь пока что Исраэль находятся в изгнании, терпя боль и страдания, и многочисленные беды. Когда же засветит им день и наступит покой, взглянут они, и будет им больно оттого, что терпели все эти беды и страдания, и поразятся им. Поэтому сказано: «И засияло ему солнце»[92] – солнце, относящееся ко времени

---

[92] Тора, Берешит, 32:32. «И засияло ему солнце, когда он проходил через Пнуэль, и он хромает на бедро свое».

покоя. И тогда «он хромает на бедро свое», – испытывая боль и сам сожалея о том, что случилось с ним.

98) А когда взошла утренняя заря, Яаков приобрел силы и держал его, так как ослабла сила ангела, потому что он обладает властью только ночью, а Яаков властвует днем. Поэтому «и сказал тот: "Отпусти меня, ибо взошла заря"» – поскольку я нахожусь в твоей власти.

ГЛАВА ВАИШЛАХ

Бедренное сухожилие

99) «Поэтому сыны Исраэля не едят бедренного сухожилия»[93], и запрещено оно даже для наслаждения, и даже давать собаке запрещено. И почему называется оно бедренным сухожилием (гид а-нашэ גִּיד הַנָּשֶׁה)? Потому что отодвигает (менасэ מְנַשֶּׁה), т.е. уводит людей от служения Творцу. И там лежит злое начало.

100) И когда ангел боролся с Яаковом, не нашел он места в его теле, чтобы смог одолеть Яакова, поскольку все органы тела Яакова помогали ему. Ибо все они были крепки, и не было в них слабости, а клипа удерживается только в месте недостатка и слабости.

Что он сделал? «И затронул сустав бедра его»[94], бедренное сухожилие – свой род, т.е. злое начало, относящееся к его роду. И там его место, злого начала, и оттуда приходит злое начало к людям. Объяснение. «Бедренное сухожилие» – это место злого начала, и оно принадлежит роду ангела Сама, поэтому он был способен удерживаться там.

101) И потому говорит Тора: «Сыны Исраэля не едят бедренного сухожилия»[93]. Под органами человека подразумевается то, что вверху: если орган хороший, он притягивает хорошее, а если он плохой, притягивает плохое. И каждый орган, который едят от животных, укрепляет соответственно ему орган у того человека, который ест. И конечно же, «бедренное сухожилие» укрепляет злое начало, принадлежащее его роду, и сыны Исраэля не едят его, потому что они не относятся к его стороне и к его роду. Но народы-идолопоклонники его едят, так как относятся к стороне и роду своего ангела, Сама, и это придает твердость их сердцу.

102) Поскольку у человека есть двести сорок восемь органов, соответствующие двумстам сорока восьми заповедям Торы, которые даны для выполнения, и соответствующие двумстам

---

[93] Тора, Берешит, 32:33. «Поэтому сыны Исраэля не едят бедренного сухожилия, что на суставе бедра, до сего дня, ибо затронул он бедренный сустав Яакова, бедренное сухожилие».
[94] Тора, Берешит, 32:26. «И увидел он, что не может одолеть его, и затронул сустав бедра его и вывихнул бедренный сустав Яакова, когда боролся с ним».

сорока восьми ангелам, в которых облачилась Шхина, и зовутся они по имени Господина своего.

103) И есть в человеке триста шестьдесят пять сухожилий, которым соответствуют триста шестьдесят пять заповедей, указывающих что нельзя делать, и «запрет бедренного сухожилия» относится к одной из них. И они соответствуют тремстам шестидесяти пяти дням года, в которые включены десять дней раскаяния. И Девятое ава – один из них, и он соответствует ангелу Саму, который является одним из трехсот шестидесяти пяти ангелов, управляющих тремястами шестьюдесятью пятью днями года. И получается, что Девятое ава в трехстах шестидесяти пяти днях года и бедренное сухожилие в трехстах шестидесяти пяти сухожилиях – это одно свойство. И потому говорит Тора: «Сыны Исраэля не едят бедренного сухожилия (эт гид а-наше את גיד הנשה)». Предлог «эт (את)» означает – включая Девятое ава, когда не едят и не пьют, поскольку это то же самое свойство, что и бедренное сухожилие.

104) И потому видел Творец всё, и дан в Писании намек о Яакове. «И боролся некто с ним»[95], то есть во все дни года, и со всеми органами Яакова. И не нашел он места, чтобы зацепиться, кроме как за это бедренное сухожилие. И сразу ослабла сила Яакова. А из дней года нашел он день Девятого ава, когда одолел Сам, и нам был вынесен приговор, и был разрушен Храм. И всякий, кто ест Девятого ава, как будто ест бедренное сухожилие. А если бы не ослабла та сила бедра Яакова, одолел бы его Яаков, и была бы сломлена сила Эсава вверху и внизу.

105) «И не поднялся более в Исраэле пророк, подобный Моше»[96]. Что отличает Моше от других пророков мира? Моше смотрел в зеркало, которое светит, Зеир Анпин, а другие пророки смотрели в зеркало, которое не светит, Нукву. Моше слышал пророчество и стоял на ногах, и сила его росла, и знал он в нем всё с предельной ясностью, как сказано, «явственно, а не загадками»[97]. Другие пророки падали ниц во время

---

[95] Тора, Берешит, 32:25. «И остался Яаков один. И боролся некто с ним, до восхода зари».

[96] Тора, Дварим, 34:10. «И не поднялся более в Исраэле пророк, подобный Моше, которого бы знал Творец лицом к лицу».

[97] Тора, Бемидбар, 12:8. «Устами к устам говорю Я ему, и явственно, а не загадками, и облик Творца он зрит. Почему же не убоялись вы говорить против раба Моего, против Моше?»

пророчества, и ослабевала сила их, и не могли достичь ясности. Кто был причиной, что не могли они? Как сказано: «Ибо затронул он бедренный сустав Яакова»[93], «и он хромает на бедро своё»[92]. Объяснение. Пророчество идет от Нецах и Ход Зеир Анпина, которые являются двумя бёдрами. И поскольку бедро было повреждено, в их пророчестве нет достаточной ясности.

106) И все эти пророки не могли в полной мере постичь, что собирается Творец сделать Эсаву, кроме пророка Овадьи, который был гером, происходившим со стороны Эсава. Он полностью постиг то, что касается Эсава, и не ослабла сила его, как сказано в книге Овадьи.

107) Но сила всех остальных пророков ослабла, и не могли они постигать и воспринимать (пророчество) в полной мере, как должно. «Ибо затронул он бедренный сустав Яакова, бедренное сухожилие»[93], т.е. взял и вытянул всю силу бедра, и потому была сломлена сила бедра, и остался он хромающим на бедро. И все пророки мира не смогли постичь и использовать ее. И мы видим, что все пророки, кроме Моше, не смогли использовать свою силу как должно.

108) А когда кто-либо учит Тору, и некому поддержать его, и некому дать денег на самое необходимое ему, чтобы укрепить его, тогда с каждым поколением забывается Тора, и с каждым днем ослабевает сила Торы, ибо им, занимающимся Торой, не на что опереться. Именно об этом сказано: «И он хромает на бедро» – т.е. не дают поддержки и сил ученикам мудрецов, чтобы те смогли заниматься Торой. И потому царство зла усиливается с каждым днем.

И к чему привел этот грех?! Из-за того, что некому поддержать Тору, т.е. Зеир Анпин, как подобает, стали слабыми и поддерживающие Зеир Анпин, т.е. Нецах и Ход Зеир Анпина, и они приводят к тому, что усиливается не имеющий ни голеней, ни ног, чтобы стоять на них, т.е. первородный змей.

109) «И сказал Творец Всесильный змею: "За то, что ты сделал это, проклят ты более всякого скота и всякого зверя полевого!

На чреве твоем передвигаться будешь"»[98]. Что значит: «На чреве твоем передвигаться будешь»? Это значит, что были сломлены поддерживающие его, и он лишился ног, и ему не на чем стоять. И так же Исраэль, если они не хотят поддерживать Тору, т.е. давать пропитание ученикам мудрецов, занимающимся Торой, то дают змею поддержку и ноги, чтобы стоять и укрепляться с помощью них. Ибо из недостатков святости строится ситра ахра.

110) Сколько же хитрости и обмана применил в ту ночь оседлавший змея, т.е. Сам, против Яакова. Ибо он знал, что сказанное: «Голос – голос Яакова, а руки – руки Эсава»[99] означает – если прерывается голос Яакова, голос Торы, дается сила в «руки – руки Эсава». Поэтому он рассмотрел со всех сторон, как уязвить Яакова и прервать голос его Торы.

111) И видел его сильным во всех отношениях. Видел руки, с одной и с другой стороны, т.е. Хесед и Гвуру, называемые Авраам и Ицхак, что сильны они. Видел тело, – т.е. Яакова, соединяющего обе руки, – что укрепляется оно между ними. И видел силу Торы его, которая крепка во всех отношениях. Тогда-то «и увидел он, что не может одолеть его»[100]. Что сделал он? Сразу же: «И затронул сустав бедра его»[100] – т.е. поддерживающих Тору, так как действовал против него с хитростью. Сказал он: «Раз сокрушены поддерживающие Тору, с этого момента и Тора не сможет больше укрепиться», и тогда исполнится то, что сказал их отец: «Голос – голос Яакова, а руки – руки Эсава»[99], а также: «И будет, когда возопишь, свергнешь иго его с шеи твоей»[101].

112) И этим он решил перехитрить Яакова. Ведь Эсав направлял свои силы на то, чтобы сломить силу его Торы. Но когда увидел, что не может причинить вред Торе его, он ослабил силы тех, кто поддерживает изучающих Тору. Ибо если не найдется тех, кто поддерживает изучающих Тору, уже не будет тогда «голос – голос Яакова», а будут «руки – руки Эсава».

---

[98] Тора, Берешит, 3:14. «И сказал Творец Всесильный змею: "За то, что ты сделал это, проклят ты более всякого скота и всякого зверя полевого! На чреве твоем передвигаться будешь и прах будешь есть все дни жизни твоей"».

[99] Тора, Берешит, 27:22. «И подступил Яаков к Ицхаку, отцу своему, и он ощупал его и сказал: "Голос – голос Яакова, а руки – руки Эсава"».

[100] Тора, Берешит, 32:26. «И увидел он, что не может одолеть его, и затронул сустав бедра его и вывихнул бедренный сустав Яакова, когда боролся с ним».

[101] Тора, Берешит, 27:40. «И с мечом твоим жить будешь и брату своему служить. И будет, когда возопишь, свергнешь иго его с шеи твоей».

113) И когда Яаков увидел это, как только взошла заря, напал на него и пересилил его настолько, что тот благословил его и открыл ему вместе с благословениями, сказав: «Не Яаков отныне будет имя твое, а Исраэль»[102]. «Не Яаков (יעקב)», – что указывает на обман, как сказано: «Что он обошел (яаквени יעקבני) меня дважды»[103], «а Исраэль»[102], т.е. имя величавое и доблестное, так как никто не одолел тебя. Поскольку имя «Исраэль» указывает на власть и величие, как сказано: «Ибо ты боролся с ангелом и с людьми, и преодолел»[102].

114) От этого змея множество воинств распространяется в каждую сторону, и находятся они в мире возле людей. И должны они питать это бедренное сухожилие, ведь хотя и приблизился к нему тот, кто восседает на змее, т.е. Сам, оно существует и пребывает в цвете, и не сокрушено.

Для того чтобы объяснить эти слова, нужно сначала разъяснить всю эту статью целиком. И мы уже знаем, что триста двадцать искр упало при разбиении келим в мире Некудим. И это десять сфирот, в каждой из которых разбилось тридцать два свойства, – т.е. восемь мелахим Даат-Хесед-Гвура-Тиферет-Нецах-Ход-Есод-Малхут, в каждом из которых четыре свойства ХУБ ТУМ, всего тридцать два. А десять раз по тридцать два – в гематрии ШАХ (320 ש״ך).

И девять первых сфирот в них выявляются и исправляются Создателем, который выстраивает из них четыре мира АБЕА, и праведниками посредством соблюдения Торы и заповедей. И это девять раз по тридцать два – в гематрии РАПАХ (288 רפ״ח). Но последняя сфира из них, и это Малхут, которая тоже включает тридцать два свойства, остается невыявленной среди клипот. И нельзя выявить и исправить ее в течение шести тысяч лет. И потому называется она «лев а-эвен (לב האבן каменное сердце)». Поскольку производить выявление из нее можно, только остерегаясь должным образом, чтобы выявлять не более двухсот восьмидесяти восьми искр. И в течение шести тысяч лет она выявляется сама по себе, без какого-либо действия снизу. И тогда сказано о ней: «И удалю из плоти вашей сердце каменное

---

[102] Тора, Берешит, 32:30. «И сказал он: "Не Яаков отныне будет имя твое, а Исраэль, ибо ты боролся с ангелом и с людьми, и победил"».

[103] Тора, Берешит, 27:36. «И сказал он: "Потому ли нарек ему имя Яаков (יעקב), что он обошел (יעקבני) меня дважды: мое первородство взял и вот ныне взял мое благословение!" И сказал: "Неужели ты не оставил мне благословения?"»

(лев а-эвен לב האבן)»¹⁰⁴. И это тридцать два свойства в кли Малхут, которая разбилась и облачилась в клипот. И исправление лишь в руках Творца, но не в руках человека.

И известно, что во всем есть мир, год, душа. И поэтому в «лев а-эвен» тоже есть мир, год, душа. В свойстве «мир» – это первородный змей, которого оседлал Сам. В свойстве «год» – Девятое ава. А в свойстве «душа» – бедренное сухожилие.

Сказано: «И увидел он, что не может одолеть его»¹⁰⁰ – потому что Яаков был совершенен со стороны всех двухсот восьмидесяти восьми искр, которые он уже полностью исправил. Тогда «и затронул сустав бедра его»¹⁰⁰ – т.е. бедренное сухожилие, ибо оно еще не было выявлено. Поэтому «и вывихнул бедренный сустав Яакова»¹⁰⁰, ибо так же как есть у Сама сила оседлать змея, так же есть у него сила против бедренного сухожилия, поскольку они являются тем же свойством: одно – в мире, а другое – в душе.

И это означает сказанное¹⁰⁵: «"И боролся некто с ним"⁹⁵, то есть во все дни года, и со всеми органами Яакова» – иначе говоря, в свойстве «год» и в свойстве «душа». «И не нашел он места, чтобы зацепиться, кроме как за это бедренное сухожилие. И сразу ослабла сила Яакова. А из дней года нашел он день Девятого ава». Ибо «бедренное сухожилие» – это свойство «лев а-эвен» в душе, а «Девятое ава» – это свойство «лев а-эвен» в году, и они еще не были выявлены из клипот. И поэтому он зацепился за них.

«И всякий, кто ест Девятого ава, как будто ест бедренное сухожилие» – потому что едой называется выявление из клипот. И поскольку «бедренное сухожилие» – это свойство «лев а-эвен», в Писании сказано, что «сыны Исраэля не едят бедренного сухожилия»⁹³, так как человеку нельзя его выявлять. И по этой причине нельзя есть Девятого ава, потому что в этот день, который является свойством «лев а-эвен», запрещено выявление. Таким образом, запрет бедренного сухожилия и запрет есть Девятого ава являются тем же самым.

---

[104] Пророки, Йехезкель, 36:26. «И дам вам сердце новое и дух новый вложу в вас. И удалю из плоти вашей сердце каменное, и дам вам сердце из плоти».
[105] См. выше, п. 104.

Поэтому сказано здесь: «И должны они питать это бедренное сухожилие» – т.е. хотя и нельзя его выявлять и употреблять в пищу, поскольку клипот держатся за него, все же заповедано нам давать ему пропитание до будущего времени, пока оно не будет исправлено Создателем, «ведь хотя и приблизился к нему тот, кто восседает на змее́, оно существует» – несмотря на то, что Сам и зацепился за него, он его этим не отменил. «И оно пребывает в цвете, и не сокрушено» – хотя нет ему исправления по его сути, в любом случае есть ему исправление в его цвете. Ибо цвет его, а это черный цвет, включается в три цвета святости девяти первых сфирот, и оно получает от них свечение и исправление, чтобы могло таким образом существовать и быть пригодным для выявления в будущем времени.

115) И нужно умножать силу святости в мире и показывать ее. Как сказано: «Ибо ты боролся с ангелом и с людьми, и преодолел»[102]. И когда видит он, что бедренное сухожилие не «сокрушено», ибо притягивают к нему свечение для существования его и не употребляют в пищу это место, – т.е. остерегаются есть его, что означает выявлять, – тогда разбивается сила и мощь Сама, и не может он навредить сыновьям Яакова. И потому мы не должны допускать, чтобы люди в мире ели его и наслаждались им.

116) «Ибо затронул бедренный сустав Яакова»[93]. Здесь сказано, что он коснулся сустава, и также в другом месте сказано: «Всякий коснувшийся мертвого»[106], – как там нечистота, так и тут нечистота. Ибо Сам осквернил это место, т.е. бедренное сухожилие, а от нечистого места нельзя нам наслаждаться ни в каком виде. И тем более в месте, к которому приблизилась нечистая сторона – Сам. И Тора не говорит более, чем «затронул», как сказано: «Ибо затронул его бедренный сустав». И сказано: «А все, чего коснется нечистый, нечисто будет»[107] – это учит нас тому, что Сам осквернил то место своим прикосновением. Благословен Милосердный, даровавший Тору Исраэлю, чтобы удостоиться с помощью нее этого мира и мира будущего, как сказано: «Долгоденствие в правой руке ее, в левой – богатство и почет»[108].

---

[106] Тора, Бемидбар, 19:13.

[107] Тора, Бемидбар, 19:22. «А все, чего коснется нечистый, нечисто будет; и всякий коснувшийся (его) нечист будет до вечера».

[108] Писания, Притчи, 3:16. «Долгоденствие в правой руке ее, в левой – богатство и почет».

ГЛАВА ВАИШЛАХ

И поклонился до земли

117) «И он пошел перед ними и поклонился до земли семь раз, пока подходил к брату своему»[109]. Заговорил рабби Эльазар, провозгласив: «"Ибо ты не должен поклоняться богу иному"[110]. Разве Яаков, избранный среди праотцев, который избран в совершенный удел Творцу, наиболее приблизившийся к Нему, поклонился этому грешнику Эсаву, находившемуся на стороне иного бога, – ведь поклоняющийся ему, поклоняется иному богу? Можно подумать, что это как в рассказе с лисом: настал его час, и пришли поклоняться ему. Эта аллегория показывает, что наступает время, когда лис царствует над всеми зверями, и тогда, хотя это – самый маленький из зверей, все поклоняются ему. Так и здесь: Яаков поклонился Эсаву, так как пришло его время. Но это не так, ибо Эсав – он все равно, что иной бог, а Яаков никогда не стал бы поклоняться этой стороне и этому уделу».

118) Мы изучали, что недопустимо, чтобы мир у грешников наступал раньше времени. А если нельзя, как же Давид (велел) передать грешнику Навалу: «И скажите: "Так будет дающему жизнь! Мир тебе и дому твоему мир, и всем твоим мир"»[111]? Однако «Так будет дающему жизнь» означает: «Так будет Дающему жизнь мирам», т.е. Творцу, а не Навалу. Навал же будет думать, что речь идет о нем.

119) Подобно этому: «И поклонился Исраэль в сторону изголовья постели»[112]. Поклонился ли он своему сыну? Нет, он преклонил колени и поклонился месту Шхины, находившейся у изголовья постели. Ведь Шхина находится у изголовья больного. Так и здесь: «И он пошел перед ними»[109]. «И он» – это высшая Шхина, которая шла перед ним, т.е. высшее управление, которое оберегало его. И когда увидел ее Яаков, сказал, что теперь настало время поклониться Творцу, который шел перед ним.

---

[109] Тора, Берешит, 33:3. «И он пошел перед ними и поклонился до земли семь раз, пока подходил к брату своему».
[110] Тора, Шмот, 34:14.
[111] Пророки, Шмуэль 1, 25:6. «И скажите: "Так будет дающему жизнь! Мир тебе и дому твоему мир, и всем твоим мир».
[112] Тора, Берешит, 47:31. «Он же сказал: "Поклянись мне!". И тот поклялся ему. И поклонился Исраэль в сторону изголовья постели».

120) Преклонил колени «и поклонился до земли семь раз, пока подходил к брату своему»[109]. Не сказано: «И поклонился Эсаву», но когда увидел, что Творец идет перед ним, поклонился в Его сторону, чтобы не оказывать чести поклонения кому-то другому, кроме Него. И все было сделано как подобает. Счастливы праведники, ведь все их деяния посвящены величию Господина своего, и чтобы не отклониться ни вправо, ни влево от прямого пути, пролегающего посередине.

ГЛАВА ВАИШЛАХ

И обнял его, и пал на шею его

121) «И побежал Эсав ему навстречу и обнял его, и пал на шею его»[113], «шею его (цаварáв צַוָּארָו)» написано без «йуд י», и сказано: «И целовал его, и они плакали»[113]. Сказал рабби Ицхак: «"А нечестивые – как море разбушевавшееся, когда утихнуть не может оно, и извергают воды его ил и грязь"[114]. Есть в словах Торы множество высших тайн, отличающихся друг от друга, но всё это – одно целое».

122) «А нечестивые – как море разбушевавшееся, когда утихнуть не может оно» – это Эсав, все деяния которого совершаются в злодействе и грехе. И когда он шел к Яакову, его деяния не были в совершенстве. «И пал на шею его (цаварав досл. на шеи его)»[113] – но это одна шея, так как недостает буквы «йуд י», Йерушалаима, который называется шеей всего мира.

И говорит Писание: «И пал на шею его (цаварав צַוָּארָו)», а не «на шеи (цаварав צַוָּארָיו)», с буквой «йуд י», поскольку два раза был разрушен Храм: один раз – Вавилоном, и один раз – потомками Эсава. Получается, что Эсав обрушился на Йерушалаим и разрушил его только один раз. И потому сказано: «И пал на шею его (цаварав צַוָּארָו)» – одну, без «йуд י», и это означает, что разрушил его только один раз.

123) «И целовал его (ва-ишакеу וַיִּשָּׁקֵהוּ)» – огласовка стоит над буквами, и это указывает, что не по желанию поцеловал его. Как сказано: «И лживы поцелуи врага»[115] – это Билам, который благословлял Исраэль, но благословлял его не по желанию сердца. Так же и в этом случае, «лживы поцелуи врага»[115] – это Эсав.

124) Сказано: «Восстань, Творец! Спаси меня, Всесильный мой! Ты дашь пощечину врагам моим, разобьешь зубы злодеям»[116]. Мы изучали, что следует читать не «разобьешь»,

---

[113] Тора, Берешит, 33:4. «И побежал Эсав ему навстречу и обнял его, и пал на шею его, и целовал его, и они плакали».
[114] Пророки, Йешаяу, 57:20. «А нечестивые – как море разбушевавшееся, когда утихнуть не может оно, и извергают воды его ил и грязь».
[115] Писания, Притчи, 27:6. «Полезны раны от любящего, и лживы поцелуи врага».
[116] Писания, Псалмы, 3:8. «Восстань, Творец! Спаси меня, Всесильный мой! Ты дашь пощечину врагам моим, разобьешь зубы злодеям».

а «покажешь оскал (злодеев)»,¹¹⁷ как сказано об Эсаве, что «оскалились» его зубы, когда задумал растерзать его (Яакова).

125) И потому «они плакали». Насколько же все сердце и желание Эсава были направлены на то, чтобы навредить Яакову, ведь даже в тот момент, когда целовал его, он думал о том, что если продлятся дни его, он будет делать тому зло и огорчать его. И поэтому «они плакали». Один плакал, так как не думал, что спасется от него. А другой плакал, что не может убить его (Яакова), поскольку отец его еще жив.

126) И конечно же, гнев Эсава ослаб, когда он увидел Яакова. И в чем тут дело? В том, что согласился с ним покровитель Эсава, т.е. примирился с ним и согласился на благословения.¹¹⁸ И потому не мог Эсав властвовать в гневе своем, потому что все вещи в этом мире зависят от высшего (управления). И если сначала приходят к согласию наверху, приходят и к согласию внизу. И нет также власти внизу, пока эта власть не дается свыше. И таким образом всё связано друг с другом. И всё, что делается в этом мире, зависит от того, что делается свыше.

---

¹¹⁷ Вавилонский Талмуд, трактат Брахот, лист 54:2.
¹¹⁸ См. выше, п. 113.

ГЛАВА ВАИШЛАХ

Пусть же пойдет господин мой впереди раба своего

127) «Пусть же пойдет господин мой впереди раба своего. А я буду двигаться медленно, по мере продвижения работы, предстоящей мне, и по мере продвижения детей, пока не приду к господину моему в Сеир»[119]. Яаков не хотел сейчас принимать благословений первородства, которыми благословил его отец.[120] Кроме того, еще не исполнилось у него ни одно из них, потому что отложил он их до последующих дней, когда в них будут нуждаться сыновья его, чтобы воспользоваться ими наперекор всем народам мира.

128) И поэтому в час, когда сказал Эсав: «"Поднимемся и пойдем"[121], поделим весь этот мир между нами, и будем властвовать в нем вместе», сказал Яаков: «Пусть же пойдет господин мой впереди раба своего»[119]. Это значит: сначала будет Эсав властвовать – сейчас, в этом мире. «Пусть же пойдет» – это выражение превосходства. Как сказано: «И царь прошел пред ними, и Творец – во главе них»[122]. То есть Яаков сказал ему: «Сначала властвуй ты – сейчас, в этом мире. "А я буду двигаться медленно"[119] – а я подниму себя в мир будущий, в последующие дни – в те дни, которые приходят медленно».

129) «По мере продвижения работы»[119]. Что это за работа? Это «зеркало, которое не светит» – т.е. Нуква Зеир Анпина, посредством которой выполняются все работы в мире. «Предстоящей мне» – это Нуква, которая везде перед Творцом, т.е. Зеир Анпином. «И по мере продвижения детей»[119] – это херувимы, относящиеся к свойству «малый лик»,[123] которое указывает на веру, т.е. Нукву. И Яаков связан с нею, потому что благодаря этим мохин существует Нуква.

---

[119] Тора, Берешит, 33:14. «Пусть же пойдет господин мой впереди раба своего. А я буду двигаться медленно, по мере продвижения работы, предстоящей мне, и по мере продвижения детей, пока не приду к господину моему в Сеир».
[120] См. Зоар, главу Толдот, п. 201.
[121] Тора, Берешит, 33:12. «И сказал: "Поднимемся и пойдем; и я пойду пред тобою"».
[122] Пророки, Миха, 2:13.
[123] См. «Предисловие книги Зоар», п. 5, со слов: «И сказано: "А если бы они не показались к этому времени..."»

130) «Пока не приду к господину моему в Сеир»¹¹⁹. Яаков сказал ему: «Я буду терпеть изгнание твое, пока не подойдет и не наступит мое время властвовать над горой Эсава». Как сказано: «И взойдут спасители на гору Цион, чтобы судить гору Эсава»¹²⁴. Именно тогда «и будет Творцу царство»¹²⁴.

---

124 Пророки, Овадья, 1:21. «И взойдут спасители на гору Цион, чтобы судить гору Эсава; и будет Творцу – царство».

И построил себе дом

131) «А Яаков двинулся в Суккот и построил себе дом, а для скота своего сделал шалаши, поэтому он нарек имя месту Суккот»[125]. Заговорил рабби Хия, провозгласив: «"Если Творец не построит дом, напрасен труд строивших его, если Творец не охраняет город, напрасно усердствует страж"[126]». «В час, когда Творец» – Зеир Анпин, «пожелал сотворить мир» – т.е. выстроить парцуф Нуквы, называющейся миром, «Он извлек из твердой искры» – т.е. экрана, «одну связь». Иначе говоря, Зеир Анпин поднялся в МАН к Име, и там вышла ступень хасадим на его экран де-хирик, и эта ступень является средней линией, связывающей две линии Бины, правую и левую, друг с другом, и поэтому она называется связью. «И она загорелась изнутри тьмы» – т.е. включилась в левую линию, которая является тьмой, и свечение ее называется горением, и она относится к свойству «светила огненные». И это свечение, представляющее собой свечение Хохмы, «продолжает подниматься» – т.е. светит снизу вверх, а свечение ее самой, т.е. хасадим, «опускается вниз» – светит сверху вниз.

Объяснение. Когда средняя линия связывает друг с другом две линии, правую и левую, таким образом, чтобы обе они светили, она поддерживает при этом свечение левой линии так, чтобы распространялось снизу вверх, а свечение правой линии – сверху вниз.[127]

«Эта тьма озаряет сто путей». После того как разъяснилось, каким образом образуется связь, называемая средней линией, и как она исправляет свечение двух линий надлежащим образом, – разъясняется теперь, каким образом левая линия, являющаяся тьмой, включает в себя все три линии и создает Нукву. И говорится, что «эта тьма», левая линия, «озаряет» и освещает «сто путей, тончайшие тропинки и большие тропы, и они образуют дом мира» – и из них выстраивается Нуква, называемая «дом».

---

[125] Тора, Берешит, 33:17. «А Яаков двинулся в Суккот и построил себе дом, а для скота своего сделал шалаши, поэтому он нарек имя месту Суккот».
[126] Писания, Псалмы, 127:1. «Если Творец не построит дом, напрасен труд строивших его, если Творец не охраняет город, напрасно усердствует страж».
[127] См. Зоар, главу Берешит, часть 1, п. 45.

Объяснение. Есоды Абы ве-Имы называются путями, а Есоды ИШСУТ называются тропами.[128] И известно, что правая линия – это Аба ве-Има, которые светят в свойстве «чистый воздух», называемом укрытыми хасадим. А левая линия – это ИШСУТ, светящие свечением Хохмы, когда «йуд י» выходит из «воздуха (авир איר)», и он становится «светом (ор אור)».[129] И потому называет включение левой линии в правую свойством «сто путей», так как получает наполнение от Есодов Абы ве-Имы, называющихся «путями», а число сто, потому что она исходит от ИШСУТ, сфирот которых исчисляются в сотнях.

И свечение Хохмы в левой линии, привлекаемое от Есодов ИШСУТ, называющихся «тропами», делится на два вида:
1. Прежде чем она включилась в среднюю линию, называется «тонкими тропинками», поскольку тогда они перекрываются и застывают.
2. После ее включения в среднюю линию оно называется «большими тропами», так как теперь она светит очень широко.

«Тонкие тропинки» – от само́й левой линии. «Большие» – от средней линии. И после того как тьма, левая линия, включена в эти три линии, выстраивается из нее Нуква, называющаяся «дом мира».

132) «Этот дом – в середине всего» – в средней линии всех троп и путей, т.е. в тех, которые называются большими тропами. «Много входов и помещений» – есть у Нуквы, «расположенных вокруг высших мест святости». «Там гнездятся птицы небесные, каждая по виду своему».

Объяснение. НЕХИ Нуквы называются входами, а ее ХАГАТ – помещениями. Они получают от трех линий, включенных в левую линию Имы и называющихся в своем источнике тремя местами.[130] Поэтому сказано: «Много входов и помещений у него, расположенных вокруг высших мест святости» – т.е. эти входы и помещения получают от трех мест Имы, называемых высшими местами святости. «Птицы небесные» – это высшие ангелы.

---

[128] См. Зоар, главу Берешит, часть 1, п. 308.
[129] См. Зоар, главу Берешит, часть 1, п. 6.
[130] См. Зоар, главу Берешит, часть 1, со слов: «Это имя содержится в трех местах. И оттуда выясняется совершенство имени Элоким, благодаря соединению этих трех мест...»

«Внутри него произрастает одно дерево, большое и могучее». После того как выяснено строение Нуквы, выясняется порядок передачи (светов) Зеир Анпином Нукве. И говорится: «Внутри него произрастает одно дерево, большое и могучее» – т.е. Зеир Анпин, приносящий в дом «его многочисленные ветви и плоды, и дает питание всему в нем». Это означает, что есть у него как наполнение хасадим, так и наполнение Хохмы. И каждый получает от него своё свойство.

«Это дерево поднимается до облаков небесных» – к свечению хасадим, называющихся облаками, «и укрывается меж трех гор» – и сказано, что «горы это ни что иное, как праотцы»[131], свойства ХАГАТ, в которых укрываются эти хасадим, чтобы не получать свечение Хохмы.

«И под тремя этими горами» – т.е. в НЕХИ, расположенными под ХАГАТ, «произрастает оно, поднимаясь вверх и опускаясь вниз» – иначе говоря, под ХАГАТ произрастают и раскрываются хасадим в свечении Хохмы, благодаря средней линии, поддерживающей правую и левую. И это означает «произрастает» – т.е. средняя линия выходит из-под укрытия ХАГАТ и поддерживает свечение правой и левой линий так, чтобы свечение левой линии «поднималось наверх» – происходило снизу вверх, а свечение правой «опускалось вниз» – происходило сверху вниз.[132]

133) «Этот дом» – т.е. Нуква, получает от Зеир Анпина два вида свечений:

1. Когда она «получает от него питье» – свечение Хохмы, называемое питьем.

2. «И оно» – Зеир Анпин, «укрывает в нем» – в этом доме, «много неизвестных высших сокровищ» – т.е. свечение хасадим от Абы ве-Имы, называющиеся укрытыми.[133] Таким образом, дом строится и совершенствуется.

«Дерево это» – Зеир Анпин, «раскрывается днем и укрывается ночью». «А дом этот» – Нуква, «властвует ночью и укрывается днем».

---

[131] Мидраш Раба, книга Шмот, глава Бо, раздел 15:4.
[132] См. выше, п. 131.
[133] См. Зоар, глву Берешит, часть 1, п. 298, со слов: «И тогда сказано о них: "Мудростью устраивается Храм"...»

Объяснение. Также и ночью, которая представляет собой свечение левой линии, тьму, так как Хохма лишена хасадим и не может светить, имеет место выход средней линии и включение левой линии в правую, а также зивуг ЗОН, – всё как днем. И все различие – лишь во власти, ибо ночью тоже светят все три линии, и Зеир Анпин соединяется с Нуквой, как и днем, однако власть принадлежит Нукве, а Зеир Анпин и также правая линия подвластны ей. Они словно укрываются, чтобы предоставить место ее власти. И тогда говорится, что «Творец входит в Эденский сад» – Нукву, «чтобы радоваться» – т.е. радоваться свечению Хохмы, имеющемуся в ней. И поэтому свечение хасадим незаметно, и оно – тьма, а не свет.

А днем – наоборот. Тогда Нуква подчинена Зеир Анпину, и свечение Нуквы укрывается, а Зеир Анпин властвует, и заметно только свечение хасадим, то есть свойство Зеир Анпина. Однако относительно порядка их строения и зивуга нет различия между днем и ночью, как это выяснится далее.

134) «В час, когда приходит тьма», и Нуква связывается с нею, «она властвует и светит» (свечением) Хохмы, которая и является ее властью. Но поскольку ей недостает хасадим, «все входы в ней заперты со всех сторон» – т.е. света застывают в ней, и нет в ней входа, через который мог бы раскрыться хоть какой-то свет.

Объяснение. Выше[134] приводится последовательность включения трех линий в левую линию, и называются они пути и тропинки тонкие и широкие, и говорится там, что из них строится Нуква и развивается. А теперь дается более подробное разъяснение, как они выстраиваются относительно ночного правления.

Эти три линии в левой линии являются тремя ночными стражами, три раза по четыре часа.[135]

Первая стража – это «тропинки», и это свойство суда неподслащенной Малхут.

---

[134] См. п. 131.
[135] См. Зоар, главу Берешит, часть 1, п. 411.

А содержание правой линии в ней, вторая стража – это четыре часа посреди ночи, и это «тропы», подслащенная Малхут.

Однако первые два часа до полуночи – это «тонкие тропинки», свечение левой линии в ее собственном свойстве, прежде чем в нее включается средняя линия.

Точка полуночи – это приход средней линии и ее включение в левую. И тогда она приобретает свойство «большие тропы», и это свойство продолжается всю ночь, и относится, главным образом, к третьей страже, но время его раскрытия – в полночь.

И это означает сказанное: «В час, когда приходит тьма» – т.е. в начале ночи, в первой страже, называемой тропинками. А затем, в начале второй стражи, когда Нуква связывается с тьмою, представляющей левую линию Имы, и обретает власть, считается она тонкими путями, так как это приходит прежде, чем раскрывается средняя линия.

И потому «все входы в ней заперты со всех сторон» – т.е. мало того, что входы хасадим не светят, но даже входы Хохмы не светят в ней, потому что Хохма не может светить без облачения в хасадим. И это продолжается два часа, до точки полуночи.

Тогда, в эти два часа, множество душ (рухот) праведников воспаряет в воздух, и они желают познать, т.е. получить Хохму, и войти внутрь Нуквы. И они входят между теми самыми птицами, и берут там свидетельство, т.е. получают мохин Эдена, Хохму, и странствуют, и видят то, что видят. Видение – это мохин Хохмы.

Объяснение. Хотя входы в Нукве заперты в это время со всех сторон так, что никакой свет не раскрывается от нее, вместе с тем время получения света Хохмы наступает именно в это время. Поэтому Зоар уточняет, что она наполнена светом, и только входы заперты, но потом, когда пробудится в ней средняя линия и раскроются входы, – получат от нее свечение Хохмы, которое было перекрыто в ней в то время. Ибо затем она уменьшается от ГАР до ВАК из-за средней линии, и свечение ее становится намного слабее, чем было в то время, когда она еще не включилась в среднюю линию.

И это означает сказанное выше, что «множество душ (рухот) праведников воспаряет в воздух, и они желают познать и войти внутрь нее» – т.е. они стремятся войти в Нукву именно тогда, когда она представляет собой свойство «тонкие тропинки» и «затворенные входы», ибо лишь тогда Хохма в ней пребывает в совершенстве.

И сказано далее: «И они входят между теми самыми птицами, и берут там свидетельство» – т.е. они (души праведников) проходят посреди свойства «птицы», находящегося в Нукве, и получают мохин Эдена, Хохмы. «Птицы» означают свойство нефеш Нуквы. Шхина со стороны престола, т.е. нешама, называется «орел». А со стороны отрока, т.е. руах, называется «голубь». И со стороны офа́на, т.е. нефеш, называется «птица». И даже в это время души праведников могут получать не от руах Нуквы, а только от ее нефеш. И это означает сказанное: «И они входят между теми самыми птицами, и берут там свидетельство» – но не выше свойства «птицы».

135) «Замкнутость входов продолжается до тех пор, пока не пробудится эта тьма» – т.е. левая линия Имы, с которой связана Нуква, «и не исторгнет одну вспышку пламени». Иначе говоря, тьма в Нукве пробуждает Зеир Анпин подняться в МАН к Име с помощью экрана де-хирик, находящегося в нем, что и называется пламенем. И выходит там на него средняя линия, «которая бьет всеми мощными молотами» – по этим клипот, «открывает затворенные входы и разбивает скалы».

Тут есть два действия:
1. Первое исходит от сути самого пламени, т.е. экрана де-хирик, уменьшающего десять сфирот левой линии с ГАР до ВАК. И о нем сказано: «Разбивает скалы», потому что сфирот левой линии подобны твердым скалам из-за множества судов в них, и этот экран разбивает их. И три их высшие сфиры он отдаляет от левой линии, оставляя в ней только семь нижних сфирот, что в них.

2. Второе (действие) исходит от ступени хасадим, выходящей на этот экран. И о ней говорится: «Открывает входы», потому что Хохма облачается сейчас в эти хасадим и светит во всем совершенстве, и это означает, что все входы, которые были

затворены, открылись сейчас, чтобы светить во всю ширь. И два эти действия уже выяснялись ранее.[136]

Два этих действия происходят в середине второй стражи, то есть в точке полуночи.

«Это пламя» – т.е. экран де-хирик, «поднимается и опускается» – поднимается Зеир Анпином к Име, а затем уже спускается оттуда к самому Зеир Анпину. «И он производит удар и осуществляет воздействие в мире» – т.е. выводит с помощью него (пламени), посредством ударного соединения (зивуга де-акаа), ступень хасадим также и в Нукве, называемой «мир». «И пробуждаются голоса наверху и внизу». «Голоса» – это ступени хасадим,[137] и эти ступени выходят на экран де-хирик наверху, в Бине, и внизу, в Нукве.

136) Тогда возносится одно воззвание, соединяясь с воздухом и призывая. Этот воздух выходит из облачного столпа внутреннего жертвенника. И выходя, он распространяется на четыре стороны мира. Тысяча тысяч находятся в нем с левой стороны, и десять тысяч десятков тысяч находятся в нем с правой стороны. И тогда это воззвание может заявить о себе, призывая со всей силой и взывая. В эту пору многие слагают песнь и выполняют работу, и два входа открыты благодаря ей: один – в южной стороне, для свечения хасадим, и один – в северной стороне, для свечения Хохмы.

Объяснение. Свечение Хохмы, прежде чем достигает полноты, называется воззванием. Ибо после того, как оно восполняется, т.е. облачением хасадим во время дневного зивуга, оно называется речью. И называется так потому, что эта речь раскрывает свечение Хохмы (мудрости) в мохин. Однако ночью оно называется воззванием, так как еще не достигло совершенства, чтобы называться речью. Ибо «речи мудрецов произносятся спокойно»[138] – воззвание же произносится громким голосом, что указывает на свойства суда, примешанные в нем. Однако и воззвание, и речь произносятся только при облачении в хасадим, называемые «голос».

---

[136] См. Зоар, главу Лех леха, п. 22, со слов: «Экран де-хирик, на который выходит средняя линия...»
[137] См. Зоар, главу Лех леха, п. 6, со слов: «В час, когда руах...»
[138] Писания, Притчи, 9:17. «Речи мудрецов произносятся спокойно, в отличие от окриков того, кто властвует над глупцами».

И об этом сказано: «Тогда» – т.е. в полночь, «возносится одно воззвание» – свечение Хохмы, «соединяясь с воздухом» – т.е. облачается в хасадим, называемые воздухом, «и призывая» – и тогда у него есть возможность призывать и взывать. В отличие от этого, пока оно не облачилось в хасадим, нет у него голоса и нет возможности воззвать.

Есть два вида хасадим:
1. Исходящие от высших Абы ве-Имы – и это ГАР, хотя и укрытые от Хохмы. Они называются «чистый воздух».
2. Хасадим, исходящие от ИШСУТ, которым недостает ГАР все то время, пока «йуд י» не вышла из их воздуха (авир אויר), и называются они просто воздухом, потому что не являются чистыми, – ведь в них ощущается недостаток Хохмы.

Поэтому все то время, пока в ЗОН нет свечения Хохмы, притягиваемые ими хасадим считаются от свойства ИШСУТ, т.е. недостающими ГАР. Но после того как появляется в ЗОН свечение Хохмы, притягиваемые ими хасадим считаются от свойства высших Абы ве-Имы, т.е. свойством ГАР и чистым воздухом.

И поэтому сказано: «Этот воздух» – т.е. свет хасадим, в который облачилось воззвание, «выходит из облачного столпа внутреннего жертвенника». Высшая Има называется внутренним жертвенником, а свет хасадим называется облачным столпом. И говорится здесь, что хасадим, в которые облачилось воззвание, т.е. свечение Хохмы, исходят от высших Абы ве-Имы, называемых внутренним жертвенником, т.е. что они являются свойством «чистый воздух». Дело в том, что здесь уже есть свечение Хохмы, т.е. само воззвание, и тогда притягиваются хасадим в свойстве «чистый воздух» от Абы ве-Имы. «И выходя, он распространяется на четыре стороны мира» – т.е. распространяется в ХУБ ТУМ Нуквы, называемые четырьмя сторонами мира.

Десять сфирот ИШСУТ, откуда выходит левая линия со свечением Хохмы, после того как буква «йуд י» выходит из их воздуха (авир אויר), и там остается свет (ор אור), считаются тысячами. А десять сфирот высших Абы ве-Имы, откуда исходят хасадим, считаются десятками тысяч. И поэтому сказано: «Тысяча тысяч находятся в нем с левой стороны» – так как в этом свойстве оно (это свечение) исходит от ИШСУТ, десять сфирот которых исчисляются в тысячах. «И десять тысяч десятков тысяч находятся в нем с правой стороны» – так как в свойстве хасадим правой линии оно исходит от высших Абы ве-Имы, чьи десять сфирот исчисляются в десятках тысяч.

«И тогда это воззвание может заявить о себе» – после того как включает в себя хасадим Абы ве-Имы, «призывая со всей силой и взывая» – ибо когда воззвание включило в себя хасадим, называемые «голос», оно может призывать со всею силой и взывать.

137) После того как Нуква выстраивается в том, что необходимо для нее самой, из трех линий, включенных в левую, она поднимается для зивуга к Зеир Анпину, чтобы получить наполнение для других. И поэтому говорится, что «этот дом» – Нуква, «поднимается, устанавливается и связывается между двумя сторонами» – правой и левой сторонами Зеир Анпина. «И звучат воспевания, и возносятся хвалы» от нижних, т.е. они поднимают МАН для зивуга Зеир Анпина и Нуквы (ЗОН). «Тогда входит тот, кто входит» – т.е. Зеир Анпин, «еле слышно» – когда Нуква лишена голоса, хасадим. И хотя она уже получила хасадим для собственного строения, она все еще считается левой линией без правой – для того чтобы совершать отдачу другим. И это означает, что зивуг совершается еле слышно, а также ночью, без света, потому что в это время Зеир Анпин дает ей свет хасадим, голос. «И дом» – Нуква, «зажигается шестью светами» хасадим, – ХАГАТ НЕХИ, «излучающими сияние во все стороны» – т.е. хасадим, содержащими Хохму. «И благоухающие реки вытекают из нее» – т.е. свечение Хохмы, содержащее хасадим. И получают воду все звери полевые, как сказано: «Поят всех зверей полевых»[139]. И они воспевают, пока не настанет утро. А когда появляется утренний свет, все звезды и созвездия, небеса и воинство их, восславляют и возносят песнь, как сказано: «При всеобщем ликовании утренних звезд и радостном воспевании всех сынов Всесильного»[140].

Объяснение. Хотя и есть хасадим в свечении этого зивуга, совершаемого ночью, все равно власть принадлежит свечению Хохмы. И потому получают в это время только «звери полевые»,

---

[139] Писания, Псалмы, 104:10-11. «Посылает Он источники в долины, между горами расходятся они, поят всех зверей полевых, дикие звери утоляют жажду».
[140] Писания, Иов, 38:7.

происходящие от обратной стороны Нуквы. И потому они воспевают. Однако происходящие от лицевой стороны Нуквы получают наполнение от нее только утром. И тогда воспевают все ступени БЕА – как исходящие от лицевой стороны, так и от обратной. Как сказано: «И (при) радостном воспевании всех сынов Всесильного»[140] – т.е. все они возносят песнь.

138) «Если Творец не построит дом, напрасен труд строивших его, если Творец не охраняет город, напрасно усердствует страж»[126]. «"Если Творец" – это высший Царь» – т.е. Зеир Анпин, «который строит всегда» – т.е. посредством непрекращающегося зивуга, «этот дом» – то есть Нукву, и исправляет ее, «и наполняет ее» – от непрекращающегося зивуга, «в то время, когда намерения этой работы поднимаются снизу как подобает» – т.е. в то время, когда нижние поднимают МАН для этого зивуга, ЗОН поднимаются в Абу ве-Иму и находятся в непрекращающемся зивуге, как и они.

139) «"Если Творец не охраняет город"[126]. Когда это бывает? В час, когда стемнеет ночь, и стороны ситры ахра пребывают во всеоружии и блуждают по миру, а входы затворены», – и тогда АВАЯ, средняя линия, поднимает МАН от экрана де-хирик, и притягивает среднюю линию, и входы открываются.[141] И благодаря этому «он охраняем со всех сторон, чтобы не приблизился» к святому «необрезанный и нечистый», как сказано: «Больше уже не войдет в тебя необрезанный и нечистый»[142], потому что в будущем Творец устранит их из мира.

Пояснение сказанного. Мы уже выяснили выше[141], что два действия происходят в средней линии, прежде чем она объединит две линии, правую и левую, между собой:
1. Притягивает ступень хасадим на (имеющийся) экран.
2. Уменьшает ГАР левой линии, так как левая линия не подчиняется и не соединяется с правой, иначе как с помощью двух этих действий.[143]

---

[141] См. выше, п. 135.
[142] Пророки, Йешаяу, 52:1. «Пробудись, пробудись, облекись силой своей, Цион! Облекись в одежды величия твоего, Йерушалаим, город святой, ибо больше уже не войдет в тебя необрезанный и нечистый».
[143] См. Зоар, главу Лех леха, п. 22, со слов: «Экран де-хирик, на который выходит средняя линия...»

И о них говорится в Писании. «Если Творец (АВАЯ) не отстроит Храм, напрасен труд строивших его» – это первое действие, так как АВАЯ – это Зеир Анпин. И если бы Он не привлек множество хасадим посредством средней линии, чтобы выстроить Нукву, называемую «дом», не подчинилась бы левая линия, чтобы объединиться с правой, и «напрасен труд строивших его».

«Если Творец не охраняет город, напрасно усердствует страж» – это указывает на второе действие, уменьшение ГАР левой линии. И благодаря тому, что уменьшает ГАР левой линии, устраняется удержание ситры ахра из левой линии Нуквы.[144] Таким образом, город, Нуква, охраняется от «необрезанного и нечистого» посредством того, что Зеир Анпин поднимает экран де-хирик и уменьшает ГАР левой линии. Тогда им больше нечем питаться от ее левой линии, и они устраняются и отделяются от нее, как сказано: «Если Творец не охраняет город, напрасно усердствует страж».

140) Кто такой «необрезанный» и кто такой «нечистый»? Необрезанный и нечистый – всё одно. И это тот, кем были соблазнены и за кем последовали Адам и его жена, и навлекли смерть на весь мир, – т.е. первородный змей. Именно он оскверняет этот дом, Нукву, до тех пор, пока не устранит его Творец из мира, т.е. Нуквы. И поэтому, «если Творец не охраняет город» – конечно же, «напрасно усердствует страж».

141) "А Яаков двинулся в Суккот"[145]» – «двинулся» к Бине, т.е. поднял МАН от экрана де-хирик, «чтобы получить удел веры» – Нукву.

«До этого сказано: "И возвратился Эсав в тот же день путем своим в Сеир"[146], и сказано: "А Яаков двинулся в Суккот"[145]. Каждый удалился в свою сторону. Эсав – в сторону Сеира. А что такое Сеир? – Это "чужая жена", "бог чужой"[147]. "А Яаков

---

[144] См. Зоар, главу Ваера, п. 381, со слов: «А поскольку в Рош а-шана раскрывается ГАР левой линии…», а также п. 383.

[145] Тора, Берешит, 33:17. «А Яаков двинулся в Суккот и построил себе дом, а для скота своего сделал шалаши, поэтому он нарек имя месту Суккот».

[146] Тора, Берешит, 33:16. «И возвратился Эсав в тот же день путем своим в Сеир».

[147] Тора, Дварим, 32:9-12. «Ибо доля Творца – народ Его; Яаков – наследственный удел Его. Он нашел его в земле пустынной; в пустоте и вое пустыни; ограждал Он его, опекал его, берег его, как зеницу ока Своего. Как орел стережет гнездо свое, парит над птенцами своими, простирает крылья свои, берет каждого, носит на крыле своем. Творец один ведет его, и нет с ним бога чужого».

двинулся в Суккот" – это высшая вера» – т.е. Бина. Другими словами, он поднял МАН от экрана де-хирик к Бине с целью притянуть оттуда среднюю линию, чтобы выстроить Нукву, как мы уже говорили.

142) «И построил себе дом»¹⁴⁵, это как сказано: «Дом Яакова»¹⁴⁸, что означает – Нукву. То есть он установил вечернюю молитву (арвит), Нукву, как подобает ей, когда притянул для нее хасадим от высших Абы ве-Имы.¹⁴⁹

«А для скота своего сделал шалаши»¹⁴⁵ – другие шалаши, чтобы охранять их. И это удел его.

Объяснение. Два действия разъясняются в этих словах:
1. Первое действие, умножение хасадим разъясняется в словах: «И построил себе дом». Подготовка и построение его – это притяжение хасадим, как мы уже говорили. И это означает сказанное: «Если Творец не построит дом, напрасен труд строивших его»¹²⁶.

2. Второе действие, уменьшение ГАР левой линии, чтобы охранить ее от необрезанного и нечистого, выражено в сказанном: «А для скота своего сделал шалаши»¹⁴⁵. Ибо шалаш (сукка́ סוכה) – от слова экран (масах מסך). Он привлек экран де-хирик, чтобы сократить ГАР левой линии, как сказано: «Если Творец не охраняет город, напрасно усердствует страж», и это означает «другие шалаши, чтобы охранить их» – охранить от необрезанного и нечистого.

143) «И пришел Яаков невредимым (шале́м)»¹⁵⁰ – т.е. он был совершенен (шалем) во всем: как со стороны Хохмы, так и со стороны хасадим. Сказано: «И был в Шалеме шалаш его»¹⁵¹. И всё это одно целое – достижение совершенства посредством средней линии, как для Зеир Анпина, называемого Яаков, так и для шалаша его, т.е. Нуквы. Ибо в то время, когда он совершенен, соединяется с ним вера, Нуква, и когда он украшается в месте, достойном его, в средней линии, – тогда и шалаш, Нуква, украшается вместе с ним, и о ней тоже сказано: «И был

---

¹⁴⁸ Пророки, Йешаяу, 2:5. «Дом Яакова, давайте пойдем в свете Творца».
¹⁴⁹ См. выше, п. 138.
¹⁵⁰ Тора, Берешит, 33:18. «И пришел Яаков невредимым в город Шхем, что в земле Кнаана, по пути его из Падан-Арама, и расположился пред городом».
¹⁵¹ Писания, Псалмы, 76:3. «И был в Шалеме шалаш его, и в Ционе – обитель его».

в Шалеме шалаш его», потому что он был совершенен (шалем) со стороны праотцев и был совершенен со стороны сыновей своих – и считается совершенным, ибо тогда он совершенен наверху и совершенен внизу, совершенен на небесах и совершенен на земле.

Совершенен наверху – в Зеир Анпине, поскольку он – единство праотцев, великолепие (тиферет) Исраэля, объединяющее Авраама и Ицхака, Хесед и Гвуру. Совершенен внизу – в Нукве, в своих святых сыновьях, т.е. в двенадцати коленах, являющихся строением (меркава) Нуквы. Таким образом, он совершенен на небесах, в Зеир Анпине, и потому сказано о нем: «Пришел Яаков невредимым (шалем)»; и совершенен на земле, в Нукве, и потому сказано о ней: «И был в Шалеме шалаш его».

ГЛАВА ВАИШЛАХ

Не паши на быке и осле

144) Тут же сказано: «И вышла Дина, дочь Леи, которую она родила Яакову, посмотреть на дочерей той страны»[152]. Множество ступеней и свойств разделяются наверху: одни (относятся) к святости, другие – к нечистой стороне. Как сказано: «Одно против другого создал Всесильный»[153]. И все они отличаются друг от друга, одни (созданы) для милости, другие – для суда. Звери, отличающиеся друг от друга: одни враждуют с другими, чтобы властвовать над ними и терзать добычу, каждый – по виду своему.

145) Со стороны духа нечистоты разделяется множество ступеней. И все они подстерегают, чтобы напасть на святость, одни против других, как сказано: «Не паши на быке и осле вместе»[154], потому что когда соединяются они, разрушают мир.

146) Страстное желание ступеней нечистоты – попрать ступени святости. Яакова, который относился к святости, и о котором сказано: «И пришел Яаков невредимым»[155], – все подстерегали его и преследовали. Вначале укусил его змей, как сказано: «И затронул его бедренный сустав»[156] – т.е. сказано о покровителе Эсава, который восседал на змее. Теперь укусил его осёл, т.е. Шхем сын Хамора (букв: осла), и это правая сторона клипы.

147) Когда змей укусил его, он сам встал против змея. Теперь, когда укусил его осёл, то Шимон и Леви, исходящие со стороны сурового суда, встали против осла и одолели его со всех сторон, и тот склонился перед ними. Как сказано: «И

---

[152] Тора, Берешит, 34:1-2. «И вышла Дина, дочь Леи, которую она родила Яакову, посмотреть на дочерей той страны. И увидел ее Шхем, сын Хамора-хивея, вождь той страны, и взял ее, и лег с нею, и насиловал ее».

[153] Писания, Коэлет, 7:14. «В день благоволения – радуйся, а в день бедствия – узри, ведь одно против другого создал Всесильный с тем, чтобы ничего не искать человеку после Него».

[154] Тора, Дварим, 22:10. «Не паши на быке и осле вместе».

[155] Тора, Берешит, 33:18. «И пришел Яаков невредимым в город Шхем, который на земле Кнаана, по приходе своем из Падан-Арама, и расположился он станом пред городом».

[156] Тора, Берешит, 32:26. «И увидел, что не одолевает его, и затронул его бедренный сустав, и сместился бедренный сустав Яакова, когда он боролся с ним».

Хамора и Шхема, сына его, убили мечом»[157]. И Шимон, знаком которого был телец, т.е. Гвура и левая сторона святости, выступил против Хамора, правой стороны клипы и оттеснил его, чтобы не соединились бык и осёл клипы вместе. И выходит, что Шимон был его противной стороной, а не Яаков.

148) И все они явились, чтобы преследовать Яакова, а он спасся от них. А после этого он господствовал над ними. Но затем пришел бык, т.е. Йосеф, и восполнился с помощью ослов, т.е. египтян, над которыми он властвовал, и все они исходили со стороны клипы осла. И объясняется, что Йосеф – это бык, а египтяне – это ослы, о которых сказано: «Чья плоть – плоть ослиная»[158].

149) И потому упали затем сыны Яакова среди этих ослов, т.е. египтян, из-за того, что с ними соединился бык, Йосеф, и были в них бык и осёл вместе. И кусали они Исраэлю кость и плоть, как и присуще природе осла, который прокусывает и ломает кость, – до тех пор, пока не пробудился Леви, как раньше, и не разогнал этих ослов. Ибо он разъединил быка и осла, чтобы подчинить их, и сокрушил их силу в мире, и вывел быка оттуда, как сказано: «И взял Моше кости Йосефа с собою»[159]. Моше – это Леви, а Йосеф – это бык, который соединился с ними.

150) До того, как Шимон выступил против Хамора (осла), чтобы воевать с ним, он пробудил над ними кровь, чтобы они сделали обрезание, а после этого: «И убили весь мужской пол»[160]. Подобным образом сделал Творец через Леви, т.е. Моше, с этими ослами, т.е. с египтянами, – вначале подверг

---

[157] Тора, Берешит, 34:26. «И Хамора и Шхема, сына его, убили мечом. И взяли они Дину из дома Шхема и ушли».

[158] Пророки, Йехезкель, 23:20. «И пристрастилась, подобно наложницам их, к тем, чья плоть – плоть ослиная, и семяизвержение жеребцов – семяизвержение их».

[159] Тора, Шмот, 13:19. «И взял Моше кости Йосефа с собою, ибо тот клятвенно наказал сынам Исраэля, говоря: "Помянет, помянет вас Всесильный, и вы вынесите мои кости отсюда с собою"».

[160] Тора, Берешит, 34:25. «И было на третий день, когда они были больны: и взяли два сына Яакова, Шимон и Леви, братья Дины, каждый свой меч, и напали они на город уверенно и убили весь мужской пол».

их наказанию кровью, а затем: «Умертвил Творец всякого первенца в стране египетской»[161].

Здесь об этом Хаморе, отце Шхема, сказано: «И все их достояние, и всех их детей»[162], и весь скот их, как сказано: «Их мелкий и крупный скот, и их ослов и то, что в городе, и то, что в поле, забрали они»[162].

А там об этих ослах, т.е. египтянах, сказано: «Сосуды серебряные и сосуды золотые, и одеяния»[163], и это соответствует сказанному здесь: «И всё их достояние»[162]. Сказано: «И также великий сброд вышел с ними»[163], и это соответствует сказанному здесь: «И всех их детей»[162]. «И мелкий и крупный скот»[163] соответствует сказанному здесь: «Их мелкий и крупный скот»[162].

151) И Шимон с Леви: один, Шимон, поднялся против того Хамора (букв. осла), отца Шхема, который не был соединен с быком, а другой, Леви, поднялся против всех ослов вместе, т.е. даже против тех ослов, которые соединены с быком, как египтяне.

Объяснение. Шимон – это Гвура и свойство «бык», и потому он противостоял «ослу» правой клипы и смог подчинить его. Но клипу «осла» в египтянах он не мог подчинить, поскольку они были соединены с «быком», ибо получили они силу от Йосефа, который властвовал над ними. И потому лишь Леви, т.е. Моше, происходивший от колена Леви, который является свойством

---

[161] Тора, Шмот, 13:15. «И было: когда Фараон противился тому, чтобы отпустить нас, умертвил Творец всякого первенца в стране египетской – от первенца человеческого и до первенца скота. Поэтому я посвящаю Творцу самцов из всего, открывающего утробу, а всякого первенца сыновей моих выкупаю».

[162] Тора, Берешит, 34:25-29. «И было на третий день, когда они были больны, взяли два сына Яакова, Шимон и Леви, братья Дины, каждый свой меч, и напали они на город уверенно и убили всех мужчин. И Хамора и Шхема, сына его, убили они острием меча, и взяли Дину из дома Шхема и вышли. Сыновья Яакова прошли по убитым и разграбили город за осквернение сестры своей. Их мелкий и крупный скот, и их ослов, и то, что в городе, и то, что в поле, забрали они. И все их достояние, и всех детей и жен их взяли в плен. И взяли они в добычу также все, что в доме».

[163] Тора, Шмот, 12:35-38. «А сыны Исраэля сделали по слову Моше и взяли в долг у египтян сосуды серебряные и сосуды золотые, и одеяния. А Творец сделал так, что народ нравился египтянам, и те давали им, и взяли они всё, что было в Египте. И отправились сыны Исраэля из Рамсеса в Суккот – около шестисот тысяч пеших мужчин, кроме детей. А также многочисленная толпа иноплеменников вышла с ними, и мелкий и крупный скот – очень много скота».

Тиферет,¹⁶⁴ включающим правую и левую линии вместе, был в силах подчинить тех ослов, что в Египте, а не Шимон, в котором была только левая линия.

Все они хотели присоединиться к Яакову и норовили уязвить его, а он противостоял им с помощью сыновей своих, и подчинил их себе.

152) Сейчас, в последнем изгнании, когда Эсав уязвит его самого и сыновей его, кто поднимется против него? Яаков и Йосеф встанут против него: один – с одной стороны, другой – с другой, т.е. Яаков с правой стороны, а Йосеф с левой стороны. Как сказано: «И будет дом Яакова огнем, и дом Йосефа – пламенем, а дом Эсава – соломой»¹⁶⁵.

153) «И двинулись они, и был страх Всесильного на городах, которые вокруг них, и они не погнались за сынами Яакова»¹⁶⁶. Все они собирались воевать, но когда те (сыны Яакова) опоясывались оружием, трепетали и оставляли их. И потому сказано: «И не погнались они за сынами Яакова»¹⁶⁶.

---

¹⁶⁴ См. Зоар, главу Ваеце, п. 155, со слов: «Почему своего третьего сына она назвала Леви?»

¹⁶⁵ Пророки, Овадья, 1:18. «И будет дом Яакова огнем, и дом Йосефа – пламенем, а дом Эсава – соломой, и зажгутся они среди них (среди сынов Эсава) и поглотят их, и не будет уцелевшего в доме Эсава, ибо так сказал Творец».

¹⁶⁶ Тора, Берешит, 35:5. «И двинулись они, и был страх Всесильного на городах, которые вокруг них, и не погнались они за сынами Яакова».

ГЛАВА ВАИШЛАХ

Устраните чужих богов

154) «Устраните чужих богов»[167] – то, что взяли из Шхема: серебряные и золотые сосуды, на которых были у них выгравированы чужие боги. Сказал рабби Йегуда: «Других богов делали они из серебра и золота, – а не сосуды, на которых выгравирована форма идолов, – и Яаков спрятал их там[168], чтобы не испытывали наслаждения от идолопоклонства, которым нельзя человеку наслаждаться никогда».

155) Что означает: «И взял (Давид) венец Малкама с головы его»[169]? Мерзость сынов Аммона зовется Малкам. И сказано: «Венец Малкама». Спрашивается, какой смысл в сказанном: «И был он на голове Давида»[169]? И почему сказано о нем: «Мерзость»[170]? Ведь о других богах народов-идолопоклонников сказано: «Боги народов»[171], «другие боги»[172], «чужой бог»[173], «иной бог»[174], а об этом, об идолопоклонстве Малкаму, сказано только: «Мерзость».

156) Творец так называет все божества народов-идолопоклонников, как сказано: «И вы видели их мерзости и идолов»[175], а не только Милкома. Сказано в Писании: «Взял венец Малкама»[169], т.е. идолопоклонство Малкаму, – как же мог украситься им Давид? Несомненно, что это так, т.е. было идолопоклонством, однако Итай-гаттиянин[176], еще когда был

---

[167] Тора, Берешит, 35:2. «Устраните чужих богов, которые в вас, и очиститесь, и перемените одежды ваши».

[168] Тора, Берешит, 35:4. «И отдали Яакову всех богов чужих, которые были у них, и серьги из ушей своих, и спрятал их Яаков под теребинтом, что близ Шхема».

[169] Пророки, Шмуэль 2, 12:29-30. «И собрал Давид весь народ, и пошел в Раббу, и воевал против нее, и покорил ее. И взял (Давид) венец Малкама с головы его, – весу в нем талант золота, – и драгоценный камень, и был он на голове Давида; и вынес он из города очень много добычи».

[170] Пророки, Мелахим 1, 11:5. «И последовал Шломо за Ашторет, божеством Цидонским, и за Милкомом, мерзостью аммонской».

[171] Писания, Диврей а-ямим 1, 16:26. «Все боги народов – идолы, а Творец небеса создал».

[172] Тора, Шмот, 20:2. «Да не будет у тебя других богов, кроме Меня».

[173] Тора, Дварим, 32:12. «Творец один ведет его, и нет с ним бога чужого».

[174] Тора, Шмот, 34:14. «И ты не должен поклоняться богу иному, ибо имя Творца – Ревнитель, Владыка-ревнитель Он».

[175] Тора, Дварим, 29:16. «И вы видели их мерзости и идолов, дерево и камень, серебро и золото, что при них».

[176] Пророки, Шмуэль 2, 15:19.

идолопоклонником, прежде чем обратиться в веру, отломил от того венца, т.е. от идолопоклонства Малкаму, выгравированную на нем форму и ликвидировал ее, и тем самым сделал венец разрешенным, чтобы им можно было наслаждаться, и поэтому Давид возложил его на голову.

Объяснение. Когда у идолопоклонника есть сила отвергнуть свое идолопоклонство, тогда (сам предмет) становится разрешенным к наслаждению у Исраэля. Однако после того как обратился в веру, если он коверкает и отвергает идолопоклонство, которому предавался до того, оно не дозволено к наслаждению, ибо тогда закон для него такой же, как для Исраэля. И потому говорит Зоар, что Итай-гаттиянин ликвидировал ее (выгравированную форму) прежде, чем обратился в веру, и поэтому (венец) вышел за рамки идолопоклонства, и можно было Давиду возложить его на голову.

Мерзость сынов Аммона была одним змеем, глубоко выгравированным на том венце. И потому называется «мерзость», что означает – скверна. И это ответ на второй вопрос, почему именно такое идолопоклонство называется мерзостью.

157) «Устраните чужих богов»[167] – это другие женщины, взятые в плен, которые брали с собой все свои украшения. И сказано об этом: «И отдали Яакову всех богов чужих»[168] – т.е. женщин и все их украшения, и всех богов из золота и серебра. И спрятал их Яаков, т.е. серебро и золото, чтобы не наслаждались вообще со стороны поклонения идолам.

158) Яаков был человеком совершенным во всем и прилеплялся к Творцу. Сказано: «Встанем и взойдем в Бейт-Эль, и я сделаю там жертвенник Владыке, который откликнулся мне в день бедствия моего и был со мною в пути, которым я шел»[177]. И сразу же сказано: «И отдали Яакову всех богов чужих»[168]. Отсюда следует, что человек должен славить Творца и благодарить Его за чудеса и благо, которые Он содеял с ним, как сказано: «И был со мною в пути, которым я шел».

---

[177] Тора, Берешит, 35:3. «Встанем и взойдем в Бейт-Эль, и я сделаю там жертвенник Владыке, который откликнулся мне в день бедствия моего и был со мною в пути, которым я шел».

159) Сначала сказано: «Встанем и взойдем в Бейт-Эль»[177] – во множественном числе, так как приобщил сыновей к себе. А затем сказано: «И я сделаю там жертвенник»[177] – в единственном числе, и не сказано: «сделаем», т.е. он вывел их из этой общности. И в чем причина этого? В том, что он сказал это о себе. Ведь именно Яаков установил вечернюю молитву (арви́т), являющуюся исправлением Нуквы, и он же установил жертвенник, являющийся исправлением Нуквы. И говорилось о нем, а не о сыновьях его, так как он прошел все эти бедствия, начиная с того дня, когда сбежал от брата своего, как сказано: «И был со мною в пути, которым я шел»[177]. Однако они пришли в мир потом, после того как он уже избавился от этих бедствий. И потому он не причислил их к себе при исправлении жертвенника, а сказал: «И я сделаю там жертвенник»[177].

160) Отсюда следует, что тот, для кого свершилось чудо, должен благодарить. Тот, кто ел хлеб со стола, должен благословить, а не другой, кто ничего не ел. Поэтому сказал Яаков: «И я сделаю там жертвенник», а не сказал: «И мы сделаем».

И он построил там жертвенник

161) «И он построил там жертвенник, и назвал это место Эль Бейт-Эль»[178]. Сказано: «И он построил там жертвенник», но не сказано, что приносил там возлияния и всесожжения. И это потому, что исправил ступень, которая достойна исправления. «Жертвенник Творцу»[179] – т.е. для того чтобы, исправив нижнюю ступень, Нукву, соединить ее с высшей ступенью, Зеир Анпином. Поэтому: «И он построил там жертвенник» – Нукву, «Творцу (АВАЯ)» – Зеир Анпину. «И назвал это место Эль Бейт-Эль». Это имя, которое он дал Нукве, – как имя высшей, Бины, поскольку когда Нуква начала светить от Зеир Анпина, стала дочь, Нуква, как Има (мать), Бина. И потому Яаков назвал ее именем Эль, а это имя Имы, и всё это – одно целое.

162) «Потому что там раскрылся (досл. раскрылись) ему Всесильный (Элоким)»[178] – и это означает ангелы, ведь сказал: «раскрылись», а не «раскрылся». Ибо семьдесят ангелов всегда находятся со Шхиной,[180] и семьдесят престолов вокруг Шхины. Поэтому, когда есть раскрытие ангелов, есть раскрытие Шхины. И потому сказано: «Потому что там раскрылся ему Всесильный (Элоким)» – в этом раскрытом месте, в Нукве. Ведь сказано: «И вот Творец (АВАЯ) стоит над ним»[181], т.е. на лестнице, Нукве.[182]

Объяснение. До этого сказано: «И вот, ангелы восходят и нисходят по ней»[183]. Таким образом, раскрытие ангелов происходит вместе с раскрытием Шхины. Поэтому Яаков назвал жертвенник именем «Эль Бейт-Эль», – т.е. по раскрытию Шхины, и связал это с раскрытием ангелов.

---

[178] Тора, Берешит, 35:7. «И он построил там жертвенник и назвал это место Эль Бейт-Эль, потому что там раскрылся ему Всесильный, когда он бежал от своего брата».
[179] Тора, Берешит, 12:7. «И построил он там жертвенник Творцу, который раскрылся ему».
[180] См. Зоар, главу Ваера, пп. 268-269.
[181] Тора, Берешит, 28:13. «И вот, Творец стоит над ним и говорит: "Я Творец Всесильный Авраама, отца твоего, и Всесильный Ицхака. Землю, на которой ты лежишь, - тебе отдам ее и потомству твоему».
[182] См. Зоар, главу Ваеце, п. 52.
[183] Тора, Берешит, 28:12. «И снилось ему: и вот лестница поставлена на землю, а вершина ее достигает небес; и вот ангелы Всесильного восходят и нисходят по ней».

ГЛАВА ВАИШЛАХ

И поднялся над ним Всесильный

163) «И поднялся над ним Всесильный в месте, где говорил с ним»[184]. Сказал рабби Шимон: «Отсюда Яаков стал святым строением для Творца вместе с праотцами. Ведь Яаков – это высшее святое строение» – для Зеир Анпина, «созданное для свечения луне» – Нукве. «И он сам по себе является строением (меркава)» – так как включает в себя праотцев, представляющих Хесед и Гвуру, потому что Тиферет включает Хесед и Гвуру. «И это означает сказанное: "И поднялся над ним Всесильный"» – подобно выходящему из своей колесницы (меркава).

164) Провозгласил во всеуслышание: «Ибо кто народ великий, к которому боги были бы столь близки, как Творец Всесильный наш, каждый раз, когда мы взываем к Нему»[185] – посмотри, как до́роги Исраэль Творцу. И нет народа и наречия среди всех народов мира, служащих идолам, у кого были бы боги, принимающие их молитву, подобно тому как в будущем будет принимать Творец молитву и просьбу Исраэля каждый раз, когда они нуждаются в том, чтобы их молитва была принята, так как молятся они только ради своей ступени», т.е. Шхины – иными словами, каждый раз, когда их молитва обращена на исправление Шхины.

165) «Творец назвал Яакова Исраэль» – т.е. Шхина, «как сказано: "Не будешь ты зваться Яаков, но Исраэль будет имя твое". И нарек (ваикра ויקרא) ему имя Исраэль»[186]. О ком сказано: «И нарек»? Это – Шхина, как сказано: «И воззвал к Моше»[187]. «И воззвал (ваикра ויקרא)» написано с маленькой буквой «алеф א», и это – Шхина. И перед этими словами тоже написано: «И сказал ему Всесильный»[186] – и это имя Шхины.

166) Мы уже выяснили[188], что имя Исраэль восполнилось всем надлежащим, и тогда он поднялся на свою ступень и восполнился этим именем. Поэтому: «И нарек ему имя Исраэль»[186].

---

[184] Тора, Берешит, 35:13. «И поднялся над ним Всесильный в месте, где говорил с ним».
[185] Тора, Дварим, 4:7. «Ибо кто народ великий, к которому боги были бы столь близки, как Творец Всесильный наш, каждый раз, когда мы взываем к Нему».
[186] Тора, Берешит, 35:10. «И сказал ему Всесильный: "Имя твое Яаков, впредь же не будешь ты зваться Яаков, но Исраэль будет имя твое". И нарек ему имя Исраэль».
[187] Тора, Ваикра, 1:1. «И воззвал к Моше, и говорил с ним Творец из шатра собрания».
[188] См. Зоар, главу Толдот, пп. 167-169.

Яаков – Исраэль

167) Яаков – избранный из праотцев, и он включает все стороны, т.е. включает как правую, так и левую. И потому нарек ему имя Исраэль. Сказано: «Впредь же не будешь ты зваться Яаков, но Исраэль будет имя твое»[186], и сказано: «И нарек ему имя Исраэль»[186]. Почему же Творец много раз называл его снова Яаковом? И если все называют его Яаковом, как и в начале, что значит: «Впредь же не будешь ты зваться Яаков»?

168) Сказано: «Творец как всемогущий выйдет, как муж сражений»[189]. Но ведь следовало сказать не «как всемогущий», а «всемогущий», и не «как муж», а «муж»?

169) Повсюду имя АВАЯ – это милосердие. И это имя Творца – АВАЯ, как сказано: «Я – Творец (АВАЯ), это имя Мое»[190]. А иногда Он называется по имени Элоким, и везде оно означает свойство суда. Но когда умножаются праведники в мире, имя Его – АВАЯ, и Он называется милосердием. А когда грешники умножаются в мире, имя Его – Элоким. И так Яаков, когда не был среди ненавистников и не был за пределами земли (Исраэля), звали его Исраэль. А когда был среди ненавистников или за пределами земли (Исраэля), звали его Яаков.

170) Однако сказано: «И поселился Яаков в земле, где жил отец его, в земле Кнаан»[191] – т.е. он не был за пределами земли (Исраэля), но все равно написано имя Яаков.

171) Но мы уже сказали, что так же как Творец иногда зовется АВАЯ, а иногда – Элоким, т.е. согласно ступени, так же (и он) иногда зовется Исраэль, а иногда – Яаков. И все это соответствует известным ступеням.

Объяснение. Когда у него есть ступени ГАР и рош, зовется Исраэль, а когда – ВАК без рош, зовется Яаков. И сказанное: «Ты больше не будешь называться Яаковом» означает, что не

---

[189] Пророки, Йешаяу, 42:13. «Творец как всемогущий выйдет, как муж сражений, пробудит ревность, возликует и поднимет клич, побеждая врагов Своих».
[190] Пророки, Йешаяу, 42:8. «Я – Творец, это имя Мое, и славы Моей другому не отдам, и хвалы Моей – идолам».
[191] Тора, Берешит, 37:1.

останется под именем Яаков, а будут у него два имени: Яаков и Исраэль, согласно ступени.

172) Но сказано: «Не будешь ты больше зваться именем Аврам, и станет имя твое Авраам»[192]. Это ведь не означает, что будет называться двумя именами – Аврам и Авраам, а только – Авраам?

Там сказано: «И станет (ве-хая וְהָיָה) имя твое Авраам», и поэтому остался с этим именем. Однако о Яакове не сказано: «И станет (ве-хая וְהָיָה)», а сказано: «Но Исраэль будет (ихье יִהְיֶה) имя твое»[186]. И зовется иногда Яаковом, а иногда Исраэлем. И, конечно же, осуществляется сказанное: «Но Исраэль будет (ихье יִהְיֶה) имя твое»[186], и когда сыновья его украшаются коэнами и левитами и восходят на высшие ступени, он украшается именем Исраэль навсегда.

---

[192] Тора, Берешит, 17:5. «Не будешь ты больше зваться именем Аврам, и станет имя твое Авраам, ибо Я сделаю тебя отцом множества народов».

Всякое начало трудно

173) Когда умерла Рахель, взяла дом та, которая должна была исправиться в двенадцати коленах, т.е. Шхина. Почему Рахель умерла внезапно? Иначе говоря: что связано со смертью Рахели? Всё это для того, чтобы Шхина украсилась как подобает, т.е. достигла мохин де-ГАР, и стала «матерью, радующейся сыновьям»[193]. Иными словами, Рахель умирает для того, чтобы нижняя Шхина, Рахель, и высшая Шхина, Лея, стали одним парцуфом. И тогда нижняя Шхина достигает ГАР, а высшая Шхина, называемая «матерью сыновей», радуется исправлению двенадцати колен. И почему Лея не умерла, мы уже говорили.[194] И с ним, с Биньямином, Шхина начала овладевать домом и исправляться, так как к ней (Рахели) относится свойство Есод этих двенадцати колен, и потому она была первой для исправления Шхины. И потому Биньямин всегда в западной стороне, «под знаменами», – так как Есод относится к западу, – а не в другой стороне.

174) И с него, с Биньямина, начинает Шхина исправляться в двенадцати коленах, и с него начинает небесная Малхут проявляться на земле, ибо первый царь в Исраэле, Шауль, – из его сыновей. И это означает, что всякое начало кажется трудным, и потому присутствует в нем суд смерти, но потом все успокаивается и осуществляется.

175) И когда пожелала Шхина исправиться и взять дом с помощью исправления в двенадцати коленах, такой суд вершится над Рахелью, когда она умирает. А затем она исправляется, чтобы успокоиться. Так же, когда пожелала Малхут проявиться на земле, начала с суда и Малхут не успокоилась на своем месте, как должно, пока не пробудился суд над Шаулем согласно делам его, и он был сражен в горах Гильбоа[195]. И затем успокаивается Малхут в Давиде и исправляется.

176) Всякое начало трудно, а затем наступает облегчение. В Рош а-шана начало трудно, так как всему миру выносится

---
[193] Писания, Псалмы, 113:9. «Превращает хозяйку дома в мать, радующуюся сыновьям. Алелуйа».
[194] См. Зоар, главу Ваеце, п. 242, со слов: «Почему Лея не умерла в то же самое время, когда завершились двенадцать колен...»
[195] Пророки, Шмуэль 1, 31:1-6.

приговор – каждому согласно делам его. А затем уже (приходит) облегчение, прощение и искупление, т.е. в День искупления и в Суккот. И поскольку начало относится к свойству левой линии, поэтому и свойства суда его тяжелы. А после этого пробуждается правая линия, как сказано: «Левая рука его у меня под головою»[196], и вслед за тем: «Правая обнимает меня». И потому наступает облегчение.

177) И наоборот – у народов мира, ибо в будущем Творец пробудится сначала с миром над другими народами, идолопоклонниками, а затем восстанет над ними в суровом суде, как сказано: «Творец (АВАЯ) как всемогущий выйдет, как муж сражений»[189]. Сначала АВАЯ, т.е. милосердие, а затем – «как всемогущий», но не «всемогущий» во всей своей силе, а затем – «как муж сражений», но еще не «муж сражений» во всей своей силе. А затем раскроется могущество (гвура) над ними, и восстанет, чтобы истребить их, как сказано: «Возликует и поднимет клич, побеждая врагов Своих»[189]. И сказано: «Выйдет Творец и сразится»[197], а также сказано: «Кто это идет от Эдома в багряных одеждах из Боцры, тот, кто великолепен в одеянии своем, опоясан могучей силой своей?!»[198]

178) «И было, с выходом души ее, ибо она умирала, нарекла ему имя Бен-Они. Но отец назвал его Биньямин»[199]. Заговорил рабби Йегуда, провозгласив: «Добр Творец, Он словно крепость в день бедствия, и знает уповающих на Него»[200]. Счастлив удел человека, укрепляющегося в Творце, потому что крепость Творца – это крепость. «Добр Творец» – как сказано: «Добр Творец ко всем»[201]. «Словно крепость» – это сила, в которой заложено спасение, как сказано: «Он – крепость спасения для

---

[196] Писания, Песнь песней, 2:6. «Левая рука его у меня под головою, а правая обнимает меня».

[197] Пророки, Зехария, 14:3. «И выйдет Творец и сразится с народами теми, как в день, когда сражался Он, в день битвы».

[198] Пророки, Йешаяу, 63:1. «Кто это идет от Эдома в багряных одеждах из Боцры, тот, кто великолепен в одеянии своем, опоясан могучей силой своей?! Я, говорящий справедливо, велик в спасении!»

[199] Тора, Берешит, 35:18. «И было, с выходом души ее, ибо она умирала, нарекла ему имя Бен-Они. Но отец назвал его Биньямин».

[200] Пророки, Нахум, 1:7. «Добр Творец, Он словно крепость в день бедствия, и знает уповающих на Него».

[201] Писания, Псалмы, 145:9. «Добр Творец ко всем, и милосердие Его на всех творениях».

помазанника Своего»²⁰². «В день бедствия»²⁰³ – в день беды, когда другие народы преследуют Исраэль.

---

[202] Писания, Псалмы, 28:8. «Творец – их сила, и Он крепость спасения для помазанника Своего».
[203] Писания, Псалмы, 20:2. «Ответит тебе Творец в день бедствия, укрепит у тебя имя Всесильного Яакова».

ГЛАВА ВАИШЛАХ

Если ты оказался слабым в день бедствия

179) «Если ты оказался слабым в день бедствия, сила твоя скудна»²⁰⁴. «Если ты оказался слабым» – тот, кто в бессилии опускает руки перед Творцом и не укрепляется в Нем. Как же может человек укрепиться в Творце? – Укрепиться в Торе. Ибо каждый, кто укрепляется в Торе, тот укрепляется в Древе жизни, и он словно дает силы Кнессет Исраэль, т.е. Шхине, чтобы упрочиться.

180) А если он ослабляет усилия в Торе, сказано: «Оказался слабым» – если он ослабляет усилия в Торе, то «в день бедствия, сила твоя скудна» – в день, когда у него наступит бедствие, он словно ослабляет Шхину, являющуюся силой мира. Слово «Кохеха (כֹּחֲכָה сила твоя)» – состоит из слов «сила (коах כח)» «каф-хэй כה», причем «каф-хэй כה (Ко)» – это имя Шхины. «Сила твоя скудна» – поскольку истощает силы Шхины, называемой «каф-хэй כה (Ко)».

181) Другое объяснение слов: «Сила твоя скудна»²⁰⁴. Когда человек ослабляет усилия в Торе и идет путем, который непригоден, множество врагов будет преследовать его в день бедствия. И даже душа (нешама) самого человека, являющаяся его силой и мощью, становится врагом ему, как сказано: «Сила твоя скудна». Потому что становится «скудной» и враждебной ему. «Сила твоя скудна» – указывает на душу, являющуюся силой человека.

182) В час, когда человек идет путями Торы, и все его пути исправлены как подобает, сколько защитников стоят за него, чтобы помянуть его добром. Как сказано: «Если есть у него ангел-заступник – один из тысячи, чтобы возвестить о человеке правоту его, и сжалится он над ним и скажет: "Спаси его, чтобы не сошел он в могилу; я нашел искупление (ему)"»²⁰⁵.

---

²⁰⁴ Писания, Притчи, 24:10. «Если ты оказался слабым в день бедствия, сила твоя скудна».
²⁰⁵ Писания, Иов, 33:23-24. «Если есть у него ангел-заступник – один из тысячи, чтобы возвестить о человеке правоту его, и сжалится он над ним и скажет: "Спаси его, чтобы не сошел он в могилу; я нашел искупление"».

Но разве не всё раскрыто перед Творцом, и Ему нужен ангел, говорящий пред Ним хорошее или плохое?

183) Но, конечно же, Ему нужен ангел, хотя Он и знает всё. И это – для того, чтобы пробуждать милосердие. Ведь когда у человека есть добрые заступники, чтобы помянуть его заслуги пред Творцом, и нет обвинителя, тогда: «И сжалится он над ним и скажет: "Спаси его, чтобы не сошел он в могилу; я нашел искупление"»[205].

184) Сказано: «Если есть у него ангел», если бы не было сказано больше, то все было бы в порядке. Но сказано: «Ангел-заступник – один из тысячи». В таком случае – кто это? Это ангел, посылаемый человеку, чтобы быть с ним по левую сторону его. Как сказано: «Падет по одну сторону от тебя тысяча»[206] – это левая сторона, так как после этого сказано: «И десять тысяч, справа от тебя». Отсюда ясно, что до этого говорилось о левой стороне.

185) Однако, «один из тысячи»[203] – это злое начало, являющееся одним из той тысячи губителей, которые относятся к левой стороне, ибо он восходит наверх и получает разрешение губить, а затем спускается и убивает. Поэтому, если человек идет путем истины, то злое начало становится его рабом, как сказано: «Лучше презренный и раб сам себе»[207]. Тогда оно поднимается, становясь его заступником, и заявляет пред Творцом о заслугах этого человека. Тогда говорит Творец: «Спаси его, чтобы не сошел он в могилу»[205].

186) Но все равно злое начало не возвращается с пустыми руками, так как вместо этого человека дается ему другой, чтобы властвовать над ним и забрать у него душу, потому что грехи его превзошли грехи этого человека, и он был уличен в них. И он становится искуплением за того человека, который спасен, как сказано: «Я нашел искупление», – чтобы спасти его.

187) «Я нашел искупление» – другое объяснение этих слов, что Творец сказал ангелу: «Заслуги этого человека, о которых ты рассказал, будут ему искуплением и спасут его, чтобы не

---

[206] Писания, Псалмы, 91:7. «Падет по одну сторону от тебя тысяча, и десять тысяч, справа от тебя, к тебе не подступятся».
[207] Писания, Притчи, 12:9. «Лучше презренный и раб сам себе, чем тщеславный и не имеющий хлеба».

сойти ему в ад и не погибнуть». Поэтому человек должен идти путем истины, для того чтобы обвинитель переменился и стал его заступником.

188) И подобно этому Исраэль в День искупления, когда приносят злому началу, т.е. Саму, козла для Азазеля, и занимаются им до тех пор, пока оно не станет их рабом и не поднимется, и не засвидетельствует это пред Творцом, превратившись в их защитника. И о таком злом начале сказал Шломо: «Если голоден враг твой, накорми его хлебом, а если испытывает жажду, напои его водою»[208].

189) И поэтому «в день бедствия»[204], когда человек ослабляет усилия в Торе, он как бы подталкивает Творца к злому началу, ставшему его обвинителем, чтобы выслушать его обвинение. И если так, то это – «день бедствия», и тогда сказано: «Сила твоя (кохеха כחה) скудна»[204], и здесь те же буквы, что и в словах «скудна сила Ко (коах ко כח כו)», т.е. он истощает силы Шхины, называемой Ко, потому что злое начало приближается к Творцу, чтобы пожаловаться, и сила Шхины ослабляется из-за этой жалобы.

190) «Добр Творец, Он словно крепость в день бедствия»[200]. Что значит «в день бедствия»? Это Яаков в тот момент, когда Эсав приходит с жалобой на него. «И знает уповающих на Него»[200] – т.е. когда приходят к Нему страдания суда от смерти Рахели.

191) Обвинитель находится над человеком только в час опасности. И поскольку Яаков опоздал выполнить свой обет, который он дал перед Творцом, усилился суд над Яаковом из-за того, что обвинитель потребовал суда над ним в час, когда Рахель находилась в опасности. Он заявил перед Творцом: «Яаков дал обет и не выполнил его, а ведь он превосходит всех и богатством своим, и сыновьями, и всем необходимым, но не выполнил он обет, который дал перед Тобой, и Ты не подверг его наказанию!» Тут же: «И родила Рахель, но тяжки ей были

---

[208] Писания, Притчи, 25:21-22. «Если голоден враг твой, накорми его хлебом, а если испытывает жажду, напои его водою. Ибо горящие угли собираешь ты на голову его, и Творец воздаст тебе».

роды ее»²⁰⁹ – ибо тяжким было обвинение суда над ним наверху, у ангела смерти.

192) Сказано: «И если нечем тебе заплатить – зачем нужно, чтобы отнял он постель твою из-под тебя?!»²¹⁰ И потому умерла Рахель, и суд был возбужден ангелом смерти.

193) В час, когда подходил Эсав, что сделал Яаков? «И поставил служанок и детей их впереди, Лею с ее детьми – за ними, а Рахель с Йосефом – последними»²¹¹. И зачем? Потому что он боялся за Рахель – как бы злодей не разглядел красоту ее, и не начал его притеснять из-за нее.

194) Сказано: «И подошли рабыни, они и дети их, и поклонились. И подошла также Лея и дети ее, и поклонились»²¹², и женщины были впереди мужчин. Однако о Рахели сказано: «А потом подошли Йосеф и Рахель»²¹² – т.е. Йосеф был перед матерью, и он заслонял и скрывал ее. И поэтому сказано: «Милый сын Йосеф, милый сын на виду»²¹³ – ибо он расправил тело свое и заслонил мать. «Милый сын на виду»²¹³ – на виду у того грешника, чтобы не смотрел на нее.

195) А здесь Рахель была наказана злым началом, предъявившем обвинение в час опасности, и Яаков был наказан за обет, который не выполнил. И это было для Яакова самой тягостной из всех бед, пережитых им. И откуда нам известно, что смерть Рахели наступила из-за Яакова? Потому что сказано: «Умерла у меня (досл. за меня) Рахель»²¹⁴. Конечно же «за меня», – так как опоздал с выполнением обета.

---

²⁰⁹ Тора, Берешит, 35:16. «И отправились в путь из Бейт-Эля. И оставалась еще киврa земли идти до Эфрата, и родила Рахель, но тяжки ей были роды ее».

²¹⁰ Писания, Притчи, 22:27. «И если нечем тебе заплатить – зачем нужно, чтобы отнял он постель твою из-под тебя?!»

²¹¹ Тора, Берешит, 33:2. «И поставил служанок и детей их впереди, Лею с ее детьми – за ними, а Рахель с Йосефом – последними».

²¹² Тора, Берешит, 33:6-7. «И подошли рабыни, они и дети их, и поклонились. И подошла также Лея и дети ее, и поклонились. А потом подошли Йосеф и Рахель, и поклонились».

²¹³ Тора, Берешит, 49:22. «Милый сын Йосеф, милый сын на виду. Дочери, подходя, хотели узреть».

²¹⁴ Тора, Берешит, 48:7. «А я… когда я шел из Падана, умерла у меня Рахель на земле Кнаана, в пути, когда (оставалась) еще киврa земли идти до Эфрата; и похоронил я ее там, на пути в Эфрат, он же Бейт-Лехем».

196) «Незаслуженное проклятие не (ло לא) сбудется»²¹⁵. И следует читать «ло (к нему לו)» с «вав ו», т.е. как если бы было сказано: «Незаслуженное проклятие к нему (ло לו) придет». Ведь если это проклятие праведника – пусть он даже и не думал проклинать, как только сорвалось проклятие с уст его, подхватывает его злое начало, и пользуется им для обвинения в час опасности.

197) Яаков сказал: «У кого же найдешь твои божества, не будет жив»²¹⁶. И хотя не знал он, что Рахель их похитила, схватил это слово тот самый Сатан, который всегда находится возле людей, и в час опасности обвинил его. И поэтому мы изучали, что никогда человек не должен открывать уста свои для Сатана, так как берет он это слово и обвиняет, пользуясь им, наверху и внизу, – тем более, если это слово вышло из уст мудреца или праведника. И за две эти вещи была наказана Рахель:
1. За то, что он опоздал с выполнением обета.
2. Из-за проклятия, которое произнес он своими устами.

---

²¹⁵ Писания, Притчи, 26:2. «Как птица вспорхнет, как воробей улетит, так незаслуженное проклятие не сбудется».
²¹⁶ Тора, Берешит, 31:32. «"У кого же найдешь твои божества, не будет жив. При наших братьях опознай, что (из твоего) у меня, и бери себе". И не знал Яаков, что Рахель похитила их».

ГЛАВА ВАИШЛАХ

И было при исходе души ее

198) «И было при исходе души ее, ибо она умирала»[217]. Зачем добавлено: «Ибо она умирала»? Для того чтобы показать, что душа больше не вернулась в тело, и Рахель умерла телесной смертью. Ведь исход души еще не свидетельствует о смерти тела, потому что есть люди, у которых вышла душа, а потом вернулась на свое место, как сказано: «И вернулся к нему дух его»[218], «И обмерло сердце их»[219], «Душа покинула меня от слов его»[220], «Не осталось в нем духа жизни»[221]. Но ее душа вышла и не вернулась на свое место, и умерла Рахель.

199) «Нарекла ему имя Бен-Они (сын страдания моего)»[217] – в память о тяжести вынесенного ей наказания. А Яаков снова связал его с правой (линией), с хасадим, поскольку необходимо связать запад, Нукву, с правой (линией). И хотя он сын страдания Нуквы, т.е. сторона строгого суда в ней, тем не менее, он сын правой (Бен-Ямин), поскольку Нуква была связана с правой (линией). И потому назвал он его Биньямин (בנימי), сын правой, т.к. связал Рахель с правой (линией), т.е. с хасадим.

200) И она была похоронена в пути[222], как мы уже выяснили.[223] Поскольку в случае с Рахелью, были открыты ее смерть и захоронение, так как она была похоронена в пути, т.е. на открытом месте. Однако в случае с Леей, ее смерть и захоронение не были открыты.

---

[217] Тора, Берешит, 35:18. «И было: при исходе души ее, ибо она умирала, нарекла ему имя Бен-Они. А его отец назвал его: Биньямин».

[218] Пророки, Шмуэль 1, 30:12. «И дали ему кусок лепешки прессованной смоквы и два – изюмной. И поел он, и вернулся к нему дух его, ибо он не ел хлеба и не пил воды три дня и три ночи».

[219] Тора, Берешит, 42:28. «И сказал он своим братьям: "Возвращено серебро мое, и даже вот оно, в суме моей". И обмерло сердце их, и они с трепетом друг другу говорили: "Что это Творец сделал с нами?!"»

[220] Писания, Песнь песней, 5:6. «Открыла я возлюбленному, а возлюбленный пропал, ушел. Душа покинула меня от слов его. Искала я его и не нашла, звала – он не ответил».

[221] Пророки, Мелахим 1, 17:17. «И было, после этих событий заболел сын той женщины, хозяйки дома; и болезнь его была так сильна, что не осталось в нем духа жизни».

[222] Тора, Берешит, 35:19. «И умерла Рахель. И погребена была она на пути в Эфрат, он же Бейт-Лехем».

[223] См. Зоар, главу Ваеце, п. 243.

ГЛАВА ВАИШЛАХ

И поставил Яаков памятник

201) «Яаков поставил на ее могиле памятник, и это памятник могилы Рахели до сего дня»[224]. «До сего дня» – потому что не скрывается место ее захоронения до того самого дня, когда Творец будет возрождать мертвых.

202) «До сего дня»[224] – до того дня, когда Шхина вернет Исраэль из изгнания в это место, (место) захоронения Рахели, как сказано: «И есть надежда у остатка твоего, – сказал Творец, – возвратятся сыны в пределы свои»[225]. И это клятва, которую дал Творец Шхине. И будет Исраэль, когда вернется из изгнания, стоять на могиле Рахели и плакать там, как она оплакивала изгнание Исраэля. И об этом сказано: «С плачем придут они, и с милосердием поведу Я их»[226]. И сказано: «Ибо есть воздаянье за труд твой»[227]. И будет Рахель, которая (захоронена) в пути, радоваться в этот час с Исраэлем и со Шхиной.

---

[224] Тора, Берешит, 35:20. «Яаков поставил на ее могиле памятник, и это памятник могилы Рахели до сего дня».

[225] Пророки, Йермияу, 31:16. «И есть надежда у остатка твоего, – сказал Творец, – возвратятся сыны в пределы свои».

[226] Пророки, Йермияу, 31:8. «С плачем придут они, и с милосердием поведу Я их, поведу их к потокам вод путем прямым, не споткнутся они на нем, ибо стал Я отцом Исраэлю, и Эфраим – первенец Мой».

[227] Пророки, Йермияу, 31:15. «Так сказал Творец: "Удержи голос твой от рыданья и глаза твои от слез, ибо есть воздаянье за труд твой, – сказал Творец, – возвратятся они из вражьей страны"».

И пошел Реувен – и было сынов Яакова двенадцать

203) «И было в пребывание Исраэля на этой земле, и пошел Реувен и лег с Билгой, наложницей своего отца, и услышал Исраэль… И было сынов Яакова двенадцать»[228]. «И было в пребывание Исраэля на этой земле» – это Шхина, называемая землей. Ибо Лея и Рахель умерли, и приняла этот дом Шхина.[229]

204) Разве можно подумать, что Реувен пошел и лег с Билгой? Но дело в том, что всё время, пока Лея и Рахель были живы, Шхина пребывала над ними. И сейчас, когда умерли они, Шхина не отделилась от этого дома, а находилась в шатре Билги.

И несмотря на то, что Шхина должна была принять этот дом, т.е. соединиться с Яаковом, как подобает, после смерти Рахели, как все же сказано, что Шхина находилась в шатре Билги? – Если бы Яаков не находился в зивуге захара и нуквы, Шхина не пребывала бы открыто в доме. И потому стояла Шхина в шатре Билги, где находился он в зивуге захара и нуквы.

205) Пришел Реувен, и когда увидел, что Билга унаследовала место его матери, пошел и расстроил это ложе, т.е. забрал оттуда ложе Яакова, и поскольку над ним пребывала Шхина, написано о нем (Реувене): «И лег с Билгой» – т.е. спал на том же ложе, не беспокоясь за честь Шхины. И потому говорит о нем Писание, как будто он лег с ней.

А поскольку он не согрешил, не исключен Реувен из числа двенадцати колен. И потому Писание тут же подвело счет, указав: «И было сынов Яакова двенадцать»[228]. И поэтому сразу же сказано: «Первенец Яакова Реувен»[230] – т.е. Писание отмечает его, как главу всех колен.

---

[228] Тора, Берешит, 35:22. «И было в пребывание Исраэля на той земле, и пошел Реувен и лег с Билгой, наложницей своего отца, и услышал Исраэль… И было сынов Яакова двенадцать».
[229] См. выше, п. 173.
[230] Тора, Берешит, 35:23. «Сыны Леи: первенец Яакова Реувен, Шимон и Леви, Йегуда, Исасхар и Звулун».

206) «Ибо прямы пути Творца»²³¹. Совершенно все пути Творца прямы, и пути Его – истина. А населяющие мир не знают и не беспокоятся, на чём они стоят. И потому: «Праведники пойдут по ним»²³¹ – поскольку они знают пути Творца и занимаются Торой, а всякий, кто занимается Торой, знает их и идет по ним, по путям Торы, не отклоняясь ни вправо, ни влево.

207) «А грешники споткнутся на них»²³¹. Это те нечестивцы, которые не занимаются Торой и не смотрят на пути Творца, и не знают, куда эти пути идут. И поскольку не умеют смотреть и не занимаются Торой, спотыкаются они на путях Торы в этом мире и в будущем мире.

208) Каждый человек, занимающийся Торой, когда избавляется от этого мира, душа его поднимается дорогами и путями Торы. И эти дороги и пути Торы известны, и те, кто знает пути Торы в этом мире, идут ими в том мире после того, как избавляются от этого мира.

209) А если они не занимаются Торой в этом мире, и не знают пути и тропинки Торы, то и когда уйдут из этого мира, они не будут знать, как ходить этими путями и тропинками, и споткнутся на них. И тогда (человек) пойдет другими путями, которые не являются путями Торы, и усилятся против него многочисленные суды, и будет он наказан ими.

210) А о том, кто занимается Торой, как сказано: «Когда ляжешь, будет охранять тебя, а когда пробудишься, будет беседовать с тобою»²³². «Когда ляжешь» – в могилу, Тора «будет охранять тебя» от суда того мира. «И когда пробудишься» – когда Творец пробудит рухот и нешамот (души) для воскрешения мертвых, тогда она «будет беседовать с тобою». И она будет доброй заступницей за тело, чтобы те тела, которые занимались Торой, восстали как подобает. И это те, кто восстанет вначале для вечной жизни,²³³ как сказано: «И многие из спящих во прахе земном пробудятся: одни – для вечной жизни»²³⁴. И

---

²³¹ Пророки, Ошеа, 14:10. «Кто мудр, да разумеет это, благоразумный пусть поймет это: прямы пути Творца, и праведники пойдут по ним, а грешники споткнутся на них».
²³² Писания, Притчи, 6:22. «Когда пойдешь ты, она поведет тебя; когда ляжешь, будет охранять тебя, а когда пробудишься, будет беседовать с тобою».
²³³ См. Зоар, главу Хаей Сара, п. 172.
²³⁴ Писания, Даниэль, 12:2. «И пробудятся многие из спящих во прахе земном: одни – для вечной жизни, а другие – на поругание и вечный позор».

пробудятся они «для вечной жизни», потому что занимались вечной жизнью, т.е. Торой.

211) Все те, кто занимался Торой, тело их оживет и Тора защитит его. Ибо в тот час пробудит Творец один руах (дух), состоящий из четырех рухот, т.е. ХУБ ТУМ. И тот руах, который состоит из четырех рухот, приходит ко всем тем, кто занимался Торой, чтобы оживить их этим духом (руах), чтобы жили они вечно.

212) О мертвых, которых оживил Йехезкель, сказано: «От четырех ветров (рухот) приди, дух (жизни)»[235]. Почему же они не продолжили жить? Ведь все они умерли, как и вначале, и не помог им этот дух (руах), состоящий из четырех рухот, чтобы жили они вечно. В момент, когда оживил Творец мертвых через Йехезкеля, тот дух (руах), хотя он и состоял из четырех духов (рухот), изначально спустился не для того чтобы оживить их, чтобы они жили вечно, а с целью показать, что Творец должен оживить мертвых тем же путем, и оживить их духом, складывающимся точно так же, из четырех духов. И хотя кости снова стали в тот момент тем, чем были, Творец хотел только показать всему миру, что собирается оживить мертвых, которых Творец должен оживить тогда для совершенного существования в мире, как подобает. И тех, кто занимается Торой в этом мире, Тора поддерживает теперь и становится им защитницей перед Творцом.

213) Все слова в Торе, и вся Тора, т.е. содержащийся в ней разум, которой занимался человек в этом мире, эти слова и Тора находятся всегда пред Творцом, и рассказывает она пред Ним и возносит голоса, и не успокаивается. И в этот момент, во время воскрешения мертвых, она будет говорить и расскажет, насколько прилепился к ней этот человек и занимался ею в этом мире. И потому возродятся они и пребудут в совершенстве для жизни вечной. Как сказано: «Ибо прямы пути Творца, праведники пойдут по ним, а грешники споткнутся на них»[231].

214) «Эйли же был весьма стар; и слышал о том, как поступают сыновья его со всеми исраэльтянами, и о том, что они

---

[235] Пророки, Йехезкель, 37:9. «Но Он сказал мне: "Пророчествуй духу (жизни), пророчествуй, сын человеческий, и скажешь духу (жизни) – так сказал Творец: от четырех ветров приди, дух (жизни), и дохни на убитых этих, и оживут они"».

насилуют женщин, собирающихся у входа в шатер соборный»[236]. Но разве кому-то может прийти в голову, что священнослужители Творца могут сделать такое?! И Тора объясняет их грех, как сказано: «Ибо оскверняли эти люди дароприношение Творцу»[237]. Об этом сказано: «И был весьма велик грех этих отроков пред Творцом»[237], хотя и брали они от тех частей жертвы, которые относились к ним. И за то, что была жертва неважной в их глазах, были они наказаны, – т.е. они были праведниками, от которых требуется очень тщательное выполнение. А здесь говорится: «О том, что они насилуют собирающихся женщин»[236] – т.е. совершают столь тяжкий грех.

215) Но не может быть, чтобы они совершили такой грех, и тем более в таком святом месте, а Исраэль не восстали и не убили их! А сказано это потому, что они задерживали женщин, не давая им входить в Храм, и были против того, чтобы входить и читать молитву до принесения жертв. И поскольку те не давали эти жертвы для того, чтобы брать часть от них, они задерживали их. И из-за того, что женщины хотели войти в Храм, а они задерживали их, сказано «что они насилуют женщин»[236], так как они задерживали их, не давая войти в Храм.

216) «И лег с Билгой»[228]. Однако он ни в коем случае не лег с ней, а задержал ее, не позволив выполнить заповедь с отцом его. И это называется расстройством ложа.[238] И считается, что против Шхины совершил он этот поступок. Ибо в любом месте, где происходит исполнение заповеди, воцаряется Шхина над этим местом и находится там. А тот, кто приводит к задержке исполнения заповеди, приводит к уходу Шхины из мира. И

---

[236] Пророки, Шмуэль 1, 2:22. «Эйли же был весьма стар; и слышал о том, как поступают сыновья его со всеми исраэльтянами, и о том, что они насилуют женщин, собирающихся у входа в шатер соборный».

[237] Пророки, Шмуэль 1, 2:12-17. «Сыновья же Эйли были люди негодные – не знали они Творца. И так вели себя эти священники по отношению к народу: когда кто приносил жертву, отрок священника приходил, когда варили мясо, с вилкой трезубой в руке своей и опускал ее в котел, в кастрюлю, в сковороду или в горшок; и все, что поднимет вилка, брал священник себе. Так поступали они со всеми исраэльтянами, которые приходили туда, в Шило. Даже прежде чем воскуривали тук, приходил отрок священника и говорил приносившему жертву: "Дай-ка мяса, чтобы жарить священнику; он не возьмет у тебя мяса вареного, а только сырое". И если говорил ему тот человек: "Когда воскурят тук, тогда возьми себе, сколько пожелает душа твоя", – то он говорил: "Нет, сейчас давай, а иначе возьму силою". И был весьма велик грех этих отроков пред Творцом, ибо оскверняли эти люди дароприношение Творцу».

[238] См. выше, п. 205.

поэтому сказано: «Ибо ты взошел на ложе отца своего»[239]. И поэтому сказано: «И лег с Билгой»[228]. А сказанное: «И было сынов Яакова двенадцать»[228] учит тому, что все они вошли в счет, и от их заслуг ничего не убавилось.

217) Почему же вначале сказано Исраэль, а затем Яаков: «И услышал Исраэль… И было сынов Яакова двенадцать»[228]? Но дело в том, что когда пришел Реувен и расстроил ложе, он воскликнул: «Что же это такое?! Ведь мой отец должен был произвести на свет двенадцать колен, и не более, а теперь он хочет породить еще сыновей?! Разве мы неполноценны, что он вместо нас хочет породить других – как сначала?!»

Сразу же расстроил ложе, и была приостановлена эта связь. И считается, как будто он нанес оскорбление Шхине, которая пребывала над этим ложем. Поэтому сказано: «И услышал Исраэль» – так как под этим именем он возвысился, пройдя двенадцать укрытых ступеней, называемых «двенадцать рек чистого Афарсемона».

Объяснение. Имя Исраэль находится выше хазе Зеир Анпина, где находятся четыре сфиры ХУБ ТУМ, в каждой из которых есть три линии, и все они называются «двенадцать рек чистого Афарсемона». И они были укрыты, потому что от хазе и выше находятся свойства укрытых хасадим. И Яаков хотел породить еще двенадцать сыновей, относящихся к этим двенадцати свойствам имени Исраэль, к укрытым хасадим. И получается, что Реувен, который расстроил отцовское ложе, причинил вред двенадцати свойствам имени Исраэль, но вовсе не двенадцати свойствам имени Яаков, которые уже завершились. Поэтому сказано: «И услышал Исраэль». Однако сыновья Яакова были двенадцатью завершенными (свойствами).

218) «И было сынов Яакова двенадцать»[228] – это двенадцать колен, в которых была исправлена Шхина. Это те, число которых Тора приводит еще раз, как и вначале, до греха Реувена. Все они святы, все достойны Шхины, чтобы созерцать святость своего Господина. Ведь если бы Реувен совершил такой поступок, он не входил бы в число колен.

---

[239] Тора, Берешит, 49:4. «Стремительный как вода, не будешь ты иметь преимущества, ибо ты взошел на ложе отца своего, осквернил тогда восходившего на постель мою».

219) И вместе с тем Реувен был наказан, так как первородство было отнято у него и передано Йосефу. Как сказано: «И сыновья Реувена, первенца Исраэля, ибо первенец он, но когда осквернил он ложе отца своего, отдано было первенство его»[240] Йосефу. Да будет имя Всесильного благословенно во веки веков, ибо все дела Его истинны, и пути Его справедливы, и все, что Он делает, делает в высшей мудрости.

220) К чему может привести действие человека? Ведь всё, что человек делает, всё это записано и находится у Творца. Ведь когда Яаков вошел к Лее, желание и сердце его всю ночь были с Рахелью, так как он думал, что это Рахель. И от этой связи, от первой капли, и от этого желания забеременела Лея. Яаков не знал, что это Лея, и если бы это было не так, т.е. знал бы он, что это Лея, и рассчитывал бы на Рахель, то Реувен не вошел бы в счет колен, так как считался бы «подменным сыном (бен тмура)». Но это произошло по ошибке, и потому не удостоился он обыкновенного имени, а имя его просто Реувен (ראובן), – т.е. оно состоит просто из слов «смотрите-сын (реу бен ראו בן)», без имени.

221) И вместе с тем это действие вернулось на свое место. То есть, так же как первое желание было вызвано Рахелью, это желание снова вернулось к ней, – ведь первородство вернулось к Йосефу, первенцу Рахели, к тому месту, где находилось желание, т.е. к Рахели. И все встало на свои места, ибо абсолютно все дела Творца – истина и справедливость.

---

[240] Писания, Диврей а-ямим 1, 5:1. «И сыновья Реувена, первенца Исраэля, ибо первенец он, но когда осквернил он ложе отца своего, отдано было первенство его сыновьям Йосефа, сына Исраэля, и не причислен (он был) к первенцам».

Кто она, поднимающаяся из пустыни

222) И столпы дыма восходили и поднимались наверх. Если бы столпы дыма от жертвоприношений, поднимавшиеся над жертвенником, поднимались бы всегда, как этот дым, то не было бы гнева на мир, и Исраэль не были бы изгнаны из земли своей.

223) «Кто она, поднимающаяся из пустыни, как столпы дыма, и окуриваемая миррою и фимиамом, и всякими порошками торговца?»[241] В то время, когда Исраэль шли по пустыне, Шхина шла перед ними, а они шли за ней. Как сказано: «И Творец шел перед ними – днем в столпе облачном, чтобы указывать им дорогу, и ночью в столпе огненном, чтобы светить им, чтобы шли они днем и ночью»[242]. И поэтому сказано: «Так (ко) сказал Творец: "Я помню о благосклонности ко Мне в юности твоей, о любви твоей, когда ты была невестою, как шла ты за Мною (ахарай) по пустыне»[243]. Отсюда мы видим, что Шхина шла перед ними, а они шли за ней, т.е. получали наполнение от её ахораим (обратной стороны).

224) Трогалась Шхина, и все облака величия вместе с ней. И когда двигалась Шхина, двигались Исраэль, как сказано: «И когда поднималось облако над Скинией, отправлялись сыны Исраэля»[244]. И когда она поднималась, облако поднималось высоко вверх, и все живущие в мире видели, и вопрошали, восклицая: «Кто она, поднимающаяся из пустыни, как столпы дыма?!»[241]

225) То облако, в котором являлась Шхина, было дымом. И почему оно было дымом? Потому что огонь, который зажигал Авраам и Ицхак, сын его, удерживался в ней и не прекращался в ней. И когда этот огонь удерживался в ней, от него поднимался дым.

---

[241] Писания, Песнь песней, 3:6. «Кто она, поднимающаяся из пустыни, как столпы дыма, и окуриваемая миррою и фимиамом, и всякими порошками торговца (благовониями)?!»

[242] Тора, Шмот, 13:21. «А Творец шел перед ними – днем в столпе облачном, чтобы указывать им дорогу, и ночью в столпе огненном, чтобы светить им, чтобы шли они днем и ночью».

[243] Пророки, Йермияу, 2:2. «Иди и возгласи во всеуслышание Йерушалаиму, говоря, что так сказал Творец: "Я помню о благосклонности ко Мне в юности твоей, о любви твоей, когда ты была невестою, как шла ты за Мною по пустыне, по земле незасеянной"».

[244] Тора, Шмот, 40:36. «И когда поднималось облако над Скинией, отправлялись сыны Исраэля во все переходы свои».

Объяснение. Когда левая линия Бины светит без правой, свечение ее, как огонь пожирающий. И когда строение Шхины находится в свойстве ахораим, она поднимается и облачает левую линию Бины. И тогда она загорается этим огнем. Именно это означает сказанное: «Потому что огонь, который зажигал Авраам и Ицхак, сын его, удерживался в ней» – так как Ицхак это левая линия Бины, которую притянул Авраам, и прежде чем включилась в правую линию, она была как пожирающий огонь, и Шхина зажглась этим огнем, когда строение ее было свойством ахораим. И во время исправления Шхины, когда она получает совершенные мохин в состоянии «паним бе-паним (досл. лицом к лицу)» при передаче свечения Хохмы, она передает их именно в этих келим, подобных пожирающему огню и полученных ею от левой линии Бины, когда она была в мохин де-ахораим.[245]

«И не прекращался в ней» – этот огонь не оставляет Нукву даже когда пребывает в мохин де-паним, с помощью которых она передает свечение Хохмы. «И когда этот огонь удерживался в ней» – в то время, когда она передает свечение Хохмы, «от него поднимался дым» – поскольку он пробуждает при этом келим де-ахораим, похожие на пожирающий огонь, и от них поднимается дым.

226) И вместе с тем: «Окуриваемая миррою и фимиамом». «Окуриваемая» – значит связывающаяся с двумя другими сторонами, подслащенными и включенными друг в друга. И это облако Авраама, с правой стороны, и облако Ицхака, с левой стороны. «И всякими порошками торговца» – это Яаков. Иными словами, она соединялась в три линии. «Мирра» – это правая линия, Авраам, «фимиам» – левая линия, Ицхак, «и всякими порошками торговца» – это средняя линия, включающая обе, и потому называется торговцем, в руках которого мирра и фимиам.

227) Другое объяснение. Порошок торговца – это праведник Йосеф, поскольку ковчег Йосефа, т.е. Есод, шел при ней. И называется торговцем (рохель), потому что сообщал дурную молву (рехилут) о своих братьях отцу.

---

[245] См. «Предисловие книги Зоар», статью «Ростки», п. 5, со слов: «И сказано: "А если бы они не показались к этому времени, то не могли бы остаться в мире"».

228) Другое объяснение. Шхина связана с Авраамом, Ицхаком, Яаковом и Йосефом, которые как одно целое, и образ у них один, как сказано: «Вот родословие Яакова – Йосеф»[246]. И потому сказано: «Всякими порошками торговца»[241], ибо от места, откуда берет начало и выходит река, от Есода, т.е. Йосефа, – все получают наполнение, и светятся все лики.

229) Когда Исраэль находились на земле (святости) и приносили жертвы, все жертвоприношения Творцу совершались как подобает. Если во время жертвоприношения дым поднимался прямо, они знали, что дым жертвенника зажег свечу, достойную гореть, и все лики светятся, а свечи горят.

Свечи – это сфирот Нуквы, называемые «светила огненные».[247]

230) А со времени разрушения Храма нет дня, когда не было бы гнева и ярости, как сказано: «И Творец гневается каждый день»[248]. И исчезает радость вверху и внизу, и Исраэль уходят в изгнание и находятся во власти других богов. И исполняются тогда слова Писания: «И будешь ты служить там богам иным»[249].

231) Почему же всё это выпадает на долю Исраэля? Сказано: «За то, что не служил ты Творцу Всесильному твоему в радости и сердечной доброте, и в изобилии всего»[250]. Что значит «в изобилии всего»? Здесь – «в изобилии всего», а там – «в недостатке всего»[251].

---

[246] Тора, Берешит, 37:2. «Вот родословие Яакова – Йосеф, семнадцати лет, пас с братьями своими мелкий скот, будучи отроком, с сыновьями Билги и с сыновьями Зилпы, жен отца его. И доносил Йосеф дурную молву о них отцу их».
[247] См. Зоар, главу Берешит, часть 1, п. 128, а также главу Берешит, часть 2, п. 263.
[248] Писания, Псалмы, 7:12. «Всесильный судит праведника, и Творец гневается каждый день».
[249] Тора, Дварим, 28:36. «Уведет Творец тебя и царя твоего, которого ты поставишь над собой, к народу, которого не знал ни ты, ни отцы твои, и будешь ты служить там богам иным, дереву и камню».
[250] Тора, Дварим, 28:47. «За то, что не служил ты Творцу Всесильному твоему в радости и сердечной доброте, и в изобилии всего».
[251] Тора, Дварим, 28:48. «Будешь служить врагу своему, которого нашлет Творец на тебя, в голоде и жажде, и в наготе, и в недостатке всего».

Объяснение. Есод называется «всё», как сказано: «Всё, что на небе и на земле»²⁵². Когда Исраэль были на земле (святости), Есод светил им, как сказано: «В изобилии всего». А за пределами этой земли, в изгнании, сказано: «В недостатке всего», так как Есод не светит там. И потому сказано: «Будешь служить врагу своему, которого нашлет Творец на тебя, в голоде и жажде, и в наготе, и в недостатке всего»²⁵¹.

232) (И это будет продолжаться) до тех пор, пока не пробудится Творец и не вызволит нас из среды народов, как сказано: «И возвратит Творец Всесильный твой изгнанников твоих»²⁵³.

---

[252] Писания, Диврей а-ямим 1, 29:11. «Твое, Творец, величие и могущество, и слава, и вечность, и красота, ибо все, что на небе и на земле, – Твое, Творец, царство, и превознесен Ты над всеми».

[253] Тора, Дварим, 30:3. «И возвратит Творец Всесильный твой изгнанников твоих и смилостивится над тобой, и опять соберет тебя из всех народов, среди которых рассеял тебя Творец Всесильный твой».

Родословная Эсава

233) «И вот родословная Эсава, он же Эдом»[254]. При жизни Ицхака сыновья Эсава не перечислены, как перечислены сыновья Яакова, т.е. они перечислены до смерти Ицхака. Но об Эсаве что сказано? – «И скончался Ицхак»[255], и после этого сказано: «И вот родословная Эсава, он же Эдом»[254]. Почему же они не перечислены при жизни Ицхака? Потому что к уделу, наследию и доле Ицхака относятся только Яаков и сыновья его. И потому Яаков и сыновья его, которые являются уделом Творца, вошли в счет. Но (родословную) Эсава, не находящегося на стороне веры, Писание перечисляет после смерти Ицхака, и тогда удел его удаляется от святости в другое место.

234) После того, как умирает Ицхак и Эсав удаляется в свою сторону, сказано: «И взял Эсав жен своих, своих сыновей, своих дочерей, всех людей своего дома, свое имущество, весь свой скот и все, что он нажил в кнаанской земле, и двинулся в другую землю, прочь от Яакова, брата своего»[256]. И он оставил Яакову все богатство и прибыль, оставил ему рабство египетское, как богатство, и также всю прибыль от египетского рабства, т.е. наследие земли, и продал ему свой удел, расположенный в пещере Махпела, и удалился от этой земли и от веры, и от удела своего, т.е. ушел, оставив все.

235) Как прекрасен во всем стал удел Яакова, когда Эсав не остался с ним, а удалился от него и отправился в свой удел, к своей доле. И стал Яаков владеть наследием отца своего и наследием праотцев своих. И об этом сказано: «И двинулся в другую землю, прочь от Яакова, брата своего» – т.е. не пожелал удела и наследия, и доли веры Яакова. Благословенна доля Яакова, сказано о нем: «Ибо доля Творца – народ Его; Яаков – наследственный удел Его»[257].

---

[254] Тора, Берешит, 36:1. «И вот родословная Эсава, он же Эдом».
[255] Тора, Берешит, 35:29. «И скончался Ицхак, и умер, и приобщен был к народу своему, старый и насыщенный днями. И погребли его Эсав и Яаков, сыновья его».
[256] Тора, Берешит, 36:6. «И взял Эсав своих жен, своих сыновей, своих дочерей, всех людей своего дома, свое имущество, весь свой скот и все, что он нажил в кнаанской земле, и двинулся в другую землю, прочь от Яакова, брата своего».
[257] Тора, Дварим, 32:9. «Ибо доля Творца – народ Его; Яаков – наследственный удел Его».

ГЛАВА ВАИШЛАХ

И вот цари

236) «И вот цари, которые царствовали на земле Эдома, прежде чем царствовал царь у сынов Исраэля»[258]. Заговорил рабби Йеса, провозгласив: «"Вот, малым сделал Я тебя среди народов, презираем ты весьма"[259]. Когда Творец создал мир и поделил землю на семь пределов, поделенных в соответствии с семьюдесятью назначенными правителями» – над народами мира, т.е. внешними свойствами, сфирот ХАГАТ НЕХИМ, каждая из которых состоит из десяти, и всего их семьдесят. «И Творец распределил семьдесят этих правителей между семьюдесятью народами, каждого – по достоинству его, как сказано: «Когда Всевышний давал уделы народам, разделяя людей, установил Он пределы народов по числу сынов Исраэля»[260].

237) Из всех назначенных правителей, посланных всем народам, нет более презренного перед Творцом, чем покровитель Эсава. И причина этого в том, что сторона Эсава – это сторона нечистоты, а сторона нечистоты – позор перед Творцом. И от этих малых ступеней, находящихся после жёрнова, и от опустошенности, которая в свойствах красноты, происходит правитель Эсава. И потому: «Вот, малым сделал Я тебя среди народов, презираем ты весьма»[259] – как сказано: «На брюхе своем будешь ползать»[261]. «Весьма» – как сказано: «Проклят ты более всех животных и всех зверей полевых»[261].

Объяснение. Жёрнов и бегун (верхний жёрнов), Нецах и Ход, называемые «небеса», которые перемалывают МАН для праведников. Нецах называется «бегун», а Ход – «жёрнов». И называются так, поскольку Ход – это суровый суд, и оттуда установился экран де-манула. И поэтому всё перемалывается на нем, и от него праведники поднимают МАН. Известно, что суд этот не действует выше того места, где он находится, а

---

[258] Тора, Берешит, 36:31. «И вот цари, которые царствовали на земле Эдома, прежде чем царствовал царь у сынов Исраэля».

[259] Пророки, Овадья, 1:2. «Вот, малым сделал Я тебя среди народов, презираем ты весьма».

[260] Тора, Дварим, 32:8. «Когда Всевышний давал уделы народам, разделяя людей, установил Он пределы народов по числу сынов Исраэля».

[261] Тора, Берешит, 3:14. «И сказал Творец Всесильный змею: "За то, что ты сделал это, проклят ты более всех животных и всех зверей полевых – на брюхе своем будешь ползать и прахом будешь питаться во все дни жизни твоей"».

только ниже. Поэтому ступени, которые находятся после жёрнова, сферы Ход Зеир Анпина, приводятся в действие суровым судом, содержащимся в жёрнове, и они не могут получить гадлут и пребывают в катнуте.

Также известно, что эти ступени, исходящие от левой линии, когда она светит сверху вниз, лишены всякого света, поскольку Нуква в это время сравнивается с «застывшим морем»,[262] и эти два недостатка находятся в покровителе Эсава.

Поэтому сказано: «И от этих малых ступеней, находящихся после жёрнова» – так как покровитель Эсава происходит от свойств катнута (малого состояния), которые присущи ступеням «после жёрнова» из-за сурового суда, действующего там, и поэтому он мал.

«И от опустошенности, которая в свойствах красноты, происходит правитель Эсава» – и кроме того, он происходит от левой линии во время ее свечения сверху вниз, а это Хохма без хасадим, и при этом все ступени, исходящие оттуда, опустошены.

«И потому: "Вот, малым сделал Я тебя среди народов, презираем ты весьма"[259]». То есть, говорится здесь о двух его особенностях:

1. «Вот, малым сделал Я тебя среди народов» – так как он исходит от малых ступеней, находящихся «после жёрнова».

2. «Презираем ты весьма» – поскольку он происходит от левой линии, и она пребывает «в свойствах красноты», ведь левая линия исходит от Бины, а характерным для нее цветом считается красный, и так как она пуста, сказано: «Презираем».

И это также свойство первородного змея, о котором сказано: «На брюхе своем будешь ползать и прахом будешь питаться во все дни жизни твоей»[261]. И из-за того, что он «после жёрнова», он лишается ног в силу действующего там сурового суда и получает проклятие: «На брюхе своем будешь ползать». А из-за того, что относится к левой линии, он опустошен и получает проклятие: «И прахом будешь питаться во все дни жизни своей». И «весьма», сказанное об Эсаве: «презираем

---

[262] См. Зоар, главу Берешит, часть 1, п. 302.

ты весьма»²⁵⁹, тоже подобно проклятию первородного змея: «Проклят ты более всех животных и всех зверей полевых»²⁶¹.

И целью всей этой статьи является выяснение того, почему царствовали цари «Эдома, прежде чем царствовал царь у сынов Исраэля»²⁵⁸. И мы уже знаем, что сначала исправляется малый, а затем большой, и поэтому сначала должен был исправиться Яаков, а потом Эсав, а не наоборот. Однако сказано: «И призвал он Эсава, старшего сына своего»²⁶³. А Яаков – он младший. И теперь Зоар собирается пояснить нам, что относительно корней младшим считается Эсав, а Яаков – старше него. И поэтому сказано (об Эсаве): «Малым сделал Я тебя среди народов»²⁵⁹.

238) «На нижних ступенях», – которые (находятся) от хазе ЗОН и ниже, на которых хасадим раскрываются с Хохмой, «есть ступени над ступенями, и все они отличаются друг от друга. И все эти ступени разделены между собой, а также связаны друг с другом таким образом, что сфирот Малхут всех ступеней отделены друг от друга, но в то же время одна Малхут связывается с другой. И это потому, что когда одна входит, другая поднимается, и так они соединены в единую связь.

Объяснение. Свет хасадим входит с помощью экрана де-хирик, имеющегося в средней линии, и тогда свет Хохмы, содержащийся в левой, поднимается и светит снизу вверх. Поэтому объединены все три линии единой связью в средней линии.²⁶⁴ Ведь если бы не свет хасадим правой линии, не светила бы Хохма левой. А если бы не средняя линия, правая и левая не облачились бы друг в друга. И все три, таким образом, связаны одна с другой. А что означает их разделение, мы выясним далее.

239) «У этой связи» – у экрана де-хирик, «есть одна ступень» – т.е. ступень средней линии, выходящая на экран де-хирик. «И три связи есть на этой ступени» – потому что средняя линия включает в себя все три линии. «И в каждой связи есть один венец (атара)» – т.е. ГАР, называемые «атара», как сказано:

---

²⁶³ Тора, Берешит, 27:1. «И было, когда Ицхак состарился, и ослабли глаза его и перестал видеть, призвал он Эсава, старшего сына своего, и сказал ему: "Сын мой!" И тот ответил: "Вот я". И сказал он: "Вот я состарился, не знаю дня смерти моей"».

²⁶⁴ См. Зоар, главу Берешит, часть 1, п. 9.

«Венец (атара), которым украсила его мать (има)»²⁶⁵. «И в каждом венце – сила одной власти» – сила экрана манулы, т.е. свойства Малхут первого сокращения, которая используется в ГАР каждой ступени.²⁶⁶

240) И установилась сила этой власти, т.е. манулы, в украшении наверху, в ГАР ступени, и там находится место ее. И также установилась она, чтобы спуститься вниз, в ВАК ступени, пока не свяжутся с ее помощью звезды и созвездия. И в каждой из них, т.е. в любой силе власти, заложенной в каждом из трех венцов, есть одна звезда и одно созвездие. Все звезды относятся к ступеням наверху, а все созвездия – к ступеням внизу. И потому любая ступень украшается в установленных для нее местах, как и подобает каждой из ступеней.

Пояснение сказанного. «Созвездие» – это группа связанных между собой звезд, находящихся в одном движении, общем для всех них.

«Звезды» – отличаются тем, что не связаны друг с другом, и каждая направляется своим путем.

И как мы уже выяснили, связь сфирот заключается в том, что Хохма не светит без хасадим правой линии и получает хасадим правой линии только благодаря согласованию средней линии. Таким образом, все три нуждаются друг в друге и связаны друг с другом. И согласно этому, вся причина связи состоит в том, что свет Хохмы не может светить без хасадим. И потому, это происходит только в состоянии ВАК каждой ступени, где светит мифтеха, венец Есода. И «йуд י» выходит из свойства «воздух (авир אויר)», и раскрывается там свет (ор אור) Хохма.

Но не так происходит в ГАР каждой ступени, где властвует сила манулы, т.е. Малхут первого сокращения, и «йуд י» не выходит из их воздуха (авир אויר), а хасадим укрыты и скрыты от Хохмы. В таком случае, у средней линии нет никакой причины, требующей связи сфирот друг с другом. И потому они считаются разделенными. И поэтому сфирот в ВАК ступени, связанные друг с другом, называются созвездием, и звезды в

---

²⁶⁵ Писания, Песнь песней, 3:11. «Выйдите и посмотрите, дочери Циона, на царя Шломо в венце, которым украсила его мать».

²⁶⁶ См. «Предисловие книги Зоар», статью «Манула и мифтеха», п. 41, со слов: «И мы уже знаем, что Атик...»

нем связаны друг с другом, а сфирот ГАР ступени называются звездами, т.е. они отделены друг от друга, подобно разделенным звездам.

Поэтому сказано: «Их лики и крылья их разделены сверху»[267] – так как они соединены внизу, в ВАК, и разделены наверху, в ГАР. Это не значит, что нет исправления линий в ГАР, так как нет ничего в ВАК, что не было бы получено от ГАР, но говорится только о власти. Иными словами, там нет никакой власти у связующей силы, как будто ее не существует, и потому они называются звездами.

Сила власти манулы – в ГАР ступени, т.е. это лишь основное место, где она находится, но свечение ее распространяется и спускается в ВАК ступени. И об этом сказано, что «сила власти манулы установилась в украшении наверху» – в ГАР ступени, т.е. в основном ее местонахождении. «И также установилась она, чтобы спуститься вниз» – т.е. свечение ее нисходит и светит внизу, в ВАК ступени. «Пока не свяжутся с ее помощью звезды и созвездия» – так как включились в нее ГАР, называемые звездами, и ВАК, называемые созвездиями, однако местонахождение ее – в звездах, а свечение ее – в созвездиях.

«И в каждой из них есть одна звезда и одно созвездие». Иначе говоря, не только в силе власти левой линии есть звезда и созвездие, но даже в силе власти правой линии, всецело относящейся к свойству хасадим, – есть все же и в ней звезда и созвездие, и в звезде нет включения Хохмы, а в созвездии есть включение от свойства Хохмы. «Все звезды относятся к ступеням наверху» – т.е. звезды относятся к ГАР ступени, и отсюда ясно, что созвездия относятся к ВАК ступени.

«И потому любая ступень украшается в установленных для нее местах, как и подобает каждой из ступеней». И потому есть два вида ГАР:
1. Свойства хасадим, получаемые от ГАР ступени и называемые «чистый воздух».
2. Свойства Хохмы, получаемые от ВАК ступени.

---

[267] Пророки, Йехезкель, 1:11. «Их лики и крылья их разделены сверху, и два (крыла) соприкасаются у одного и другого, а два – покрывают тела их».

А также есть два вида украшения, и каждая ступень украшается соответствующим ей свойством.

241) «Когда ступени разделены» – в ГАР, «есть в них прерывающая связь» – т.е. власть манулы, прерывающая свечение Хохмы, «пока не связывается в надлежащем ей месте» – пока свечение ее не спускается в ВАК. «А свойства ступеней нечистоты» – находящиеся в левой стороне, «все они делятся на несколько троп», являющихся свойствами мифтеха, «и путей», являющихся свойствами манула.[268] «От свойств красных гвурот», – притягиваемых от Бины, к которой относится красный цвет. «И потому определяются гвурот, что внизу, как тысяча тысяч и десять тысяч десятков тысяч».

Объяснение. Хотя левая сторона притягивается из места ВАК, из места, где властвует мифтеха, все же и свечение манулы распространяется там, и потому сторона нечистоты, притягиваемая с левой стороны, обязательно включает также и власть манулы, и поэтому приходит к ней оттуда катнут.[269]

И сказано: «Когда ступени разделены, есть в них прерывающая связь» – т.е. власть манулы в месте ГАР, прерывающая свечение Хохмы. «Пока не связывается в надлежащем ей месте» – т.е. свечение ее распространяется также и в ВАК, несмотря на то, что там место власти мифтеха. «А свойства ступеней нечистоты» – исходящие от левой стороны, в которой две власти, манула и мифтеха, показывают свою силу, «делятся на несколько троп и путей» – потому что от мифтехи распространяются тропы, а от манулы распространяются пути.

«И потому определяются гвурот, что внизу» – исходящие от левой стороны, «как тысяча тысяч и десять тысяч десятков тысяч». От свечения мифтехи, в котором содержится свечение Хохмы, зависит тысяча тысяч, ибо «тысячи» находятся в Хохме. А от свечения манулы, действующем в ГАР и в укрытых хасадим, зависят «десятки тысяч», ибо десятки тысяч притягиваются от ГАР и от свойства хасадим.

И потому: «Вот, малым сделал Я тебя среди народов»[259] – т.е. в силу свечения манулы притягивается катнут к Эсаву,

---

[268] См. Зоар, главу Берешит, часть 1, п. 308.
[269] См. выше, п. 237.

«презираем ты весьма»²⁵⁹ – а в силу свечения мифтехи он получает свечение левой линии сверху вниз, и от этого приходит к нему опустошенность, и он становится презираем весьма.²⁷⁰

242) «И вот цари, которые царствовали на земле Эдома»²⁵⁸. «На земле» – значит, на стороне Эсава, относящейся к этой ступени, как сказано: «Эсав, он же Эдом»²⁵⁴. И все эти цари идут со стороны духа нечистоты.

«Прежде чем царствовал царь у сынов Исраэля»²⁵⁸ – потому что эти ступени, находящиеся в сторожевых домах внизу, т.е. ступени Эсава, завершаются первыми. И потому сказал Яаков: «Пусть же пойдет господин мой впереди раба своего»²⁷¹ – так как ступени Эсава первыми входят и получают завершение. Ведь исправляются сначала низкие ступени, а потом высокие.

И потому (сказано): «Прежде чем царствовал царь у сынов Исраэля»²⁵⁸ – ибо до сих пор еще не пришло время небесной Малхут править и объединиться с сыновьями Исраэля. И потому сказал: «Пусть же пойдет господин мой впереди раба своего».

243) И когда будут завершены сначала эти ступени, пробудится после этого небесная Малхут, чтобы властвовать над нижними. И когда она начала властвовать, то начала с самого малого из всех колен – с Биньямина, т.е. с царя Шауля, который происходит от Биньямина. И это означает сказанное: «Там Биньямин, младший, властвующий над ними»²⁷². И с него начала Малхут пробуждаться. А затем пришла Малхут на свое место, к царю Давиду, и воплотилась в нем, и никогда не оставит его.

---

²⁷⁰ См. выше, п. 237, со слов: «Поэтому сказано: "И от этих малых ступеней..."»
²⁷¹ Тора, Берешит, 33:14. «Пусть же пойдет господин мой впереди раба своего. А я буду двигаться медленно, по мере продвижения работы, предстоящей мне, и по мере продвижения детей, пока не приду к господину моему в Сеир».
²⁷² Писания, Псалмы, 68:28.

ГЛАВА ВАИШЛАХ

Яаков, Исраэль и Йешурун

244) Заговорил рабби Хия, провозгласив: «А ныне слушай, Яаков, раб Мой, и Исраэль, которого избрал Я. Так сказал Творец, создавший тебя и образовавший тебя, от утробы материнской помогающий тебе: "Не бойся, раб Мой Яаков, и Йешурун, которого Я избрал"»[273]. Сколько раз обещал Творец Исраэлю во многих местах, что даст им в наследие будущий мир. Ибо ни один народ и ни одно племя не хотел Он взять уделом Своим, но только лишь Исраэль. И поэтому дана им Тора истины, очиститься с ее помощью и познать пути Творца, чтобы унаследовать святую землю. Потому что у каждого, кто удостоился этой земли святости, есть удел в будущем мире. Как сказано: «И народ твой, все праведники, навеки унаследуют землю»[274].

245) В этом отрывке указаны три ступени – сначала Яаков, потом Исраэль, и затем Йешурун. И необходимо знать, в чем разница между ними. Яаков – это ступень ВАК без рош. А Исраэль – это ступень ГАР,[275] хотя обе эти ступени являются одной, т.е. ступенью Зеир Анпина.

246) Йешурун. Почему Исраэль зовутся этим именем? Исраэль и Йешурун, всё это – одно целое. Йешурун (ישורון) означает то же, что и в сказанном: «Посмотрит (ישור) на людей»[276] – потому что берёт ряд (שורה) с одной стороны и ряд с другой стороны, и по причине двух этих рядов называется Йешурун, во множественном числе. И это Исраэль (ישראל), который тоже от слова «ряд (שורה)», поскольку это буквы слов «яшар-Эль (ישר אל) прямо к Творцу)».

247) Слово «Исраэль (יִשְׂרָאֵל)» читается с «син ש», огласованной слева, так как это власть (срара שררה), берущая величие и силу от всего. Йешурун – называется так из-за двух частей,

---

[273] Пророки, Йешаяу, 44:1-2. «А ныне слушай, Яаков, раб Мой, и Исраэль, которого избрал Я. Так сказал Творец, сделавший тебя и образовавший тебя, от утробы материнской помогающий тебе: "Не бойся, раб Мой Яаков, и Йешурун, которого Я избрал"».

[274] Пророки, Йешаяу, 60:21. «И народ твой, все праведники, ветвь насаждения Моего, дело рук Моих для прославления, навеки унаследуют землю».

[275] См. выше, п. 166.

[276] Писания, Иов, 33:27. «Посмотрит на людей и скажет: "Грешил я, и прямое искривил, но не стоило (делать) мне это"».

двух сторон, правой и левой, и это два ряда (шурот שורות), как мы уже сказали, и всё это – одно целое.

Пояснение сказанного. «Ряды (шурот שורות)» означает – линии. И имя Йешурун, имеющее множественное число, указывает на два ряда, и поэтому оно обязательно включает в себя две высшие линии – Хохму и Бину. И имя «Исраэль (יִשְׂרָאֵל)», т.е. буквы слов «яшар-Эль (ישר אל прямо к Творцу)», тоже от слова «ряд (шура שורה)», как в сказанном: «Посмотрит (йашор ישור) на людей»[276]. И оно – в единственном числе, что указывает на среднюю линию, Даат, включающую две высшие линии – Хохму и Бину.

Поэтому Исраэль и Йешурун – это одно целое, так как оба они являются свойством ГАР Зеир Анпина, т.е. расположены от хазе Зеир Анпина и выше. «"Йешурун" – потому что берёт ряд (шура שורה) с одной стороны и ряд с другой стороны»[277] – т.е. две высшие линии, правую и левую, Хохму и Бину Зеир Анпина. И также имя Исраэль (ישראל) от слова «ряд (шура שורה)» и состоит из слов «яшар-Эль (ישר אל прямо к Творцу)», и это средняя линия, Даат, т.е. ВАК де-рош Зеир Анпина.

«"Исраэль (יִשְׂרָאֵל)" читается с "син ש", огласованной слева, так как это власть (срара שררה), берущая величие и силу от всего» – поскольку включает в себя обе линии, получает величие от правой линии, а силу – от левой линии. «Йешурун – называется так из-за двух частей, двух сторон, правой и левой, и это два ряда (шурот שורות), как мы уже сказали» – т.е. две линии, Хохма и Бина де-рош Зеир Анпина. И все эти три имени – одно целое, так как все они – в Зеир Анпине.

248) «И все эти имена восходят к одному целому» – т.е. они представляют собой три парцуфа: ХАБАД, ХАГАТ, НЕХИ Зеир Анпина, называемые Брия, Ецира и Асия Зеир Анпина. Йешурун – ХАБАД, Исраэль – ХАГАТ, Яаков – ТАНХИ[278].

«И сказано: "Яаков, раб Мой"[273] – потому что временами он раб, как раб, который получает повеления от господина своего и выполняет волю его». Это показывает, что у него нет мохин, так как он – парцуф ТАНХИ и свойство Асия Зеир Анпина.

---

[277] См. выше, п. 246.
[278] ТАНХИ – Тиферет-Нецах-Ход-Есод.

«"Исраэль, которого избрал Я"[273] означает – чтобы пребывать в нём» – т.е. в мохин де-ГАР. И всё это является высшим свойством, так как все три ступени находятся в свойстве рош.

Сказано: «Сотворивший тебя, Яаков, и создавший тебя, Исраэль»[279]. И сказано: «Так сказал Творец, сделавший тебя»[273].

Все эти ступени восходят к одному целому – т.е. к трем парцуфам Зеир Анпина: Йешурун, Исраэль и Яаков, то есть ХАБАД, ХАГАТ, НЕХИ, называемые Брия, Ецира и Асия. И потому сказано о них: боре, ёцер, осэ (сотворивший, создавший, сделавший). И все эти ступени находятся одна над другой, и все они – одно целое.

В соответствии с выясненным, нужно было бы сказать: «Сделавший тебя, Яаков», а не «Сотворивший тебя, Яаков»[279]. Но дело в том, что существует противоположный порядок светов и келим.[280] Когда в парцуфе есть только келим де-Брия, там есть только свойство Яаков. А когда добавляются в парцуфе келим де-Ецира, есть также и свойство Исраэль. А при добавлении келим де-Асия, в парцуфе есть также и свойство Йешурун.

Поэтому сказано: «Сотворивший тебя, Яаков, и создавший тебя, Исраэль»[279]. И в сказанном, что Исраэль – это Ецира и ХАГАТ, не имеется в виду, что он является свойством ВАК без рош, поскольку все сказанное здесь, относится только к свойству мохин и рош в трёх парцуфах: ХАБАД, ХАГАТ, НЕХИ, находящихся в рош Зеир Анпина, как сказано выше: «И всё это является высшим свойством».

249) Благословен удел Исраэля, поскольку возлюбил их Творец больше всех народов, поклоняющихся звездам и созвездиям. Ибо про всех них сказано: «Они – тщета, плод заблуждения, в час их расплаты пропадут они»[281]. Ведь в будущем Творец уничтожит их с лица земли, и останется только Он один. Как сказано: «И возвеличен будет один только Творец в тот день»[282].

---

[279] Пророки, Йешаяу, 43:1. «И ныне так говорит Творец, сотворивший тебя, Яаков, и создавший тебя, Исраэль: "Не бойся, ибо Я спас тебя"».
[280] См. «Введение в науку Каббала», п. 25.
[281] Пророки, Йермияу, 10:15.
[282] Пророки, Йешаяу, 2:11. «Гордость очей человеческих унижена будет, и поникнет надменность людей; и возвеличен будет один только Творец в тот день».

ГЛАВА ВАИШЛАХ

Не бойся, червь Яаков

250) Заговорил рабби Йегуда, провозгласив: «"Не бойся, червь Яаков, люд Исраэля, Я помогаю тебе, – слово Творца! И избавитель твой – Святой Исраэля"[283]. Все народы мира, поклоняющиеся идолам, Творец подчинил известным правителям, назначенным над ними. И все они следуют за своими божествами, как сказано: "Ибо все народы пойдут – каждый во имя божества своего"[284]. И все они проливают кровь и ведут войны, грабят, совершают насилия и прелюбодеяния. Они всегда замешаны в действиях тех, кто нацелен на зло, и всегда преобладают в них силы зла».

251) «У Исраэля нет сил и мужества, чтобы победить их, но лишь устами своими» – т.е. молитвой. «Подобно червю, у которого все его мужество и сила только в устах его, и устами он сокрушает всё. И потому Исраэль называются червем».

252) «"Не бойся, червь Яаков"[283]. Нет другого создания в мире, подобного этому шелкопрядному червю, из нутра которого выходят все праздничные одежды и царские наряды. А после пряжи своей оставляет он семя и умирает. Но затем из того семени, что осталось после него, он возрождается, как и прежде, и вновь продолжает жить. И Исраэль тоже как этот червь – хоть и умирают они, всё же возрождаются к жизни».

253) «И также сказано: "Как глина в руках горшечника, так и вы в руках Моих, дом Исраэлев"[285]. Как стекловолокно, которое несмотря на то, что его переламывают, снова приобретает свой прежний вид. Так же Исраэль – несмотря на то, что умирают, снова возрождаются».

254) «"Люд Исраэля"[283]. Исраэль – это Древо жизни, Зеир Анпин. И поскольку сыны Исраэля прилепились к Древу жизни

---

[283] Пророки, Йешаяу, 41:14. « Не бойся, червь Яаков, народ Исраэля, Я помогаю тебе, – слово Творца! И избавитель твой – Святой Исраэля».

[284] Пророки, Миха, 4:5. «Ибо все народы пойдут – каждый во имя божества своего, а мы пойдем во имя Творца Всесильного нашего во веки веков».

[285] Пророки, Йермияу, 18:6. «Разве не смогу Я сделать с вами, дом Исраэлев, то же, что этот горшечник, – сказал Творец. – Ведь как глина в руках горшечника, так и вы в руках Моих, дом Исраэлев».

– обретут они жизнь и восстанут из праха, и смогут существовать в мире, и станут единым народом в служении Творцу».

ГЛАВА ВАИШЛАХ

Полночь и утренняя молитва

255) Рабби Эльазар и рабби Ицхак находились в пути, и пришло время провозглашения «Шма». Встал рабби Эльазар, провозгласил «Шма» и произнес свою молитву. Сказал ему после этого рабби Ицхак: «Но ведь мы изучали, что человек, прежде чем отправляется в путь, должен получить разрешение Господина своего и произнести молитву?!»

256) Ответил ему: «Потому что, когда я вышел, еще не подошло время молитвы и время провозглашения "Шма". Теперь же, когда взошло солнце, я помолился. Но еще прежде, чем отправиться в путь, просил я милосердия у Него и спросил совета Его, но не произнес этой молитвы» – утренней.

257) «Ибо занимаюсь я Торой с полуночи, и даже когда настало утро, всё еще не наступило время молитвы. Потому что в тот час, когда стоит предрассветная тьма, жена общается со своим мужем, и пребывают они в единстве, словно одно целое. Но она должна идти в место своего пребывания среди служанок, живущих с ней там. Поэтому не должен прерывать человек то, благодаря чему они соединяются воедино, и привносить что-то другое между ними».

258) «А сейчас, когда засветило солнце, пришло время вознести молитву. Как сказано: "Трепетать будут пред Тобой вместе с солнцем"[286]. Что означает: "Вместе с солнцем"? С целью уберечь в нас свет солнца, – чтобы светить ей, Нукве, которая называется "трепет", поскольку трепет, Нуква, должен пребывать в соединении с солнцем, Зеир Анпином, и нельзя разъединять их. А пока не займется день, нет трепета "вместе с солнцем". И потому, когда светит солнце, надо соединить их вместе. И это означает: "Вместе с солнцем"».

Пояснение сказанного. Есть два зивуга:
1. Для восполнения келим Нуквы, и это ночной зивуг.
2. Для восполнения её мохин, дневной зивуг.

И по сути своей они крайне далеки друг от друга – настолько, что действие по соединению в зивуге ночью приводит к

---
[286] Писания, Псалмы, 72:5.

разъединению, если продолжить его в зивуге днем. И, наоборот, действие по соединению в зивуге днем приводит к разъединению, если продолжить его в зивуге ночью.

Дело в том, что у Нуквы есть два состояния:
Когда она находится в совершенстве, до уменьшения луны, и ее ступень равна ступени Зеир Анпина, и называются они «два больших светила».

Теперь, после ее уменьшения, когда она уменьшилась до точки, и нет у нее ничего, кроме того, что дает ей Зеир Анпин.

И есть преимущество в первом состоянии, поскольку она дополняется Хохмой, и находится на одном уровне с Зеир Анпином, но есть в ней, соответственно, и недостаток, поскольку из-за отсутствия света хасадим, Хохма в ней тоже не светит, и она – тьма. И это состояние вызывается в ней посредством вечерней молитвы (арвит) и занятий Торой с полуночи и далее. И это – ночной зивуг, как сказано: «Встаёт она еще ночью, даёт пищу в доме своем и урок служанкам своим»[287].

А есть преимущество во втором состоянии, ибо тогда она получает хасадим от Зеир Анпина, и Хохма в ней облачается в хасадим. И мохин светят в ней во всем совершенстве. Но есть у нее в то же время и недостаток, поскольку уменьшилась ее ступень, и она стала малозначительной по сравнению с Зеир Анпином, и нет у нее ничего своего, но только то, что дает ей Зеир Анпин.[288] И это состояние вызывается в ней посредством провозглашения «Шма» и утренней молитвы, в дневном зивуге.

И это означает сказанное рабби Эльазаром[289]: «Ибо занимаюсь я Торой с полуночи, и даже когда настало утро, всё еще не наступило время молитвы. Потому что в тот час, когда стоит предрассветная тьма, жена общается со своим мужем» – это ночной зивуг для восполнения келим, когда вызывается в ней первое состояние, «и пребывают они в единстве, словно одно целое» – т.е. оба они находятся на равной ступени.

---

[287] Писания, Притчи, 31:15. «Встаёт она еще ночью, даёт пищу в доме своем и урок служанкам своим».
[288] См. Зоар, главу Берешит, часть 1, п. 113, со слов: «В состоянии "два великих светила"…»
[289] См. выше, п. 257.

«Но она должна идти в место своего пребывания (мишкан)» – т.е. она должна начать восполняться в свечении келим, и это называется Скинией (мишкан) и ее принадлежностями (келим), «среди служанок, живущих с ней там» – чтобы передать это свечение тем служанкам, которые живут вместе ней, как сказано: «Встаёт она еще ночью, даёт пищу в доме своем и урок служанкам своим»[287].

«Поэтому не должен прерывать человек то, благодаря чему они соединяются воедино» – т.е. нельзя прерывать всё то, что приводит их к полному соединению на равной ступени, т.е. отменять свечение Хохмы, получаемое в первом состоянии, «и привносить что-то другое между ними» – т.е. нельзя в это время провозглашать «Шма» и произносить утреннюю молитву, ведь тем самым он делает ее уровень ниже уровня Зеир Анпина, чтобы притянуть к ней свет хасадим, а это второе состояние, противоположное первому и отменяющее его.

Поэтому он говорит: «А сейчас, когда засветило солнце, пришло время вознести молитву». «Когда засветило солнце» – т.е. когда наступило время дневного зивуга и привлечения второго состояния для восполнения мохин, тогда время молитвы. Иначе говоря, притягивается к ней это посредством молитвы. «С целью уберечь в нас свет солнца» – т.е. притянуть свет Зеир Анпина, который называется солнцем, и это свет хасадим, «чтобы светить ей» – светить Нукве для облачения Хохмы в ней в свет хасадим Зеир Анпина.

«Поскольку трепет должен пребывать с солнцем» – т.е. Нуква должна тогда быть с солнцем, Зеир Анпином, и у нее самой в это время нет никакого света, но должна получать от солнца, «и нельзя разъединять их» – и если отделяет ее от Зеир Анпина, она полностью аннулируется. «А пока не займется день, нет трепета вместе с солнцем» – ночью не пребывает трепет, Нуква, с солнцем, т.е. она не получает от него свет хасадим, а получает только свет Хохмы от Бины.[290] «И надо соединить их вместе» – но когда наступает время дневного зивуга, надо соединить их вместе, поскольку тогда она становится малозначительной по сравнению с ним, и должна получать всё от него, как мы уже сказали. «И это означает: "Вместе с солнцем"» – т.е. становится тогда соединенной с солнцем и незначительной по сравнению с ним.

---

[290] См. выше, п. 134.

259) Пошли рабби Эльазар и рабби Ицхак. Когда дошли до одного поля, сели. Подняли глаза и увидели гору, на вершину которой поднимались странные создания. Испугался рабби Ицхак. Спросил его рабби Эльазар: «Почему ты боишься?» Ответил ему: «Я вижу, насколько крута эта гора, и вижу, сколь необычны эти создания на ней. И я боюсь, что они причинят нам зло». Сказал ему: «Каждый, кто боится, должен бояться за грехи, им совершенные. Посмотри сам, это ведь не те сильные создания, что встречаются в горах».

260) Сказал, провозгласив: «"И вот сыны Цивона: Айа и Ана, тот Ана, который нашел йемим в пустыне, когда пас ослов Цивона, отца своего"[291]. Но это не те, о которых сказано: "Эймим прежде жили там, народ великий, многочисленный и высокий, как великаны …но сыны Эсава изгнали их и истребили их, и поселились вместо них"[292]».

Пояснение сказанного. Известно, что вследствие привлечения левой линии раскрываются суды. И тут есть различие между светом захар и светом некева, так как с привлечением левой линии в качестве света захар, т.е. сверху вниз, раскрываются очень суровые суды. Но если притягивают свечение левой в качестве света некева, снизу вверх, раскрываются только мягкие суды, а не суровые.[293] И сказано там[293]: «Потому что голос этот не направлен к Ицхаку, как вначале» – т.е. к свечению левой линии, называемой Ицхак, «где пребывает большая сила» – и там содержатся строгие суды, «но к палате суда, находящейся внизу» – т.е. к свечению левой в качестве света некева, которая называется нижней судебной палатой, «где суды более мягкие» – т.е. это мягкие суды, а не строгие.

И это означает сказанное здесь: «Пошли рабби Эльазар и рабби Ицхак» – т.е. пошли исправлять Нукву. «Когда дошли до одного поля, сели» – когда достигли этой Нуквы, которая называется полем яблок, «сели» – потому что мохин Нуквы

---

[291] Тора, Берешит, 36:24. «И вот сыны Цивона: Айа и Ана, тот Ана, который нашел йемим в пустыне, когда пас ослов Цивона, отца своего».

[292] Тора, Дварим, 2:10-12. «Эймим прежде жили там, народ великий, многочисленный и высокий, как великаны. Рефаим тоже считались великанами, а моавитяне называют их эймим. А на Сеире жили прежде хореи, но сыны Эсава изгнали их и истребили их, и поселились вместо них, как поступил Исраэль со страной владения своего, которую дал им Творец».

[293] См. Зоар, главу Эмор, п. 199.

притягиваются с помощью сидения, а не стояния. Объяснение. Под стоянием подразумевается действие притяжения мохин де-ГАР, подобно тому, кто стоит, выпрямившись во весь рост. А под сидением подразумевается действие по притяжению мохин де-ВАК, подобно тому, кто сидит, делаясь ниже ростом. И поскольку они пришли, чтобы притянуть мохин к Нукве, свечение которой направлено снизу вверх, что является особенностью мохин де-ВАК, сказано: «Сели» – т.е. это действие, осуществляемое через «сидение».

«Подняли глаза свои» – т.е. начали притягивать мохин, называемые «эйнаим (глаза)» и «видение», «и увидели гору». И увидел рабби Ицхак гору, т.е. притянул свечение левой линии, называемое горой, «на вершину которой поднимались странные создания» – раскрытие судов, приходящих вместе с притяжением свечения левой линии вследствие раскрытия ее ГАР, которые и называются вершиной горы. И хотя он притянул только ВАК, свет некева, все же невозможно привлечь ВАК, если сначала не притянуть всю ступень, а затем оставить ГАР, взяв только ВАК. И поэтому он увидел эти суды, раскрывающиеся от ГАР левой линии во время притяжения ее ВАК.[294]

И это означает: «Я вижу, насколько крута эта гора» – т.е. он увидел, что крута эта гора, свечение левой линии, «и вижу, сколь необычны эти создания на ней» – и увидел, что создания на ней, т.е. вершащие суд, необычны, иными словами, наводят страх и ужас.

И сказал ему рабби Эльазар: «Каждый, кто боится, должен бояться за грехи, им совершенные» – что бояться нужно лишь в том случае, когда притягивается свет захар, т.е. сверху вниз, и это грех (нарушения запрета) Древа познания. Но если притягивается свет некева, нет в этом никакого греха, и бояться совершенно нечего. «Посмотри сам, это ведь не те сильные создания, что встречаются в горах». Иначе говоря, это не те суровые суды, которые обычно раскрываются с притяжением света захар левой линии, поскольку те суды, что раскрываются со светом некева, которые ты видишь, – они не суровые, а мягкие.

И поэтому сказал, провозгласив: «"И вот сыны Цивона: Айа и Ана, тот Ана, который нашел йемим (духов) в пустыне, когда

---

[294] См. Зоар, главу Ваера, п. 21.

пас ослов Цивона, отца своего". Но это не те, о которых сказано: "Эймим прежде жили там, народ великий, многочисленный и высокий, как великаны ...но сыны Эсава изгнали их и истребили их, и поселились вместо них"».

Ибо те, кого называют «эймим (ужасные)», это вершители суда, раскрывающиеся вследствие притяжения света захар в свечении левой линии, и называются ужасными потому, что это суровые суды, наводящие сильный ужас. А те, что называются «йемим (духи)», – это вершители суда, раскрывающиеся с притяжением света некева левой линии, т.е. всего лишь мягкие суды, и потому называются «йемим (ימים призрачными)», а не «эймим (אימים ужасными)».

ГЛАВА ВАИШЛАХ

Нашёл духов в пустыне

261) Но те, о которых говорит Писание: «Нашёл йемим (духов) в пустыне»[295], пишутся «йемим (ימם)», без «йуд י», и это намек на то, что в них содержится некий недостаток. И это необычные создания, из потомков сыновей Каина, после того как Каин был изгнан с лица земли, как сказано: «Вот, Ты изгоняешь меня сегодня с лица земли, и буду я скрыт от лика Твоего»[296]. И сказано: «И поселился в земле Нод»[296].

Объяснение. Каин – это свечение левой линии, однако в нем было два свойства. Ибо прежде чем был изгнан с лица земли, он находился в свойстве света захар, в котором раскрываются суровые суды, а после того как был изгнан, у него был только свет некева свечения левой линии, в котором раскрываются только мягкие суды. И говорится, что эти йемим (духи), которых Ана нашел в пустыне, относятся к потомкам Каина после его изгнания с лица земли. И потому они называются «йемим (ימם)», а не «эймим (אימם)», поскольку нет в них суровых судов.

262) Из потомков сыновей Каина. В стороне духов, бурь и напастей пребывают они. Поскольку в час, когда должен был освятиться день субботний, т.е. в сумерки, образовались в этой стороне духи, витающие без тела. И эти не относятся ни к субботнему дню, ни к шестому дню, так как возникли в сумерки. И оба этих дня остались у них под сомнением, и поэтому не получают жизненных сил ни от того дня, ни от другого.

263) И они продолжали распространяться на той же стороне, стороне Каина, потомков его сыновей, и облачались на этой же стороне. И не облачались в них (в потомков Каина) для того, чтобы существовать, т.е. жить настоящей жизнью. Поэтому и называются «йемим (ימם)», где отсутствует «йуд י», ибо нет у них жизни ни от шестого дня, ни от дня субботнего, поскольку

---

[295] Тора, Берешит, 36:24. «И вот сыны Цивона: Айа и Ана, тот Ана, который нашел йемим (духов) в пустыне, когда пас ослов Цивона, отца своего».

[296] Тора, Берешит, 4:14. «Вот Ты сгоняешь меня сегодня с лица земли, и буду я скрыт от лика Твоего, и вечным скитальцем буду на земле, и теперь всякий, кто встретит меня, убьет меня". И сказал ему Творец: "При всем этом, всякому, кто убьет Каина, отомстится всемеро". И Творец дал знамение Каину, чтобы не убил его любой, кто встретит его. И ушел Каин от лика Творца и поселился в земле Нод, на восток от Эдена».

они сотворены между ними, в сумерки. И так они показываются людям, т.е. хотя они и духи, но все же показываются, так как один раз в день облачаются в тело.

И Ана обнаружил этих духов, называемых «йемим», а те научили его производить на свет незаконнорожденных – соединять осла и лошадь, от которых происходит мул. И они блуждают среди гор, и один раз в день бывают облачены в тело, а затем высвобождаются из него и остаются без тела.

Объяснение. Эти духи происходят от свечения левой линии. И есть большая разница между свечением левой в шестой день и свечением левой линии в субботний день, потому что шестой день, являющийся средней линией, содержит в себе экран де-хирик, суды Нуквы. Но что касается субботнего дня, в нем нет экрана вообще. А поскольку эти духи сотворены в сумерки, когда есть сомнение, то ли это шестой день, то ли субботний день, они ущербны, и не могут получить ни от шестого дня, ни от субботнего.

И это смысл сказанного: «Поэтому и называются "йемим (ימם)", где отсутствует "йуд י", ибо нет у них жизни ни от шестого дня, ни от дня субботнего» – так как это сомнение делает их ущербными, и не смогут получить. И вместе с тем, они получают свечение от левой линии, светящей во время зивуга ЗОН, причем каждый день. И поэтому сказано: «И один раз в день бывают облачены в тело, а затем высвобождаются из него». Объяснение. Три линии, светящие при зивуге ЗОН, называются тремя временами, поскольку они проистекают из трех точек, холам-шурук-хирик, называемых «три места».[297] И «один раз» означает – левая линия, исходящая из места шурук.

264) Этот Ана был незаконнорожденный, ибо Цивон вошел к своей матери и породил незаконнорожденного. И потому он происходит от духа нечистоты, приставшего к нему, оттого он и нашел этих духов, и они обучали его поэтому всевозможным хитростям нечистой стороны.

265) И эти и прочие виды, происходящие один из другого, – все они исходят от той же левой стороны и блуждают по пустыне, и показываются там, потому что пустыня – это место

---

[297] См. Зоар, главу Берешит, часть 1, статью «Сияние небосвода», п. 12.

пустое, и это место их обитания. Ведь пустота всегда исходит от левой стороны. И тем не менее, каждый человек, идущий путями Творца и трепещущий перед Творцом, не боится их. Пошли они и взошли на гору – т.е. вызвали это свечение левой линии в Нукве, и не устрашились.

266) И точно так же, все эти пустынные горы – место их обитания. А все те, кто занимаются Торой, о них сказано: «Творец обережет тебя от всякого зла, сохранит душу твою»[298].

---

[298] Писания, Псалмы, 121:7. «Творец обережет тебя от всякого зла, сохранит душу твою».

ГЛАВА ВАИШЛАХ

Возблагодарю Творца всем сердцем своим

267) «Алелуйа. Возблагодарю Творца всем сердцем своим в совете прямодушных и в собрании»[299]. Царь Давид все свои дни занимался служением Творцу и вставал в полночь, и восславлял и благодарил Его в песнопениях и восхвалениях, чтобы исправить Его место в высшей Малхут.

268) А когда пробуждался северный ветер, в полночь, он знал, что Творец пробуждается в этот час в Эденском саду, чтобы наслаждаться с праведниками, и потому вставал (царь Давид) в этот час и умножал воспевания и восхваления до восхода зари.

269) Когда Творец находится в Эденском саду, то и сам он (царь Давид) и все праведники в нем внимают Его голосу. И кроме того, нить милосердия протягивается к нему днем, как сказано: «Днем явит Творец милость Свою, и ночью – вознесу я песнь Ему»[300]. Более того, те речения Торы, которые произнес он ночью, все они поднимаются и становятся венцом у Творца. И поэтому занимался ночью царь Давид служением Господину своему.

270) Из всех воспеваний и прославлений, произнесенных Давидом, самым возвышенным является «алелуйа (הללויה)», потому что оно содержит в себе и имя и славу Его вместе. Что такое имя и слава? Имя – это «йуд-хэй יה», но что такое слава? Слава – это Кнессет Исраэль, Нуква, которая называется хвалой (הלל אלель), поскольку она всегда слагает хвалу Творцу и не забывает, как сказано: «Всесильный, да не будет у Тебя покоя, не молчи и не будь спокоен, Всевышний!»[301] Ибо она выстраивает порядок восхвалений, непрестанно прославляя Его. Поэтому слово «алелуйа (הללויה)» символизирует единство

---

[299] Писания, Псалмы, 111:1. «Алелуйа. Возблагодарю Творца всем сердцем своим в совете прямодушных и в собрании».
[300] Писания, Псалмы, 42:9. «Днем явит Творец милость Свою, и ночью – вознесу я песнь Ему».
[301] Писания, Псалмы, 83:2. «Всесильный, да не будет у Тебя покоя, не молчи и не будь спокоен, Всевышний!»

имени и славы Его, где имя – это «йуд-хэй יה», а слава – это «алелу (הללו) прославляйте)», т.е. Шхина, всегда возносящая хвалу Ему.

271) «Возблагодарю Творца всем сердцем своим»[299] – т.е. добрым началом и злым началом, которые всегда находятся с человеком, как сказано: «Всем сердцем своим», поскольку доброе начало пребывает в правой стороне сердца, а злое начало – в левой его стороне.

272) «В совете прямодушных» – сказано об Исраэле, поскольку все ступени венчаются ими: коэны, левиты, праведники и приверженцы. Ибо прямы они. «И в собрании», как сказано: «Всесильный предстает в собрании Творца»[302] – это означает, что Творец венчается ими.

Пояснение статьи. Особенность полночного зивуга состоит в том, что он совершается, главным образом, для притяжения Хохмы. Особенность дневного зивуга – в том, что он совершается, главным образом, для притяжения хасадим, без которых Хохма, имеющаяся в Нукве, не светит, и тогда: «Тьма это, а не свет!»[303] И также Зеир Анпин не может увенчаться свечением Хохмы иначе, как с помощью Нуквы, посредством ночного зивуга. И в сказанном: «Возблагодарю Творца всем сердцем своим» выясняется два этих вида свечения и восполнения Зеир Анпином и Нуквой друг друга.

И вначале выясняется ночной зивуг, и говорится[304]: «Царь Давид все свои дни занимался служением Творцу». Дело в том, что есть четырнадцать времен во благо и четырнадцать времен во зло.[305] И можно служить Творцу лишь в те дни, когда властвуют четырнадцать времен во благо, но не в те дни, когда

---

[302] Писания, Псалмы, 82:1. «Псалом Асафа. Всесильный предстает в собрании Творца, среди сильных вершит правосудие».

[303] Пророки, Амос, 5:18. «Горе тем, кто жаждет дня Творца! Зачем он вам, день Творца? Тьма это, а не свет!»

[304] См. выше, п. 267.

[305] Писания, Коэлет, 3:1-8. «Всему свое время и свой срок – всякой вещи под небесами. Время рождаться и время умирать. Время насаждать и время вырывать насажденное. Время убивать и время исцелять. Время ломать и время строить. Время плакать и время смеяться. Время скорбеть и время плясать. Время разбрасывать камни и время собирать камни. Время обнимать и время отдалиться от объятий. Время искать и время терять. Время хранить и время бросать. Время разрывать и время сшивать. Время молчать и время говорить. Время любить и время ненавидеть. Время войне и время миру».

властвуют четырнадцать времен во зло. А тот, кто удостоился свечения Хохмы, – он исправляет вместе с этим также и четырнадцать времен зла, когда становятся они для него великим благом, и тогда он может служить Творцу все дни свои, ни один из них не пропадет.

И это значение сказанного: «Царь Давид все свои дни занимался служением Творцу» – т.е. даже в те дни, когда властвовали эти четырнадцать времен во зло, «и вставал в полночь» – так как это время получения этих мохин свечения Хохмы, «и восславлял и благодарил Его в песнопениях и восхвалениях» – потому что свечение этих мохин вызывается песнопениями и восхвалениями, которые произносятся во время свечения левой линии, «чтобы исправить Его место в высшей Малхут», так как «Малхут Давида зависела от полуночного свечения мохин»[306].

А смысл сказанного[307]: «А когда пробуждался северный ветер, в полночь...» мы уже подробно выяснили ранее.[308]

И сказано[309]: «Из всех воспеваний и прославлений, произнесенных Давидом, самым возвышенным является «алелуйа (הללויה)», потому что оно содержит в себе и имя и славу Его вместе». Имя «йуд-хэй יה» – это мохин Зеир Анпина, свет хасадим, а «алель (הלל хвала)» – это Нуква с мохин свечения Хохмы, и тогда «называется хвалой (הלל алель), поскольку она выстраивает порядок восхвалений, непрестанно прославляя Его» – т.е. как в четырнадцати временах во благо, так и в четырнадцати временах во зло. Но в мохин света хасадим невозможно восхвалять постоянно, потому что в четырнадцати временах во зло нет иного восхваления, кроме как посредством свечения Хохмы.

И поэтому сказано[310]: «"Возблагодарю Творца всем сердцем своим"[299] – т.е. добрым началом и злым началом». В правой линии, называемой добрым началом, от которой исходят четырнадцать времен во благо. И в левой линии, называемой злым началом, от которой исходят четырнадцать времен во зло.

---

[306] См. Зоар, главу Лех леха, п. 375.
[307] См. выше, п. 268.
[308] См. Зоар, главу Лех леха, п. 5, а также п. 363.
[309] См. выше, п. 270.
[310] См. выше, п. 271.

«"В совете прямодушных"[299] – сказано об Исраэле» – т.е. это средняя линия, «поскольку все ступени венчаются ими» – потому что средняя линия содержит в себе обе линии, и потому включает в себя все эти ступени, называемые «коэны, левиты, праведники и приверженцы». И это означает: «предстает в собрании Творца»[302]. «Собрание» – это Нуква. Таким образом, «в совете прямодушных и в собрании»[299] – это ЗОН, потому что «прямодушные» – это Исраэль, Зеир Анпин, а «собрание» – это Нуква.

А из сказанного: «Это означает, что Творец венчается ими» мы видим, что Творец, Зеир Анпин, украшается свечением Хохмы благодаря Нукве, которая называется собранием, потому что получает Хохму только во время зивуга с Нуквой. И поэтому сказано: «В совете прямодушных и в собрании».

273) И потому человек должен всегда восхвалять Творца, так как Он желает воспеваний и восхвалений, т.е. желает украситься Хохмой. И тот, кто умеет восхвалять Творца как подобает, непрестанно, т.е. с помощью мохин свечения Хохмы, – Творец принимает его молитву и спасает его. И сначала, как мы уже выяснили[311], необходим ночной зивуг, а затем – дневной зивуг, для притяжения хасадим в утренней молитве. И об этом сказано: «Укреплю его, ибо узнал он имя Мое… Долголетием насыщу его и дам ему увидеть спасение Мое»[312].

---

[311] См выше, п. 257.
[312] Писания, Псалмы, 91:14-16. «За то, что возлюбил он Меня, Я избавлю его, укреплю его, ибо узнал он имя Мое. Он воззовет ко Мне, и Я отвечу ему, с ним Я в бедствии, спасу его и прославлю его. Долголетием насыщу его и дам ему увидеть спасение Мое».

Ты укрытие мне

274) «Ты укрытие мне, от бедствия Ты охранишь меня, ликованием избавления окружишь меня. Сэла»[313]. «Ты укрытие мне» – это Творец, который укрывает и защищает человека, идущего путем Торы, т.е. средней линии. И он укрывается под тенью крыльев Его, чтобы не смогли причинить ему зла. Спрашивается, зачем нужно добавлять «от бедствия Ты охранишь меня», если это то же самое, что и «Ты укрытие мне»? А дело в том, что это сверху и снизу. Сверху есть ненавистники у человека, и поэтому сказано: «Ты укрытие мне», и также снизу. И что же это? Это злое начало. И об этом сказано: «От бедствия Ты охранишь меня» – это бедствие наверху и бедствие внизу. Как сказано: «Опускается и искушает, поднимается и обвиняет». И если бы не злое начало, у человека не нашлось бы врагов в мире. И поэтому слова: «От бедствия Ты охранишь меня» говорят о злом начале.

275) «Ликованием избавления окружишь меня. Сэла»[313]. Следовало сказать: «Окружит меня», в третьем лице – ведь «окружишь меня» относится к словам «ликованием избавления»? Почему же он говорит: «Окружишь меня» – обращаясь напрямую? Однако это те воспевания, в которых указываются ступени спасения, и «окружишь меня» означает – «спасешь меня в пути». И это высказывание можно читать как в прямом порядке, так и в обратном. «Сэла. Меня окружишь избавления ликованием, меня охранишь Ты от бедствия, мне укрытие Ты» – т.е. можно читать его как с одной, так и с другой стороны, и смысл его не меняется.

Объяснение. В то время, когда левая линия светит сверху вниз, т.е. прежде чем включается в правую, злое начало удерживается в человеке сверху и снизу. Потому что сверху оно обвиняет его и навлекает на него ненависть, а снизу искушает его согрешить и продолжить левую сверху вниз, что и является грехом Древа познания.[314] И когда приходит средняя линия, включаются левая и правая друг в друга и светят вместе таким образом, что свет правой светит сверху вниз, а левой – снизу

---

[313] Писания, Псалмы, 32:7. «Ты укрытие мне, от бедствия Ты охранишь меня, ликованием избавления окружишь меня. Сэла».
[314] См. «Предисловие книги Зоар», пп. 210-214.

вверх. И тогда отменяется ненависть, приходящая к человеку сверху. И отделяется от него злое начало снизу.[315]

И это означает сказанное[316]: «"Ты укрытие мне" – это Творец» – т.е. средняя линия, «который укрывает и защищает человека, идущего путем Торы». И есть в ней (в средней линии) две особенности:

1. «Укрытие», ибо благодаря ей уменьшились ГАР левой линии, и та не может светить иначе, как снизу вверх, а это свойство ВАК Хохмы.
2. «Защита», потому что благодаря ей включились левая и правая друг в друга, и она отвела обвинение и ненависть от человека.

И это означает сказанное: «И он укрывается под тенью крыльев Его, чтобы не смогли причинить ему зла» – потому что уменьшение, которое она вносит в левую линию силой экрана де-хирик, считается тенью, а экран – крыльями.

И сказано: «Сверху есть ненавистники у человека» – обвинение и ненависть исходят к человеку сверху, во время свечения левой линии сверху вниз. «И также снизу. И что же это? Это злое начало» – т.е. злое начало искушает его согрешить, притянув свечение левой линии сверху вниз. «Это бедствие наверху и бедствие внизу, как сказано: "Опускается и искушает, поднимается и обвиняет"» – иначе говоря, если бы злое начало не смогло вовлечь его в грех внизу, во время свечения левой сверху вниз, не была бы навлечена и ненависть на человека сверху.

«Почему же он говорит: "Окружишь меня"? Однако это те воспевания, в которых указываются ступени спасения, и "окружишь меня" означает – "спасешь меня в пути"». «Воспевания» – это Хохма, облаченная в хасадим, после того как она уменьшилась до ВАК де-ГАР с помощью средней линии, и она притягивается и раскрывается в воспеваниях, поэтому она и называется воспеваниями. И поскольку, прежде чем уменьшилась Хохма с помощью средней линии, было наоборот, – она навлекала на него суды, поэтому сказал он Творцу, т.е. средней

---
[315] См. Зоар, главу Берешит, часть 1, п. 45.
[316] См. выше, п. 274.

линии: «Ликованием избавления», что означает воспевания, которые уцелели и остались после уменьшения их с помощью средней линии.

«Ты окружаешь меня. Сэла» – чтобы избавить меня с их помощью от всех напастей в пути. «Окружаешь меня», почему он сказал Творцу «окружаешь меня»? «Однако это те воспевания, в которых указываются ступени спасения» – это те воспевания, которые заключают в себе ступени, достаточные для спасения, т.е. после того как они уменьшились с помощью средней линии до ВАК де-ГАР, они стали готовы к спасению.

«И "окружишь меня" означает – "спасешь меня в пути"» – потому что это действие производится средней линией, то есть Творцом. Потому сказал Ему: «Ты окружаешь», – обращаясь напрямую, а не: «Он окружает».

«И это высказывание можно читать как в прямом порядке, так и в обратном». Чтение «в прямом порядке» указывает на правую линию – свечение хасадим, светящее сверху вниз. Чтение «в обратном порядке» указывает на левую линию – свечение Хохмы, светящее снизу вверх. И поскольку в этом высказывании говорится о двух этих свечениях, можно читать его как в прямом порядке, так и в обратном, поскольку там есть как правая сторона, так и левая.

276) В этих воспеваниях и восхвалениях, произнесенных Давидом, заключены тайны и возвышенные слова тайн мудрости, поскольку все они произнесены в духе святости. Ибо дух святости пребывал над Давидом, когда он возносил воспевания, и поэтому все они произнесены в духе святости.

277) «С силою оттолкнул ты меня»[317]. «С силою оттолкнули» – надо бы сказать. Что означает: «С силою оттолкнул ты меня»? Ведь Творец не отталкивал его, а оттолкнули его ненавистники? А ответ: «Это ситра ахра», всегда отталкивающая человека и желающая оттолкнуть и сбить его с пути Творца. И это злое начало, всегда пребывающее с человеком. И к нему обратился Давид, сказав: «С силою оттолкнул ты меня, чтобы упал я». Поскольку он искушал его во всех тех формах, которые

---

[317] Писания, Псалмы, 118:13. «С силою оттолкнул ты меня, чтобы упал я, но Творец помог мне».

являлись ему, чтобы сбить его с пути Творца. И о нем сказал Давид: «С силою оттолкнул ты меня, чтобы упал я» – в ад. «Но Творец помог мне» – чтобы не был отдан я в руки твои.

278) И поэтому человеку необходимо остерегаться его, чтобы тот не был властен над ним. И тогда Творец оберегает его на всех его путях. О чем сказано: «Тогда уверенно пойдешь по пути твоему, и не преткнется нога твоя»[318]; «Когда пойдешь, не будет стеснен шаг твой»[319]. Сказано: «Путь праведных – как свет сияющий»[320]. Счастливы Исраэль, ведь Творец оберегает их в этом мире и в мире будущем. Как сказано: «И народ Твой – все праведники… навеки унаследуют землю»[321]. Благословен Творец навеки. Амен и амен!

---

[318] Писания, Притчи, 3:23. «Тогда уверенно пойдешь по пути твоему, и не преткнется нога твоя».

[319] Писания, Притчи, 4:12. «Когда пойдешь, не будет стеснен шаг твой, и когда побежишь, не споткнешься».

[320] Писания, Притчи, 4:18. «Путь праведных – как свет сияющий, который светит всё ярче, пока не наступит день».

[321] Пророки, Йешаяу, 60:21. «И народ твой, все праведники, ветвь насаждения Моего, дело рук Моих для прославления, навеки унаследуют землю».

Глава Ваешев

И поселился Яаков

1) «И поселился Яаков на земле проживания отца его, на земле Кнаан»[1]. Заговорил рабби Хия, провозгласив: «"Многочисленны беды праведника, и от всех них спасает его Творец"[2]. Сколько обвинителей есть у человека с того дня, как Творец дал ему душу в этом мире. Только появился человек на свет, злое начало уже готово соединиться с ним, как сказано: "У входа грех лежит"[3] – потому что соединяется с ним тогда злое начало».

2) Все животные уже с рождения берегут себя и убегают от огня и от всего плохого. А человек, когда рождается, может сразу броситься в огонь, потому что вселяется в него злое начало и тут же уводит его на путь зла.

3) Сказано: «Лучше ребенок бедный, да умный, чем царь старый и глупый, не умеющий к тому же остерегаться»[4]. «Лучше ребенок» – это доброе начало, т.е. ребенок, с младенчества пребывающий с человеком, потому что с тринадцати лет и далее оно находится с человеком.

4) «Чем царь старый и глупый». «Чем царь» – это злое начало, которое называется царем и властителем над людьми в мире. «Старый и глупый» – потому что со дня рождения человека и появления его на свет оно пребывает с ним.

5) «Не умеющий к тому же остерегаться». Сказано не «предостеречь», а «остерегаться», ибо он глуп, и о нем сказал Шломо: «Глупый ходит во тьме»[5] – поскольку он происходит из отбросов этой тьмы, и у него никогда нет света. Однако тот, кто не умеет предостеречь других, еще не считается из-за этого глупцом.

---

[1] Тора, Берешит, 37:1. «И поселился Яаков на земле проживания отца его, на земле Кнаан».

[2] Писания, Псалмы, 34:20. «Многочисленны беды праведника, и от всех них спасает его Творец».

[3] Тора, Берешит, 4:6,7. «И сказал Творец Каину: "Отчего досадно тебе, и отчего поникло лицо твое? Ведь если станешь лучше, то будешь достоин. А если не станешь лучше, то у входа грех лежит"».

[4] Писания, Коэлет, 4:13. «Лучше ребенок бедный, да умный, чем царь старый и глупый, не умеющий к тому же остерегаться».

[5] Писания, Коэлет, 2:14. «Глаза мудреца – в его голове, а глупый ходит во тьме. Но узнал я и то, что всех постигнет одна участь».

6) «Лучше ребенок бедный, да умный» – это доброе начало. Однако «лучше ребенок» – это тот, о котором сказано: «Отроком я был и состарился»[6]. И этот отрок называется бедным ребенком, у которого нет ничего своего. И почему он называется отроком? Из-за того, что есть у него обновление луны, и она обновляется всегда, и он всегда «ребенок бедный», как мы сказали, «да умный» – потому что мудрость (хохма) пребывает в нем.

Объяснение. У Нуквы есть два состояния:
1. Время ее собственной власти, когда она большая, как Зеир Анпин. И это состояние свечения Хохмы в ней, но она не светит из-за недостатка света хасадим.
2. Время ее свечения благодаря зивугу с Зеир Анпином, и тогда она вынуждена сократиться до точки, и нет у нее тогда ничего своего, и получает всё от Зеир Анпина. И это состояние является состоянием свечения хасадим в ней.

И Нуква облачается в ангела Матата и светит из двух этих состояний. И когда Матат получает второе состояние Нуквы, т.е. свечение хасадим, он говорит: «Отроком я был». И также зовется ребенком, так как свечение хасадим – это свойство ВАК, называемое «отрок» или «ребенок». И также зовется бедным, потому что Нуква в этом состоянии сокращается до точки, и нет у нее ничего своего. И это означает сказанное: «И этот отрок называется бедным ребенком, у которого нет ничего своего».

А когда он получает от первого состояния Нуквы, и это время ее собственной власти, и она большая, как Зеир Анпин, т.е. в состоянии свечения Хохмы в ней, тогда говорит Матат: «И состарился». Ибо старцем называется тот, кто обрел мудрость (хохма). И поэтому сказано: «"Да умный" – потому что мудрость (хохма) пребывает в нем».

И задается вопрос: «Почему он называется отроком?» – т.е. почему ангел Матат всегда зовется отроком, а не старцем? Ведь он говорит: «И состарился» – значит, он должен был называться старцем? А ответ: «Из-за того, что есть у него обновление луны, и она обновляется всегда» – поскольку есть у него обновление луны, Нуквы, т.е. ее зивуг с Зеир Анпином, второе

---

[6] Писания, Псалмы, 37:25. «Отроком я был и состарился, но не видел я праведника оставленного и детей его, просящих хлеба».

состояние, состояние свечения хасадим в ней, которое считается свойством ВАК и называется «отрок». «И она обновляется всегда» – т.е. она всегда находится в состоянии обновления. «И он всегда "ребенок бедный"» – т.е. постоянно, и поэтому он зовется отроком, а не старцем, так как старость, получаемая им от первого состояния, состояния собственной власти Нуквы, не находится в нем постоянно, и потому он не называется этим именем.

7) «Царь старый» – это злое начало, исходящее из противоположности Матата и называемое «человек нечестивый», который никогда не выйдет из своей скверны. И он «глупый», так как все его пути ведут на путь зла, и он продолжает уводить людей и не умеет остерегаться. И он наговаривает на людей, чтобы увести их с пути добра и направить на путь зла.

8) Поэтому злое начало торопится первым соединиться с человеком, еще со дня его рождения, чтобы тот доверял ему. А затем, когда придет доброе начало, человек не сможет поверить ему, и слова его покажутся человеку невыносимыми. Нечестивец хитер, он спешит первым выдвинуть свои доводы перед судьей, прежде чем придет противная сторона, как сказано: «Прав первый в тяжбе своей, но явится другой, и тогда пусть рассмотрит дело его»[7].

9) Хитрый нечестивец – это злое начало, как сказано: «Змей же был хитрее»[8]. Он тоже является первым и вселяется в человека, прежде чем появится доброе начало, чтобы вселиться в него. И поскольку он был первым и уже выдвинул перед ним свои доводы, когда вслед за тем является доброе начало, человеку плохо с ним, и неспособен он поднять голову, словно взвалил на свои плечи бремя всего мира, – потому что хитрый нечестивец явился раньше. И об этом сказал Шломо: «Мудрость бедняка презирают и слов его не слушают»[9] – поскольку другой опередил его.

---

[7] Писания, Притчи, 18:17. «Прав первый в тяжбе своей, но явится другой, и тогда пусть рассмотрит дело его».

[8] Тора, Берешит, 3:1. «Змей же был хитрее всех зверей полевых, которых создал Творец Всесильный; и сказал он жене: "Хотя и сказал Всесильный: не ешьте ни от какого дерева этого сада..."»

[9] Писания, Коэлет, 9:16. «И я подумал: мудрость – лучше отваги, но мудрость бедняка презирают и слов его не слушают».

10) И потому всякий судья, принявший слова тяжущейся стороны прежде чем явилась другая, словно принимает другого бога над собой, чтобы верить ему. «Но явится другой, и тогда пусть рассмотрит дело его»[7]. Иными словами, лишь после того как явится другой, может выслушать его доводы. Таков путь праведного человека, ибо праведник – это тот, кто не поверил этому хитрому нечестивцу, злому началу, лишь потому, что он выдвинул свои доводы прежде, чем явился другой, доброе начало. То есть, он выполняет сказанное: «Явится другой, и тогда пусть рассмотрит дело его». И в этом люди совершают ошибку и не удостаиваются будущего мира.

11) Однако праведник, пребывающий в трепете перед своим Господином, сколько же он терпит бед в этом мире для того, чтобы не верить злому началу и не быть с ним заодно. И Творец спасает его от всех их. Сказано об этом: «Многочисленны беды праведника, но от всех их спасает его Творец»[10]. Не сказано: «Многочисленны беды у праведника», а сказано: «Многочисленны беды праведника». Это значит, что терпящий многочисленные беды является праведником, так как Творец любит его, ибо беды, которые он терпит, отдаляют его от злого начала. И поэтому Творец любит этого человека и спасает его от всех их в этом мире и в мире будущем. Благословен удел его.

12) Сколько бед пришлось пережить Яакову, чтобы не прилепиться к злому началу и отдалиться от удела его. И потому перенес он многочисленные наказания и беды, и не успокоился. Сколько же бед должны вытерпеть праведники в этом мире, – беды за бедами, страдания за страданиями, – чтобы удостоиться будущего мира.

13) Яаков – сколько терпел всегда бед и несчастий, как сказано: «Не умиротворился я»[11] – в доме Лавана и не мог спастись от него. «И не успокоился»[11] – из-за Эсава, т.е. того страдания, которое принес мне его покровитель, а потом еще и из-за страха перед самим Эсавом. «И не отдыхал»[11] – из-за Дины и из-за Шхема.

---

[10] Писания, Псалмы, 34:20. «Многочисленны беды праведника, но от всех их спасает его Творец».

[11] Писания, Иов, 3:26. «Не умиротворился я и не успокоился, и не отдыхал, и пришла тревога». «Не успокаивался я и не замолчал, и не отдыхал, и пришла тревога».

14) «И пришла тревога»¹¹ – это состояние тревоги и смятения за Йосефа, самое тяжелое из всех. Ибо из-за любви Яакова к Йосефу, называемому союзом, Яаков вступил в Египет. И потому он так любил его, ведь далее сказано: «И вспомню союз Мой»¹² – т.е. всё избавление было ради него, поскольку там Шхина находится с ним, с союзом, а это Йосеф. И для него поэтому состояние смятения за Йосефа было тяжелее всех бед, свалившихся на него.

15) «И поселился Яаков на земле проживания отца его, на земле Кнаан»¹. Заговорил рабби Йоси: «"Праведник пропал, и нет человека, принимающего это к сердцу, и мужи благочестия погибают, и никто не понимает, что из-за зла вознесен праведник"¹³. "Праведник пропал" – в то время, когда Творец смотрит на мир, и мир не такой, каким он должен быть, и суд уже готов воцариться над миром, тогда Он забирает праведника, который находится среди них, чтобы суд пребывал над всеми остальными и некому было защитить их».

16) И всё то время, пока праведник пребывает в мире, не может суд властвовать над миром. Откуда нам это известно? От Моше. Сказано: «И сказал Он, что уничтожит их, если бы Моше, избранный Его, не встал перед Ним на защиту»¹⁴. Поэтому Творец забирает от них праведника и поднимает его из мира, и тогда вознаграждается он и получает свое. Окончание фразы: «Из-за зла вознесен праведник»⁸² означает, что прежде чем зло придёт к власти над миром, возносится праведник. Другое объяснение: «Из-за зла» – это злое начало, увлекшее и совратившее мир.

17) Яаков был избранным из праотцев, и он стоял на пороге изгнания. Но поскольку он праведник, суд прекратился и не властвовал в мире. И во все дни Яакова суд не пребывал над миром и был устранен голод.

---

¹² Тора, Ваикра, 26:42. «И вспомню союз Мой с Яаковом, и союз Мой с Ицхаком, и союз Мой с Авраамом, и землю эту вспомню».
¹³ Пророки, Йешаяу, 57:1. «Праведник пропал, и нет человека, принимающего это к сердцу, и мужи благочестия погибают, и никто не понимает, что из-за зла вознесен праведник».
¹⁴ Писания, Псалмы, 106:23. «И постановил уничтожить их, если бы Моше, избранник Его, не встал перед Ним на защиту, чтобы отвратить гнев Его от истребления».

18) И также в дни Йосефа, который был точным образом своего отца, не было изгнания, так как он защищал их во все дни жизни своей. А когда он умер, сразу же над ними воцарилось изгнание, как сказано: «И умер Йосеф…»[15], а затем сказано: «Давайте перехитрим его…»[16]. И сказано: «И горькой сделали жизнь их тяжким трудом над глиной и кирпичами»[17].

19) Подобно этому, везде, где есть праведник в мире, Творец защищает мир ради него, – и всё то время, пока он жив, суд не пребывает над миром.

20) «И поселился Яаков на земле проживания отца его, на земле Кнаан»[1]. Что значит: «Проживание (мегурéй מְגוּרֵי) отца его»? Это все равно, что сказать: «Ужас (магóр מָגוֹר) со всех сторон»[18] – потому что все дни свои он боялся и пребывал в страхе. «И поселился Яаков» – т.е. установил связь и поселился в месте, соединенном с тьмой. «На земле страха отца его» – именно так. Иными словами, это учит нас тому, что ужас и страх этот относятся к отцу его, Ицхаку, т.е. к левой линии. «На земле Кнаан» – установилась связь этого места с его местом. Объяснение. Нуква называется землей, а когда она устанавливает связь с левой линией, т.е. с отцом Яакова, она называется землей Кнаан. И это означает, что установилась связь этого места с его местом – т.е. земля Кнаан стала связанной с «местом страха отца его». «Место страха отца его» – это суровый суд, т.е. левая линия Зеир Анпина. «На земле страха отца его»: мы изучали, что «земля» – это мягкий суд, и это земля, которая соединилась и исходит от сурового суда, левой линии, и в ней поселился Яаков и обосновался на ней.

---

[15] Тора, Шмот, 1:6-8. «И умер Йосеф и его братья, и все то поколение. А сыны Исраэля плодились и размножались, и стали очень многочисленны и сильны – и наполнилась ими страна. И восстал новый царь над Египтом, который не знал Йосефа».

[16] Тора, Шмот, 1:9-11. «И сказал он народу своему: "Вот, народ сынов Исраэля многочисленнее и сильнее нас. Давайте перехитрим его, а не то умножится он и, случись война, присоединится и он к неприятелям нашим, и будет воевать против нас, и уйдет из страны". И поставили над Исраэлем начальников повинностей, дабы изнурять его тяжкими работами своими, и строил он города-хранилища для Фараона – Питом и Рамсес».

[17] Тора, Шмот, 1:12-14. «Но по мере того как изнуряли Исраэль, все больше размножался он и разрастался, и тяготились египтяне сынами Исраэля. И стали египтяне порабощать сынов Исраэля тяжкой работой " горькой сделали жизнь их тяжким трудом над глиной и кирпичами, всяким трудом в поле, и вообще всякой работою, к какой жестоко принуждали их».

[18] Пророки, Йермияу, 6:25. «Не выходите в поле и не пускайтесь в путь, ибо вражий меч (и) ужас со всех сторон».

Объяснение. Свет Зеир Анпина нисходит сверху вниз. Поэтому, если в нем светит левая линия, от него исходит очень суровый суд, так как это грех Древа познания. Однако свечение Нуквы является светом некева, и оно светит только снизу вверх и не распространяется вниз. Поэтому даже до того, как она включилась в правую линию, в ней нет сурового суда, а есть мягкий суд. И сказано об этом: «На земле страха отца его», – что означает мягкий суд. И в ней поселился Яаков. И он поселился на этой земле, т.е. в Нукве, и она – лишь мягкий суд, а не суровый, как «место страха отца его».

Вот потомство Яакова

21) «Вот потомство Яакова – Йосеф...»[19] После того как поселился Йосеф в Яакове, и солнце, Зеир Анпин, соединилось с луной, Нуквой, тогда начал порождать потомство. И кто это производит потомство? И уточняет Писание: «Йосеф» – ибо та «река, которая берет начало и вытекает из Эдена», т.е. Есод, называемый Йосеф, производит потомство, так как воды ее не прекращаются никогда.

Объяснение. Души Исраэля рождаются от зивуга ЗОН. Однако Зеир Анпин не порождает душ, пока не поднимается и не облачает Абу ве-Иму, чей зивуг не прерывается никогда. И тогда он постигает Есод де-гадлут, называемый Йосеф, и также называется рекой, берущей начало и вытекающей из Эдена, воды которой не прекращаются никогда.

И это означает сказанное: «После того как поселился Йосеф в Яакове, и солнце соединилось с луной» – после того как Зеир Анпин, называемый Яаков, поднялся и облачил высшие Абу ве-Иму, и тогда поселяется Йосеф, Есод де-гадлут, в Яакове, Зеир Анпине, «тогда начал порождать потомство» – тогда начинает порождать потомство, но не ранее. «И кто это производит потомство? И уточняет Писание: "Йосеф"» – т.е. Есод де-гадлут, который Зеир Анпин постигает во время своего подъема в Абу ве-Иму, и он называется рекой, вытекающей из Эдена, и «воды ее не прекращаются никогда», подобно высшим Абе ве-Име, зивуг которых не прекращается никогда.

22) Ведь солнце, Зеир Анпин, хотя и соединилось с луной, Нуквой, не приносит плоды ни с одной ступени, кроме ступени, называемой праведник, т.е. Есод, и называемой также Йосеф. И это ступень Яакова, чтобы принести плоды и произвести потомство в мире, и поэтому сказано: «Вот потомство Яакова – Йосеф...»

Объяснение. Последняя ступень Зеир Анпина, называемая «праведник» или «Есод», содержит в себе экран, по которому

---

[19] Тора, Берешит, 37:2. «Вот потомство Яакова – Йосеф, семнадцати лет, пас с братьями своими мелкий скот, и он, будучи отроком, с сыновьями Билги и с сыновьями Зилпы, жен отца его. И доносил Йосеф дурную молву о них отцу их».

производит удар высший свет. И Зеир Анпин поднимается и облачает его. И таким образом образуются все уровни и ступени. И это означает сказанное: «Не приносит плоды ни с одной ступени, кроме ступени, называемой праведник, Йосеф» – потому что она содержит в себе экран, являясь последней ступенью.

23) «Вот потомство Яакова – Йосеф…»[19] Каждый, кто всматривался в образ Йосефа, говорил, что это образ Яакова. Обо всех сыновьях Яакова не сказано: «Вот потомство Яакова – Реувен», или «Шимон». Только о Йосефе сказано: «Вот потомство Яакова – Йосеф», так как образ его был подобен образу его отца.

Объяснение. Как Яаков, т.е. Тиферет, – это средняя линия, согласующая между собой две линии от хазе и выше, т.е. Хесед и Гвуру, так же и Йосеф, свойство Есод, – это средняя линия, согласующая между собой две линии от хазе и ниже, т.е. Нецах и Ход. Итак, и у того и у другого тот же образ, т.е. оба они представляют собой среднюю линию, согласующую эти крайности между собой.

24) «Семнадцати лет»[19] – Творец дал ему знак, ибо когда пропал Йосеф, ему было семнадцать лет. И все остальные дни, когда он не видел Йосефа после того, как тому исполнилось семнадцать лет, он оплакивал эти семнадцать лет. И подобно тому, как оплакивал их, так же дал ему Творец другие семнадцать лет, которые он прожил на земле Египта в радости, почете и во всем совершенстве. Сын его, Йосеф, был царем, и все сыновья его были пред ним. Эти семнадцать лет были для него жизнью. И потому сказано в Писании, что Йосефу было семнадцать лет, когда он лишился его.

Объяснение. Есод, т.е. Йосеф, называется «семнадцатью годами», так как в нем содержится свойство «хлеб вдвойне»[20], т.е. свет Хохмы и свет хасадим, что является полным совершенством. Свет Хохмы в нем подразумевается под числом семь,

---

[20] См. Зоар, главу Ваехи, п. 754, со слов: «Как сказано: "Собрали хлеб вдвойне, по два омера на каждого" (Тора, Шмот, 16:22). "Хлеб вдвойне" – это два хлеба: "хлеб с небес" – от Зеир Анпина, и "хлеб от земли" – от Нуквы. Это то, что называется "хлеб богатства". Но "хлеб от земли" без соединения с "хлебом с небес" – это "хлеб бедности". А в шаббат включается нижний хлеб Нуквы в высший хлеб Зеир Анпина, и благословляется этот нижний благодаря высшему, и это – "хлеб вдвойне"».

поскольку он светит только снизу вверх, в свете Нуквы, которая называется седьмой и лишена ГАР де-ГАР. А свет хасадим в нем подразумевается под числом десять, поскольку он светит сверху вниз, и потому это полное число (сфирот).

И это означает сказанное: «Творец дал ему знак, ибо когда пропал Йосеф, ему было семнадцать лет» – т.е. намекнул ему на меру совершенства ступени Йосефа, «семнадцать лет», включающую всё совершенство, как Хохму, так и хасадим. Поэтому: «И все остальные дни, когда он не видел Йосефа после того, как тому исполнилось семнадцать лет, – оплакивал эти семнадцать лет» – т.е. высокую ступень Йосефа, потерянную им.

«И подобно тому, как оплакивал их, так же дал ему Творец другие семнадцать лет» – т.е. после того как он снова нашел Йосефа, в Египте. «Эти семнадцать лет были для него жизнью» – свет Хохмы является светом хая (жизни), как сказано: «Мудрость (хохма) несет жизнь постигающим ее»[21]. И поскольку семнадцать лет включают также Хохму, это считалось для него жизнью. В отличие от этого, когда пропал Йосеф и был у него в то время свет хасадим без Хохмы – это не считалось для него жизнью, так же как и до рождения Йосефа. Это смысл сказанного: «Йосеф, семнадцати лет»[19].

---

[21] Писания, Коэлет, 7:12. «Если выбирать между сенью мудрости и сенью богатства, то предпочтительней знание – мудрость несет жизнь постигающим ее».

ГЛАВА ВАЕШЕВ

По делам человека платит ему

25) Заговорил рабби Хия, провозгласив: «"Поэтому слушайте меня, мудрые люди! Немыслимо для Творца беззаконье и для Всемогущего – несправедливость. Ибо по делам человека платит Он ему и по пути мужа ему воздает"[22]. Когда Творец сотворил мир, Он основал его на суде, и весь мир основан на суде. И все дела мира осуществляются по суду. Но кроме этого, чтобы мир мог существовать и не исчезнуть, Творец простирает над ним милосердие. И это милосердие препятствует суду, чтобы тот не разрушил мир. И мир управляется милосердием и существует благодаря ему».

26) Но может ли быть, что Творец вершит суд над человеком без правосудия? Мы уже знаем, что если суд вершится над человеком праведным, это происходит из-за любви Творца к нему. Когда Творец проявляет милосердие к человеку в любви, желая приблизить его к Себе, Он разбивает тело, для того чтобы предоставить власть душе. И тогда человек приближается к Нему в любви, как подобает, и в человеке правит душа, а тело ослабевает.

27) Человеку нужно слабое тело и сильная душа, чтобы преодолеть трудности. И тогда он любим Творцом. Творец посылает беды праведнику в этом мире, для того чтобы он стал достойным мира будущего.

28) Но когда душа у него слабая, а тело сильное, он ненавидим Творцом, и Творец не желает (приблизить) его и не посылает ему страданий в этом мире, а наоборот – пути его прямы, и он пребывает в полном совершенстве. Ведь если он поступает праведно или совершает добрые деяния, Творец дает ему награду в этом мире, но он не получит доли в мире будущем. Поэтому праведник, всегда находящийся в разбитом состоянии, любим Творцом. И это верно только в том случае, если он проверил и не обнаружил у себя никакого греха, заслуживающего наказания.

---

[22] Писания, Иов, 34:10-11. «Поэтому слушайте меня, мудрые люди! Немыслимо для Творца беззаконье и для Всемогущего – несправедливость. Ибо по делам человека платит Он ему и по пути мужа ему воздает».

29) Шхина не пребывает в месте печали, но лишь там, где есть радость. И если нет в нем радости, Шхина не будет находиться в этом месте. Откуда мы это знаем? От Яакова: из-за того, что он скорбел по Йосефу, ушла от него Шхина. А когда пришла к нему радость благодаря вести о Йосефе, сразу «ожил дух Яакова, отца их»[23]. И сложно понять в случае с этим праведником, сокрушенном своими бедами: если он слаб и надломлен страданиями, где же радость, – ведь он пребывает в печали и не испытывает никакой радости?

30) Кроме того, мы видим, сколько любимцев и праведников было пред Творцом – и они не были разбиты болезнями и страданиями, и тело их никогда не ослабевало. Чем же они так отличаются друг от друга, если одни были сокрушены, а другие держались в теле подобающим образом?

31) Может быть те, кто держится достойно, держатся так потому, что они праведники, сыны праведников? А другие, чье тело разбито, – праведники, но не сыны праведников? Однако же мы видим праведных сынов праведников, у которых даже отец был праведным сыном праведника, и сам человек – праведник, и все равно тело его разбито страданиями. Почему же тело его разбито страданиями, и все свои дни он проводит в горестях?

32) Однако все дела Творца истинны и справедливы. «Ибо по делам человека платит Он ему и по пути мужа ему воздает»[22]. Бывают времена, когда луна, т.е. Нуква, ущербна и пребывает в суде, и солнце, т.е. Зеир Анпин, не находится с ней. Но в любое время и в любой час она должна выводить души людям, точно так же, как брала их вначале от Зеир Анпина в любое время и в любой час. А потому она выводит души и теперь, в час ущерба, когда находится в состоянии суда. И каждый, кто получает ее в это время, всегда будет в ущербе. И бедность нисходит к нему, и сокрушен всегда судом, и так происходит во все дни этого человека, будь он праведником или грешником. И нет ничего, кроме молитвы, которая может отменить все приговоры судов, и он может отвратить их молитвой.

---

[23] Тора, Берешит, 45:27. «И пересказали они ему все слова Йосефа, которые он говорил им; а как увидел он повозки, которые прислал Йосеф, чтобы везти его, то ожил дух Яакова, отца их».

33) Но в то время, когда эта ступень, Нуква, пребывает в совершенстве, и река, берущая начало и вытекающая из Эдена, т.е. Есод, соединяется с ней, тогда эта душа, которая выходит из Нуквы, привязывается к человеку, и этот человек венчается всем – богатством, сыновьями, совершенством тела.

34) И всё это благодаря удаче (мазаль), т.е. Есоду, берущему начало и выходящему из этой ступени, и соединяющемуся с ней, т.е. с Нуквой, чтобы она восполнилась им и благословилась от него. И потому всё зависит от удачи. Поэтому сыновья, жизнь и пропитание – всё это зависит не от заслуг, а от удачи. Ибо нет у него заслуг, пока Нуква не наполняется и не светит от удачи, Есода.

35) И потому все те, кто был сломлен в этом мире, будучи истинными праведниками, – все они были сломлены в этом мире и преданы суду из-за того, что полученная от Нуквы душа, находящаяся в ущербе, привела их к этому. И поэтому Творец смилостивится над ними ради мира будущего.

Пояснение статьи. За основу берется сказанное: «Ибо по делам человека платит Он ему и по пути мужа ему воздает»[22]. И объясняется, почему мы все же видим, что суды довлеют также и над праведным человеком, хотя он и не грешил вовсе. «Это происходит из-за любви Творца к нему. Когда Творец проявляет милосердие к человеку в любви, желая приблизить его к Себе»[24] – т.е. эти страдания приближают его к любви к Творцу.

И в связи с этим возникает два вопроса:
1. Если тело праведника испытывает страдания, он в горести, – но ведь Шхина пребывает над человеком лишь когда он в радости?
2. Мы видим праведников, которые удостоились любви к Творцу, хотя у них вообще не было страданий. Чем же отличаются одни от других?

И неверно объяснять это тем, что люди, удостоившиеся любви к Творцу без страданий, были праведниками, сынами праведников. Ведь мы обнаруживаем, что даже сын праведного сына праведника пребывает все свои дни в страданиях.[25]

---

[24] См. выше, п. 26.
[25] См. выше, п. 31.

Почему же тогда есть праведники, испытывающие страдания, и праведники, пребывающие в полном совершенстве? И вместе с этим проясняется также по какой причине не пребывает Шхина над человеком, находящимся в печали.[26]

И это означает сказанное[27]: «Бывают времена, когда луна ущербна и пребывает в суде, и солнце не находится с ней» – т.е. в то время, когда Нуква слита с левой линией, и в ней тогда властвуют суды.[28] «Но в любое время и в любой час она должна выводить души людям» – т.е. она выводит души людям от каждой из трех линий, правой-левой-средней, включающих все сроки и времена в мире, т.е. все двадцать восемь времен[29]. «Так же, как брала их вначале» – так же, как брала души вначале, т.е. брала из трех мест, трех линий, так же она дает их людям. «А потому она выводит души и теперь, когда находится в состоянии суда» – т.е. она выводит души из левой линии, находясь в это время в состоянии суда и ущерба. «И каждый, кто получает ее в это время, всегда будет в ущербе» – каждый, кто получает душу в это время, т.е. во время власти левой линии в Нукве, неизбежно пребывает в ущербе и судах, исходящих от левой линии, «будь он праведником или грешником» – кем бы ни был человек, получивший ее, грешником или праведником.

Однако же есть между ними большая разница. Ибо грешный человек, получивший душу от левой линии, прилепляется к этой линии и не выходит из нее никогда. Однако праведный челов4ек, получивший душу от левой линии, в силу судов и страданий, приходящих к нему от левой линии, очищается и выходит из нее, и соединяется с правой линией, и удостаивается любви к Творцу, исходящей от правой линии, и будущего мира. Как сказано далее[30]: «И потому Творец делает так, чтобы он удостоился жизни мира будущего».

---

[26] См. выше, п. 29.
[27] См. выше, п. 32.
[28] См. выше, п. 20, объяснение, что значит: «На земле проживания отца его».
[29] Писания, Коэлет, 3:1-8. «Всему свое время и свой срок – всякой вещи под небесами. Время рождаться и время умирать. Время насаждать и время вырывать насаженное. Время убивать и время исцелять. Время ломать и время строить. Время плакать и время смеяться. Время скорбеть и время плясать. Время разбрасывать камни и время собирать камни. Время обнимать и время отдалиться от объятий. Время искать и время терять. Время хранить и время бросать. Время разрывать и время сшивать. Время молчать и время говорить. Время любить и время ненавидеть. Время войне и время миру».
[30] См. ниже, п. 36.

И сказано[31]: «И в то время, когда эта ступень пребывает в совершенстве, а река, берущая начало и вытекающая из Эдена, соединяется с ней, тогда эта душа привязывается к человеку» – т.е. во время власти средней линии, при зивуге с Зеир Анпином, «и этот человек венчается всем – богатством, сыновьями, совершенством тела» – т.е. совершенен во всех отношениях, как справа, так и слева.

«И потому все те, кто был сломлен в этом мире, будучи истинными праведниками, – все они были сломлены в этом мире и преданы суду из-за того, что та душа, которую они получили от Нуквы, находящейся в ущербе, привела их к этому. И поэтому Творец смилостивится над ними ради мира будущего». Таким образом, становится ясным, почему есть праведники, испытывающие страдания, и есть праведники, пребывающие в совершенстве. Ибо те, кто в совершенстве, пребывают в нем потому, что получили свою душу от Нуквы, когда она была в зивуге с Есодом. А те, кто в страданиях, испытывают их потому, что получили свою душу от Нуквы, когда она находилась во власти левой линии. И страдания нужны для того, чтобы отделить их от левой линии и приблизить к правой, дабы удостоились любви к Творцу.

«Ибо по делам человека платит Он ему и по пути мужа ему воздает»[22]. И хотя они не совершили грех, все же душа у них только от левой линии, и они лишены совершенства, поэтому Творец, любящий их, выводит их оттуда страданиями, и приводит к правой линии и к состоянию будущего мира, т.е. к свечению Бины, и благодаря им они удостаиваются полного совершенства.

Тем самым проясняется вопрос, почему Творец посылает им страдания.[32] Ведь хотя они праведны и достойны пребывания Шхины – но не пребывает Шхина, пока они не будут в радости. И теперь нам понятно, что страдания необходимы им для того, чтобы отделить их от левой линии. А всё то время, пока не отделены от левой линии, обязаны находиться в горести, и Шхина не пребывает над ними.

---

[31] См. выше, п. 33.
[32] См. выше, п. 29.

36) Всё, что делает Творец, делает по суду. И если посылает страдания праведному человеку, посылает их с тем, чтобы очистить эту душу и привести ее в мир будущий. Ибо все дела Творца – по суду и правде. И чтобы устранить нечистоту, которую получила она в этом мире, – для этого тело разбивается, а душа очищается. И потому Творец этому праведнику делает так, чтобы он терпел страдания и мучения в этом мире, и был чист от всего, и удостоился жизни мира будущего. И об этом сказано: «Творец испытывает праведника»[33].

---

[33] Писания, Псалмы, 11:5. «Творец испытывает праведника, а нечестивого и любящего насилие ненавидит душа Его».

Но к завесе нельзя ему подходить

37) Заговорил рабби Шимон: «"Но к завесе нельзя ему подходить, и к жертвеннику нельзя ему приближаться, ибо увечен он; не должен он бесчестить святынь Моих, ибо Я – Творец, освящающий их"[34]. В час, когда река, берущая начало и текущая из Эдена, т.е. Есод, выводит все эти души к Нукве, и Нуква становится беременной ими, – все они находятся внутри нее, комната внутри комнаты, стены которой покрыты бумажными обоями или коврами».

Объяснение. Каждая сфира Нуквы состоит из трех келим, называемых «внешнее», «среднее» и «внутреннее». Внешнее кли относится к ее собственному свойству. Среднее кли – это свойство Зеир Анпина в ней. Внутреннее кли – свойство Бины в ней. И каждый свет принимается в соответствующее ему кли.

И это означает сказанное: «Все они находятся внутри нее, комната внутри комнаты, стены которой покрыты бумажными обоями или коврами» – т.е. три кли, одно внутри другого. И поскольку души – это света от Бины, Нуква получает их в свое внутреннее кли, т.е. в свойство Бины. А то, что Зоар называет средним кли, – это облачение из ковров или бумажных обоев на стенах дома. Однако это не дом, так как название «дом» относится только к Нукве. И потому внешнее кли, происходящее от самой Нуквы, и внутреннее кли, происходящее от Бины, – оба они свойство некева, и называются комнатами. Но среднее кли, происходящее от Зеир Анпина, – это облачение, а не дом, и поэтому называется покрытием.

38) «Когда луна становится ущербной из-за свойства "змей зла", все души, выходящие в это время, хотя все они чисты и все святы, но поскольку вышли в час ущерба, то все места, т.е. тела, к которым приходят души, все становятся разбитыми и ущербными от многих горестей и многих страданий. Это те, кого Творец желает и любит, после того как разбились, хотя эти души пребывают в печали, а не в радости».

---

[34] Тора, Ваикра, 21:22-23. «Хлеб Всесильного своего из святая святых и из святого может он есть. Но к завесе нельзя ему подходить, и к жертвеннику нельзя ему приближаться, ибо увечен он; не должен он бесчестить святынь Моих, ибо Я – Творец, освящающий их».

Пояснение сказанного. Есть два вида ущерба в луне, т.е. Нукве:

1. Когда она во власти левой линии, и это свойство «тьма Имы».

2. Ущерб от свойства «змей зла», который был вызван грехом Древа познания, как сказано: «А если не удостоился – то становится злом»[35]. Тогда раскрывается в Нукве свойство суда от первого сокращения, и недостойна она получать свет[36].

Поэтому уточняет рабби Шимон: «Когда луна становится ущербной из-за свойства "змей зла"» – т.е. это ущерб в свойстве самой Нуквы, поскольку раскрылось через змея зла в грехе Древа познания, что она недостойна получения света.

Этот ущерб вовсе не касается душ в ней, так как души происходят от Бины, на которую не было никакого сокращения. И вместе с тем, они тоже стали ущербны, вместе с Нуквой. И поэтому сказано: «Все души, выходящие в это время, хотя все они чисты и все святы» – потому что ущерб этот затрагивает одну лишь Нукву, а не души, приходящие к ней от Бины, но вместе с тем, «поскольку вышли в час ущерба, то все места, т.е. тела, к которым приходят души, все становятся разбитыми и ущербными» – из-за того, что находятся в Нукве, стали ущербны эти души вместе с ней, как будто являются частью Нуквы. И потому, когда они приходят потом и облачаются в тело человека, хотя он и праведник, тело его получает ущерб из-за души, которая облачилась в него.

Но это требует разъяснения: как можно сказать, что душа делает тело ущербным? А дело в том, что это – особое исправление для праведника, когда благодаря этому исправлению становится тело праведника готовым получить большой свет этой души. И это исправление начинается с Бины, и о нем сказано: «Мать одалживает свои одежды дочери», так как Бина увидела, что Нуква недостойна получить мохин, и тогда она подняла к себе Нукву и уменьшилась из-за нее до ВАК без рош, т.е. осталась с буквами МИ (מי), а буквы ЭЛЕ (אלה) опустила к

---

[35] См. «Предисловие книги Зоар», п. 123, «Малхут – это Древо познания добра и зла, если удостоился человек – стало добром, а если не удостоился – то злом».

[36] См. «Предисловие книги Зоар», п. 123.

Нукве. И поскольку Нуква получила катнут Бины – стала пригодна к тому, чтобы затем получить и ее гадлут.[37]

И это смысл сказанного: «И река вытекает из Эдена, чтобы орошать сад»[38]. Ибо Эден – это Хохма, река – это Бина, а сад – это Малхут. И говорится, что потому и вышла река, т.е. Бина, «из Эдена» – т.е. Хохмы, и сократилась до ВАК без рош, «чтобы орошать сад» – т.е. давать мохин Нукве, поскольку благодаря этому выходу Бина дала катнут Нукве. А получив ее катнут, она уже достойна получить и ее гадлут.

Поэтому рабби Шимон начинает эту статью словами[39]: «В час, когда река, берущая начало и текущая из Эдена выводит все эти души, и Нуква становится беременной ими» – так как это подготавливает Нукву к получению катнут де-Има, что называется «ибур (зарождение)». И с помощью этого она может получить также и гадлут. И таким же путем, после того как восполнилась Нуква и хочет дать души людям, тело которых нисходит от Нуквы до ее исправления, и они недостойны принять свет души, тогда она снова уменьшается до ВАК без рош. И это ущерб, (причиненный ей) змеем зла, в результате чего становятся ущербными также и души в ней. И эти поврежденные души она дает людям, чтобы тело их получило ущерб и катнут душ.

И тогда тела становятся готовыми получить также и свет гадлута душ. Таким образом, ущерб, который души наносят телам, предназначен для исправления тела, чтобы подготовить его к получению света гадлут.

Поэтому сказано: «Это те, кого Творец желает и любит, после того как разбились» – после того, как тело разбито в результате ущерба и катнута души и стало вследствие этого кли для получения также и гадлута души, они становятся желанны Творцу. Однако, прежде чем тело разбито из-за ущерба души, Творец не желает их, поскольку оно недостойно принять свет души, так как исходит от Нуквы до ее исправления, и первое сокращение пребывает над ними.

---

[37] См. «Предисловие книги Зоар», п. 17, со слов: «И это означает: "Мать (има) одалживает свои одежды дочери и венчает ее своими украшениями"...»
[38] Тора, Берешит, 2:10.
[39] См. выше, п. 37.

39) «И дело в том, что они пребывают в том же виде, как наверху» – в Нукве, «тело стало ущербным, и внутри него – душа, так же как и в Нукве» – как в ущербной Нукве пребывает душа, так же и здесь пребывает душа в ущербном теле. «И они похожи друг на друга». Поэтому они должны обновляться в новолуние, и о них сказано: «И будет: в каждое новомесячье и в каждую субботу будет являться всякая плоть, чтобы преклониться предо Мной, – сказал Творец»[40]. «Всякая плоть» – конечно, потому что они обновятся полностью и должны обновляться в новолуние.

Объяснение. После того как их тела получили ущерб и катнут души, они уже достойны принять света гадлута, воздействие которых происходит в новомесячье и субботу, и это свет хая. Известно, что в парцуфе есть пять келим, называющиеся моха-ацамот-гидим-басар-ор (мозг-кости-сухожилия-плоть-кожа), и это – КАХАБ ТУМ.

И пока не будет в парцуфе кли де-басар, он недостоин света хая.[41] И поэтому сказано: «"Всякая плоть" – конечно, потому что они обновятся полностью» – так как кли де-басар целиком предназначено для привлечения света хая, нисходящего в новомесячье и субботу. В отличие от этого, келим моха-ацамот-гидим получают только часть этого света, так как предназначены в основном для трех светов НАРАН (нефеш-руах-нешама).

40) «И эти праведники всегда в соединении с луной» – Нуквой, и «ущербны этим ее ущербом» – т.е. ущербом из-за катнута Бины, вследствие чего она становится достойной света гадлута Бины. «И потому она всегда пребывает в них и не покидает их, как сказано: "Но с тем (Я), кто сокрушен и смирен духом"[42], и сказано: "Близок Творец к сокрушенным сердцем"[43], к тем, кто терпел вместе с луной этот ущерб» – из-за катнута Бины. «Они близки к ней всегда» – так как удостаиваются в

---

[40] Пророки, Йешаяу, 66:23. «И будет: в каждое новомесячье и в каждую субботу будет являться всякая плоть, чтобы преклониться предо Мной, – сказал Творец».

[41] См. Зоар, главу Ноах, п. 130, со слов: «Известно, что пять келим КАХАБ ТУМ называются "мозг-кости-сухожилия-плоть-кожа"...»

[42] Пророки, Йешаяу, 57:15. «Ибо так говорит Возвышенный и Превознесенный, Существующий вечно и Святой – имя Его: (в месте) высоком и священном обитаю Я, но с тем, кто сокрушен и смирен духом, чтобы оживлять дух смиренных и оживлять сердце сокрушенных».

[43] Писания, Псалмы, 34:19. «Близок Творец к сокрушенным сердцем и смиренных духом спасает».

силу этого получить также и гадлут Бины. «И потому сказано: "Оживлять сердце сокрушенных"⁴² – той жизнью, что приходит к Нукве для обновления», – т.е. светом хая. «И будет их уделом, ибо те, кто страдал с ней, обновятся с ней» – так как в силу того, что получили катнут, они получают также и гадлут.

41) «И они» – эти лишения, выстраданные праведниками из-за катнута Бины, «называются страданиями любви, так как от любви они, а не из-за самого человека». «От любви они, потому что стал ущербным свет малой любви» – т.е. Нуквы, во время получения ею от катнута Бины, «которая была отвергнута из-за большой любви» – т.е. Бины в ее гадлуте. «И потому эти праведники – товарищи и соратники ее» – в ее ущербности. «Счастлив удел их в этом мире и в мире будущем» – поскольку они удостоились быть товарищами ее. И о них сказано: «Ради братьев моих и ближних моих прошу мира тебе»⁴⁴.

---

⁴⁴ Писания, Псалмы, 122:8. «Ради братьев моих и ближних моих прошу мира тебе».

ГЛАВА ВАЕШЕВ

Вот, прозреет раб Мой

42) «Вот, прозреет раб Мой»[45]. Счастлив удел праведников, которым Творец раскрыл пути Торы, чтобы идти ими. Это высказывание: «Вот, прозреет раб Мой» является высшей тайной. Когда Творец создавал мир – ЗОН, Он сделал луну – сотворил Нукву на равной с Зеир Анпином ступени. А затем уменьшил ее света так, что нет у нее ничего своего, но только то, что получает от Зеир Анпина. И поскольку уменьшила себя, она светит от солнца, т.е. Зеир Анпина, с помощью его высших светов.

43) Когда существовал Храм, Исраэль проявляли усердие в жертвоприношениях, жертвах всесожжения и служении, совершаемых коэнами, левитами и исраэлитами, чтобы установить единство и провести эти света в Нукву.

44) После разрушения Храма померк свет, и луна, Нуква, не светит от солнца, Зеир Анпина, и солнце ушло от нее и не светит. И нет дня, чтобы не властвовали проклятия, горести и страдания.

45) И когда придет время луне светить собственными силами, т.е. в конце исправления, что сказано? – «Вот, прозреет раб Мой, поднимется и вознесется, и возвысится чрезвычайно»[45]. Это сказано о луне, вере, Нукве. «Вот, прозреет» означает – пробудится тогда высшим пробуждением, подобно тому, кто почувствовал запах и хочет пробудиться и разглядеть.

Объяснение. Слова: «Вот, прозреет» выражают внезапность, так как Нукве при этом дается высшее пробуждение без предварительного пробуждения снизу. И когда она почувствовала это, стала пробуждаться и вглядываться, и прозревать. И потому сказано: «Вот, прозреет».

46) «Поднимется»[45] – это означает, что Нуква наполнится от света, который выше всех светов, т.е. Кетера. «Поднимется Он,

---

[45] Пророки, Йешаяу, 52:13-15. «Вот, прозреет раб Мой, поднимется и вознесется, и возвысится чрезвычайно. Как многие изумлялись тебе, – настолько искажен лик его, как ни у кого, и образ его не как у сынов человеческих, – так приведет он в изумление многие народы, цари закроют уста свои, ибо то, о чем не было рассказано им, узрят и то, о чем не слыхали, увидят».

чтобы проявить Свое милосердие к вам»⁴⁶ – имеется в виду свет Кетера. «И вознесется»⁴⁵ – это со стороны Авраама, Хеседа. «И возвысится»⁴⁵ – это со стороны Ицхака, Гвуры. «Чрезвычайно»⁴⁵ – это со стороны Яакова, Тиферет. И Нуква наполнится от всех этих ступеней.

47) В это время вызовет Творец пробуждение свыше, чтобы светить луне, Нукве, по достоинству, как сказано: «И будет свет луны как свет солнца, и свет солнца станет семикратным, как свет семи дней»⁴⁷. Поэтому прибавится в ней высший свет, и потому пробудятся тогда к жизни все мертвые, которые схоронены во прахе.

48) «Сказано: "Раб Мой"⁴⁵», хотя речь идет о Нукве, «потому что ключи Господина находятся в руках его». И поэтому раскрывается с его помощью совершенство Нуквы, и он – посланник ее. «Как сказано: "И сказал Авраам рабу его"⁴⁸ – и это луна», т.е. Нуква, раскрывающаяся с помощью свойства «Матат, раб и посланник Господина своего», – и поэтому сказано: «Рабу его», и здесь то же самое.

49) «Старейшему в доме его»⁴⁸ – это Матат, зовущийся старцем, как сказано: «Отроком я был и состарился»⁴⁹, и это говорит управитель мира, Матат. «Управляющему всем, что у него»⁴⁸ – потому что все цвета проявляются в нем. И это зеленый-белый-красный, три цвета радуги, т.е. три ангела Михаэль-Гавриэль-Рефаэль, без которых Шхина не является взору.⁵⁰ И Матат включает их.

50) «Положи руку твою под бедро мое»⁴⁸. Это праведник, т.е. Есод (основа), так как он является поддержкой и жизненной

---

⁴⁶ Пророки, Йешаяу, 30:18. «И потому медлит Творец помиловать вас и потому поднимется Он, чтобы проявить свое милосердие к вам, ибо Творец правосудия Всесильный, счастливы все, ожидающие Его».

⁴⁷ Пророки, Йешаяу, 30:26. «И будет свет луны как свет солнца, и свет солнца станет семикратным, как свет семи дней, в день, когда Творец исцелит народ Свой от бедствия и рану его от удара излечит».

⁴⁸ Тора, Берешит, 24:2-3. «И сказал Авраам рабу его, старейшему в доме его, управлявшему всем, что у него: "Положи руку твою под бедро мое, и я заклину тебя Творцом Всесильным небес и Всесильным земли, что ты не возьмешь жены сыну моему из дочерей кнаана, среди которого я живу"».

⁴⁹ Писания, Псалмы, 37:25.

⁵⁰ См. Зоар, главу Ваера, п. 53. «Три эти человека – это три цвета: белый, красный, зеленый. Белый цвет – это Михаэль, правая сторона...»

силой всего мира. Ибо в то время, когда раб этот укрепляется в Есоде, он становится ответственным за оживление находящихся во прахе. И наполняется совершенством от высшего духа, чтобы вернуть любые дух и душу (рухот и нешамот) на их место – в тела, которые иссохли и разложились под прахом.

51) «И я закляну тебя Творцом Всесильным небес»⁴⁸. Что означает: «И я закляну тебя (ашбиахá וְאַשְׁבִּיעֲךָ)»? Это указание на то, что он облачится в семь (шивъá שֶׁבַע) высших светов ХАГАТ-НЕХИМ, раскрывающихся как совершенство высшего. «Что ты не возьмешь жены»⁴⁸ – это тело, покоящееся под могильным прахом, которое получает сейчас жизнь, чтобы восстать из праха, и оно зовется женой. Все те, кто удостоился быть похороненным в земле Исраэля, первыми пробудятся к жизни. Сказано сначала: «Оживут Твои умершие»⁵¹ – это мертвые, покоящиеся в земле Исраэля. А затем сказано: «Восстанут мертвые тела» – это те мертвые, что вне земли Исраэля. Но вместе с тем, восстанут только тела Исраэля, похороненные в земле Исраэля, а не тела других народов, которыми осквернена эта земля.

52) И потому сказано: «Не возьмешь жены сыну моему»⁴⁸. Что означает: «Сыну моему»? Все души мира, которые исходят от реки, берущей начало и текущей из Эдена, Есода, называются сыновьями Творцу. И потому: «Не возьмешь жены» – это тело, «сыну моему» – это душа, «из дочерей кнаана» – это тела народов, занимающихся идолопоклонством, которых в будущем Творец сбросит со святой земли, как сказано: «И будут сброшены с нее нечестивцы»⁵², подобно тому, как отряхивают талит, избавляясь от нечистоты на нем.

53) «Но на мою землю и на мою родину пойдешь»⁵³. «На мою землю» – это святая земля, которая важнее всех остальных земель. «Но на мою землю и на мою родину» – если сказано: «На мою землю», зачем говорить еще раз: «На мою родину»?

---

⁵¹ Пророки, Йешаяу, 26:19. «Оживут Твои умершие, восстанут мертвые тела! Пробудитесь и ликуйте, покоящиеся во прахе, ибо роса рассветная – роса Твоя, и земля изрыгнет мертвых».

⁵² Писания, Иов, 38:13. «Чтобы охватить края земли, и будут сброшены с нее нечестивцы».

⁵³ Тора, Берешит, 24:4. «Но на мою землю и на мою родину пойдешь, и возьмешь жену сыну моему Ицхаку».

Однако, «на мою землю» – мы уже сказали, что это святая земля, а «на мою родину» – те, кто относится к Исраэлю.

54) «И взял раб»⁵⁴ – т.е. Матат, «десять верблюдов»⁵⁴ – десять ступеней, над которыми властвует этот раб, подобные высшим ступеням, ступеням Ацилута. «Из верблюдов господ своих»⁵⁴ – которые в точности как верблюды их господ, т.е. ступени Нуквы Ацилута, являющейся его господином. И этот раб управляет ими и устанавливается в них.

55) «И всё добро господ его в руках его»⁵⁴ – всё благо и высшие ароматы, исходящие от этих высших светов и свечей.

Другое объяснение. «И всё добро господ его» – указывает на содействие солнцу, Зеир Анпину, нисходящему к луне, Нукве. Иными словами, с его помощью осуществляется зивуг Зеир Анпина и Нуквы.

56) «И встал, и пошел в Арам-Наараим»⁵⁴ – это место на святой земле, где плакала Рахель, когда был разрушен Храм, «и расположил верблюдов вне города, у колодца с водой»⁵⁴ – чтобы как следует укрепить ее силы посредством гвурот его (колодца), прежде чем он начал восстанавливать и возрождать тела.

Объяснение. «Верблюды» – это ступени раба, о которых мы уже говорили. И потому он устроил их вне города, где находится место судов, чтобы исправить должным образом левую линию Нуквы. Но это не значит – вне пределов земли (святости), ведь он отправился не куда-нибудь, а именно в землю Исраэля.

57) «Под вечер»⁵⁴ – это канун субботы, т.е. Есод, время шестого тысячелетия. Ибо шесть дней творения – это шесть тысяч лет, а шестой день, канун субботы, соответствует шестому тысячелетию, когда произойдет возрождение из мертвых. Что означает: «Под вечер» – ведь следовало сказать:

---

⁵⁴ Тора, Берешит, 24:10-11. «И взял раб десять верблюдов из верблюдов господ своих, и пошел. И всё добро господ его в руках его. И встал, и пошел в Арам-Наараим, в город Нахора. И расположил верблюдов вне города, у колодца с водой, под вечер, ко времени выхода черпальщиц».

«Вечером»? Но это как сказано: «И для работы своей – до вечера»[55], и сказано: «Уже распростерлись вечерние тени»[56] – это суды, раскрывающиеся под вечер, т.е. в Есоде, которые этот раб исправил.

58) «Ко времени выхода черпальщиц»[54], – черпающих воды Торы. В то время им предстоит возродиться раньше всех остальных людей, так как черпали воды Торы и укреплялись в Древе жизни. И они первыми выйдут, чтобы возродиться из мертвых, ибо Древо жизни привело их к тому, что они восстанут вначале.

Объяснение. Средняя линия называется Торой, а также зовется Древом жизни, а воды Торы – это его наполнение. Те, кто слит и получает наполнение от средней линии, зовутся черпальщицами и оживут раньше всех остальных, исходящих от двух других линий.

59) «И дочери жителей города выходят»[57]. Что значит – «выходят»? Это как сказано: «И земля изрыгнет мертвых»[51] – т.е. земле предстоит исторгнуть из себя все покоящиеся в ней тела. И поэтому сказано: «Выходят», поскольку это тоже указывает на тела, которые земля исторгнет из себя в момент воскрешения.

«Черпать воду»[57] – взять душу, и принять ее достойно, чтобы была исправлена от надлежащего ей места.

60) «Пусть же девица, которой я скажу: "Наклони кувшин твой, и я напьюсь"»[58]. Каждая душа из душ мира, существовавших в этом мире и старавшихся познать Господина своего с помощью высшей мудрости, поднимается и существует на высшей ступени, выше всех тех душ, которые не постигли и не познали. И они первыми станут к возрождению. Этот вопрос раб и собирается прояснить, дабы узнать, чем занималась та

---

[55] Писания, Псалмы, 104:23. «Выходит человек для труда своего и для работы своей – до вечера».

[56] Пророки, Йермияу, 4:6. «"Готовьтесь к бою с нею!" – "Вставайте, и пойдем в полдень!" – "О горе нам, день уже клонится (к вечеру), уже распростерлись вечерние тени!"»

[57] Тора, Берешит, 24:13. «Вот я стою у источника вод, и дочери жителей города выходят черпать воду».

[58] Тора, Берешит, 24:14. «Пусть же девица, которой я скажу: "Наклони кувшин твой, и я напьюсь", и она скажет: "Пей, и верблюдов твоих я напою", – ее предназначил Ты рабу Твоему Ицхаку. И посему узнаю я, что Ты сделал милость господину моему».

душа в этом мире, – т.е. выяснить, достойна ли она возродиться первой. И поэтому обращается к ней с просьбой: «Наклони кувшин твой, и я напьюсь».

61) «И она скажет мне: "И ты пей"»[59] – ты должен напиться и быть напоённым сначала, а после тебя «и верблюдов твоих я напою»[59] – поскольку все остальные строения (меркавот), хотя и насыщаются влагой от этой ступени, все они насыщаются, в основном, от работы праведников, умеющих служить Владыке своему как подобает. Ибо праведники умеют питать каждую ступень должным образом. И потому, если она скажет: «И верблюдов твоих я напою»[59], то несомненно: «Вот жена, которую Творец предназначил сыну господина моего»[59] – несомненно, что это тело, которое уготовано для этой высшей души.

Пояснение сказанного. Мы уже выясняли, что означает смерть.[60] Семьдесят лет жизни человека соответствуют семи свойствам ХАГАТ НЕХИМ, и он исправляет их сверху вниз, от Хеседа до Малхут, а когда доходит до Малхут и не может исправить ее из-за греха Древа познания, он умирает. И в Малхут есть две точки:
1. Одна – ее собственная, и она скрыта.
2. Одна – от Бины, и она раскрыта.

Ибо ее собственное свойство непригодно для света,[61] и потому ее собственная точка должна быть скрыта. А если ее точка раскрывается, тотчас уходят из нее света, о чем сказано: «Если удостоился человек – стало добром, а если не удостоился – то злом»[62]. Поэтому, когда человек достигает семидесяти лет, раскрывается точка самой Малхут, и потому света жизни уходят от человека, и он умирает.

Поэтому в будущем, когда произойдет большой зивуг от рош Атика, и Малхут получит свое окончательное исправление, став достойной принять высший свет и в свое собственное свойство,

---

[59] Тора, Берешит, 24:44. «И если она скажет мне: "И ты пей, и верблюдов твоих я напою", – вот жена, которую Творец предназначил сыну господина моего"».
[60] См. Зоар, главу Хаей Сара, п. 70.
[61] См. Зоар, главу Берешит, часть 1, п. 3, со слов: «В свойстве суда, т.е. в свойстве Малхут мира АК, прежде чем она подсластилась в Бине, в свойстве милосердия, мир не мог существовать...»
[62] См. «Предисловие книги Зоар», п. 123, «Малхут – это Древо познания добра и зла, если удостоился человек – стало добром, а если не удостоился – то злом».

восстанут тогда к жизни все тела, ибо умерли только из-за ущербности Малхут. Но теперь, когда она исправлена, чтобы принять свет жизни, они возродятся.

И есть тут разделение между умершими в земле Исраэля и умершими вне земли Исраэля:

1. Те праведники, что слиты со средней линией, называются Исраэль, и их земля – земля Исраэля. И они возродятся сразу и примут душу свою по достоинству.

2. Однако те, кто не слит со средней линией, умершие вне земли Исраэля, хотя сама Малхут уже исправлена, нуждаются еще в многочисленных исправлениях, пока не возродятся и не получат свою душу. И эти исправления называются подземными странствиями (гильгуль мехилот). Посредством этих исправлений они приходят в землю Исраэля и получают свою душу.

И это означает сказанное: «И сказал Авраам»[48] – т.е. Хохма, «рабу его»[48] – Матату. Ибо свечение Хохмы, притягивающееся от зивуга Зеир Анпина и Нуквы мира Ацилут к мирам БЕА, включается в ангела Матата. И потому называется Матат «управляющий ликом», так как лик указывает на мудрость, Хохму, как сказано: «Мудрость человека просветляет лик его»[63]. И потому называется «старейший в доме его»[48]. Ведь кто такой старец? Тот, кто обрел мудрость.

«Управляющему всем, что у него»[48] – т.е. вместе Хохмой и хасадим, исправленными в трех линиях: правой, левой и средней.

«Положи руку твою под бедро мое»[48] – т.е. чтобы включил себя в Есод и получил свечение большого зивуга для окончательного исправления Малхут. И тогда он будет способен возрождать мертвых.

«И я закляну тебя Творцом Всесильным небес и Всесильным земли»[48] – чтобы получил семь совершенных светов, исправляющих Нукву, называемую «семь», с помощью совершенства, на которое указывают слова: «И будет свет луны как свет солнца, и свет солнца станет семикратным, как свет семи дней»[47].

---

[63] Писания, Коэлет, 8:1.

«Что ты не возьмешь жены»⁴⁸ – т.е. тела, «сыну моему»⁴⁸ – душе, «из дочерей кнаана»⁴⁸, – слитых с левой линией, нечистых и недостойных облачить святую душу. «Но на мою землю» – землю Исраэля, «и на мою родину» – это Исраэль. То есть те, кто при жизни был слит со средней линией, называются Исраэль, а земля их – земля Исраэля. И они первыми предстанут, чтобы возродиться из мертвых. «Десять верблюдов»⁵⁴ – это свечение хасадим. «Всё добро господ его в руках его»⁵⁴ – это свечение Хохмы.

И было догадкой раба сказанное им: «Пусть же девица, которой я скажу: "Наклони кувшин твой, и я напьюсь", и она скажет: "Пей, и верблюдов твоих я напою", – ее предназначил Ты рабу Твоему Ицхаку»⁵⁸. Поскольку он проверил, было ли тело при жизни в этом мире слито со средней линией, и тогда оно относится к свойству «земля Исраэля» и достойно восстать в числе первых. Ибо «пей» – это свечение Хохмы, свойство самого раба, «и верблюдов твоих напою» – это свечение хасадим, и если при жизни оно притягивало два этих света, значит, было слито со средней линией, включающей два этих света. И потому: «Ее предназначил Ты рабу Твоему Ицхаку», – так как оно достойно возродиться и получить свою душу, т.е. Ицхака.

И это означает сказанное⁶⁴: «Пусть же девица…». Каждая душа из душ мира, существовавших в этом мире и старавшихся познать Господина своего с помощью высшей мудрости» – т.е. те, что притянули свечение Хохмы с помощью Даат. Поскольку слова: «Старавшихся познать (ладаат לָדַעַת)» указывают на Даат, «с помощью высшей мудрости (хохма)» и тогда у него есть два света, Хохма и хасадим, потому что Даат – это хасадим.

«И они первыми станут к возрождению» – так как относятся к умершим в земле Исраэля, которые первыми предстают к возрождению. «И поэтому обращается к ней с просьбой: "Наклони кувшин твой, и я напьюсь"» – и в этом заключается его вопрос, так как он должен был знать, достойно ли это тело возродиться из мертвых первым.

Это означает сказанное⁶⁵: «Ты должен напиться и быть напоённым сначала, а после тебя "и верблюдов твоих я напою"⁵⁹»

---

⁶⁴ См. выше, п. 60.
⁶⁵ См. выше, п. 61.

– т.е. сначала нужно притянуть свечение Хохмы, а затем – свечение хасадим. Ведь пока он не притянул свечение Хохмы, хасадим считаются свойством ВАК без рош. И потому нужно притянуть сначала свечение Хохмы, а затем – хасадим. И тогда хасадим считаются законченными ГАР, и становятся свойством «чистый воздух».

«Поскольку все остальные строения (меркавот)», называемые «верблюды», «хотя и орошаются от этой ступени» т.е. от ступени хасадим, «хотя и насыщаются влагой от этой ступени, все они насыщаются, в основном, от работы праведников, умеющих служить Владыке своему как подобает» – и они умеют соединяться со средней линией и притягивать сначала Хохму, а затем – хасадим. «Ибо праведники умеют питать каждую ступень должным образом» – т.е. умеют дать питание каждой ступени и исправить ее как подобает. И тогда хасадим тоже становятся свойством ГАР.

62) Стремление захара к нукве, посредством чего из нуквы притягивается свечение Хохмы, производит душу. А стремление нуквы к захару, посредством чего нисходят хасадим от захара, поднимается и смешивается с ней, с душой, наверху. И включается одно в другое, т.е. Хохма нуквы соединяется с хасадим захара и производит душу, т.е. довершает ее. И потому догадался раб, что если она скажет: «И ты пей»[59] – притяжение Хохмы, «и верблюдов твоих я напою»[59] – притяжение хасадим, «вот жена»[59] – несомненно, это тело, уготованное для желания души, исходящей от захара, Зеир Анпина, которое состоит из Хохмы и хасадим вместе.

63) И этим телам предстоит первыми пробудиться к возрождению. А после того как восстанут эти, восстанут и все остальные, покоящиеся вне земли Исраэля, и пребудут в совершенном существовании, и обновятся с обновлением луны. И тогда «будет свет луны как свет солнца»[47], и мир обновится, как вначале. И сказано о том времени: «Возрадуется Творец делам Своим»[66].

64) И поэтому: «Вот, прозреет раб Мой»[45] означает, что раб Матат прозреет, став способным возвращать души, каждую

---

[66] Писания, Псалмы, 104:31. «Да будет слава Творца вовеки, возрадуется Творец делам Своим».

– на свое место, т.е. к телу, достойному ее. «Поднимется и вознесется, и возвысится чрезвычайно»⁴⁵ – со стороны всех этих высших ступеней.⁶⁷

65) «Как многие изумлялись тебе»⁴⁵. Мы изучали, что когда был разрушен Храм, и Шхина ушла в изгнание в земли, чуждые для них, сказано: «Вот сильные их кричали: "Наружу", ангелы мира горько заплачут»⁶⁸. Все плакали об этом, соединив рыдания и скорбь, и всё это – о Шхине, ушедшей в изгнание со своего места.

И так же, как она изменилась в изгнании по сравнению с тем, какой была, так же и муж ее, Зеир Анпин, не светит своим светом, – ведь тогда ему некому светить, и изменился он по сравнению с тем, каким был. Сказано об этом: «Солнце померкнет при восходе своем»⁶⁹.

И поэтому сказано: «Настолько искажен лик его»⁴⁵ – у этого раба, Матата, так как во время изгнания изменилась форма его и цвета́ его, зеленый-белый-красный,⁷⁰ по сравнению с тем, каким он был.

66) «Настолько искажен лик его»⁴⁵. Как сказано: «Я одеваю небеса мраком и рубище делаю покровом их»⁷¹ – потому что со дня разрушения Храма не находились небеса, Зеир Анпин, в свете своем. Дело в том, что благословения пребывают только там, где есть захар и нуква, как сказано: «Мужчиной (захар) и женщиной (некева) сотворил Он их и благословил их»⁷². И в изгнании нет зивуга ЗОН Зеир Анпина и Нуквы, поэтому сказано: «Настолько искажен лик его»⁴⁵.

И это объяснение отличается от предыдущего тем, что там померк свет Зеир Анпина из-за Нуквы, которая омрачилась в изгнании и не получает от него наполнение. И получается, что это не его собственный недостаток, но он возник потому, что

---

⁶⁷ См. выше, п. 46.
⁶⁸ Пророки, Йешаяу, 33:7.
⁶⁹ Пророки, Йешаяу, 13:10. «Ибо звезды небесные и созвездия их не засияют светом своим, солнце померкнет при восходе своем, и луна не засветится светом своим».
⁷⁰ См. выше, п. 49.
⁷¹ Пророки, Йешаяу, 50:3. «Я одеваю небеса мраком и рубище делаю покровом их».
⁷² Тора, Берешит, 5:2. «Мужчиной и женщиной сотворил Он их и благословил их, и нарек им имя Адам, человек, в день сотворения их».

ему некому отдавать, и поэтому он не получает светов. А здесь этот недостаток вызван отсутствием зивуга во время изгнания, и есть недостаток также и в Зеир Анпине, так как благословение пребывает только при зивуге Зеир Анпина и Нуквы.

67) И это, как сказано: «Праведник пропал»[73]. Не говорится «потерян» или «потерялся», а «пропал», – имеется в виду, что утратил благословения, потому что благословения пребывают лишь там, где захар и некева находятся вместе.

68) Поэтому когда захар не находится с ней, все исходящие от нее души отличаются от того состояния, в каком они были, когда солнце, Зеир Анпин, соединялось с луной, Нуквой. И так же как ЗОН изменились во время изгнания по сравнению с тем, какими были, так и потомки их, т.е. души, отличаются от того, какими были. И об этом сказано: «Вот потомство Яакова – Йосеф…»[74], что означает, как мы уже изучали[75], – после того как поселился Йосеф в Яакове, и солнце соединилось с луной. Поэтому возрос тогда уровень душ, и в изгнании они меняются.

69) «И он, отрок» – потому что их соединение никогда не прерывается: праведник, т.е. Есод, и праведность, т.е. Нуква, – они вместе.

Объяснение. Двенадцать колен – это части Шхины. Восемь из них, сыновья Леи и Рахели, – это лик (паним) Шхины; а четверо, сыновья рабынь, – обратная сторона (ахораим) Шхины. И слова: «И он, будучи отроком, с сыновьями Билги и с сыновьями Зилпы, жен отца его» дают нам понять, что Йосеф был соединен со Шхиной и исправлял также ее обратную сторону. И раскрывается смысл сказанного: «Потому что их соединение никогда не прерывается: праведник и праведность – они вместе» – так как зивуг Зеир Анпина и Нуквы был тогда в свойстве Абы ве-Имы, зивуг которых не прерывается никогда. И потому Есод и Малхут находятся вместе во всех частях Нуквы, и даже в обратной ее стороне.

---

[73] Пророки, Йешаяу, 57:1. «Праведник пропал, и нет человека, принимающего это к сердцу, и мужи благочестия погибают, и никто не понимает, что из-за зла вознесен праведник».

[74] Тора, Берешит, 37:2. «Вот потомство Яакова – Йосеф, семнадцати лет, пас с братьями своими мелкий скот, и он, будучи отроком, с сыновьями Билги и с сыновьями Зилпы, жен отца его. И доносил Йосеф дурную молву о них отцу их».

[75] См. выше, п. 21.

Так же как нуква зовется именем захара: он «мудрец (хахам)», а она «мудрость (хохма)», он «сильный (гибор)», а она «сила (гвура)», он «царь (мелех)», а она «царство (малхут)», – так же и захар зовется именем нуквы, как сказано: «И он, отрок (на́ар)», потому что нуква зовется отроковицей (наара́), а Есод, по ее имени, «отрок (на́ар)».

70) «"С сыновьями Билги и с сыновьями Зилпы", со всеми ними» – со всеми двенадцатью коленами и даже с сыновьями служанок, т.е. обратной стороной Шхины, «он находится для того, чтобы обновлять их как полагается и наполнять их своей радостью». «И все ветви и листья Шхины – все они благословляются его радостью». Иначе говоря, даже части обратной стороны Шхины, называемые листьями, исправляются с ним.

71) «Вот потомство Яакова – Йосеф...» Весь образ Яакова был в Йосефе,[76] и всё, что случилось с Яаковом, случилось с Йосефом. И оба они идут вместе, и это – буква «вав וו». Первая «вав ו» – это Яаков, Тиферет, а наполнение «вав ו», которое слышно с ней при ее произношении, – это Йосеф, Есод. И оба они идут вместе, т.е. обе (буквы) звучат как одна в произношении «вав ו», так как представляют собой одно целое и являются одним образом.

Объяснение. Так же, как Яаков – это средняя линия от хазе и выше, т.е. Тиферет, согласующий между собой Хесед и Гвуру, так же и Йосеф – это средняя линия от хазе и ниже, т.е. Есод, согласующий между собой Нецах и Ход. Поэтому они похожи друг на друга и находятся в одном образе.

72) «И доносил Йосеф дурную молву о них отцу их»[74]. Он сообщал о них своему отцу, что они едят (отсеченные) органы животных, когда те еще живы. «И доводил Йосеф худую славу о них». Но ведь сыновья служанок были в числе двенадцати колен. В таком случае, как же сыновья Леи презирали их?! И как же они ели органы, (отсеченные) от живых животных, преступая заповедь Владыки своего – ведь еще сыновьям Ноаха Он установил эту заповедь, как сказано: «Только плоти, в которой душа ее, – крови ее не ешьте»[77]? Как же может быть, чтобы они ели, преступая заповедь Владыки своего? Но дело

---

[76] См. выше, п. 23.
[77] Тора, Берешит, 9:4. «Только плоти, в которой душа ее, – крови ее не ешьте».

в том, что Йосеф говорил это, выражая собственное мнение, – и потому был наказан.

73) Рабби Йегуда сказал: «"Дурную славу о них" – означает, что они заглядывались на дочерей той земли, и это называется "дурной славой", т.е. собрались получать питание от всех ступеней, не являющихся святостью и исходящим от стороны скверны».

ГЛАВА ВАЕШЕВ

А Исраэль любил Йосефа

74) «А Исраэль любил Йосефа больше всех сыновей своих, потому что он сын его старости, и сделал ему одежду разноцветную»[78]. Заговорил рабби Эльазар, провозгласив: «"Ступай, народ мой, войди в покои свои и запри двери свои за собою, спрячься лишь на мгновение, пока не пройдет гнев"[79] – насколько же Творец любил Исраэль, и из-за любви, испытываемой к ним, по сравнению со всеми народами-идолопоклонниками, Он предупреждал и желал уберечь их во всем, что они делали».

75) Трижды в день воцаряется суд в мире, и когда приходит это время, человек должен остерегаться и беречься, чтобы этот суд не причинил ему вреда. И происходит это в известные времена.

76) Поскольку с наступлением утра, пробуждается Авраам в мире и берется за суд, чтобы связать его с собою. А в начале трех первых часов суд сдвигается со своего места, чтобы пробудиться в Яакове, – пока не настает время послеполуденной молитвы (минха), и суд возвращается на свое место. И пробуждается нижний суд, чтобы связаться с высшим судом, так как в это время суд связывается с судом и следует остерегаться.

Пояснение сказанного. Днем называется Зеир Анпин. «Трижды в день» – это три линии в Зеир Анпине, «воцаряется суд в мире» – и в каждой из них есть особый суд. И эти три свойства суда в трех линиях Зеир Анпина происходят от трех посевов холам-шурук-хирик,[80] являющихся корнями трех линий в Зеир Анпине:

1. Во время подъема Малхут в Бину выпадают из Бины буквы ЭЛЕ (אלה) имени Элоким (אלהים), и она остается с буквами МИ (מי) имени Элоким, т.е. свойством ВАК, которому недостает ГАР. И она является свойством суда в точке холам правой линии Зеир Анпина, называемой Авраам.

---

[78] Тора, Берешит, 37:3. «А Исраэль любил Йосефа больше всех сыновей своих, потому что он сын его старости, и сделал ему одежду разноцветную».

[79] Пророки, Йешаяу, 26:20. «Ступай, народ мой, войди в покои свои и запри двери свои за собою, спрячься лишь на мгновение, пока не пройдет гнев».

[80] См. Зоар, главу Берешит, часть 12, п. 9. «Высшая точка, Арих Анпин, посеяла внутри чертога ИШСУТ три точки: холам, шурук, хирик...»

2. Во время гадлута Малхут выходит из Бины, и три буквы ЭЛЕ (אלה) возвращаются в Бину, и она возвращается в рош Арих Анпина и обретает ГАР в качестве Хохмы без хасадим, и тогда даже Хохма не светит, и она перекрывается. И это – свойство суда в точке шурук левой линии Зеир Анпина, называемой Ицхак, и он называется высшим судом.

3. Подъем туда ЗОН в качестве экрана де-хирик, согласующего две линии между собой. И этот экран является свойством ВАК, корень которого исходит от манулы. А затем он устанавливается в свойстве мифтеха[81] и становится как экран в точке холам. И это – свойство суда в точке хирик и в средней линии Зеир Анпина, называемой Яаков, и он называется нижним судом.

И сказано: «Поскольку с наступлением утра, пробуждается Авраам в мире» – потому что с наступлением утра властвует правая линия Зеир Анпина, называемая Авраам, «и берется за суд» – и удерживается в суде точки холам, т.е. в экране ВАК без рош, из-за включения Малхут в Бину, «чтобы связать его с собою» – ибо вследствие раскрытия этого суда точки холам уходят все мохин ЗОН.[82]

«А в начале трех первых часов» – когда наступает время зивуга, и Яаков, средняя линия, поднимается и согласовывает между собой две линии, Авраама и Ицхака, с помощью экрана хирик в нем, «суд сдвигается со своего места, чтобы пробудиться в Яакове» – поскольку после того как две линии, правая и левая, включились друг в друга, суд опускается из точки холам, Авраама, так как он снова достиг свойства ГАР вследствие своего включения в левую линию. А суд, который был в нем, опускается и входит в Яакова, среднюю линию, в экран хирик в нем, являющийся свойством ВАК.

«Пока не настает время послеполуденной молитвы» – это время власти Ицхака, левой линии, «и суд возвращается на свое место» – т.е. во время утреннего зивуга суд Ицхака,

---

[81] См. Зоар, главу Лех леха, п. 22, со слов: «И поэтому не может здесь средняя линия согласовать и объединить две линии прежде, чем экран де-хирик сможет уменьшить левую линию до ВАК Хохмы…»

[82] См. Зоар, главу Берешит, часть 1, п. 3, со слов: «В свойстве суда, т.е. в свойстве Малхут мира АК, прежде чем она подсластилась в Бине, в свойстве милосердия, мир не мог существовать…»

вызвавший скрытие в точке шурук, отменяется благодаря согласованию Яакова силой экрана де-хирик, а теперь, когда вернулась власть Ицхака и он не включен в Авраама, возвращается также и суд в точке шурук на свое место. И это означает сказанное: «И суд возвращается на свое место» – т.е. света в нем снова перекрываются из-за недостатка хасадим.

«И пробуждается нижний суд, чтобы связаться с высшим судом» – так как нижний суд, свойство ВАК без рош, имеющееся в экране де-хирик средней линии, отменяется теперь из-за соединения с высшим судом, действующим в точке шурук. И ГАР возвращается также и в среднюю линию из-за власти левой линии, и поэтому ее согласование отменяется, и в мире царит суд вследствие перекрытия светов. «И следует остерегаться» – поэтому нужно быть осторожным в такое время.

77) А кроме того, когда пробуждается суд в мире и смерть гуляет по городу, человек не должен выходить на рыночную площадь один, а должен запереться и не показываться наружу, как мы уже выяснили в случае с Ноахом,[83] который заперся в ковчеге, чтобы не попадаться на глаза губителю.

Объяснение. В трех первых судах, действующих в трех линиях Зеир Анпина, необходимо остерегаться лишь того, чтобы не притянуть свечение левой линии сверху вниз, и если он осторожен в этом, уже тем самым он спасен от них. Однако в четвертом суде, когда смерть находится в городе, и это суд Нуквы, пробуждающийся в свойстве «если не удостоился человек – то становится злом» и относящийся к судам экрана первого сокращения,[84] от которого исходит смерть, – здесь бесполезны осторожность и предохранение.

Ибо после того как этот суд раскрывается, он уже властвует также и над притягивающими снизу вверх, и нет у человека иного средства, кроме как запереться и не показываться на глаза губителю. Это значит, чтобы не касался никаких мохин, но только в свойстве ВАК, т.е. света хасадим, с которым у ситры ахра нет никакой связи. И получается, что он не показывается губителю, так как у того нет связи с ним. Это подобно тому, как человек прячется, запираясь в своей комнате, чтобы его

---

[83] См. Зоар, главу Ноах, п. 79-81.
[84] См выше, п. 61, со слов: «Пояснение сказанного...»

не увидели. И это означают слова: «А должен запереться и не показываться наружу, как мы уже выяснили в случае с Ноахом» – поскольку Ноах тоже скрыл себя в свойстве ВАК, поднимающемся снизу вверх, т.е. в свете хасадим, который там имеется, и так спасся, потому что у ситры ахра нет никакой связи со светом хасадим.

78) И об этом сказано: «Ступай, народ мой, войди в покои свои»[79] – закройся в своей комнате, «и запри двери свои за собою»[79] – чтобы не попадаться на глаза губителю, т.е. притягивать только свет ВАК де-хасадим, с которым у губителя нет связи. «Спрячься лишь на мгновение, пока не пройдет гнев»[79] – а после того как проходит суд, у губителя больше нет права вредить ему.

79) Из-за любви, которою Творец возлюбил Исраэль, приблизил Он их к Себе. Это привело к тому, что все прочие народы-идолопоклонники ненавидят Исраэль, так как они отдаляются от Творца, а Исраэль – близки.

80) Из-за любви, которою Яаков любил Йосефа более, чем братьев его, несмотря на то, что они были братьями, что сказано? «И замыслили убить его»[85]. И тем более, народы-идолопоклонники по отношению к Исраэлю. Они тоже ненавидят Исраэль из-за любви, которой Творец возлюбил Исраэль более всех народов-идолопоклонников.

Объяснение. Любовь, которою Яаков любил Йосефа более всех братьев его, вызвала раскрытие четвертого суда, приводящего к смерти. И приводится подтверждение из Писания: «И замыслили убить его» – т.е. любая предосторожность и защита напрасны.

81) Эта любовь, которою он любил его более всех братьев, привела к тому, что Йосефу пришлось находиться в изгнании от отца. И отец ушел в изгнание с ним, и это принесло изгнание коленам и привело к тому, что Шхина (тоже) находилась в изгнании среди них. И хотя приговор был вынесен уже во время заключения союза между частями[86], все равно причиной

---

[85] Тора, Берешит, 37:18. «И увидали они его издали, прежде чем он приблизился к ним, и замыслили убить его».

[86] Тора, Берешит, 15:13. «И сказал Он Авраму: "Знай, что пришельцами будет потомство твое на земле чужой, и служить будут им, а те будут угнетать их четыреста лет"».

того (изгнания) была любовь, которою он любил его более всех братьев. И из-за разноцветной рубашки, которую сделал он ему[87], любя более, чем братьев его, было вызвано всё вышеупомянутое, как сказано: «И увидели братья его, что отец их любит его более всех братьев его, и возненавидели его и не могли говорить с ним дружелюбно»[88].

---

[87] Тора, Берешит, 37:3. «А Исраэль любил Йосефа больше всех сыновей своих, потому что он сын его старости, и сделал ему одежду разноцветную».
[88] Тора, Берешит, 37:4. «И увидели братья его, что отец их любит его более всех братьев его, и возненавидели его, и не могли говорить с ним дружелюбно».

ГЛАВА ВАЕШЕВ

И приснился Йосефу сон

82) «И приснился Йосефу сон»[89]. Заговорил рабби Хия, провозгласив: «И сказал Он: "Слушайте слова Мои. Если и есть между вами пророк Творца, в видении Я открываюсь ему, во сне говорю с ним"»[90]. «Смотрите, сколько ступеней создал Творец, и все они встают, одна за другой, ступень за ступенью, одна выше другой, и все они питаются, одни от других, как и подобает им, одни – справа, другие – слева; и все они поставлены одни над другими, – всё, как и должно быть».

83) Все пророки мира питались от одного свойства, от двух известных ступеней – Нецах и Ход. И эти ступени были видны в зеркале, которое не светит, в Нукве, как сказано: «В видении Я открываюсь ему». Что такое «видение»? Это как мы изучали, когда все цвета видны в нем, т.е. три цвета белый-красный-зеленый, три линии Зеир Анпина, – это и есть зеркало, которое не светит.

«Во сне говорю с ним» – это одна шестидесятая часть пророчества, как мы уже выяснили,[91] и это шестая ступень, нисходящая от ступени пророчества – ступень Гавриэль, управляющая сном.[92]

84) Любое сновидение, приходящее как должно, исходит от этой ступени, т.е. от ангела Гавриэля. И поскольку исходит от ангела, не бывает сновидения, к которому не примешались бы вещи обманчивые. Поэтому часть этих вещей – истинна, а часть – обманчива. И не бывает сна, который не содержал бы в себе и от одной, и от другой стороны.

85) И поскольку во сне есть всё, как правда, так и ложь, все сны в мире сбываются согласно тому, как они истолкованы устами. Как сказано: «И вот, как он нам истолковал, так и

---

[89] Тора, Берешит, 37:5,6. «И приснился Йосефу сон, и рассказал он братьям своим, и они еще более возненавидели его. И сказал он им: "Выслушайте сон этот, который мне приснился"».
[90] Тора, Бемидбар, 12:6. «И сказал Он: "Слушайте слова Мои. Если и есть между вами пророк Творца, в видении Я открываюсь ему, во сне говорю с ним"».
[91] См. Зоар, главу Ваеце, п. 70.
[92] См. Зоар, главу Ваеце, п. 45.

сбылось»⁹³ – то есть исполнилось согласно истолкованию. И это потому, что сон содержит в себе и правду, и ложь, поэтому слово истолкования господствует надо всем, так как склоняет его или в сторону правды, или в сторону лжи, которые в нем. Таким образом, сновидение требует хорошего истолкования.

И поскольку любой сон исходит от более низкой ступени, от ангела Гавриэля, поэтому речение, Нуква, властвует над ним, над этим ангелом, и любой сон воплощается согласно толкованию – т.е. речению, исходящему от Нуквы, которая называется речью, властвующей над ангелом Гавриэлем.

86) Когда человек поднимается на свое ложе, он должен сначала установить над собой власть небесного правления, а затем произнести одну из молитв о милосердии. Ведь когда человек погружен в сон на своем ложе, душа покидает его и отправляется странствовать наверх, причем каждая поднимается своим путем.

87) Когда люди ложатся на постель и засыпают, и душа выходит из человека, как сказано: «Во время дремоты на ложе, тогда открывает Он уху людей и запечатлеет Свои назидания»⁹⁴, тогда Творец сообщает душе посредством той ступени, которая управляет сном, т.е. ступени Гавриэля, о тех вещах, которые в будущем произойдут в мире, или же о том, что сбудется из помыслов сердца, и правда ли это, или обман, или и то и другое вместе, для того чтобы человек получил напутствие от происходящего в мире – т.е. для этого открывают ему то, что должно произойти в мире.

88) И не извещают человека, пока он еще находится под влиянием тела, но ангел сообщает душе, а душа – человеку, так как сон приходит к душам свыше, когда души выходят из тел, и каждая поднимается согласно своему уровню.

89) Сколько же ступеней имеется в сновидении. И все они включают мудрость. Сон – одна ступень. Виде́ние – еще одна ступень. Пророчества – еще одна ступень. И все это – ступени за ступенями, одна над другой. Поскольку ступень сна

---

93 Тора, Берешит, 41:13. «И вот, как он нам истолковал, так и сбылось: меня возвратили на должность мою, а его повесили».
94 Писания, Иов 33:15-16. «В сновиденье ночном, когда сон падет на людей, во время дремоты на ложе, тогда открывает Он уху людей и запечатлеет Свои назидания».

находится ниже ступени видения, а ступень видения – ниже ступени пророчества.[95]

90) «И приснился Йосефу сон, и рассказал он братьям своим, и они еще более возненавидели его»[89] – отсюда следует, что человек может рассказывать о своем сне только тому, кто любит его, а если не любит его, то причинит ему зло. И если сон становится чем-то другим – это тот (человек) своим истолкованием привел к тому, что ушло истинное напутствие этого сновидения.

91) Йосеф поведал о своем сне братьям, которые не любили его. И потому привели к тому, что отдалилось воплощение сна его, задержавшись на двадцать два года. Откуда нам известно, что ненависть стала причиной отдаления этого сновидения? Из сказанного: «И они еще более возненавидели его»[89]. Что значит: «Еще более возненавидели его»? То есть своими обвинениями привели к тому, что сон не сбывался двадцать два года.

92) «И сказал он им: "Выслушайте сон этот, который мне приснился"»[89] – т.е. просил, чтобы они выслушали его, и поведал о своем сне. Если бы не они, обратившие сон в нечто иное, сон бы исполнился. Но они ответили ему, сказав: «Неужели ты царствовать будешь над нами или править будешь нами?»[96] Тотчас истолковали его сон, выведя его из значения «царства» и «правления» и перенеся его на нечто другое, и решили тем самым, что он не будет господствовать над ними. «И еще более возненавидели его»[96] – т.е. начали обвинять его.

93) Мы изучали, что сон, который не сбывается, похож на послание, которое не прочитано. Что это значит: сон воплощается, но человек не знает об этом, или не воплощается вовсе? Это значит, что воплощается, но сам человек не знает об этом, ведь над сном пребывает высшая сила и он обязан исполниться. Но ему самому об этом неизвестно, и он не знает, сбылся его сон или нет. И это подобно непрочитанному посланию.

94) Нет в мире вещи, которая не зависела бы от сновидения или же от провозглашения о ней еще до прихода в мир.

---

[95] См. Зоар, главу Ваеце, п. 45 и п. 50.
[96] Тора, Берешит, 37:8. «И сказали ему братья: "Неужели ты царствовать будешь над нами или править будешь нами?" И еще более возненавидели его за сны его и за речи его».

Поскольку о любой вещи, еще до ее появления в мире, провозглашают с небес, и оттуда она нисходит в мир. И передается она с провозглашением, и все это потому, что сказано: «Ведь Творец Всесильный не делает ничего, не открыв Своей тайны рабам Своим, пророкам»[97] – т.е. в то время, когда есть пророки в мире. А если и не открылось пророчество, ведь мудрецы важнее пророков. И если нет мудрецов, то передается это в сновидении. Если же не передается в сновидении, то находится у птиц небесных.

---

[97] Пророки, Амос, 3:7. «Ведь Творец Всесильный не делает ничего, не открыв Своей тайны рабам Своим, пророкам».

ГЛАВА ВАЕШЕВ

И пошли братья его пасти

95) «И пошли братья его пасти мелкий скот своего отца в Шхем»[98]. Сказал рабби Шимон: «"Пасти мелкий скот (эт цон את צאן) своего отца" – почему здесь используется предлог «эт»? Слово "эт את" огласовано сверху, чтобы включить вместе с ними Шхину, потому что Шхина, называемая эт, пребывала с ними. Поскольку их было десять, а везде, где есть десять, пребывает в них Шхина. Ведь Йосефа с ними не было, а маленький Биньямин был дома, и потому слово «эт את» огласовано сверху».

96) «И поэтому в час, когда продавали Йосефа, все они присоединились к Шхине и сделали ее своей соучастницей, когда давали клятву и зарок, что ничего не откроют о продаже Йосефа. И потому, пока не раскрылась продажа Йосефа, не пребывала Шхина над Яаковом».

97) «Можно возразить, что Шхина не пребывала с этими коленами. Но ведь сказано: "Туда восходили колена, колена Творца"[99] – т.е. все они были праведны и благочестивы, и были основой существования всех жителей мира. И весь мир жил благодаря их заслугам жизнью высшей и нижней, т.е. высших миров и нижнего мира».

---

[98] Тора, Берешит, 37:12. «И пошли его братья пасти мелкий скот своего отца в Шхем».
[99] Писания, Псалмы, 122:4. «Туда восходили колена, колена Творца, – свидетельство Исраэлю, чтобы благодарить имя Творца».

Отстроенный Йерушалаим

98) Заговорил (рабби Шимон), провозгласив: «"Возрадовался я, когда сказали мне: "В дом Творца пойдем"[100]. Давид всем своим сердцем желал построить Храм, как сказано: "И было на сердце Давида, отца моего, построить Храм во имя Творца"[101]. А затем сказано: "Однако ты не построишь Храм"[102]. И весь Исраэль знали это и говорили: "Когда умрет Давид и встанет Шломо, сын его, и построит Храм? И тогда стояли бы наши ноги во вратах твоих, Йерушалаим[103], ибо тогда бы мы взошли и принесли жертвы"».

99) «И хотя говорили: "Когда умрет этот старик?!", возрадовался я[100] при этом, и ликование охватило меня за сына моего, – ведь говорили они, что сын мой встанет вместо меня, чтобы завершить эту заповедь и построить Храм». Тогда начал (Давид) восславлять ее, Шхину, и сказал: «Отстроенный Йерушалаим подобен городу, соединенному воедино»[104].

100) Создал Творец нижний Йерушалаим, Нукву, подобно высшему Йерушалаиму, Бине. И один исправляется в соответствии с другим. Нуква исправляется всеми исправлениями, что в Бине, как сказано: «На месте, которое жилищем Ты сделал Себе, Творец»[105]. «Отстроенный»[104] – означает, что в будущем Творец опустит Йерушалаим свыше, отстроенный как подобает.

«Соединенному воедино»[104]. Следовало написать: «Который соединили воедино», во множественном числе. Однако мать (има), Бина, соединилась с дочерью своей, Нуквой, и они стали как одно целое. И потому сказано: «Соединенному», в единственном числе.

---

[100] Писания, Псалмы, 122:1. «Песнь ступеней Давидова. Возрадовался я, когда сказали мне: "В дом Творца пойдем"».

[101] Пророки, Мелахим, 1, 8:17. «И было на сердце Давида, отца моего, построить Храм во имя Творца Всесильного исраилева».

[102] Пророки, Мелахим 1, 8:19. «Однако не ты построишь этот Храм, а сын твой, вышедший из чресл твоих, он построит Храм имени Моему».

[103] Писания, Псалмы, 122:2. «Стоят наши ноги во вратах твоих, Йерушалаим».

[104] Писания, Псалмы, 122:3. «Отстроенный Йерушалаим подобен городу, соединенному воедино».

[105] Тора, Шмот, 15:17. «Введешь их и расселишь в горах удела твоего, на месте, которое жилищем ты сделал себе, Творец, в святилище, Владыка, что устроили руки твои».

101) «Туда восходили колена»[99] – это существование мира и исправление нижнего мира. И исправление не только нижнего мира, но даже высшего мира, как сказано: «Колена Творца, свидетельство Исраэлю»[99]. «Исраэлю» потому, что они – существование мира внизу, и они – свидетельство наверху, в высшем мире. И всё это для того, «чтобы благодарить имя Творца»[99] – т.е. благодарить имя Творца во всех этих свойствах.

ГЛАВА ВАЕШЕВ

И нашел его человек

102) «И нашел его человек, и вот, он блуждает в поле. И спросил его человек, говоря: "Чего ты ищешь?"»[106] А до этого сказано: «И сказал Исраэль Йосефу: "Ведь братья твои пасут в Шхеме – пойди же, я пошлю тебя к ним"»[107]. Но ведь Яаков, который достиг совершенства и любил Йосефа больше всех своих сыновей, знал, что все братья ненавидят его – почему же он отправил его к ним? Но он их и не подозревал, зная, что все они – праведники. А Творец устроил всё это, чтобы выполнить то, что предопределил Аврааму в союзе между рассеченными частями[108].

103) Написано в книгах основоположников, что сыновья Яакова должны были править над Йосефом прежде, чем он сошел в Египет. А если бы он сошел в Египет, а они не властвовали бы над ним вначале, то египтяне смогли бы вечно властвовать над Исраэлем, и те не смогли бы они выйти оттуда. Потому это и свершилось с Йосефом, что он был продан в рабство своими братьями, а они властвовали над ним до его продажи в рабство. Поэтому, хотя Йосеф и стал потом царем, когда египтяне возвели его на престол, получилось, что Исраэль уже властвовали над всеми. Ведь поскольку они уже властвовали над их царем, Йосефом, до его продажи в рабство, то тем более властвовали при этом и над самими египтянами. И благодаря этому ослабла сила египтян, и (Исраэль) смогли освободиться от них.

104) Йосеф представлял высший союз, Есод Зеир Анпина. И всё время, пока союз, т.е. Йосеф, существовал, – Шхина пребывала в Исраэле с миром, как подобает. А когда ушел Йосеф, высший союз, из мира, будучи проданным в рабство, тогда союз и Шхина, и Исраэль – все вышли в изгнание. Сказано также: «И встал новый царь над Египтом, который не знал Йосефа»[109]

---

[106] Тора, Берешит, 37:15. «И нашел его человек, и вот, он блуждает в поле. И спросил его человек, говоря: "Чего ты ищешь?"»

[107] Тора, Берешит, 37:13. «И сказал Исраэль Йосефу: "Ведь братья твои пасут в Шхеме; пойди же, я пошлю тебя к ним". И он сказал ему: "Вот я!"»

[108] Тора, Берешит, 15:18. «В тот день заключил Творец с Аврамом союз, сказав: "Потомству твоему отдал Я эту землю, от реки египетской до реки великой, реки Прат"».

[109] Тора, Шемот, 1:8. «И встал новый царь над Египтом, который не знал Йосефа».

– это указывает, что исчезло его превосходство и он ушел в изгнание. И всё это было от Творца, как и должно было быть.

105) «И нашел его человек»[106] – это Гавриэль. «И вот, он блуждает в поле»[106] – во всем он заблуждался, и конечно же, в братьях своих. И искал у них братской любви, но не нашел. И их самих искал, но не нашел. И потому: «Спросил его тот человек, говоря: "Чего ты ищешь?"»[106]

Братьев моих ищу я

106) «И сказал: "Братьев моих ищу я". И сказал человек: "Ушли они отсюда"»[110]. Сказал рабби Йегуда: «"Если бы ты был брат мне, вскормленный грудью матери моей, встречала бы я тебя снаружи, целовала бы тебя, и никто не срамил бы меня"[111]». «Кнессет Исраэль» – Нуква, «сказала это царю, несущему мир» – Зеир Анпину, «"Если бы ты был брат мне" – как Йосеф своим братьям, когда сказал: "А теперь не бойтесь, я буду кормить вас и детей ваших"[112], и давал им пропитание и кормил их в дни голода. И потому Кнессет Исраэль сказала» – Зеир Анпину, «"Если бы ты был брат мне"[111]» – т.е. как Йосеф по отношению к своим братьям.

107) «И слова: "Если бы ты был брат мне"[111] – это сказал Йосеф» – т.е. Есод, «Шхине, когда соединился с ней и слился с ней, "вскормленный грудью матери моей"[111] – ибо тогда» – когда она получает мохин Имы, «братская любовь и совершенство есть меж ними, "встречала бы я тебя снаружи"[111] – в изгнании, на земле чужой, "целовала бы тебя"[111] – чтобы духом своим слиться с его духом, "и никто не срамил бы меня"[111] – хотя я и на чужой земле».

108) «Йосеф, несмотря на то, что братья его не были ему братьями, когда он попал к ним в руки, – он был им братом, когда они попали в его руки, как сказано: "И он утешал их, и говорил по сердцу их"[112] – со всех сторон уговаривал сердце их», пока не поверили ему.

---

[110] Тора, Берешит, 37:16-17. «И сказал: "Братьев моих ищу я. Скажи мне, где они пасут?" И сказал человек: "Ушли они отсюда, ибо я слышал, как они говорили: "Пойдемте в Дотан". И пошел Йосеф за братьями своими, и нашел их в Дотане».

[111] Писания, Песнь песней, 8:1. «Если бы ты был брат мне, вскормленный грудью матери моей, встречала бы я тебя снаружи, целовала бы тебя, и никто не срамил бы меня».

[112] Тора, Берешит, 50:21. «А теперь не бойтесь, я буду кормить вас и детей ваших. И он утешал их, и говорил по сердцу их».

Гнев бывает разный

109) «И сказали братья друг другу»[113] – это Шимон и Леви, которые были братьями во всем, так как произошли от стороны сурового суда. И потому гнев их – это гнев убийства в мире, как сказано: «Проклят гнев их, который силен, и ярость их, которая жестока!»[114]

110) Гнев бывает разный. Есть гнев, благословляемый сверху и снизу. И называется благословенным, как сказано: «Благословен Аврам для Творца Всевышнего, владыки неба и земли»[115]. Ибо хотя Авраам вышел на войну и убил людей, все равно сказано о нем в связи с этим действием: «Благословен Аврам»[115], так как тем самым он освятил имя небес. А есть гнев, проклинаемый сверху и снизу, как мы изучали. И называется проклятым, как сказано: «Проклят ты более всякого скота и всякого зверя полевого!»[116], «Проклят гнев их, который силен!»[114]

111) В этой связи есть две горы, как сказано: «Дашь благословение на горе Гризим, а проклятие – на горе Эйваль»[117], которые соответствуют этим двум ступеням – благословенный и проклятый. И потому эти две горы тоже так называются: одна – благословенная, а другая – проклятая. Шимон и Леви относятся к стороне сурового суда, а со стороны сурового и сильного суда исходит гнев, который был проклят, и он называется проклятым.

112) Со стороны сурового суда исходит гнев на две стороны: одна благословилась, а другая была проклята, одна – благословенная, а другая – проклятая. И подобно этому, со стороны

---

[113] Тора, Берешит, 37:19. «И сказали братья друг другу: "Вот сновидец тот пришел"».

[114] Тора, Берешит, 49:5-7. «Шимон и Леви – братья, орудия грабежа свойственны им. не вступи в сговор с ними, душа моя, и к обществу их не присоединяйся, честь моя! Ибо в гневе своем убили людей и по прихоти своей истребили волов. Проклят гнев их, который силен, и ярость их, которая жестока! Разъединил бы я их в Яакове, и рассеял бы их в Исраэле».

[115] Тора, Берешит, 14:19. «И благословил его, говоря: "Благословен Аврам для Творца Всевышнего, владыки неба и земли"».

[116] Тора, Берешит, 3:14. «И сказал Творец Всесильный змею: "За то, что ты сделал это, проклят ты более всякого скота и всякого зверя полевого! На чреве своем ползать будешь и прах будешь есть все дни жизни твоей"».

[117] Тора, Дварим, 11:29. «И вот, когда приведет тебя Творец Всесильный твой в землю, на которую ты вступишь, чтобы овладеть ею, то дашь благословение на горе Гризим, а проклятие – на горе Эйваль».

Ицхака произошли два сына: один благословляемый, а другой – проклинаемый наверху и внизу. Один удалился в свою сторону, а другой – в свою. У одного жилище – на святой земле, а у другого – на горе Сэир. Как сказано: «(Стал Эсав) человеком, сведущим в охоте, человеком поля»[118], и это место его – в месте пустыни, разрушения и запустения. А о другом сказано: «(А Яаков – человеком непорочным,) живущим в шатрах»[118].

113) И поэтому это две ступени – «благословенный» и «проклятый». Одна относится к своей стороне, и другая относится к своей стороне. От одной исходят все благословения в мире, наверху и внизу, и всё благо, и всё свечение, и всё избавление, и всё спасение. А от другой исходят все проклятия, и всё разрушение, и вся кровь, и всё запустение, и всё зло, и вся скверна в мире.

114) Заговорил рабби Шимон, провозгласив: «"Омою в чистоте руки свои и обойду Твой жертвенник, Творец"[119]. Мы уже выясняли это высказывание, однако здесь его смысл в том, что нет в мире человека, который не отведал бы ночью вкус смерти, и дух скверны пребывает над таким телом. Потому что, когда святая душа оставляет человека и выходит из него, дух скверны воцаряется над этим телом, и оно оскверняется».

115) «А когда душа возвращается к телу, уходит нечистота. Но, как мы знаем, на руках человека остается нечистота скверны. И потому не может он провести руками по глазам своим, поскольку дух скверны царит над ними, пока не вымоет их. И когда омоет как следует руки свои, тогда освящается и называется святым».

116) «И как нужно освящаться омовением рук? Нужно, чтобы один сосуд был снизу и один сосуд сверху, дабы (человеку) освятиться от того сосуда, что наверху. Сосуд, который внизу, находится в нечистоте, и в нем скверна, – и это сосуд для получения скверны, т.е. воды омовения. А тот, что наверху, другой сосуд, чтобы освящаться от него, и из него льют воду на руки. Тот, что наверху, – благословен; а тот, что внизу, – проклят. И эту воду скверны не следует выливать дома, чтобы

---

[118] Тора, Берешит, 25:27. «И выросли отроки, и стал Эсав человеком, сведущим в охоте, человеком поля; а Яаков – человеком непорочным, живущим в шатрах».
[119] Писания, Псалмы, 26:6. «Омою в чистоте руки свои и обойду Твой жертвенник, Творец».

не приблизился к ней человек, потому что в ней собираются духи-вредители, и человек может получить вред от этой нечистой воды».

117) «И пока человек не устранит нечистоту от рук своих, не может благословлять. И потому человек, прежде чем освятит свои руки утром, называется нечистым. А после того как освятил руки свои, называется чистым. И потому должен омывать руки только от руки того, кто очистился раньше, как сказано: "И окропит чистый человек нечистого"[120]. Тот, кто уже омыл руки, называется чистым. А тот, кто еще не омыл рук, называется нечистым».

118) «И потому один сосуд – сверху, а другой – снизу, один – святой, а другой – нечистый. И ничего нельзя делать с этой водой, и выливать ее нужно в таком месте, где люди не пройдут по ней. И нельзя на ночь оставлять ее в доме. Ведь когда она проливается на землю – дух скверны находится там и может причинить вред. А если вырыл для нее углубление в земле, чтобы она не была видна, то это хорошо».

119) «И да не отдаст ее колдуньям, которые могут ею причинить вред людям, поскольку это вода, наводящая проклятие. А Творец пожелал очистить Исраэль, чтобы были святы, как сказано: "И ополосну вас водою чистою"[121]».

Пояснение сказанного. Есть два вида суда:
1. Создавшийся вследствие подъема Малхут в Бину, когда выпадают из Бины буквы ЭЛЕ (אלה) имени Элоким (אלהים), и остается она из-за этого в свойстве ВАК без рош.
2. Это суды, исходящие от левой линии все то время, пока она не включилась в правую. И это суды точки шурук.[122]

И сказано[123]: «Есть гнев, благословляемый сверху и снизу». Гнев – это суд, т.е. суды первого вида, приходящие вследствие

---

[120] Тора, Бемидбар, 19:19. «И окропит чистый человек нечистого на третий день и на седьмой день, и очистит его на седьмой день, и тот прополощет одежды свои и омоется в воде, и станет чист к вечеру».
[121] Пророки, Йехезкель, 36:25. «И ополосну вас водою чистою, и очиститесь вы от всей скверны вашей; и от всех идолов ваших очищу вас».
[122] См. выше, п. 76, со слов: «И эти три свойства суда в трех линиях Зеир Анпина происходят...»
[123] См. выше, п. 110.

подъема Малхут в Бину. И эти суды благословляются наверху, в Бине, и внизу, в ЗОН, – ведь если бы не эти суды, не было бы мохин у ЗОН и у нижних.[124]

«И называется благословенным» – так как он является источником всех благословений в мире, т.е. мохин и всевозможных свечений в самой Бине. Однако когда эти суды притягиваются к ЗОН, то называются не «благословенный», а «благословляемый». И сказано: «Благословен Аврам для Творца Всевышнего, владыки неба и земли»[115] – так как две линии, правая и левая, исходят от Бины, и потому они называются «благословен» у Авраама, являющегося правой линией. И этими судами он поразил царей.[125]

«А есть гнев, проклинаемый сверху и снизу» – и это суды второго вида, исходящие от власти левой линии, не включенной в правую. И она была проклята смертью, тянущейся от первородного змея, как сказано: «А если не удостоился человек, то становится злом»[126]. Ибо если не удостаивается, т.е. притягивает от левой линии сверху вниз, что и было грехом Древа познания, тогда раскрывается точка манула, т.е. Малхут первого сокращения в экране четвертой стадии, недостойная получать света жизни, и потому человек умирает при раскрытии ее. И это значение сказанного: «В день, когда вкусишь от него»[127] – т.е. когда притянешь свечение левой линии сверху вниз, «смертию умрешь» – потому что раскроется точка Малхут свойства суда, имеющаяся в первом сокращении, и уйдут все света жизни. И этот гнев, т.е. суды свечения левой линии, были прокляты проклятием первородного змея, о котором сказано: «Проклят ты более всякого скота и всякого зверя полевого!»[116] И конец его – смерть.

И об этом свойстве, присущем также Шимону и Леви, сказано: «Проклят гнев их, который силен!»[114] И поэтому есть в их

---

[124] См. Зоар, главу Берешит, часть 1, п. 3, со слов: «В свойстве суда, т.е. в свойстве Малхут мира АК, прежде чем она подсластилась в Бине, в свойстве милосердия, мир не мог существовать…»

[125] Тора, Берешит, 14:1-24.

[126] См. «Предисловие книги Зоар», п. 123, «Малхут – это Древо познания добра и зла, если удостоился человек – стало добром, а если не удостоился – то злом».

[127] Тора, Берешит, 2:17. «А от Древа познания добра и зла – не ешь от него, ибо в день, когда вкусишь от него, смертию умрешь».

гневе уничтожение, т.е. истребление людей Шхема[128], так как это – гнев проклятый, несущий смерть.

И поэтому сказано[129]: «Со стороны сурового суда исходит гнев на две стороны: одна благословилась, а другая была проклята, одна – благословенная, а другая – проклятая». Ицхак – это левая линия Зеир Анпина, и ее власть сама по себе, без правой линии, является суровым судом. От него произошли два сына, и это два вида гнева, о которых говорилось выше. Яаков – это первый вид. Но поскольку он не является свойством Бины, как Авраам, то называется не благословенным, а благословляемым, так как он – средняя линия Зеир Анпина. А Эсав – это второй вид судов, проклинаемый.

И вот ночью, когда человек спит, есть в нем также и суд второго вида, т.е. гнев проклинаемый. Потому что ночь – это власть левой линии, во время которой света уходят, и поэтому уходит душа человека. Однако уход этих светов не является настоящей смертью, как при раскрытии точки Малхут первого сокращения, а считается сном. Но вместе с тем, есть в нем также и часть от смерти вследствие проклятия Древа познания, так как власть левой линии раскрывает эту точку, несущую смерть человеку. И потому есть в ней также одна шестидесятая доля смерти.

И сказано[130]: «Когда святая душа оставляет человека и выходит из него» – т.е. вследствие власти левой линии без правой, «дух скверны воцаряется над этим телом» – т.е. скверна первородного змея; и конец его – смерть.

«А когда душа возвращается к телу – уходит нечистота. Но, как мы знаем, на руках человека остается нечистота скверны»[131]. Объяснение. Руки человека – это келим де-ГАР, т.е. ХАГАТ, которые во время гадлута становятся ХАБАД. И утром, с приходом души, она принимается лишь в ВАК тела, а не в ГАР. И потому считается, что руки еще не очистились от нечистоты, которую получили ночью. «И когда (человек) омоет как следует руки свои» – т.е. притянет ГАР, «тогда освящается и

---

[128] Тора, Берешит, 34:1-34.
[129] См. выше, п. 112.
[130] См. выше, п. 114.
[131] См. выше, п. 115.

называется святым» – потому что мохин де-ГАР исходят от Абы ве-Имы, которые называются святыми. И потому человек тоже называется святым, как сказано: «Вознесите руки ваши в святости и благословите Творца»[132].

«Чистота» – указывает на совершенство келим. Раньше, когда Малхут была включена в Бину, сила сокращения в Малхут была примешана ко всем келим в Бине, и потому она не была достойна ГАР. А затем, когда с помощью совершенного высшего свечения Бина опускает силу этого сокращения на свое место, и буквы ЭЛЕ (אלה) возвращаются к ней, считается, что ее келим очистились от силы сокращения и достойны ГАР.

«Святость» – указывает на мохин, которые она получает от высших Абы ве-Имы, называемых святостью.

И опускание Малхут из Бины на свое место происходит с помощью высшего свечения от АБ-САГ мира АК, в котором не действует второе сокращение, и потому его свечение в любом месте, куда бы оно ни пришло, опускает оттуда силу Малхут и сокращения из Бины на свое место, т.е. в Малхут.[133] И после того как восполнились и очистились келим Бины, наполнение ее совершенно. И везде, куда приходит ее наполнение, оно опускает силу сокращения из келим Бины, которые там находятся, и они становятся свойством ГАР.

И поэтому сказано[134]: «И как нужно освящаться омовением рук? Нужно, чтобы один сосуд был снизу и один сосуд сверху, дабы освятиться от того сосуда, что наверху».

«Верхний сосуд» – это Бина, келим которой уже очистились от силы сокращения Малхут, которая примешалась к ней.

«Вода» – это совершенное наполнение в этой чистой Бине.

«Руки человека» – это келим де-ХАГАТ, которые должны очиститься от силы сокращения и нечистоты змея, полученной ночью во время сна.

---

[132] Писания, Псалмы, 134:2. «Вознесите руки ваши в святости и благословите Творца».
[133] См. «Предисловие книги Зоар», п. 14.
[134] См. выше, п. 116.

«Нижний сосуд» – Малхут, не подслащенная в Бине и пребывающая в плену у клипот миров БЕА.

И благодаря водам от верхнего сосуда, т.е. наполнения от чистых келим Бины, текущим на руки, т.е. на келим де-ХАГАТ, опускается оттуда примешавшаяся к ним сила сокращения Малхут на свое место, т.е. к неподслащенной Малхут, являющейся нижним сосудом. Таким образом, вся сила сокращения и суды спускаются в нижний сосуд, и келим де-ХАГАТ человека, т.е. руки, очищаются теперь от всей силы сокращения и суда, и скверны и получают совершенные мохин де-ГАР, называемые святостью. И келим де-ХАГАТ становятся ХАБАД.

Поэтому сказано: «И один сосуд – для получения скверны, а другой сосуд – чтобы освящаться от него» – так как сила, опускающая Малхут из Бины, исходит от высшего кли, и посредством этого ХАГАТ получают мохин, называемые святостью.

А место опускания Малхут и сил сокращения, и суда, и скверны – это нижнее кли.

И в завершение приводит слова Писания: «И ополосну вас водою чистою»[121] – т.е. совершенным наполнением, идущим от чистых келим, из которых уже опущена сила сокращения, и в каждом месте, куда приходит, оно опускает силу сокращения из келим Бины, которые там, и они очищаются. Как сказано: «И очиститесь вы от всей скверны вашей»[121].

А яма эта пуста, нет в ней воды

120) «И взяли они его и бросили в яму, а яма эта пуста, нет в ней воды»[135]. Заговорил рабби Йегуда, провозгласив: «"Тора Творца совершенна, оживляет душу"[136]. Какие же старания должны прилагать люди в Торе – ведь каждый, кто старательно изучает Тору, обретает жизнь в этом мире и в будущем мире и удостаивается он двух миров. И даже тот, кто прилагает старания в Торе, но еще в недостаточной мере, удостаивается хорошей награды в этом мире, и не судят его в мире истины».

121) «Сказано: "Долгоденствие в правой стороне ее"[137]. "Долгоденствие" – у того, кто трудится в Торе во имя нее (лишма), и есть у него долгоденствие в том мире, в котором есть долгота дней, в мире вечном. И дни, что в нем, это настоящие дни. Иными словами, они хороши и достойны называться своим именем. Имя – это уверенность в высшей святости, то есть в ожидаемой награде, когда человек уверен в Нем в этом мире, трудясь в Торе, чтобы быть счастливым в том мире, вечном. "В левой – богатство и почет"[137] – когда есть у него хорошая награда и спокойствие в этом мире».

122) «И каждый, кто занимается Торой во имя нее (лишма), – в то время, когда он уходит из мира сего, Тора идет перед ним и возвещает перед ним, оберегая его, чтобы не приблизились к нему осуждающие. А когда тело покоится в могиле, охраняет его. И когда душа собирается выйти и вернуться на свое место, она идет впереди души, и множество закрытых ворот рушатся перед Торой, пока не приводит она душу на место ее. И Тора стоит над человеком, когда пробуждается он, чтобы возродиться из мертвых в то время, когда восстанут мертвые мира, и сообщает о заслугах его».

123) «Сказано: "Когда пойдешь, направит она тебя, когда ляжешь, будет охранять тебя, и когда пробудишься, будет

---

[135] Тора, Берешит, 37:24. «И взяли они его и бросили в яму, а яма эта пуста, нет в ней воды».
[136] Писания, Псалмы, 19:8. «Тора Творца совершенна, оживляет душу, свидетельство Творца верно, умудряет простака».
[137] Писания, Притчи, 3:16. «Долгоденствие в правой стороне ее, а в левой – богатство и почет».

беседовать с тобою"¹³⁸. "Когда пойдешь, направит она тебя" – Тора идет перед ним в час кончины, "когда ляжешь, будет охранять тебя" – когда тело ложится в могилу, потому что именно в это время совершается суд над телом в могиле, и Тора вступается за него. "И когда пробудишься, она будет беседовать с тобою" – в то время, когда пробудятся мертвые мира, чтобы восстать из праха, "она будет беседовать с тобою" – сообщит о заслугах твоих».

124) «Сказал рабби Эльазар: "Она будет беседовать с тобою"¹³⁸. Что значит: "Она будет беседовать с тобою"? Дело в том, что хотя и поднялись теперь из праха, Тора, которую они изучали до самой смерти, не забыта ими, потому что они знали тогда всю Тору и оставили ее лишь в час ухода из этого мира. И с тех пор эта Тора сохранилась для них, и входит в самое нутро, как и прежде, и будет беседовать внутри». Иначе говоря, она входит не постепенно, как свойственно тому, что входит в сознание, но входит, облачаясь вся сразу, как свойственно тому, что проникает в самую глубь.

125) «И все становится намного яснее, чем было раньше, до того как умер. Потому что все те вещи, которые он не мог постичь надлежащим образом и прилагал при этом усилия в них, и не постиг их – тогда все они входят вглубь него, становясь понятными, и Тора "говорит" в нем. И это смысл слов: "И когда пробудишься, она будет беседовать с тобою"¹³⁸. Каждый, кто старательно изучает Тору в этом мире, удостаивается заниматься ею в мире будущем».

126) «Ведь человек, не удостоившийся заниматься Торой в этом мире, он ходит во тьме. И когда он оставляет этот мир, забирают его и помещают в ад – в низкое место, в котором никто не сжалится над ним, которое называется "темная яма", "трясина болотная", как сказано: "Он вытащил меня из темной ямы, из трясины болотной, на твердую почву поставил ноги мои, уверенным сделал шаг мой!"¹³⁹».

127) «Поэтому о том, кто не трудится в Торе в этом мире и погряз в трясине этого мира, сказано: "И взяли его и бросили

---

¹³⁸ Писания, Притчи, 3:22. «Когда пойдешь, направит она тебя, когда ляжешь, будет охранять тебя, и когда пробудишься, она будет беседовать с тобою».

¹³⁹ Писания, Псалмы, 40:3. «Он вытащил меня из темной ямы, из трясины болотной, на твердую почву поставил ноги мои, уверенным сделал шаг мой!»

в яму"¹³⁵ – это ад, место, где предают суду тех, кто не занимается Торой. "А яма эта пуста"¹³⁵ – так же как и он был пуст. И в чем причина? В том, что там не было воды» – т.е. Торы, которая называется водой.

128) «И посмотри, каково наказание за пренебрежение Торой. Ведь Исраэль были изгнаны со святой земли только за то, что отошли от Торы и отказались от нее. Как сказано: "Есть ли такой мудрец, который понял бы ... за что погибла страна... За то, что оставили они Тору Мою"¹⁴⁰. И сказано: "Поэтому пойдет Мой народ в изгнание безрассудно"¹⁴¹» – т.е. без Торы.

129) «Поэтому все держится на выполнении Торы. И мир не может существовать иначе, как с помощью Торы, и она – основа существования миров наверху и внизу. Как сказано: "Если бы не Мой союз днем и ночью, не утвердил бы Я законов неба и земли"¹⁴²».

130) «"И взяли его и бросили в яму"¹³⁵ – намек на то, что бросили его затем среди египтян, в которых нет ни капли веры». Объяснение. Вода – это намек на веру. И когда говорится, что яма пуста, имеется в виду, что нет там веры.

Сказал рабби Ицхак: «Если в яме были змеи и скорпионы, как поясняют мудрецы: "Воды нет в ней, но змеи и скорпионы есть"¹⁴³, почему сказано о Реувене: «"Дабы избавить его (Йосефа) от их руки"¹⁴⁴ – разве не боялся Реувен того, что змеи и скорпионы причинят ему вред? Как же подумал он:

---

[140] Пророки, Йермияу, 9:11-15. «"Есть ли такой мудрец, который понял бы это и с кем говорил бы Творец, – пусть объяснит он, за что погибла страна, опустошена, как пустыня, которую не пройти". И сказал Творец: "За то, что оставили они Тору Мою, которую Я дал им, и не внимали голосу Моему, и не следовали ему, а следовали произволу сердца своего и баалам, как научили их отцы их". За это так сказал Владыка воинств, Всесильный Исраэля: "Вот накормлю Я их, народ этот, полынью и напою их водою ядовитою, и рассею их меж народами, которых не знали ни они, ни отцы их, и пошлю вослед им меч, пока не истреблю их"».

[141] Пророки, Йешаяу, 5:13. «Поэтому пойдет народ Мой в изгнание безрассудно, и знатные люди его будут голодать, и толпа его будет томиться жаждою».

[142] Пророки, Йермияу, 33:25. «Если бы не Мой союз днем и ночью, не утвердил бы Я законов неба и земли».

[143] Вавилонский Талмуд, трактат Шаббат, лист 22:1.

[144] Тора, Берешит, 37:22. «И сказал им Реувен: "Не проливайте крови! Бросьте его в эту яму, что в пустыне, но руки не налагайте на него", – дабы избавить его от их руки, чтобы возвратить его к отцу его».

"Чтобы возвратить его к отцу его"¹⁴⁴ и как сказано: "Дабы избавить его"¹⁴⁴?»

131) «Но Реувен видел, что вред может быть, конечно же, когда тот находится в руках братьев своих, поскольку знал, как они ненавидят его и желают убить его. Подумал Реувен: "Лучше бросить его в яму, в которой есть змеи и скорпионы, но зато он не будет отдан в руки ненавидящих его, которые не сжалятся над ним". Отсюда мы видим, что лучше человеку броситься в огонь или в яму со змеями и скорпионами, чем отдаться в руки ненавистников».

132) «Ибо здесь, в том месте, где есть змеи и скорпионы, если он праведник, Творец совершает с ним чудо. А иногда заслуга праотцев помогает человеку, и это спасает его от них. Но когда предан в руки ненавистников своих, немного найдется таких, которые смогут спастись».

133) «И поэтому подумал: "Дабы избавить его от их руки"¹⁴⁴. "От их руки" – именно так. Ведь не сказано: "Дабы избавить его" и всё, но добавлено: "От их руки", поскольку подумал Реувен: "Он будет избавлен от них, а если умрет, пусть лучше умрет в яме". И потому сказано: "Но услышал Реувен и избавил его от руки их"¹⁴⁵» – т.е. спас его, чтобы он не погиб от их руки, а если погибнет, пусть лучше в яме.

134) «Посмотрите, как предан Реувен. Ибо знал он, насколько у Шимона с Леви крепка их взаимная поддержка, хитрость и сплоченность. Ведь соединившись в Шхеме, они убили всех мужчин, но на этом не успокоились, а забрали женщин и детей, и серебро, и золото, и всех животных, и всю дорогую утварь, и все, что было в городе. И мало им всего этого – еще и все, что в поле, взяли. Как сказано: "И все, что в городе, и все, что в поле, забрали они"¹⁴⁶».

135) «Подумал он: "Такой большой город не спасся от них, и если этот ребенок попадет к ним в руки, то даже останков его тела они не оставят в мире". И потому решил: "Хорошо бы

---

¹⁴⁵ Тора, Берешит, 37:21. «Но услышал Реувен, и избавил его от руки их, и сказал: "Не лишим его жизни!"»

¹⁴⁶ Тора, Берешит, 34:28-29. «Их мелкий и крупный скот, и ослов, и все, что в городе, и все, что в поле, забрали они. И все богатство их, и всех детей их, и жен их пленили, и разграбили все, что было дома».

спасти его от них, ведь не оставят от него в мире и следа, и мой отец ничего не узнает о нем никогда"».

136) «"А здесь, в яме, если он умрет, братья не завладеют им, и останется все его тело полностью, и я верну его все как есть отцу" – и потому сказано в Писании: "Дабы избавить его от их руки, чтобы возвратить его к отцу его"[144]. "И даже если погибнет там, я смогу вернуть его отцу". И поэтому сказал: "Ребенка нет"[147], не сказал: "Нет в живых", а сказал: "Нет" – даже мертвого».

137) «И смотрите, что он сделал! Ибо действовал с ними мудро. Сказано: "Не лишим его жизни!", не сказано: "Не лишайте его жизни!" И он там не был во время продажи Йосефа. Ведь все они прислуживали своему отцу, каждый из них – в определенный день. И это был день Реувена, и потому он хотел, чтобы в день прислуживания его не пропал Йосеф. Поэтому сказано: "И вернулся Реувен к яме, и вот нет Йосефа"[147] – именно так, т.е. нет даже мертвого. Тут же: "И вернулся он к братьям своим и сказал: "Ребенка нет!"[147]»

138) «Даже Реувен не знал об этой продаже Йосефа, и поясняется это тем, что Шхина участвовала вместе с ними в зароке, который дали они, – не раскрывать продажу Йосефа. И не раскрылось ему это до того времени, пока не открылся Йосеф братьям его».

139) «Смотрите, что принесло Реувену его старание спасти жизнь Йосефа! Сказано: "Пусть живет Реувен, и не умирает"[148] – ведь хотя он и знал, что отнято у него первородство и передано Йосефу, все же старался спасти ему жизнь. И поэтому молился Моше и сказал: "Пусть живет Реувен, и не умирает" – и существует в этом мире и в мире будущем. И все потому, что он спас жизнь Йосефа, а также раскаялся в презрительном отношении к постели своего отца. Ибо всякого, кто приходит к раскаянию, Творец оживляет в этом мире и мире будущем».

---

[147] Тора, Берешит, 37:29-30. «И вернулся Реувен к яме, и вот нет Йосефа в яме. И разорвал он одежды свои. И вернулся он к братьям своим и сказал: «Ребенка нет! Я не знаю куда мне деться!»
[148] Тора, Дварим, 33:6. «Пусть живет Реувен, и не умирает, и да будут люди его многочисленны».

140) «Сказано: "И взяли они накидку Йосефа, и зарезали козленка, и обмакнули накидку в кровь"[149] – потому что кровь козленка похожа на кровь человека. И хотя нет в этом нарушения, Творец спрашивает с праведников даже за малейшие проступки».

141) «Яаков поступил как подобает, поднеся своему отцу козленка, т.е. сторону сурового суда. И вместе с тем, поскольку поднес козленка и ослабил отца» – в его суровом суде, «ибо это его сторона» – поскольку Ицхак тоже является свойством сурового суда, и потому присоединился к нему суд, относящийся к козленку, «был наказан Яаков другим козленком, кровь которого сыновья принесли ему».

142) «О Яакове сказано: "Шкурки же козлят надела на руки его и на гладкую шею его"[150]. Поэтому сказано о сыновьях его: "И обмакнули накидку в кровь"[149], и принесли ему эту накидку, чтобы ослабить его. И все это соответствовало одно другому. Он вызвал, как сказано: "И вострепетал Ицхак трепетом чрезвычайно великим"[151]. А за это сыновья его привели к тому, что он вострепетал трепетом в то время, когда было сказано ему: "Узнай же – это накидка сына твоего или нет?"[152]»

143) Рабби Хия сказал: «О нем сказано: "Ты ли это сын мой – Эсав?"[153], или нет. А ему сказали: "Это накидка сына твоего или нет?" И это потому, что Творец спрашивает с праведников за все действия их».

144) Сказал рабби Аба: «Когда увидели все колена горе отца их, то, конечно же, раскаялись в продаже Йосефа, и готовы были отдать душу свою, чтобы выкупить его, если б только нашли его. И увидев, что не могут выкупить его, вернулись к Йегуде, давшему им совет о продаже, и свергли

---

[149] Тора, Берешит, 37:31. «И взяли они накидку Йосефа, и зарезали козленка, и обмакнули накидку в кровь».

[150] Тора, Берешит, 27:15-16. «И взяла Ривка любимые платья Эйсава, старшего сына своего, которые у нее в доме, и надела на Яакова, младшего сына своего. Шкурки же козлят надела на руки его и на гладкую шею его».

[151] Тора, Берешит, 27:33. «И вострепетал Ицхак трепетом чрезвычайно великим и сказал: "Кто же был тот, который ловил дичь и принес мне, и я ел от всего, прежде чем ты пришел, и благословил я его? Пусть же будет он благословен!"»

[152] Тора, Берешит, 37:32. «И послали полосатую накидку, и доставили к отцу своему, и сказали: "Это нашли мы, узнай же – это накидка сына твоего или нет"».

[153] Тора, Берешит, 27:24. «И сказал: "Ты ли это сын мой, Эсав?" И тот сказал: "Я"».

его с себя, так как он властвовал над ними. И после того как свергли его с себя, сказано: "И было в ту пору, и сошел Йегуда от братьев своих"[154]».

---

[154] Тора, Берешит, 38:1. «И было в ту пору, и сошел Йегуда от братьев своих, и расположился рядом с адуламитянином по имени Хира».

ГЛАВА ВАЕШЕВ

Цион и Йерушалаим

145) Заговорил рабби Йегуда, провозгласив: «"И возгремел в небесах Творец, и Всевышний подал голос Свой; град и угли огненные"[155]. Когда Творец сотворил мир» – когда создал Нукву, называемую «мир», «Он установил для него семь столбов» – т.е. светил ей из семи сфирот ХАГАТ НЕХИМ Зеир Анпина. «И все столбы стоят на одном-единственном столбе» – Есоде Зеир Анпина, «как уже выяснялось в сказанном: "Мудрость построила себе дом, вытесала семь столбов его"[156] и все они стоят на одной ступени, называемой "Праведник – основание (есод) мира"[157]» – т.е. Есод Зеир Анпина.

146) «И когда создавался мир, он был создан из того самого места, которое является завершением мира и его исправлениями. И это одна точка мира, и она – центр всего. И что это за точка? Это Цион» – внутренний Есод Нуквы. «Как сказано: "Псалом Асафу. Владыка, Всесильный Творец, говорил и призывал землю от восхода солнца до заката его"[158]. Откуда говорил? Из Циона. Как сказано: "Из Циона, совершенства красоты, явился Всесильный"[159] – из того места, которое является достижением полной веры как подобает». «И Цион – это сила его и точка всего мира», где «сила его» – это свечение Хохмы, а «точка всего мира» – свечение хасадим. «И из этого места был завершен и сделан весь мир» – т.е. с помощью Хохмы в нем. «И от него весь мир получает питание» – с помощью хасадим в нем.

147) «"И возгремел в небесах Творец, и Всевышний подал голос Свой; град и угли огненные"[155]. После того как сказал: "И возгремел в небесах Творец", зачем еще сказано: "И Всевышний подал голос Свой", что является лишним? Но это связано с верой. Цион – это завершение и красота мира. И мир питается от него». То есть в нем содержится два свойства – Хохма и хасадим, поскольку это две ступени, и они едины. «И это Цион

---

[155] Писания, Псалмы, 18:14. «И возгремел в небесах Творец, и Всевышний подал голос Свой; град и угли огненные».
[156] Писания, Притчи, 9:1. «Мудрость построила себе дом, вытесала семь столбов его».
[157] Писания, Притчи, 10:25. «Пронесется буря – и нет нечестивого, а праведник – основание мира».
[158] Писания, Псалмы, 50:1. «Псалом Асафу. Владыка, Всесильный Творец, говорил и призывал землю от восхода солнца до заката его».
[159] Писания, Псалмы, 50:2. «Из Циона, совершенства красоты, явился Всесильный».

и Йерушалаим: один – суд, другой – милосердие. И оба они – одно целое, отсюда – суд, а отсюда – милосердие».

Объяснение. Цион и Йерушалаим – оба они являются частью Есода Нуквы. Цион – это внутренняя часть Есода, называемая Малхут Давида, от которой исходит Хохма,[160] и это свойство милосердия по отношению к Йерушалаиму. А Йерушалаим – внешняя часть Есода Нуквы, где находится экран, и потому он является судом.

И поэтому сказано: «И оба они – одно целое» – оба они относятся к Есоду Нуквы, «отсюда – суд» – т.е. от Йерушалаима, «а отсюда – милосердие» – от Циона. И поэтому «Цион – это завершение и красота мира» – т.е. только после того, как Хохма его облачается в хасадим Йерушалаима. И получается, что сказанное: «И мир питается от него» означает – от Йерушалаима, в котором находятся хасадим, выходящие на этот экран.

148) «Сверху, высоко» – из Бины, «выходит голос, который слышен» – срединный столп, производящий согласование в Бине. «И после того как голос этот выходит и слышен» – т.е. производит согласование также и в Нукве, и света правой и левой линий «слышны», т.е. светят,[161] «выходят суды» – из Нуквы, «и пути суда и милосердия выходят и проясняются оттуда». Объяснение. Суды уходят вследствие согласования средней линии, а мохин светят путями суда и милосердия Есода Нуквы. Путями милосердия, проясняющимися в Ционе, светит Хохма, а путями суда, проясняющимися в Йерушалаиме, светят хасадим.

«И возгремел в небесах Творец»[155] – это суд в милосердии, т.е. суды Циона, суды левой линии, но по отношению к судам в Йерушалаиме – это милосердие. «И высший» – Бина, «хотя не пребывает и неведом» – до прихода средней линии из-за судов левой линии, «когда выходит этот голос» – и согласовывает правую и левую линии между собой, «тогда всё пребывает в суде и милосердии» – т.е. она поддерживает свечение двух линий, правой и левой. «И это означает сказанное: "И Всевышний подал голос Свой"[155], когда Он подает Свой голос» – когда высший, т.е. Бина, подает свой голос Нукве и

---

[160] См. Зоар, главу Берешит, часть 1, п. 117.
[161] См. Зоар, главу Лех леха, п. 6, со слов: «В час, когда руах…»

согласовывает две ее линии между собой, «тогда (есть) "град и угли огненные"¹⁵⁵» – т.е. вода и огонь.

Объяснение. С приходом этого голоса, средней линии, от Бины к Нукве, уходят суды и раскрываются мохин путями суда и милосердия в ней, как мы уже сказали. И пути милосердия, проясняющиеся в Ционе, называются градом, и там раскрывается Хохма. А пути суда, проясняющиеся в Йерушалаиме, называются углями огненными, и там раскрываются хасадим.

149) Когда родился Йегуда, что сказано? «И перестала рожать»¹⁶², потому что он – четвертое основание (есод) из четырех, которые называются Хесед, Гвура, Тиферет, Малхут и являются высшим строением для (раскрытия) Бины. И он – это одна из этих четырех опор престола, т.е. Малхут.¹⁶³ И потому в связи с ним сказано: «И перестала рожать», поскольку он – последняя сфира, Малхут. И о нем сказано: «И было в ту пору, и сошел Йегуда от братьев своих»¹⁶⁴ – так как он царствовал над ними, будучи сфирой Малхут (царство), а после продажи Йосефа сошел, утратив свое величие. И почему? Потому что заставил Йосефа сойти в Египет.

Объяснение. Йосеф – это средняя линия, которая светит Малхут, Йегуде. И когда он светит в ней, уходят суды из ее Есода, называемого «Цион и Йерушалаим», и мохин светят путями ее суда и милосердия: в Ционе светит Хохма, а в Йерушалаиме – хасадим. Однако когда Йосеф продан в Египет и перестает светить ей, Малхут возвращается к левой линии, и суды Циона, называемые градом, властвуют в ней. И потому сказано: «сошел Йегуда» – ибо сошел, утратив свое величие (гадлут), и упал в состояние «суды града».

---

[162] Тора, Берешит, 29:35. «И зачала еще, и родила сына, и сказала: "На сей раз восхвалю Творца", поэтому нарекла ему имя Йегуда. И перестала рожать».
[163] См. Зоар, главу Ваера, п. 16, со слов: «Хотя она и служит престолом для праотцев...»
[164] Тора, Берешит, 38:1. «И было в ту пору, и сошел Йегуда от братьев своих, и расположился около одного адуламитянина по имени Хира».

ГЛАВА ВАЕШЕВ

И нарек ему имя Эр

150) «И увидел там Йегуда дочь одного кнаанея»[165]. Разве он был кнаанеем – ведь праотцы не женились на дочерях кнаанеев? Но уже разъяснили товарищи, что кнаанеями назывались торговцы.[166]

«И зачала она и родила сына, и он нарек ему имя Эр»[165]. Три сына было у Йегуды, и остался только один из них, и это – Шела. И это одно из значений сказанного: «И сошел Йегуда»[164], потому что породил сыновей и похоронил их, а это – сильный упадок и наказание.

151) О первом из сыновей Йегуды сказано: «И он нарек ему имя Эр»[165] – говорится от имени мужчины. А о двух остальных сыновьях сказано: «И нарекла ему имя Онан», «И нарекла ему имя Шела» – говорится от имени женщины.

152) Эта глава содержит в себе высший смысл, и в ней все, как и должно быть. «И сошел Йегуда от братьев своих»[164] – потому что луна, Нуква, укрылась и сошла с прямой ступени, опустившись внутрь другой ступени, к которой присоединился змей. Ведь сказано: «И расположился около одного адуламитянина по имени Хира»[164] – то есть отделил себя от братьев дома исраэлева, от святости, и соединился с чужеземцем не из дома исраэлева, к которому прилепился змей, т.е. его осквернение чужеземцами не прекратилось.

153) «И зачала она и родила сына, и он нарек ему имя Эр»[165], т.е. «зло», и все это – одно. Иными словами, слова «Эр (ער)» и «зло (ра רע)» состоят из тех же букв, поскольку он исходит от стороны злого начала.

Поэтому сказано: «Нарек ему имя (эт шмо)», а не: «Нарек имя (шмо)». О Яакове сказано: «Нарек имя (шмо)», потому что Творец назвал его Яаков. А тут сказано «имя (эт шмо)», что включает другую ступень, нечистоты скверны, которая

---
[165] Тора, Берешит, 38:2-5. «Там Йегуда увидел дочь одного кнаанея, имя которого Шуа, он женился на ней и вошел к ней. И зачала она и родила сына, и он нарек ему имя Эр. И снова зачала она и родила сына, и нарекла ему имя Онан. И родила она еще сына и нарекла ему имя Шела; и было это в Кзиве, когда она родила его».
[166] Вавилонский Талмуд, трактат Псахим, лист 50:1.

родилась. И это означает, что «Эр (ער)» и «зло (ра רע)» – все это одно, так как у них те же буквы.

154) А затем, и при втором сыне, не получило подслащения это место, чтобы вернуться к святости, пока не появился Шела, который был сутью их всех. Как сказано: «Но был Эр, первенец Йегуды, злом в глазах Творца»[167]. Здесь сказано: «Злом» и в другом месте: «Ибо помыслы сердца человека – зло с отрочества его». Так же как там имеется в виду уничтожение семени, так и здесь подразумевается, что проливал «кровь», т.е. изливал семя на землю, и поэтому: «И умертвил его Творец». А что сказано после этого? «И сказал Йегуда Онану: "Войди к жене брата своего..."»[168]

---

[167] Тора, Берешит, 38:7. «Но был Эр, первенец Йегуды, злом в глазах Творца, и умертвил его Творец».
[168] Тора, Берешит, 38:8. «И сказал Йегуда Онану: "Войди к жене брата своего и женись на ней по обычаю левирата, и восстанови семя брата своего"».

ГЛАВА ВАЕШЕВ

Войди к жене брата своего и женись на ней

155) «И сказал Йегуда Онану: "Войди к жене брата своего и женись на ней"[168]. Первым заговорил рабби Шимон, провозгласив: «"Побудил Я от севера, и он пришел, от восхода солнца будет призывать имя Мое, и прибудут правители, словно глина, и будет он как гончар, топчущий глиняную массу"[169]. Как неразумны люди, которые не знают и не исследуют пути Творца, чтобы познать их. Ведь все они спят, и сон не покидает их глазниц».

156) «Творец создал человека по высшему подобию, всё сделал в мудрости. И нет ни одного органа у человека, который бы не был установлен в высшей мудрости, и каждый орган указывает на особую ступень. Ибо после того как всё тело со своими органами исправляется как должно, Творец содействует ему и вселяет в него святую душу, желая научить человека идти путями Торы и исполнять Его заповеди – чтобы исправился человек подобающим образом, как говорится: "Душа человека будет обучать его"».

157) «И поскольку есть в нем святая душа, он достоин порождать сыновей по образу и подобию Творца, и поэтому надлежит человеку преумножать образ высшего Царя в мире. И поскольку у "реки, берущей начало и вытекающей из Эдена"» – т.е. у высшего Есода, «воды не прекращаются никогда,[170] потому и человек должен следить за тем, чтобы не прекратилась река и ее источник в этом мире, и порождать сыновей».

«И всегда в то время, когда человеку не удается в этом мире породить сыновей, Творец искореняет его из этого мира и пересаживает его снова, как вначале, много раз. То есть, умирает человек и совершает повторный кругооборот, многократно являясь в мир, пока не сможет породить сыновей».

---

[169] Пророки, Йешаяу, 41:25. «Побудил Я (Корэша) от севера, и он пришел, от восхода солнца будет призывать имя Мое, и прибудут правители, словно глина, и будет он как гончар, топчущий глиняную массу».
[170] См. п. 21.

158) «Побудил Я от севера, и он пришел»¹⁶⁹. «Побудил Я» – это пробуждение зивуга человека в этом мире, пробуждение с северной стороны, т.е. с левой. «И он пришел» – это святая душа, приходящая свыше, которую Творец посылает свыше, и она приходит в этот мир и входит в людей.

159) «От восхода солнца» – это место той самой реки, которая берет начало и вытекает, т.е. это Тиферет, являющийся местом Есода, откуда выходит и рождается душа и светит. Ибо души происходят от зивуга Тиферет и Малхут.

«И прибудут правители» – это воинства мира. Нуква называется «миром», а ее воинства – это ангелы, приходящие с пробуждением душ, т.е. рождающиеся с ними вместе.

«Словно глина» – т.е. подобно пробуждению человека в своем теле, называемом глиной.

160) Ведь потому и делает Творец зивуги и посылает души в мир, и этот зивуг бывает наверху и внизу, и источник всего Он, Благословенный. И потому сделал Творец человека, дабы усердствовал он на путях своих и не прерывал никогда источника своего и родника своего, а порождал сыновей.

161) И каждый, кто прервал свой источник, не породив сыновей, – когда покинет этот мир, не войдет в удел Творца и не обретет долю в том мире. Сказано: «Не пустующей сотворил Он ее, чтобы населить образовал Он ее»¹⁷¹. Поэтому создал Он человека по высшему подобию,¹⁷² так как Творец проявляет милосердие к миру.

Сказано: «И вновь взял Авраам жену, по имени Ктура»¹⁷³. Душа сначала входит в тело, чтобы исправиться.

Объяснение. Авраам – это душа, жена – тело. Сказано: «И вновь взял Авраам жену» – т.е. после того как душа вышла из тела, она снова вошла в тело, чтобы исправить то, что не исправила, находясь в первом теле.

---

¹⁷¹ Пророки, Йешаяу, 45:18. «Ибо так сказал Творец, сотворивший небеса, Он – Всесильный, образовавший землю и создавший ее, Он утвердил ее, не пустующей сотворил Он ее, чтобы населить образовал Он ее. "Я – Творец, и нет иного"».

¹⁷² См. выше, п. 156.

¹⁷³ Тора, Берешит, 25:1. «И вновь взял Авраам жену, по имени Ктура».

162) И что сказано об этом теле: «Творец пожелал сокрушить его болезнями. Если сделает жертвою повинности душу свою, увидит он потомство, продлит дни, и желание Творца в руке его осуществится»[174]. «Творец пожелал сокрушить его болезнями»[174]. Почему Творец желает этого? Чтобы оно очистилось. «Если сделает жертвою повинности»[174] – если душа хочет исправиться как подобает, «увидит он потомство»[174], так как душа продолжает скитания, т.е. нет ей места покоя, и предстоит ей войти в то потомство, которое человек произвел согласно заповеди, предписывающей плодиться и размножаться. И тогда: «Продлит дни, и желание Творца»[174] – это Тора – «через него осуществится»[174]. Но если не удостоился сыновей, Тора не помогает ему.

163) И хотя человек занимался Торой днем и ночью, если источник его и родник его простаивает в нем напрасно, т.е. не порождает он сыновей, нет для него места, чтобы войти в пределы Творца. Мы ведь изучали относительно колодца с водой, что если источник и родник не вливается в него, то это не колодец, ибо колодец и источник едины. И то же самое в этом случае: у кого нет сыновей – как будто его источник не вошел в него, не бьет в нем.

164) Сказано: «Напрасно всё это вам, рано встающие, допоздна сидящие, едящие хлеб печали. Сон даст Он возлюбленному Своему»[175]. Смотрите, как желанны слова Торы. В каждом слове Торы кроются высшие святые тайны. Когда дал Творец Тору Исраэлю – все высшие святые тайны дал им в Торе. И все они были даны Исраэлю, когда они получили Тору на Синае.

165) «Напрасно всё это вам, рано встающие»[175] – это одинокие, у которых нет жены, и они не являются захаром и некевой, как это требуется, и они встают поутру к работе своей. «Допоздна сидящие»[175] – поздно идущие отдыхать, то есть те, кто поздно женится, так как «сиденье» означает «покой», как

---

[174] Пророки, Йешаяу, 53:10. «Творец пожелал сокрушить его болезнями. Если сделает жертвою повинности душу свою, увидит он потомство, продлит дни, и желание Творца через него осуществится».

[175] Писания, Псалмы, 127:2. «Напрасно всё это вам, рано встающие, допоздна сидящие, едящие хлеб печали. Сон даст Он возлюбленному Своему».

в сказанном: «Ибо в этот день отдыхал»[176] – потому что жена считается, конечно же, успокоением мужу.

166) «Едящие хлеб печали»[175]. Что значит «хлеб печали»? Когда у человека есть сыновья, хлеб, который он ест, он ест в радости, по желанию сердца. А тот, у кого нет сыновей, хлеб, который он ест – это «хлеб печали»[175]. И эти – «едящие хлеб печали».

167) «Сон даст Он возлюбленному Своему»[175]. Что значит «даст Он возлюбленному Своему»? – Тому, чей источник благословен, у кого есть сыновья, дает ему Творец сон в этом мире, как сказано: «И когда лежать будешь, сон твой будет сладок»[177]. И это потому, что есть у него удел в мире будущем; поэтому такой человек лежит в могиле и наслаждается будущим миром как подобает.

168) «Бывает одинокий, и нет другого, и сына и брата нет у него, и нет конца всем трудам его, и глаза его не насытятся богатством. "Для кого же я тружусь и лишаю душу свою блага?" И это – суета и дурное дело»[178]. «Бывает одинокий» – это человек, который один в мире. И он не один там, где полагается, не один в мудрости, а он без жены. «И нет другого» – нет с ним подмоги, жены. «И сына», – который сохранит имя его в Исраэле, не оставил он. «И брата», – который приведет его к исправлению, т.е. путем левирата[179], «нет у него».

169) «И нет конца всем трудам его»[178], и он постоянно трудится, подгоняя себя днем и ночью, «и глаза его не насытятся богатством», и нет у него сердца, чтобы он мог увидеть и сказать: «Для кого же я тружусь и лишаю душу свою блага?»[178] Можно было бы сказать, что он трудится, чтобы много есть и пить и устраивать пиры каждый день без конца. Но это не так – ведь душа не испытывает от этого наслаждения.

---

[176] Тора, Берешит, 2:3. «И благословил Всесильный день седьмой и освятил его, ибо в этот день отдыхал от всей работы своей, которую создал Всесильный для выполнения».
[177] Писания, Притчи, 3:24. «Когда ляжешь, не будешь бояться, и когда лежать будешь, сон твой будет сладок».
[178] Писания, Коэлет, 4:8. «Бывает одинокий, и нет другого, и сына и брата нет у него, и нет конца всем трудам его, и глаза его не насытятся богатством. "Для кого же я тружусь и лишаю душу свою блага?" И это – суета и дурное дело».
[179] Левират – обычай, по которому вдова выходит замуж за брата умершего мужа – за деверя.

И, конечно же, он лишает душу свою блага, заключенного в свете будущего мира, поскольку эта душа пребывает в недостатке и не восполнилась как должно. И посмотри, как милостив Творец к деяниям его, т.е. приводит его в круговорот для исправления, так как желает, чтобы он исправился и не исчез из будущего мира.

170) Если он завершенный праведник и занимался Торой денно и нощно, и все дела его во имя Творца, но не удостоился сыновей в этом мире, или проявлял рвение, но не удостоился, или же были у него сыновья и умерли – что они для будущего мира? Дела его и Тора защищают его, дабы удостоился он будущего мира.

171) И тех и других называют истинными праведниками. Сказано о них: «Ибо так сказал Творец бездетным: «Тем, кто будет хранить субботы Мои, и изберет угодное Мне, и будет держаться завета Моего"»[180]. А вслед за этим сказано: «Дам Я им в доме Моем и в стенах Моих память и имя, лучше сыновей и дочерей, имя вечное дам им, которое не истребится»[180] – поскольку есть у них доля в будущем мире.

172) Завершенный праведник, который обладал всеми этими достоинствами и достиг надлежащего совершенства, но умер без сыновей, – ведь он наследует свое место в будущем мире. Нужен ли его жене брак с деверем, или нет? И если нужен, всё это впустую, – ведь он не нуждается в том, чтобы брат восполнял его, так как он уже унаследовал свое место в будущем мире?

173) Но безусловно, что жена его должна поступить по обычаю левирата, потому что мы не знаем, был ли он совершенен в делах своих или нет. И если жена его совершает левиратный брак, это не напрасно, даже если муж был совершенен, ибо у Творца есть место для тех, кто умер без сыновей и у кого не было брата, чтобы за него выдать жену его. Ведь человек, бывший в мире и умерший без сыновей, и нет у него избавителя в мире, когда умирает этот завершенный праведник, и жена его вступает в левиратный брак, а он уже обрел свое место и не

---

[180] Пророки, Йешаяу, 56:4-5. «Ибо так сказал Творец бездетным: «Тем, кто будет хранить субботы Мои, и изберет угодное Мне, и будет держаться завета Моего – дам Я им в доме Моем и в стенах Моих память и имя, лучше сыновей и дочерей, имя вечное дам им, которое не истребится"».

нуждается в исправлении путем левирата, – то этот человек, не оставивший после себя избавителя, восполняется путем этого левиратного брака жены праведника. А Творец тем временем готовит место для этого человека, у которого нет избавителя, чтобы он был там до тех пор, пока не умрет этот завершенный праведник, и тогда восполнится он в мире. Сказано об этом: «Ибо в городе убежища своего должен оставаться до смерти первосвященника»[181].

Объяснение. Тот, у кого нет сыновей, умаляет подобие, и он похож на убившего людей по ошибке. И место, которое Творец подготавливает для того, у кого нет сыновей и нет брата, подобно городу-убежищу. И он остается там, пока не умирает этот завершенный праведник, т.е. первосвященник. И тогда спускается и исправляется с помощью его жены.

174) Будут у праведников сыновья и после их смерти – т.е. сыновья левирата, исправляющие того, кто умер без сыновей и не имел брата, как уже было сказано. При жизни своей они не удостоились, а после смерти своей удостоились. И потому деяния Творца, все до одного, истинны и справедливы, и милостив Он ко всем, – т.е. и к тем, у кого нет брата.

Но может возникнуть вопрос: Так чем же этот случай особенный – ведь у всех, кто умер без сыновей, есть сыновья после смерти благодаря соблюдению левирата? Однако здесь главное отличие в том, что говорится о праведниках, ибо умершие без сыновей ущербны, а не праведны.[182] И потому потребовалось это разъяснение.

175) «Лучше двое, чем один»[183] – это те, кто старается в этом мире порождать сыновей. Ибо благодаря сыновьям, которых они оставили, «есть им плата добрая»[183] в этом мире, и благодаря им наследуют отцы их долю в мире будущем.

---

[181] Тора, Бемидбар, 35:28. «Ибо в городе убежища своего должен оставаться до смерти первосвященника, а после смерти первосвященника может возвратиться убийца на землю владения своего».

[182] См. выше, п. 169.

[183] Писания, Коэлет, 4:9-10. «Вдвоем лучше, чем одному, ибо есть им плата добрая за труды их. Ведь если упадут, друг друга поднимут, но если одинокий упадет, нет другого, чтобы поднять его».

176) Творец сажает деревья в этом мире. Если достигают положительных результатов – хорошо, а если нет – извлекает их с корнем и сажает в другом месте, даже многократно. И потому все пути Творца без исключения – на благо и на исправление мира.

Объяснение. Если человек не удостаивается восполниться в жизни с первого раза, тогда он начинает кругооборот в этом мире еще раз, и так много раз, пока не восполнится.

177) «Войди к жене брата своего и женись на ней по обычаю левирата, и восстанови семя брата своего»[168] – не надо было говорить ему этого, так как Йегуда и все колена знали это. Но главное, что сказал ему: «Восстанови семя», так как требуется это семя для того, чтобы исправить случившееся и подготовить основу, которая получит должное исправление, чтобы ствол не отделялся от корня своего. И сказано об этом: «Человек в прах возвратится»[184].

Хоть и предначертана человеку смерть, отделяющая его от вечного корня, все равно он не отделяется полностью, поскольку благодаря сыновьям, которых порождает, каждый остается слит со своим вечным корнем. Ведь каждый сын – это часть тела отца. Таким образом, каждый человек – как одно звено в цепи жизни, начинающейся с первого человека (Адам Ришон) и продолжающейся до воскрешения мертвых вечно, непрерывно. И пока не прервалась у человека цепь жизни, – ведь он оставляет за собой сына, – смерть не может разъединить его с вечностью, словно он еще жив.

И сказано: «Чтобы ствол не отделился от корня своего» – потому что умерший без сыновей нуждается в исправлении, дабы не отделился он от своего вечного корня из-за смерти, так как прерывается у него течение жизни. И для этого требуется два исправления:

1. «Чтобы исправить случившееся» – т.е. исправить отрыв, пребывающий над ним из-за смерти без сыновей.

2. «И подготовить основу, которая получит должное исправление» – сделать основу, тело, в которое облачится душа умершего и снова соединится с течением жизни.

---

[184] Писания, Иов, 34:14-15. «Если Он обратит на человека сердце свое, дыханье и душу его заберет к Себе, – разом умрет всякая плоть, и человек в прах возвратится».

178) И после необходимого исправления вследствие упомянутого кругооборота, они славятся в будущем мире, поскольку желанны Творцу. И об этом сказано: «И прославлял я мертвых, что уже скончались, более живых, что здравствуют поныне»[185] – т.е. посредством совершения нового кругооборота они возвращаются к дням молодости. Как сказано: «После того, как я состарилась, будет у меня молодость!»[186], и сказано: «Возвратится он к юношеским годам»[187] – т.е. к дням молодости и юношества, и вернулся он к ним благодаря кругообращению.

179) «А счастливее их обоих тот, кто еще не был, кто еще не видел того дурного дела, которое вершится под солнцем»[188]. «А счастливее их обоих тот, кто еще не был» – не возвращался в дни юности своей, т.е. не совершал повторного кругообращения. Ибо он – завершенный праведник, который не должен исправляться посредством кругообращения и не страдает от первых грехов; потому что при повторном кругообороте человек страдает от грехов, которые совершил в прошлом кругообороте. Ведь Творец предоставил ему исправленное место в будущем мире, как и подобает.

180) «И тогда увидел я похороненных грешников, и являлись они, исходя от святого места»[189] – т.е. являлись в повторном кругообороте с целью исправления. Ведь Творец оказывает милость и не желает разрушать мир, но дает возможность грешникам исправиться посредством кругообращения. И все пути Его истинны и милосердны, для того чтобы давать им благо в этом мире и в мире будущем.

---

[185] Писания, Коэлет, 4:2. «И прославлял я мертвых, что уже скончались, более живых, что здравствуют поныне».

[186] Тора, Берешит, 18:12. «И рассмеялась Сара про себя, сказав: "После того, как я состарилась, будет у меня молодость! Да и господин мой стар"».

[187] Писания, Иов, 33:25. «И станет плоть его свежее, чем смолоду; возвратится он к юношеским годам».

[188] Писания, Коэлет, 4:3. «А счастливее их обоих тот, кто еще не был, кто еще не видел того дурного дела, которое вершится под солнцем».

[189] Писания, Коэлет, 8:10. «И тогда увидел я похороненных грешников, и являлись они, исходя от святого места, но были забыты в том городе, где так поступали; это тоже суета».

Но было злом в глазах Творца

181) «Но было злом в глазах Творца то, что он делал, и умертвил Он также и его»[190]. Рабби Хия заговорил: «"С утра сей твое семя, и под вечер не давай покоя рукам своим"[191]. Смотри, как должен человек оберегать себя от грехов своих, и оберегать себя в делах своих пред Творцом. Ведь сколько есть посланников и управляющих в мире, которые постоянно рыскают и наблюдают за делами людей, и свидетельствуют о человеке. И все записано в книгу».

182) «Из всех грехов, которыми оскверняет себя человек в этом мире, это тот грех, которым человек оскверняет себя больше всего в этом мире и в будущем мире: тот, кто проливает свое семя напрасно, и изливает свое семя даром, на руку или на ногу, и оскверняется им. Об этом сказано: "Ибо Ты не божество, желающее беззакония, не водворится у Тебя зло"[192]».

183) И поэтому он не входит в удел Творца и не зрит лик Предвечного, как мы уже изучали. Здесь сказано: «Не водворится у Тебя зло»[192]. И сказано: «Но был Эр, первенец Йегуды, злом в глазах Творца»[193], и это означает, что он не видит лика Творца. И также здесь это означает, что он не видит лика Творца. И поэтому: «Руки ваши полны крови»[194] – сказано о том, кто напрасно изливает семя в руку, и он сравнивается с проливающим кровь. Счастлив удел человека, боящегося Творца, он оберегает себя от пути зла и очищает себя, чтобы служить в трепете Господину своему.

184) «С утра сей твое семя»[191]. «С утра» – в то время, когда человек полон сил, то есть в дни молодости его, тогда должен

---

[190] Тора, Берешит, 38:10. «Но было злом в глазах Творца то, что он делал, и умертвил Он также и его».

[191] Писания, Коэлет, 11:6. «Утром сей твое семя, и под вечер не давай покоя рукам своим, ибо ты не знаешь, что удастся, то или это, или же оба они равно хороши».

[192] Писания, Псалмы, 5:5. «Ибо Ты не божество, желающее беззакония, не водворится у Тебя зло».

[193] Тора, Берешит, 38:7. «Но был Эр, первенец Йегуды, злом в глазах Творца, и умертвил его Творец».

[194] Пророки, Йешаяу, 1:15-16. «И когда вы протянете руки ваши, Я отвращу от вас очи Мои, и сколько бы вы ни молились, Я не слышу; руки ваши полны крови. Омойтесь, очиститесь, удалите зло поступков ваших от очей Моих, перестаньте творить зло».

стараться породить сыновей от женщины, предназначенной ему, как сказано: «С утра сей твое семя».

185) Ибо это время для порождения сыновей, ведь сказано: «Как стрелы в руке воина, так и сыновья молодости»[195] – так как он в эту пору может обучать их путям Творца, и будет у него хорошая награда в будущем мире. И сказано: «Счастлив муж, который наполнил ими колчан свой. Не будут пристыжены, когда с врагами говорить будут во вратах»[196]. «Не будут пристыжены» – в мире истины, в то время, когда осуждающие придут, чтобы обвинить его, потому что нет лучшей награды в том мире, чем награда обучившему сына своего трепету Творца на путях Торы.

186) Сказано об Аврааме: «Ибо Я предопределил его на то, чтобы он заповедал сынам своим и дому своему после него следовать путями Творца, творя добро и правосудие»[197], – и потому эта заслуга была для него поддержкой в том мире против всех обвинителей.

187) И поэтому сказано: «С утра сей твое семя, и под вечер не давай покоя рукам своим»[191] – даже в дни старости, называемые «вечер», когда человек стар, «не давай покоя рукам своим» – должен он непрестанно производить потомство в этом мире. «Ибо ты не знаешь, что удастся, то или это» – перед Всесильным, т.е. что защитит его в мире истины.

188) И поэтому сказано: «Вот наследие Творца – сыновья»[198] – это средоточие жизни души, как сказано: «Да будет душа господина моего увязана в средоточие жизни»[199] – т.е. в свойстве будущего мира. И Писание называет это наследием. Кто

---

[195] Писания, Псалмы, 127:4. «Как стрелы в руке воина, так и сыновья молодости».

[196] Писания, Псалмы, 127:5. «Счастлив муж, который наполнил ими колчан свой. Не будут пристыжены, когда с врагами говорить будут во вратах».

[197] Тора, Берешит, 18:19. «И Творец сказал: "Утаю ли Я от Авраама, что Я делаю? Ведь Авраам должен стать народом великим и могучим, и им благословляться будут все народы земли. Ибо Я предопределил его на то, чтобы он заповедал сынам своим и дому своему после него следовать путями Творца, творя добро и правосудие, дабы Творец доставил Аврааму то, что изрек о нем"».

[198] Писания, Псалмы, 127:3. «Вот наследие Творца – сыновья, вознаграждение – плод чрева».

[199] Пророки, Шмуэль 1, 25:29. «И если поднимется человек преследовать тебя и искать души твоей, да будет душа господина моего увязана в средоточие жизни Творца Всесильного твоего, а души врагов твоих выбросит Он, как из пращи».

удостаивает человека, приводя его к этому наследию Творца? – «Сыновья»[198]. Сыновья удостаивают его наследия Творца. И потому счастлив человек, который удостоился сыновей, чтобы обучать их путям Торы.

ГЛАВА ВАЕШЕВ

И сняла она свои вдовьи одежды

189) «И сняла она свои вдовьи одежды с себя, и покрыла себя платком и окутала себя, и села она на распутье»[200]. Тамар была дочерью коэна. Можно ли допустить мысль, что она предалась распутству со своим свекром – ведь ее всегда отличала скромность? Но она была праведницей и с мудростью сделала это. И не отдалась бы ему. Но поскольку она знала о происходящем и мудро предусмотрела и видела, что из этого должно выйти в будущем, потому и пришла к нему, чтобы содеять с ним милость и истину. И потому начала прилагать усилия в этом деле.

190) И поскольку она ведала о том, что из этого должно выйти в будущем, и прилагала усилия в этом деле, Творец оказал там поддержку в этом действии, и тут же зачала она, и всё это было от Творца. Почему не принес Творец этих сыновей от другой женщины, почему принес от Тамар? Однако она нужна была для этого действия, а не другая женщина.

191) Были две женщины, от которых берет начало потомство Йегуды, и от них идут царь Давид, царь Шломо и царь Машиах. И две эти женщины были похожи одна на другую. Это Тамар и Рут, у которых сначала умерли мужья, и они приложили усилия для этого действия.

192) Тамар приложила усилия в отношении свекра, поскольку он был наиболее близок к своим сыновьям, которые умерли, и ему полагалось жениться на ней. Что означает – «приложила усилия в отношении него»? Сказано: «Ибо видела, что вырос Шела, а она не дана ему в жены»[200], и поэтому приложила усилия в этом действии со свекром.

193) У Рут умер муж, как и у Тамар, а затем Рут приложила усилия в этом действии с Боазом, как сказано: «И открыла изножье его, и прилегла»[201]. А затем родила Оведа. Почему

---

[200] Тора, Берешит, 38:14. «И сняла она свои вдовьи одежды с себя, и покрыла себя платком и окутала себя, и села она на распутье, что по дороге в Тимну; ибо видела, что вырос Шела, а она не дана ему в жены».

[201] Писания, Рут, 3:7. «А Боаз поел и попил, и стало у него хорошо на душе, и пошел он, чтобы прилечь у края вороха (зерна). а она подошла тихонько, и открыла изножье его, и прилегла».

Овед не мог произойти от другой женщины, и не таким образом? Однако именно она нужна была для того чтобы породить его, а не другая женщина. И от них обеих берет начало и восходит к совершенству потомство Йегуды. И обе они поступили непорочно, с целью содеять благо с умершими, чтобы исправиться затем в мире.

194) «И прославлял я мертвых, что уже скончались»[185] – поскольку вначале, когда были живы мужья Тамар и Рут, они не были прославлены. Но затем, когда они умерли, а их жены продолжили род по обычаям левирата, происходит от них царство (малхут) Давида и Шломо и царь Машиах. И обе они, Тамар и Рут, постарались сделать милость и истину с умершими, и Творец помог им в этом действии.

ГЛАВА ВАЕШЕВ

Йосеф же был низведен в Египет

195) «Йосеф же был низведен в Египет, и купил его Потифар, царедворец Фараона»[202]. Что означает: «Был низведен» – ведь следовало сказать: «Сошел в Египет»? Однако, Творец согласился на это действие, продажи Йосефа в Египет, чтобы выполнить то, что предопределил Он в союзе между рассеченными частями[203], как сказано: «Знай, что пришельцами будут потомки твои в земле не своей»[204]. И потому сказано «низведен» – т.е. был низведен с небес. «И купил его Потифар» – чтобы согрешить с ним, купил его, т.е. для мужеложства.

196) Семь звезд поместил Творец на небосводе в соответствии с семью сфирот ХАГАТ НЕХИМ. И на каждом небосводе есть многочисленные служители, поставленные для служения Творцу.

197) И нет служителя или ответственного, у которого бы не было работы и особого служения Владыке своему, и каждый понимает толк в служении своем, на которое назначен, и каждый знает свою работу во время служения.

198) Одни из них служат посланниками Владыки своего и отвечают в мире за все дела людей. Другие возносят Ему песни и хвалы, и это те, которые назначены ответственными за пение. И хотя они были назначены ответственными за пение, нет никакой силы на небесах, и звезд и созвездий, которые не славили бы Творца.

199) Когда приходит ночь, три вида станов распределяются в трех сторонах мира. И в каждой стороне – тысячи тысяч и многие десятки тысяч ангелов, и все они отвечают за пение.

200) Это три стана ангелов. И одно создание, Нуква, отвечает за них и стоит над ними. И все они восславляют Творца до

---

[202] Тора, Берешит, 39:1. «Йосеф же был низведен в Египет, и купил его Потифар, царедворец Фараона, начальник палачей, египтянин, из рук ишмаэльтян, которые низвели его туда».

[203] Тора, Берешит, 15:18. «В тот день заключил Творец с Аврамом союз, сказав: "Потомству твоему отдал Я эту землю, от реки египетской до реки великой, реки Прат"».

[204] Тора, Берешит, 15:13. «Знай, что пришельцами будут потомки твои в земле не своей, и поработят их, и будут угнетать их четыреста лет».

наступления утра. А когда приходит утро, все те, что в южной стороне, и все звезды, т.е. ангелы, которые светят, – все восславляют Творца и возносят Ему песнь, как сказано: «При всеобщем ликовании утренних звезд и радостных призывах всех ангелов Всесильного»[205]. «При всеобщем ликовании утренних звезд» – это звезды в южной стороне, т.е. в правой стороне, Хесед. «И радостных призывах всех ангелов Всесильного» – это звезды в левой стороне, которые соединились с правой.

201) И тогда утро начинает светить, и Исраэль подхватывают песнь и восславляют Творца трижды в день соответственно трем ночным стражам. И стоят одни напротив других, пока не вознесется слава Творца днем и ночью как подобает. И Творец возвышается во время этих шести: трижды днем и трижды ночью.

202) А та душа, что стоит над ними наверху, т.е. Нуква, стоит также над Исраэлем внизу, чтобы исправить всё должным образом. «Встает она еще ночью и дает пищу дому своему»[206] – это высшие станы, «и урок служанкам своим» – это станы Исраэля внизу. И потому слава Творца поднимается со всех сторон, сверху и снизу, и потому всё находится в Его владении, и всё – в Его воле.

203) «Скажет солнцу – и не светит оно»[207] – это Йосеф, когда его продали в Египет. «И звезды прячет»[207] – это его братья, о которых сказано: «И одиннадцать звезд поклоняются мне»[208].

Другое толкование. «Скажет солнцу» – это Яаков, когда сказали ему: «Узнай же – это накидка сына твоего или нет?»[209] «И не светит» – в час, когда ушла от него Шхина. «И звезды прячет» – из-за его сыновей спрятался и скрылся от него свет его. Солнце затмилось, и звезды не светили, потому что Йосеф рас-

---

[205] Писания, Иов, 38:7. «При всеобщем ликовании утренних звезд и радостных призывах всех ангелов Всесильного».

[206] Писания, Притчи, 31:15. «Встает она еще ночью и дает пищу дому своему и урок служанкам своим».

[207] Писания, Иов, 9:6-7. «Сдвигает землю с места ее, и сотрясаются столпы ее. Скажет солнцу – и не светит оно, и звезды прячет».

[208] Тора, Берешит, 37:9. «И приснился ему еще один сон, и он рассказал его братьям своим, и сказал: "Вот, приснился мне еще сон, что вот, солнце и луна и одиннадцать звезд поклоняются мне"».

[209] Тора, Берешит, 37:32. «И послали полосатую накидку, и доставили к отцу своему, и сказали: "Это нашли мы, узнай же – это накидка сына твоего или нет"».

стался со своим отцом. И с тех пор, как сделали это с Йосефом, отстранился Яаков от супружеских отношений и оставался в трауре до того дня, когда получил весть о Йосефе.

И был Творец с Йосефом

204) «И был Творец с Йосефом, и стал он человеком преуспевающим, и оставался он в доме господина своего, египтянина»[210]. Заговорил рабби Йоси: «"Ибо Творец любит правосудие и не оставляет приверженцев Своих, вечно охраняемы будут они"[211]. Этот отрывок Писания разъяснялся на примере Авраама, и поэтому "приверженцев Своих (эт хасидав אֶת חֲסִידָיו)" написано без "йуд י" (חסידו), что указывает на единственное число».

205) Куда бы ни шли праведники, охраняет их Творец и не оставляет их. Давид сказал: «Даже если иду долиной тьмы – не устрашусь зла, ибо Ты со мной. Посох Твой и опора Твоя – они успокоят меня»[212]. Ибо куда бы ни шли праведники, Шхина идет с ними и не оставляет их.

206) Йосеф пошел долиной тьмы, и низвели его в Египет, – Шхина была с ним, как сказано: «И был Творец с Йосефом»[210]. И поскольку Шхина была с ним, всё, что он делал, удавалось ему. И даже если уже вышло у него, но хозяин требовал от него сделать это по-другому, преображалось в его руках дело так, как угодно хозяину его, и об этом сказано: «И увидел господин его, что Творец с ним, и что бы он ни делал, Творец приводит к успеху под рукой его»[213]. «Приводит к успеху под рукой его», – конечно, потому что «Творец с ним».

207) Не сказано: «И узнал господин его, что Творец с ним», а сказано: «И увидел господин его»[213]. Это говорит о том, что он видел своими глазами каждый день чудесные деяния, которые Творец вершил через него, и потому «Творец благословил дом египтянина ради Йосефа»[214]. Творец оберегает праведников и ради них оберегает также и грешников, так как

---

[210] Тора, Берешит, 39:2. «И был Творец с Йосефом, и стал он человеком преуспевающим, и оставался он в доме господина своего, египтянина».

[211] Писания, Псалмы, 37:28. «Ибо Творец любит правосудие и не оставляет приверженцев Своих, вечно охраняемы будут они, а потомство нечестивых истребится».

[212] Писания, Псалмы, 23:4. «Даже если иду долиной тьмы – не устрашусь зла, ибо Ты со мной. Посох Твой и опора Твоя – они успокоят меня».

[213] Тора, Берешит, 39:3. «И увидел господин его, что Творец с ним, и что бы он ни делал, Творец приводит к успеху под рукой его».

[214] Тора, Берешит, 39:5. «И было, с тех пор, как он назначил его над домом своим и над всем, что у него, Творец благословил дом египтянина ради Йосефа, и благословение Творца было на всем, что у него в доме и в поле».

грешники благословляются благодаря заслугам праведников. Подобно этому сказано: «И благословил Творец Овед-Эдома и весь дом его»[215].

208) Другие благословляются благодаря заслугам праведников, но сами они не могут спастись благодаря своим заслугам. Хозяин Йосефа благословился благодаря его заслугам, но сам Йосеф не может спастись от него благодаря своим заслугам и выйти на свободу.

209) А затем посадил его в темницу, как сказано: «Мучили кандалами ноги его, железо пронзало душу его»[216] – и после этого вывел его Творец на свободу и поставил над всей землей египетской. И потому сказано: «Не оставляет приверженцев Своих, вечно охраняемы будут они»[211]. Творец защищает праведников в этом мире и в мире будущем, как сказано: «И возрадуются все уповающие на Тебя, вечно ликовать будут! И будешь Ты покровительствовать им, и получат отраду в Тебе любящие имя Твое»[217].

---

[215] Пророки, Шмуэль 2, 6:11. «И оставался ковчег Творца в доме Овед-Эдома, гаттиянина, три месяца, и благословил Творец Овед-Эдома и весь дом его».
[216] Писания, Псалмы, 105:18. «Мучили кандалами ноги его, железо пронзало душу его».
[217] Писания, Псалмы, 5:12. «И возрадуются все уповающие на Тебя, вечно ликовать будут! И будешь Ты покровительствовать им, и получат отраду в Тебе любящие имя Твое».

ГЛАВА ВАЕШЕВ

И возвела жена господина его глаза свои

210) «И было после этих событий – и возвела жена господина его глаза свои на Йосефа»[218]. Заговорил рабби Хия, провозгласив: «"Благословите Творца, ангелы Его, мужи сильные, исполняющие слово Его, чтобы слышать голос слова Его!"[219] Смотрите, как человек должен остерегаться грехов своих и идти исправленным путем, чтобы не совратило его злое начало, обвиняющее его ежедневно».

211) И поскольку оно обвиняет его всегда, человек должен одолеть его и подняться над ним на твердое место, где злое начало не сможет поколебать его. Ибо он должен стать сильнее его и присоединиться к месту силы (гвура), потому что когда человек одолевает его, он находится на стороне силы и прилепляется к этой стороне, чтобы укрепиться. И поскольку злое начало обладает силой, человек должен быть сильнее его. И потому те, кто преодолевает злое начало, называются «мужами сильными», будучи одного с ним вида, – так как, возобладав над сильным, стали сильными, подобно ему. Это и есть ангелы Творца, т.е. праведники, исходящие со стороны непреклонной силы (гвура), чтобы преодолеть его, злое начало. И называются они «мужами сильными, исполняющими слово Его». «Благословите Творца, ангелы Его» – это праведники, подобные Йосефу, зовущемуся праведником и мужем, и он сохранил святой союз, запечатленный в нем.

213) Сказал рабби Эльазар: «"И было после этих событий"[218] – что это значит? То место, где обвиняет злое начало, – это ступень, которая называется "после событий"». Объяснение. Малхут называется «события», и это – последняя ступень святости, а за ней – злое начало и клипот. И поэтому «после событий» – это злое начало.[220]

---

[218] Тора, Берешит, 39:7. «И было после этих событий: и возвела жена господина его глаза свои на Йосефа и сказала: "Ляг со мною!"»
[219] Писания, Псалмы, 103:20. «Благословите Творца, ангелы Его, обладающие силой, исполняющие слово Его, чтобы слышать голос слова Его».
[220] См. Зоар, главу Ваера, п. 488.

«Потому что Йосеф оставил ему место, где тот мог обвинить его. Сказало злое начало: "Как же отец его? – Ведь он скорбит по нему, а Йосеф прихорашивается и завивает волосы!" Тогда был натравлен на него медведь» – т.е. жена Потифара, «и обвинил его».

214) «И было после этих событий»[218]. Когда Творец наблюдает за миром, чтобы судить его, и находит грешников в мире, что сказано? «И затворит Он небо, и не будет дождя, и земля не даст плодов своих, и исчезнете вы быстро с той доброй земли, которую Творец дает вам»[221]. Ибо из-за грехов людских останавливаются небеса и земля, и законы их не действуют как должно.

215) Те, кто не хранят святой союз, приводят к разобщению между Исраэлем и Отцом их на небесах, ибо сказано: «И совратитесь вы, и служить будете божествам чужим и поклоняться им»[221]. И сказано: «И затворит Он небо, и не будет дождя»[221]. Ибо тот, кто не хранит союз, поклоняется иному богу и изменяет этому святому союзу.

216) Когда хранят святой союз в мире как подобает, Творец дает благословения наверху, чтобы они изливались в мир, как сказано: «Дождь благодатный проливал Ты, наследие Твое истощенное укреплял Ты»[222]. «Дождь благодатный» – это дожди желания, когда желал Творец собрание Исраэля и желал излить ему благословения, тогда: «Наследие Твое истощенное укреплял Ты». «Наследие Твое» – это Исраэль, являющиеся наследием Творца, как сказано: «Яаков – наследственный удел Его»[223]. «Истощенное» – это собрание Исраэля, дошедшее до истощения в чужой земле. Жаждет оно напиться – и нечем ему, и тогда оно истощается. А когда давались дожди благоволения, тогда «укреплял Ты».

218) И поэтому небо и земля, и все воинства их – все они держатся на этом союзе, как сказано: «Если бы не союз Мой

---

[221] Тора, Дварим, 11:17. «Берегите себя, чтобы не соблазнилось сердце ваше: и совратитесь вы, и служить будете божествам чужим и поклоняться им. И возгорится гнев Творца на вас, и затворит Он небо, и не будет дождя, и земля не даст плодов своих, и исчезнете вы быстро с той доброй земли, которую Творец дает вам».

[222] Писания, Псалмы, 68:10. «Дождь благодатный проливал Ты, Всесильный, наследие Твое истощенное укреплял Ты».

[223] Тора, Дварим, 32:9. «Ибо доля Творца – народ его, Яаков – наследственный удел Его».

днем и ночью, законов неба и земли не установил бы Я»[224]. И потому надо соблюдать осторожность в этом. И поэтому сказано: «И Йосеф был красив станом и красив видом»[225], а далее сказано: «И возвела жена господина его глаза свои на Йосефа»[218]. Иными словами, поскольку он не соблюдал осторожность, и прихорашивался, завивая волосы, и «был красив станом и красив видом», «возвела жена господина его глаза свои на Йосефа».

---

[224] Пророки, Йермияу, 33:25. «Если бы не союз Мой днем и ночью, законов неба и земли не установил бы Я».

[225] Тора, Берешит, 39:6. «И оставил он все, что у него, в руках Йосефа, и не ведал при нем ничем, кроме хлеба, который ел. И был Йосеф красив станом и красив видом».

ГЛАВА ВАЕШЕВ

И было так, что обращалась она к Йосефу изо дня в день

219) «И было так, что обращалась она к Йосефу изо дня в день»[226]. Заговорил рабби Эльазар, провозгласив: «"Чтобы уберечь тебя от женщины злой, от льстивого языка чужой"[227]. Счастливы праведники, знающие пути Творца, чтобы идти ими, ибо они занимаются Торой днем и ночью. И каждый, кто усердствует в Торе денно и нощно, приобретает два мира: высший мир и нижний мир. Приобретает этот мир, хотя и не занимается Торой во имя нее (лишма), и приобретает высший мир в то время, когда занимается ею во имя нее (лишма)».

220) «Долгоденствие в правой стороне ее, в левой – богатство и почет»[228]. «Долгоденствие в правой стороне ее» – у того, кто идет в правой (линии) Торы, т.е. занимается ею «лишма», есть у него долгоденствие в будущем мире, и он удостаивается там почета Торы. И это почет и корона, чтобы увенчаться над всем, потому что корона Торы – она только в будущем мире. «В левой – богатство и почет» – в этом мире, и хотя он не занимался ею «лишма», удостаивается в этом мире богатства и почета.

221) Когда рабби Хия пришел из Вавилона на землю Исраэля, он изучал написанное в Торе, пока лицо его не засияло, подобно солнцу. И когда представали перед ним изучающие Тору, он говорил: «Этот занимался Торой "лишма", а этот не занимался ею "лишма"». И он молился за того, кто занимался ею «лишма», чтобы так делал всегда и удостоился будущего мира. И молился за того, кто не занимался ею «лишма», чтобы пришел к изучению ее «лишма» и удостоился жизни вечной.

222) Однажды он увидел ученика, который изучал Тору, и на лице его выражалось страдание. Подумал: «По всей видимости, он помышляет о том самом грехе». Не отпускал его от себя и обращался к нему с речениями Торы, пока не успокоился в нем

---

[226] Тора, Берешит, 39:10. «И было так, что обращалась она к Йосефу изо дня в день, а он не слушал ее, чтобы лечь у нее быть с ней».

[227] Писания, Притчи, 6:23-24. «Ибо заповедь – свеча, а Тора – свет и путь жизни, наставления назидательные, чтобы уберечь тебя от женщины злой, от льстивого языка чужой».

[228] Писания, Притчи, 3:16. «Долгоденствие в правой стороне ее, в левой – богатство и почет».

дух его. Начиная с этого дня и далее, он все время обращал внимание на дух его, чтобы не предавался дурным мыслям и занимался Торой «лишма».

223) Сказал рабби Йоси: «Когда видит человек, что дурные мысли приходят к нему, пусть занимается Торой, и тогда они оставят его. Когда эта сторона зла приходит соблазнить человека, нужно привлечь ее к Торе, и она отстранится от него».

224) «И когда эта сторона зла предстает пред Творцом, чтобы обвинить мир за совершенные дурные дела, Творец проявляет милосердие к миру и дает людям совет, как спастись от нее, чтобы она не могла властвовать над ними и над делами их. Что же это за совет? Прилагать старания в Торе, и тогда они будут спасены от зла. Ведь сказано: "Заповедь – свеча, а Тора – свет и путь жизни, наставления назидательные"[227], а далее сказано: "Чтобы уберечь тебя от женщины злой, от льстивого языка чужой"[227] – то есть Тора оберегает от злого начала».

225) «И это сторона скверны, другая сторона, которая всегда находится пред Творцом, чтобы обвинять за людские грехи; и всегда находится внизу, чтобы совращать людей. Она находится наверху, чтобы напоминать о грехах людей и обвинять их за дела их, ибо они отданы в ее власть, так же как она сделала Иову», – когда Творец сказал Сатану: «Вот он в руке твоей»[229].

226) «И так она встает над ними, чтобы обвинять и напоминать о грехах их во всем, что делали. В те времена, когда Творец пребывает над ними в суде, – в Рош а-шана (Новолетие) и в Йом кипур (День искупления), – она встает, чтобы обвинять их и напоминать о грехах их. А Творец проявляет милосердие к Исраэлю и дает им совет, как спастись от нее: с помощью шофара в день Рош а-шана, а в Йом кипур – с помощью козла отпущения[230], которого дают ей, чтобы оставила их и занялась той долей, что дали ей».

---

[229] Писания, Иов, 2:6. «И сказал Творец Сатану: "Вот он в руке твоей, только душу его сохрани"».
[230] Тора, Ваикра, 16:21. «И возложит Аарон обе руки свои на голову живого козла, и признается над ним во всех беззакониях сынов Исраэля и во всех преступлениях их, во всех грехах их, и возложит их на голову козла, и отошлет с нарочным человеком в пустыню».

227) «Смотри, что сказано: "Ноги ее нисходят к смерти"[231], но об идущих в вере сказано: "Пути ее – пути приятные, и все стези ее – мир"[232], и это – пути и тропы Торы. И все они одно целое». Иными словами, все пути, как скве́рны, так и Торы, одно целое. «Одни – мир, а другие – смерть, и они полностью противоположны друг другу» – т.е. всякий путь скверны противоположен соответствующему пути святости.

228) «Благословен удел сынов Исраэля, которые соединяются с Творцом как подобает, и Он дает им совет, как спастись от всех прочих сторон в мире. Ибо они – народ святой, для наследия Его и удела Его. И потому дает Он им совет во всем. Счастливы они в этом мире и в мире будущем».

229) «Когда нисходит эта сторона зла и блуждает по миру, и видит дела людей, что все они извратили пути свои в мире, она поднимается наверх и обвиняет их. И если бы Творец не сжалился над делом рук Своих, никого не осталось бы в мире».

230) «"И было так, что обращалась она к Йосефу изо дня в день". "Обращалась она" – это сторона зла, которая поднимается и обвиняет каждый день, обращаясь к Творцу», – так как Йосеф это намек на Творца, – «с многочисленными бедами и наговорами, чтобы уничтожить людей».

231) «"А он не слушал ее, чтобы лечь у нее, быть с нею"[226]. "Не слушал ее" – потому что Творец являет милосердие миру, "чтобы лечь у нее" – чтобы ей обрести власть и господствовать над миром, и власть не вступает в силу, пока ей не дано разрешение».

Объяснение. «Лечь у нее» – это зивуг (соитие). Может ли быть, что святость сойдется со скверной? Но дело в том, что обилие сил, которые получает сторона зла от Творца, чтобы наказывать, считается как зивуг, поскольку обилие притягивается только посредством зивуга. И потому сказано: «Лечь у нее» – т.е. дать ей полную власть.

---

[231] Писания, Притчи, 5:5. «Ноги ее нисходят к смерти, на преисподнюю опираются стопы ее».
[232] Писания, Притчи, 3:17-18. «Пути ее – пути приятные, и все стези ее – мир. Древо жизни она для придерживающихся ее, и опирающиеся на нее счастливы».

232) Другое объяснение. «Лечь у нее»²²⁶ – подобно сказанному: «И о мужчине, который ляжет с нечистою»²³³, «быть с нею»²²⁶ – значит дать ей власть и благословения, и помощь. Ведь если бы не помощь, которая была у нее свыше, не осталось бы в мире ни одного человека. Но поскольку Творец являет милосердие миру, – и дает миру помощь через нечистую сторону (ситра ахра), т.е. в час, когда она правит миром, – мир продолжает существовать.

Разница между этим объяснением и предыдущим заключается в следующем. Там он говорит, что «лечь у нее» означает дать нечистой стороне полноту власти и предоставить ей право наказания. А здесь говорит, что «лечь у нее» означает безраздельное управление миром, которое дается нечистой стороне в то время, когда она господствует в мире, чтобы мир мог существовать.

233) Сказал рабби Аба: «Все они являются одним целым» – два эти толкования. «Но злое начало, которое постоянно соблазняет людей, чтобы извратить их путь и прилепиться к ним, каждый день и в любое время совращает людей с истинного пути, дабы сбить их с пути жизни и низвести в ад».

234) «Счастлив тот, кто вершит добрые дела и оберегает пути и тропинки свои, чтобы не прилепиться к злому началу, как сказано: "И было так, что обращалась она к Йосефу изо дня в день, а он не слушал ее" – не слушал того, что она говорила ему каждый день, ибо дух скверны, т.е. злое начало, соблазняет человека каждый день, «чтобы лечь у нее» – т.е. в аду, и быть приговоренным там «быть с нею».

235) «И вот когда человек прилепляется к той стороне, он тянется за ней и оскверняется с нею в этом мире, и оскверняется с нею в другом мире».

---

²³³ Тора, Ваикра, 15:32-33. «Это учение об имеющем истечение и о том, у кого случится истечение семени, делающее нечистым. И об отлученной из-за нечистоты ее, и об имеющем свое истечение, будь то мужчина или женщина, и о мужчине, который ляжет с нечистою».

Ведь нечистая сторона – это скверна, мерзость. Как сказано: «"Уйди" – скажешь этому»[234] поистине непотребству. И к этому непотребству приговорен тот, чьи пути отклоняются от Торы. И к этому приговорены те грешники мира, у которых нет веры в Творца.

236) «И было в один из таких дней, вошел он в дом, чтобы делать свою работу, и не было никого из домашних там, дома»[235]. «И было в один из таких дней» – в такой день, когда злое начало властвует в мире и спускается, чтобы совращать людей. Это тот день, когда человек приходит к раскаянию в своих грехах, или приходит заниматься Торой и исполнять заповеди Торы. И тогда, в то же самое время, нисходит злое начало, чтобы прельстить обитателей мира и отвадить их от раскаяния, от занятий Торой и от выполнения заповедей.

237) «Вошел он в дом, чтобы делать свою работу»[235] – чтобы заниматься Торой и исполнять заповеди Торы, что и является работой человека в этом мире. А поскольку работа человека в этом мире – это работа Творца, т.е. занятие Торой и заповедями, человек должен быть сильным, подобно льву, со всех сторон, чтобы не властвовала над ним нечистая сторона и не смогла соблазнить его.

«И не было никого»[235] – не было никого, кто встал бы перед злым началом и повел с ним войну, как подобает.

238) Таков путь злого начала: когда видит, что никто не противостоит ему, чтобы вести с ним войну, тут же: «И схватила она его за одежду его и сказала: "Ложись со мной"»[236]. «И схватила она его за одежду» – ибо когда злое начало властвует над человеком, первым делом оно поправляет и украшает его одежду, завивает волосы. И это значение сказанного: «И схватила она его за одежду его и сказала: "Ложись со мной"» – т.е. прилепись ко мне.

---

[234] Пророки, Йешаяу, 30:22. «И скверной считать будете вы покрытие из серебра твоего для истуканов и одеяние из золота для литого идола твоего. Ты отбросишь их, как нечистое, "уйди" – скажешь этому».

[235] Тора, Берешит, 39:11. «И было в один из таких дней, вошел он в дом, чтобы делать свою работу, и не было никого из домашних там, дома».

[236] Тора, Берешит, 39:12. «И схватила она его за одежду его и сказала: "Ложись со мной". Но он оставил одежду свою в руке ее, побежал и вышел наружу».

239) Тот, кто праведен, собирается с силами против него и ведет с ним войну, как сказано: «Но он оставил одежду свою в руке ее, побежал и вышел наружу»[236]. Оставил его и укрепился против него, и убежал от него, чтобы спастись от него, дабы не властвовало оно над ним.

240) В грядущем будущем праведникам злое начало будет казаться высокой горой. И удивятся они и скажут: «Как же нам удалось одолеть эту высокую, высочайшую гору?» А грешникам в будущем предстоит увидеть злое начало тонким, как волосок. И удивятся они и скажут: «Как же мы не смогли преодолеть этот тонкий волос?» Эти плачут, и те плачут.

А Творец истребит его из мира и у них на глазах заколет его. И не будет оно больше властвовать в мире, и увидят это праведники и обрадуются, как сказано: «А праведники возблагодарят имя Твое, справедливые обитать будут пред Тобой»[237].

---

[237] Писания, Псалмы, 140:14. «А праведники возблагодарят имя Твое, справедливые обитать будут пред Тобой».

ГЛАВА ВАЕШЕВ

Согрешили виночерпий царя египетского и пекарь

241) «И было после этих событий: согрешили виночерпий царя египетского и пекарь пред господином своим, царем египетским»[238]. Заговорил рабби Йегуда: «"Зарычит ли лев в лесу, если нет у него добычи?! Подаст ли молодой лев голос из логова своего, если ничего не поймал?!"[239] Насколько внимательны должны быть люди в работе Творца, ибо у каждого, кто прилагает усердие в Торе и в работе Творца, трепет и страх Его пребывает на всем».

242) «Поскольку, при сотворении мира, создал Творец все существа в мире в том виде, в каком каждому надлежит быть, а потом создал человека по высшему образу, и сделал его господствующим, благодаря этому образу, над всеми созданиями. И в любое время, когда предстает человек в мире, все создания, поднимая голову и видя высший образ человека, боятся его и дрожат перед ним, как сказано: "И боязнь и страх перед вами будет на всяком звере земли и на всякой птице небесной, на всем, что движется на земле, и на всех рыбах морских"[240]. Но всё это сказано лишь когда они смотрят и видят в нем этот образ, и душа находится в нем».

243) Сказал рабби Эльазар: «И даже когда нет в нем души, образ праведников не меняется относительно того, какими они были вначале. Но если человек не идет путями Торы, изменяется у него этот образ святости, и тогда звери полевые и птицы небесные могут властвовать над ним. Поскольку из-за изменения его образа святости, меняется и уходит от него образ человека, и он принимает образ остальных живых существ. И потому создания больше не боятся его и могут властвовать над ним».

---

[238] Тора, Берешит, 40:1. «И было после этих событий: согрешили виночерпий царя египетского и пекарь пред господином своим, царем египетским».

[239] Пророки, Амос, 3:4. «Зарычит ли лев в лесу, если нет у него добычи?! Подаст ли молодой лев голос из логова своего, если ничего не поймал?!»

[240] Тора, Берешит, 9:2. «И боязнь и страх перед вами будет на всяком звере земли и на всякой птице небесной, на всем, что движется на земле, и на всех рыбах морских; в ваши руки отданы они».

244) «Творец сменяет деяния наверху и внизу» – т.е. меняя образ святости наверху и подобие человека внизу, «чтобы вернуть вещи к их истокам» – какими они были до греха Древа познания, «и чтобы воля Его пребывала во всех деяниях мира». Объяснение. Посредством наказаний исправляются все деяния мира, даже самые далекие.

«У Даниэля образ его не изменился, когда его бросили в яму со львами, и потому он спасся». Сказал рабби Хизкия: «Но ведь сказано: "Всесильный мой послал ангела Своего, и он закрыл пасть львам, и не причинили они мне вреда"[241]. Выходит: благодаря тому, что ангел закрыл им пасть, он остался невредим, а не благодаря его образу святости?»

245) Сказал ему (рабби Эльазар): «Он потому и остался невредим, что святой образ праведного человека – это и есть тот ангел, который закрыл пасть львам и держал их в оцепенении, охраняя его, чтобы не причинили ему вреда. И потому сказал Даниэль: "Всесильный мой послал ангела Своего, – того ангела, в котором запечатлены все образы мира, и он укрепил свой образ во мне, и не смогли львы властвовать во мне, – и он закрыл пасть им". И для этого, разумеется, Он послал Своего ангела».

246) «И это тот ангел, в котором запечатлены все образы» – т.е. Нуква, называемая ангелом, от которой происходят все образы в мире, «как сказано: "Судить будет народы – скопление тел"[242]» – т.е. образы всех тел находятся пред Ним, «ибо все образы в мире не меняются пред Ним; и потому человек должен оберегать свои пути и тропы, чтобы не согрешить пред Владыкой своим и существовать в человеческом образе».

247) Йехезкель оберегал уста свои от запретной еды, как сказано: «И не проникало в уста мои негодное мясо»[243]. Он удостоился, и потому именуется человеком. О Даниэле сказано:

---

[241] Писания, Даниэль, 6:23. «Всесильный мой послал ангела Своего, и он закрыл пасть львам, и не причинили они мне вреда, ибо оказался я чист перед Ним. И перед тобой, царь, не совершал я преступления"».

[242] Писания, Псалмы, 110:6. «Судить будет народы – скопление тел, поразил главенствующего над землею обширной».

[243] Пророки, Йехезкель, 4:14. «И я сказал: "О, Господин мой, Владыка! Душа моя не осквернена, и падали, и растерзанного (зверем) не ел я от юности моей и доныне, и не проникало в уста мои негодное мясо"».

«И решил Даниэль в сердце своем не оскверняться пищей царя и вином из напитков его»[244]. Поэтому удостоился он и существовал в образе человека. Ибо все в мире страшатся образа человека, который правит всеми и царит над всеми.

248) И потому человек должен остерегаться грехов своих и не отклоняться ни вправо, ни влево. Но вместе с тем, хоть он и оберегает себя, человек должен каждый день проверять себя в отношении грехов. Ведь как только человек встает с постели, два свидетеля предстают перед ним и находятся с ним весь день.

249) Хочет человек встать, – эти свидетели говорят ему, когда он открывает глаза: «Глаза твои пусть смотрят прямо»[245]. Встает на ноги, чтобы пойти, – эти свидетели говорят ему: «Направь на верную стезю ногу твою»[246]. И потому, когда человек идет, должен он каждый день остерегаться грехов своих.

250) Каждый день с наступлением ночи он должен окинуть мысленным взором и проверить все свои дела за весь этот день, чтобы раскаяться в них. И будет всегда исследовать их для того, чтобы раскаяться пред Владыкой своим, как сказано: «И грех мой предо мною всегда»[247] – дабы раскаяться в них.

251) Когда были Исраэль на святой земле, в делах рук их не было греха, так как жертвы, которые они приносили ежедневно, искупали их. Теперь же, когда Исраэль изгнаны с этой земли и некому искупить их, – искупает их Тора и добрые дела, потому что Шхина (находится) с ними в изгнании. А тот, кто не смотрит на пути Творца, повергает Шхину во прах, как сказано: «(Стоявший высоко город) низверг Он, поверг на землю, во прах»[248].

---

[244] Писания, Даниэль, 1:8. «И решил Даниэль в сердце своем не оскверняться пищей царской и вином из напитков его, и попросил он старшего из придворных, чтобы (позволил) ему не оскверняться».

[245] Писания, Притчи, 4:25. «Глаза твои пусть смотрят прямо, и веки (взоры) твои – направлены вперед пред тобою».

[246] Писания, Притчи, 4:26-27. «Направь на верную стезю ногу твою, и все пути твои будут тверды. Не сворачивай ни вправо, ни влево; отдаляй ногу твою от зла».

[247] Писания, Псалмы, 51:5. «Ибо сознаю я преступления свои, и грех мой предо мною всегда».

[248] Пророки, Йешаяу, 26:5. «Ибо Он унизил живших на высоте, стоявший высоко город низверг Он, поверг на землю, во прах».

252) Тот, кто прилагает старания в изучении Торы и в добрых деяниях, помогает Кнессет Исраэль, Шхине, поднять голову в изгнании. Благословен удел тех, кто прилагает старания в изучении Торы днем и ночью.

253) Творец осуществляет круговороты в мире, чтобы поднять голову праведников. Ибо для того чтобы Йосеф поднял голову в мире, – за то, что был праведником пред Ним, – Он вызвал гнев господина на слуг его, как сказано: «Согрешили виночерпий царя египетского и пекарь пред господином своим, царем египетским»[238]. И всё это было для того чтобы поднять голову Йосефа-праведника. Смотри, посредством сна он был унижен перед братьями и посредством сна возвысился над братьями, и возвысился над всем миром, т.е. посредством сна Фараона.

254) «И приснился сон обоим, каждому свой сон в одну ночь, каждому сон иного толка, виночерпию и пекарю царя египетского, заключенным в темнице»[249]. А все сны воплощаются вслед за (истолкованным) устами. Почему же Йосеф, истолковывая их сон, дал одному хорошее толкование, а другому – плохое, почему не дал хорошее толкование обоим? Но дело в том, что эти сны были о самом Йосефе. И поскольку знал суть и корень происходящего, он истолковал им сон должным образом, дав каждому из них толкование так, чтобы вернуть всё на свое место и к своему корню.

255) «И сказал им Йосеф: "Ведь от Всесильного истолкования! Расскажите же мне"»[250]. Почему он так сказал? Потому что так нужно истолковывать сон – возлагая толкование на Творца. Ибо там – осуществление всего, и в Нём находится разгадка.

256) Мы изучали, что ступень сна находится внизу, и это шестая ступень относительно пророчества, поскольку от того места, где пребывает пророчество, до ступени сна насчитываются шесть ступеней.[251] И толкование сна восходит со ступени сна к другой ступени. Сон – это ступень внизу, в Гавриэле, и разгадка стоит над ним, так как разгадка зависит от речи,

---

[249] Тора, Берешит, 40:5. «И приснился сон обоим, каждому свой сон в одну ночь, каждому сон иного толка, виночерпию и пекарю царя египетского, заключенным в темнице».
[250] Тора, Берешит, 40:8. «И сказали они ему: "Сон приснился нам, а истолкователя ему нет". И сказал им Йосеф: "Ведь от Всесильного истолкования! Расскажите же мне"».
[251] См. Зоар, главу Ваеце, статью «Пророчество, видение и сновидение», п. 45.

т.е. Нуквы. И потому всё зависит от речи, как сказано: «Ведь от Всесильного (Элоким) истолкования!» – разумеется, и это Нуква, называемая Элоким.

ГЛАВА ВАЕШЕВ

Пусть твой дух будет на мне вдвойне

257) «И рассказал начальник виночерпиев свой сон Йосефу»[252]. Заговорил рабби Эльазар, провозгласив: «И было, когда они перешли, Элияу сказал Элише: "Проси, что сделать мне для тебя, прежде чем я буду взят от тебя". И сказал Элиша: "Прошу, пусть дух, который на тебе, будет на мне вдвойне"»[253]. «Надо вникнуть в этот отрывок, и кажется удивительным сказанное Элияу Элише: "Проси, что сделать мне для тебя". Разве это в его власти – это же во власти Творца?! И кроме того, Элиша ведь тоже знал, что эта просьба не в его власти, а во власти Творца. Зачем же он сказал: "Пусть дух, который на тебе, будет на мне вдвойне"?»

258) Но безусловно, что для Того, кто един на небе и земле, и во всем мире, – как это может не быть в Его власти?! А что касается Элияу и остальных праведников, Творец всегда выполняет желания праведников, и тем более то, что касается духа святости, который наследует праведник Элиша, так как Элиша был слугой его (Элияу) и достоин наследовать ему. Ведь Творец сказал Элияу: «Элишу же, сына Шафата, из Авель-Мехолы, помажешь в пророки вместо себя».[254]

259) «Пусть дух, который на тебе, будет на мне вдвойне»[253]. Разве можно допустить мысль, что он попросил вместо одного два, т.е. чтобы дух его вырос вдвое по сравнению с духом Элияу? Как он попросил у него то, что не в его власти? Ведь никто не может дать то, чего у него нет?

Однако он не просил вместо одного духа два, а попросил так у него для того, чтобы тем духом, который был у него, сделать вдвое больше чудес в мире по сравнению с тем, что сделал им Элияу.

---

[252] Тора, Берешит, 40:9-11. «И рассказал начальник виночерпиев свой сон Йосефу, и сказал ему: "Во сне моем, вот, передо мной виноградная лоза. А на лозе три ответвления, и она будто распускается, показалась завязь, поспели гроздья ее, виноград. И чаша Фараона в руке моей, и взял я виноград, и выжал его в чашу Фараона, и дал чашу в руку Фараона"».
[253] Пророки, Мелахим 2, 2:9. «И было, когда они перешли, Элияу сказал Элише: "Проси, что сделать мне для тебя, прежде чем я буду взят от тебя". И сказал Элиша: "Прошу, пусть дух, который на тебе, будет на мне вдвойне"».
[254] Пророки, Мелахим 1, 19:16. «А Йеу, сына Нимши, помажешь на царство в Исраэле, Элишу же, сына Шафата, из Авель-Мехолы, помажешь в пророки вместо себя».

260) «И сказал он: "Трудного ты попросил. Если ты увидишь меня, когда я буду взят от тебя, то сбудется тебе это, а если нет – не сбудется"»[255]. «Если увидишь меня, когда я буду взят от тебя» – почему он обусловил этим его просьбу? Но этим сказал ему: «Если сумеешь стоять на основе того духа, который я оставил тебе, когда был взят от тебя, "то сбудется тебе это"». Ибо вся основа этого духа познаётся в этот момент, если он созерцает его, этот дух, когда видит Элияу, для того чтобы слияние с ним было как подобает.

Объяснение. Поскольку Элияу является корнем этого духа, дух этот пребывает в полном совершенстве только когда соединен со своим корнем, с Элияу. А потому когда (Элиша) созерцает этот дух, он должен видеть вместе с ним его корень – образ Элияу; и только если увидит его образ в себе, в тот момент, когда (Элияу) оставил ему этот дух, т.е. когда был взят от него. Это и сказал ему Элияу: «Если ты увидишь меня, когда я буду взят от тебя, то сбудется тебе это»[255] – ибо тогда этот дух будет действовать во всей его полноте.

Однако (Элиша) попросил, чтобы он мог сделать с помощью его духа вдвое больше, чем сделал им Элияу. Ведь он же, в конечном счете, попросил то, чего у него нет – ибо если Элияу не сделал, значит, не было у него силы для этого действия, и как же он даст эту силу Элише? А если допустить, что каждый может действовать, обладая этим духом, сколько пожелает и не нуждается в добавке высшей силы, то он вообще не должен был просить этого у Элияу, поскольку и сам мог сделать сколько ему угодно?

И для того чтобы понять это, надо вникнуть во внутреннюю суть сказанного. Дело в том, что как известно, при разбиении келим упали триста двадцать искр в клипот, причем от каждой из десяти сфирот мира Некудим упало восемь мелахим Даат-Хесед-Гвура-Тиферет-Нецах-Ход-Есод-Малхут, в каждом из которых есть четыре свойства ХУБ ТУМ, т.е. тридцать два свойства от каждой сферы. И десять раз по тридцать два – это триста двадцать свойств. Из них только двести восемьдесят восемь искр подлежат выявлению и исправлению в течение шести тысяч лет, и это только девять первых сфирот

---

[255] Пророки, Мелахим 2, 2:10. «И сказал он: "Трудного ты попросил. Если ты увидишь меня взятым от тебя, то сбудется тебе это; а если нет – не сбудется"».

мира Некудим, так как девять раз по тридцать два – это двести восемьдесят восемь (РАПАХ). Однако тридцать две искры в их Малхут не подлежат выявлению, и нельзя их трогать, и остались они погруженными в клипот на протяжении всех шести тысяч лет существования мира, до конца исправления. И поскольку в каждом теле примешаны эти тридцать две (лев а-эвен), десятая часть от всех, у которой нет исправления, каждый человек неизбежно умирает. А в конце исправления, когда выявятся эти тридцать две, десятая часть, тогда сказано: «Уничтожит Он смерть навеки»[256], так как все клипот исчезнут, а все светила раскроются.

И не следует задавать вопрос: если нельзя выявлять и затрагивать эти тридцать две, десятую часть, находящуюся в клипот со времени разбиения келим, то как же она может быть исправлена в будущем? Но на самом деле нет никакой необходимости выявлять и исправлять ее, так как по завершении выявления и исправления всех двухсот восьмидесяти восьми искр исправятся эти тридцать две, десятая часть, сами собой, не требуя никакого особого выявления.

И свойство Элияу призвано привести к завершению и окончанию выявления и исправления РАПАХ (288) искр, вместе с которым сразу же исправляется лев а-эвен (каменное сердце). Элияу (אליהו) в гематрии – БОН (52 ב"ן), и всей его задачей было исправить имя БОН, представляющее свойство Малхут, и вывести эту десятую часть, каменное сердце, из клипот.

У каждого праведника есть своя миссия, и после ее завершения он сразу же уходит наверх. А потому, хотя Элияу и является тем, кто открывает исправление каменного сердца, все равно он нисколько не действует теми совершенными светами, которые раскрываются благодаря ему, так как сразу же уходит на небеса, завершив свою задачу.

Потому и объясняет Зоар[257], что «он (Элиша) не просил вместо одного духа два» – т.е. чтобы было у него два духа, один – от свойства РАПАХ (288) искр, а другой – от свойства лев а-эвен (каменное сердце), ведь никто не может дать то, чего

---

[256] Пророки, Йешаяу, 25:8. «Уничтожит Он смерть навеки, и отрет Создатель слезы со всех лиц, и позор народа Своего устранит Он на всей земле, ибо так сказал Творец».
[257] См. выше, п. 259.

у него нет. «А попросил так у него для того, чтобы тем духом, который был у него, сделать вдвое больше чудес» – т.е. просил у него, чтобы тот дух, что был у Элияу, дух от РАПАХ (288) искр, сделал вдвое больше, т.е. чтобы этот дух раскрыл ему также света́ и действия тридцати двух, десятой части. Ибо нет никакого особого духа у тридцати двух, десятой части, но раскрывается она с завершением и окончанием выявления двухсот восьмидесяти восьми искр.

И хотя сам Элияу не открыл света и действия этих тридцати двух, десятой части, это вовсе не значит, что они не в его власти. А причина этого в том, что задачей его было только произвести выявление и исправление тридцати двух, десятой части, в целом. А Элиша попросил у него, чтобы кроме его духа двухсот восьмидесяти восьми искр, удостоиться обрести у него также исправление тридцати двух, десятой части, в целом. И тогда, естественно, он сам сможет производить действия и раскрывать света́ вдвое больше» – как света РАПАХ (288) искр, так и света каменного сердца.

И поэтому задан вопрос: «Если увидишь меня, когда я буду взят от тебя» – почему Элияу обусловил вдвое большее постижение тем, что (Элиша) увидит его взятым от себя? И дается ответ, что он этим сказал ему: «Если сумеешь стоять на основе того духа, который я оставил тебе, когда был взят от тебя, "то сбудется тебе это"». Потому что время открытия исправления духа этих тридцати двух, десятой части, начинается в последний миг его пребывания в этом мире. Ибо сразу же после того, как открыл его, он поднялся на небеса, поскольку завершилась его миссия. И потому сказал ему: «Если сумеешь стоять на основе того духа, духа каменного сердца, который я оставлю тебе, когда я буду взят от тебя, в самый последний миг моего пребывания с тобою в этом мире, "то сбудется тебе это" вдвойне. Но если упустишь этот миг, чтобы увидеть меня, то не постигнешь вдвойне, потому что дух тридцати двух, десятой части, не раскрывается ранее».

«Ибо вся суть этого духа» – духа тридцати двух, десятой части, «познаётся в этот момент, если он созерцает его, когда видит Элияу» – в час, когда Элиша посмотрит на него, чтобы постичь его, и увидит Элияу взятым от себя, «для того чтобы слияние с ним было как подобает» – сольется и постигнет его как подобает. Ибо только в тот миг, когда увидел его взятым от себя, тогда наступает время его открытия, но не ранее.

261) Кто вникает во всё то, чему учился у своего учителя, и взирает на это с мудростью, которой научился у него, – тот может еще сильнее приобщиться к этому духу. А Йосеф во всем, что бы он ни делал, видел в духе мудрости образ отца, и потому добился в этом успеха, и добавился ему другой дух с более высоким свечением.

Объяснение. Яаков излучал свет только укрытых хасадим, относясь к свойству от хазе Зеир Анпина и выше. Однако Йосеф излучал свет раскрытых хасадим в свечении Хохма, будучи средней линией от хазе Зеир Анпина и ниже. Таким образом, он излучал больший свет, чем Яаков, отец его.

262) Когда сказал ему этот нечестивец: «Вот, передо мной виноградная лоза»[258], содрогнулся Йосеф, так как не знал, на что это указывает. Объяснение. Он опасался, что речь идет о лозе нечистой стороны (ситра ахра), происходящей от левой линии, которая не объединена с правой линией с помощью средней линии. Когда же тот сказал: «А на лозе три ответвления»[7], – и это значит, что левая линия объединена с правой с помощью средней линии, – тотчас пробудился его дух и добавился к свечению, и он увидел образ своего отца, т.е. свойство средней линии, и тогда стал светить дух его, и он понял сказанное.

263) Сказано: «А на лозе три ответвления»[7]. Сказал Йосеф: «Это, конечно же, весть, радующая совершенством». Почему? Потому что виноградная лоза – это собрание Исраэля, Нуква. И тем самым Йосеф был извещен, что пришло время ее власти. «А на лозе три ответвления» – три высшие ступени, исходящие от этой лозы, коэны-левиты-исраэлиты, т.е. Хесед-Гвура-Тиферет Зеир Анпина, светящие в Нукве во время ее совершенства.

264) «И она будто распускается, показалась завязь»[7] – потому что благодаря им поднимается Кнессет Исраэль к Зеир

---

[258] Тора, Берешит, 40:9-11. «И рассказал начальник виночерпиев свой сон Йосефу, и сказал ему: "Во сне моем, вот, передо мной виноградная лоза. А на лозе три ответвления, и она будто распускается, показалась завязь, поспели гроздья ее, виноград. И чаша Фараона в руке моей, и взял я виноград, и выжал его в чашу Фараона, и дал чашу в руку Фараона"».

Анпину и благословляется от высшего Царя, Зеир Анпина. «Поспели гроздья ее, виноград»[7] – это праведники мира, которые, подобно ягодам винограда, созрели как подобает.

Другое значение. «Поспели гроздья ее, виноград» – это вино, хранившееся в винограде с шести дней начала творения. Объяснение. Это совершенные мохин, получаемые ею от больших ВАК Зеир Анпина, которые действовали в дни начала творения, перед грехом Древа познания. И они оберегаются от любого вмешательства клипот, потому что вино еще не выжато, т.е. эти мохин еще не раскрылись снаружи, и оно еще в винограде, и потому клипот не могут включиться в него.

Мохин свечения левой линии Бины называются вином. А его привлечение сверху вниз, т.е. грех Древа познания, называется выжиманием. И это означает сказанное о грехе Древа познания, что Хава выжала виноград и дала ему (Адаму).

265) Это то, что было сообщено Йосефу через сон начальника виночерпиев. Начиная отсюда и далее, сновидение относится к самому начальнику виночерпиев. Ибо есть сны, предназначенные как самому человеку, так и другим: часть их указывает на будущее спящего, а другая часть – на будущее других. «И взял я виноград»[7] – это относится к нему самому, а не к Йосефу.

266) Если человек видел во сне белый виноград, то это хороший для него знак. Черный виноград – нехороший знак. Ибо это две ступени: черное и белое, доброе и недоброе. Белое указывает на милосердие, а черное – на суд. И весь виноград, как черный, так и белый, зависит от свойства веры, Нуквы. Малхут, относящаяся к свойству суда, – это черное; а Малхут, подслащенная Биной, – это белое. И потому выявляется Хохмой как во благо, так и во зло. Черный (виноград) указывает на то, что нуждается в милосердии, – т.е., что должен подсластиться в свойстве милосердия, в Бине. А белый (виноград) показывает, что это управление милосердием, ибо Малхут уже подсластилась в Бине и стала милосердием.

267) Жена Адама Ришона выдавила для него виноград и навлекла смерть на него, и на весь Исраэль, и на весь мир. Ноах приблизился к этому винограду и не остерегся как полагается. Тогда сказано: «И выпил вина, и опьянел, и обнажился в шатре

своем»²⁵⁹. Слово «шатер (оало (אָהֳלֹה))» здесь пишется с «хэй ה» в конце, а не с «вав ו» (и это подробно объяснено в главе Ноах)²⁶⁰. Сыновья Аарона выпили вина, и под влиянием вина принесли жертву и умерли.²⁶¹ И потому сказано: «Виноград их – виноград ядовитый, гроздья горькие у него»²⁶² – поскольку виноград послужил причиной всего этого.

268) Начальник виночерпиев видел хороший виноград во сне своем, белый виноград, – в том винограднике, где он возносит упоение и аромат на совершенные ступени, как подобает.

Объяснение. Виноград – это ступени Нуквы. Виноградник – сама Нуква. И в то время, когда она подслащается Биной, ее виноград – белый, и он возносит упоение и аромат.
Поэтому Йосеф, зная это, смотрел в корень вещей и истолковал сон должным образом, так как был уведомлен через этот сон, и потому истолковал его к добру, и так и случилось.

269) «И увидел начальник пекарей, что он хорошо истолковал, и сказал Йосефу: "Также и я в моем сне... И вот, три плетеные корзины на голове моей"»²⁶³. Прокляты грешники, ибо все дела их – во зло, и все речи, которые они ведут, – во зло и во вред.

270) Когда слово «также» вышло первым из уст его: «Также и я во сне своем...»²⁶³ – сразу испугался Йосеф и понял, что все слова его – во вред, и плохая весть в устах его.

«И вот, три плетеные корзины на голове моей». Отсюда понял Йосеф, что известили его о разрушении Храма и изгнании Исраэля со святой земли.

271) «В верхней корзине всякая пища Фараона, изделия пекаря, и птицы клюют их из корзины с головы моей»²⁶⁴ – это

---

²⁵⁹ Тора, Берешит, 9:21.
²⁶⁰ См. Зоар, главу Ноах, п. 308.
²⁶¹ Тора, Ваикра, 10:1-2.
²⁶² Тора, Дварим, 32:32. «Ибо от лозы Сдома их лоза и с полей Аморы. Виноград их – виноград ядовитый, гроздья горькие у него».
²⁶³ Тора, Берешит, 40:16. «И увидел начальник пекарей, что он хорошо истолковал, и сказал Йосефу: "Также и я в моем сне... И вот, три плетеные корзины на голове моей"».
²⁶⁴ Тора, Берешит, 40:17. «В верхней корзине всякая пища Фараона, изделия пекаря, и птицы клюют их из корзины с головы моей».

остальные народы, собирающиеся на Исраэль и убивающие их, и разрушающие дом их, и рассеивающие их на четыре стороны мира.

И всё это распознал Йосеф и понял, что сон этот указывает на Исраэль, когда будут признаны виновными пред Царем. Сразу же дал он ему плохое истолкование, и это сбылось с ним.

272) Это было две ступени – то, что видел один и видел другой. Начальник виночерпиев видел, как поднимается и властвует высшая ступень, Зеир Анпин, и светит луна, Нуква. Начальник пекарей видел, как она меркнет и властвует над ней, над Нуквой, змей зла. И потому Йосеф разобрался с этим сном и дал ему плохое истолкование. Поэтому всё зависит от истолкования. И тот и другой видели две эти ступени, властвующие над Нуквой, и это либо Зеир Анпин, либо змей зла, где правит один – Зеир Анпин, и правит другой – змей зла.

Сердце чистое сотвори для меня, Всесильный

273) Заговорил рабби Йегуда: «"Сердце чистое сотвори для меня, Всесильный, и дух верный обнови во мне"[265]. "Сердце чистое" – это как сказано: "Даруй же рабу Твоему сердце разумное"[266], и сказано: "У добросердечного – всегда пир"[267]. И благодаря этому у него, конечно же, "сердце чистое"».

274) «И дух верный обнови во мне»[265]. Как сказано: «И дух Всесильного витал над поверхностью вод»[268] – дух Машиаха. И об этом духе сказано: «И дух новый вложу в вас»[269]. И Давид молился: «Этот "дух верный"[265],– т.е. дух Машиаха, – "обнови во мне"[265]».

275) Поскольку есть с другой стороны сердце скверное и дух, совращающий живущих в мире к греху. И это дух нечистоты, называемый превратным духом, как сказано: «Творец вселил в них дух превратный»[270]. И потому просит Давид: «И дух верный обнови во мне»[265]. «Обнови» – это обновление луны, обновление зивуга Нуквы с Зеир Анпином. В час, когда обновляется луна, считается что «Давид, царь Исраэля» – т.е. Нуква, «живет (хай) и здравствует» – т.е. достигает мохин де-хая. И поэтому говорит: «Обнови» – т.е. чтобы обновил зивуг с Зеир Анпином.

276) Рабби Эльазар и рабби Йоси шли по дороге. Сказал рабби Йоси рабби Эльазару: «Сказано: «И выступил дух и стал пред Творцом, и сказал: "Я уговорю его". И спросил его

---

[265] Писания, Псалмы, 51:12. «Сердце чистое сотвори для меня, Всесильный, и дух верный обнови во мне».

[266] Пророки, Мелахим 1, 3:9. «Даруй же рабу Твоему сердце разумное, чтобы судить народ Твой, чтобы различать между добром и злом, ибо кто может судить этот тяжелый народ Твой?»

[267] Писания, Притчи, 15:15. «Все дни убогого – никчемны, а у добросердечного – всегда пир».

[268] Тора, Берешит, 1:2. «Земля же была пустынна и хаотична, и тьма над бездной, и дух Всесильного витал над поверхностью вод».

[269] Пророки, Йехезкель, 11:19. «И дам Я им сердце одно, и дух новый вложу в вас, и извлеку из плоти их сердце каменное, и дам им сердце из плоти».

[270] Пророки, Йешаяу, 19:14. «Творец вселил в них дух превратный, и ввели они в заблуждение Египет во всех действиях его, подобно тому, как блуждает пьяный во время рвоты своей».

Творец: "Как?" И он сказал: "Я выйду и стану духом лживым в устах всех пророков его". И сказал Он: "Ты уговоришь и преуспеешь в этом; выйди и сделай так"»[271]. И мы изучали, что это дух Навота Изреэли. Разве души, которые поднялись и находятся наверху, могут вернуться в этот мир? И удивительную вещь сказал он: "Я выйду и стану духом лживым в устах всех пророков его"».

277) «И еще, каков смысл того, что Ахав был наказан за него (Навота)? Ведь таков был закон Торы, ставивший Шмуэля выше Исраэля, ведь сказано: "И лучшие поля ваши и виноградники ваши, и масличные сады ваши возьмет он"[272]. И если Ахав забрал виноградник у Навота, ведь это было по закону. Более того, Ахав дал бы ему другой виноградник или золото, и не хотел забирать. Почему же он был наказан?»

278) Сказал ему рабби Эльазар: «Ты хорошо спросил. Смотри, насчет сказанного тобой, что это дух Навота, – тут надо разобраться. Разве мог дух Навота подняться и, представ перед Творцом, просить у него лживое, как сказано: "И выступил дух... и стану духом лживым"? Если он был праведником, то как мог просить лживое в том мире, мире истины? А если не был праведником, то как мог предстать перед Творцом?»

279) «Однако Навот, конечно же, не отличался праведностью настолько, чтобы предстать перед Творцом. И другой дух властвовал в мире – дух, поднимающийся и предстающий перед Творцом всегда, т.е. Сатан. Именно он совращает обитателей мира с помощью лжи, т.е. лжет от святого имени. И тот, кто привык лгать, всегда занимается ложью. И потому сказал: "Я выйду и стану духом лживым"[271]. Сказал ему Творец: "Выйди и сделай так"[271] – выйди отсюда. Сказано: "Изрекающий ложь не утвердится пред глазами моими"[273]. И потому это дух лживый, разумеется».

---

[271] Пророки, Мелахим 1, 22:21-22. «И выступил дух и стал пред Творцом, и сказал: "Я уговорю его". И спросил его Творец: "Как?" И он сказал: "Я выйду и стану духом лживым в устах всех пророков его". И сказал Он: "Ты уговоришь и преуспеешь в этом; выйди и сделай так"».

[272] Пророки, Шмуэль 1, 8:14. «И лучшие поля ваши и виноградники ваши, и масличные сады ваши возьмет он и отдаст слугам своим».

[273] Писания, Псалмы, 101:7. «Не будет жить в доме моем поступающий лживо, изрекающий ложь не утвердится пред глазами моими».

280) «А кроме того, нужно объяснить, за что он был наказан. За то, что убил Навота? И если забрал его виноградник, то зачем же убил его? И за то, что убил его без суда, поэтому был наказан? Ибо убил его без суда и забрал его виноградник. И потому сказано: "Ты убил, а еще и наследуешь?"[274] – потому и был наказан. Посмотри, сколько в мире людей, которых этот лживый дух совратил ложью, и он властвует над миром с помощью всевозможных средств и дел».

281) «И потому царь Давид хотел уберечься от него, от духа лживого, и хотел отстраниться от скверны, как сказано: "Сердце чистое сотвори для меня, Всесильный, и дух верный обнови во мне"[265]. Это – верный дух, а другой – дух лживый. И потому это две ступени: одна – святость, т.е. верный дух, а другая – скверна, т.е. дух лживый».

282) «И Творец послал голос Свой перед воинством Своим, ибо весьма многочислен стан Его и могуч исполняющий слово Его»[275]. «И Творец (ве-АВАЯ)» – повсюду это указывает на Зеир Анпин и его суд, Нукву. «Послал голос Свой» – это голос, о котором сказано: «Глас речей»[276]. И сказано там: «Человек не речистый»[277]. Что означает «человек речистый»? Это все равно, что сказать: «Человек Всесильного»[278]. «Перед воинством Своим»[275] – это Исраэль.

Объяснение. «И Творец (ве-АВАЯ)»[275] указывает на Зеир Анпина и Нукву, пребывающих в зивуге в свечении левой линии, и там находится суд его, Зеир Анпина. «Послал голос Свой»[275] – это свечение Зеир Анпина, средняя линия и свойство

---

[274] Писания, Мелахим 1, 21:17-19. «И было слово Творца к Элияу Тишби такое: "Встань, сойди навстречу Ахаву, царю исраэльскому, что живет в Шомроне; вот он, в винограднике Навота, куда Он пришел, чтобы унаследовать его. И будешь говорить с ним: и скажешь: "Так сказал Творец: ты убил, а еще и наследуешь?" И будешь говорить с ним, и скажешь: "Так сказал Творец: за то, что псы лизали кровь Навота, будут лизать псы и твою кровь, твою!"».

[275] Пророки, Йоэль, 2:11. «И Творец послал голос Свой перед воинством Своим, ибо весьма многочислен стан Его и могуч исполняющий слово Его, ибо велик день Творца и весьма страшен, и кто сможет выдержать его?»

[276] Тора, Дварим, 4:12. «И говорил Творец вам из огня: глас речей вы слышали, но образа не видели, лишь голос».

[277] Тора, Шмот, 4:10. «И сказал Моше Творцу: «Прошу Тебя, Владыка! Человек я не речистый ни со вчерашнего, ни с третьего дня, ни с начала Твоего разговора с рабом Твоим, ибо я тяжелоуст и косноязычен».

[278] Тора, Дварим, 33:1. «И вот благословение, которым благословил Моше, человек Всесильного, сынов Исраэля перед смертью своей».

укрытых хасадим, называемое «голос». Нуква называется «речами», и это – раскрытые хасадим в свечении Хохмы, когда Зеир Анпин, называемый «голос», соединяется с ней – и тогда они оба называются «гласом речей».

Это означают слова: «И сказано там: "Человек не речистый"». Человек – это Зеир Анпин. И голос, о котором сказано: «глас речей» – это тоже Зеир Анпин. И спрашивается: «Что означает "человек речистый"?» Иначе говоря, откуда нам известно, что «человек» означает – Зеир Анпин? И дается ответ: «Это все равно, что сказать: "Человек (досл. муж) Всесильного (Элоким)"», где говорится о Моше, т.е. Зеир Анпине, муже Матрониты, называемой Элоким. А также «человек речистый» означает – «владеющий речами», т.е. Зеир Анпин.

283) «Ибо весьма многочислен стан Его»[275] Это все равно, что сказать: «Есть ли счет воинствам Его?»[279] Сколько правителей и посланников есть у Творца, и все готовы обвинять Исраэль. И потому оказался Творец перед Исраэлем, как сказано: «И Творец (АВАЯ) послал голос Свой пред воинством Своим»[275] – желая уберечь их, чтобы не смогли обвинить их.

284) «И могуч исполняющий слово Его»[275]. «Могуч» – это тот праведник, который занимается Торой денно и нощно. Другое объяснение. «И могуч» – это обвинитель, находящийся пред Творцом, и он крепок, как железо, и крепок, как камень. «Исполняющий слово Его»[275] – тот, кто получает разрешение свыше, от Творца, и уводит душу внизу.

285) «Ибо велик день Творца и весьма страшен, и кто сможет выдержать его?»[275] – так как Он господствует над всем, Высший и Владыка над всем, и все находятся под Его властью. Счастливы праведники, которых Творец желает всегда, дабы удостоить их будущего мира и порадовать радостью праведников, которым предстоит испытать радость в Творце, как сказано: «И возрадуются все уповающие на Тебя, вечно ликовать будут! И будешь Ты покровительствовать им, и получат отраду в Тебе любящие имя Твое»[280]. Благословен Творец вовеки. Амен и амен.

---

[279] Писания, Иов, 25:3. «Есть ли счет воинствам Его? И над кем нет света Его?»
[280] Писания, Псалмы, 5:12. «И возрадуются все уповающие на Тебя, вечно ликовать будут! И будешь Ты покровительствовать им, и получат отраду в Тебе любящие имя Твое».

Глава Микец

ГЛАВА МИКЕЦ

Положил конец тьме

1) «И было по окончании (ми-кец)»¹. Заговорил рабби Хия, провозгласив: «Положил конец (кец) тьме, и всякий предел он обследует – камня тьмы и тени смертной»². «Положил конец тьме» – это конец левой линии, которая не включена в правую, и это Сатан, и это ангел смерти, который блуждает по миру, совращая людей к греху, и блуждает наверху, и тогда предстает он перед Царем, возводя клевету и обвинения на мир. «И всякий предел он обследует» – потому что все дела его направлены не во благо, а лишь на то, чтобы всегда уничтожать и добиваться уничтожения в мире, т.е. он забирает души людей и умерщвляет их.

2) «Камня тьмы и тени смертной»² – это камень преткновения, т.е. Сатан, называемый камнем преткновения, так как из-за него оступаются грешники. И он поставлен в «стране мглы, подобной мраку»³. Есть страна жизни наверху, и это страна Исраэля, Нуква Зеир Анпина. И есть страна внизу, называемая «тьма и тень смертная» – т.е. тьма, которая исходит из «страны мглы»³, и это Нуква клипы. «Камня тьмы и тени смертной»² – это окончание со стороны тьмы, т.е. Сатан, свойство «отходы золота».

3) Насколько внимательны должны быть люди к работе Творца и усердствовать в Торе днем и ночью, чтобы познать и увидеть работу Его. Ведь Тора каждый день возглашает перед человеком, говоря: «Кто неразумен, пусть завернет сюда»⁴.

4) Если человек занимается Торой и прилепляется к ней, он удостаивается укрепиться в Древе жизни, Зеир Анпине. И когда человек укрепляется в Древе жизни в этом мире, он

---

[1] Тора, Берешит, 41:1. «И было по окончании двух лет, и Фараону снилось: и вот он стоит у реки».

[2] Писания, Иов, 28:3. «Положил конец тьме, и всякий предел Он обследует – камня тьмы и тени смертной».

[3] Писания, Иов, 10:22. В страну мглы, подобной мраку смертной тени, где нет устоев, а свет – как мрак.

[4] Писания, Притчи, 9:1-6. «Мудрость построила себе дом, вытесала семь столбов его … и возглашает: "Кто неразумен, пусть завернет сюда… Оставьте неразумие и живите, и ходите путем разума!"»

укрепляется в нем в будущем мире, а когда души выйдут из этого мира, они установят для себя ступени будущего мира.

5) Древо жизни состоит из множества ступеней, отличающихся друг от друга, и все они – одно целое. Потому что в Древе жизни одни ступени находятся над другими – ветви, листья, кора, ствол, корни, и все они относятся к дереву. Подобно этому каждый, кто прилагает усилия в Торе, исправляется и укрепляется в Древе жизни, в стволе его.

6) И все сыны веры, Исраэль, укрепляются в Древе жизни, все они включаются в само дерево, только часть из них – в его ствол, часть из них включается в ветви, часть – в листья, часть – в корни. Выходит, что все они включены в Древо жизни. И все те, кто занимается Торой, включены в ствол дерева. Поэтому тот, кто занимается Торой, включён во всё дерево, потому что ствол дерева включает в себя всё дерево.

7) «И было по окончании». Что значит «по окончании»? Рабби Шимон сказал, что это место, в котором нет памяти, и это конец левой линии. Как сказано: «И если будешь помнить обо мне, когда станет тебе хорошо»[5]. Разве подобает Йосефу-праведнику, говорить: «И если будешь помнить обо мне»? Но когда Йосеф всмотрелся в сон его, сказал: «Конечно же, это сон запоминающийся». И он ошибся в этом, поскольку всё это было в Творце.

Объяснение. Мы уже знаем, что, мохин восполняются только с приходом средней линии, так как до этого существует разногласие между двумя линиями, поскольку каждая желает установить свою власть и отменить свечение другой. И правая желает лишь свечения хасадим и отменяет свечение Хохмы, имеющееся в левой, а левая желает лишь свечения Хохмы и отменяет свечение хасадим, пока не приходит средняя линия и не согласовывает их между собой, включая их друг в друга и устанавливая свечение обеих согласно пути каждой из них.[6]

Однако тут есть два вида взаимного включения линий:

---

[5] Тора, Берешит, 40:14. «И если будешь помнить обо мне, когда станет тебе хорошо, то сделаешь мне милость, и напомнишь обо мне Фараону, и выведешь меня из этого дома».

[6] См. Зоар, главу Ваишлах, п. 131.

1. Когда свечение левой включается в правую, и правая властвует, т.е. светит только светом хасадим, укрытых от Хохмы. И это ступень Зеир Анпина, который, несмотря на то, что есть у него Хохма левой линии, все же не пользуется ею, поскольку он желает свойства Хесед (хафец-хесед).

2. Когда обе они включаются друг в друга, и обе властвуют в едином взаимовключении. То есть, правая светит свечением Хохмы, называемым раскрытыми хасадим, а левая светит свечением хасадим. И это ступень Есода Зеир Анпина, т.е. средняя линия, которая светит от хазе Зеир Анпина и ниже. И это ступень мохин, находящихся под властью Йосефа, и называется она «мохин памяти».

И это означает сказанное: «Но когда Йосеф всмотрелся в сон его, сказал: "Конечно же, это сон запоминающийся"» – когда понял Йосеф, что уже протянулась средняя линия с высшими мохин, из слов: «А на лозе три ответвления»[7], указывающих на три линии,[8] он подумал, что здесь уже есть второй вид взаимного включения линий, называемый «мохин памяти», т.е. завершенные мохин, раскрывающие власть Йосефа. И потому сказал с уверенностью и со знанием будущего: «И если будешь помнить обо мне, когда станет тебе хорошо»[5]. Другими словами, что мохин памяти раскроются в равной мере с исполнением сна главного виночерпия, как сказано: «И если будешь помнить обо мне (досл. помнить меня с собою)»[5] – т.е. вместе с собою.

«И он ошибся в этом, поскольку всё это было в Творце» – но он ошибся в этом, поскольку это был всего лишь первый вид взаимного включения. А все события сна, все они были в самом Творце, в Зеир Анпине, который является свойством укрытых хасадим, и еще не произошло второго взаимовключения, т.е. мохин памяти, которые являются свойством власти Йосефа.

---

[7] Тора, Берешит, 40:9-11. «И рассказал начальник виночерпиев свой сон Йосефу, и сказал ему: "Во сне моем, вот, передо мной виноградная лоза. А на лозе три ответвления, и она будто распускается, показалась завязь, поспели гроздья ее, виноград. И чаша Фараона в руке моей, и взял я виноград, и выжал его в чашу Фараона, и дал чашу в руку Фараона"».

[8] См. Зоар, главу Ваешев, пп. 262-263.

8) И потому место, в котором было забвение, встало против него. Как сказано: «И не вспомнил главный виночерпий Йосефа, и забыл он его»[9]. Зачем надо было добавлять: «И забыл он его»? Однако «и забыл он его» указывает на место, в котором существует забвение, и это то, что называется окончанием стороны тьмы. «(По окончании) двух лет»[1]. Что такое «два года»? Это время, за которое ступень забвения вернулась на ступень, где есть память.

Объяснение. До тех пор, пока не произошло взаимное включение второго вида для мохин памяти, клипа забвения находится в левой линии, называемой «конец дней», потому что благодаря второму взаимному включению место забвения снова становится местом памяти. Поэтому сказано: «И потому» – так как все события сна были в Творце, т.е. в первом взаимовключении, «место, в котором было забвение, встало против него» – стало пред ним место забвения, в котором затем раскрываются мохин памяти. И сказано: «Однако "и забыл он его" указывает на место, в котором существует забвение» – потому что власть была отдана клипе забвения, «и это то, что называется окончанием стороны тьмы» – и она называется концом, приходящим со стороны тьмы, т.е. с левой стороны, которая до взаимного включения является тьмой.

«"(По окончании) двух лет". Что такое "два года"? Это время, за которое ступень забвения вернулась на ступень, где есть память». Полная совокупность исправлений называется годом. И чтобы ступень забвения снова стала ступенью памяти, необходимы два взаимных включения, как мы уже сказали, и это те два года, о которых говорится в Писании. А затем сказано: «И Фараону снилось»[1] – и сон Фараона уже происходит в свойстве второго взаимного включения.

9) «И Фараону снилось: и вот он стоит у реки»[1] – этот сон был сном Йосефа, т.е. сном запоминающимся, раскрывающим власть Йосефа, потому что любая река – это Йосеф-праведник. И поэтому говорится, что всякий, кто видит реку во сне, видит мир, – т.е. ступень Есод, Йосефа.

---

[9] Тора, Берешит, 40:23. «И не вспомнил главный виночерпий Йосефа, и забыл он его».

Как сказано: «Вот Я простираю к нему мир, подобно реке»[10]. И река указывает на Йосефа.

---

[10] Пророки, Йешаяу, 66:12. «Ибо так сказал Творец: "Вот Я простираю к нему мир, подобно реке, и, подобно потоку разливающемуся, – богатство народов, и питаться будете, на стороне (у плеча) носимы будете и на коленях лелеяны"».

ГЛАВА МИКЕЦ

И было по окончании

10) «И было по окончании двух лет»[1]. Заговорил рабби Хия, провозгласив: «"Царь правосудием устраивает землю, а муж высокомерный разоряет ее"[11]. Когда сотворил Творец высший мир» – Бину, «Он все установил как подобает и породил высшие света, которые светят со всех сторон» – т.е. в трех линиях, «и всё это является одним целым». «И создал Он высшие небеса» – Зеир Анпин, «и высшую землю» – Нукву, «чтобы установились все они как одно целое» – Бина и ЗОН, «для пользы нижних».

11) «"Царь правосудием устраивает землю". "Царь" – это Творец» – Бина, «"правосудием" – это Яаков» – Зеир Анпин, «существование земли». «И потому "вав ו" имени АВАЯ (הויה)» – Зеир Анпин, «питается от верхней "хэй ה" имени АВАЯ (הויה)» – Бины. «Нижняя "хэй ה" имени АВАЯ (הויה)» – Нуква, «питается от "вав ו"» – Зеир Анпина, «ибо земля существует благодаря правосудию» – т.е. Зеир Анпину, «потому что правосудие устраивает землю» – во всех ее исправлениях и питает ее.

12) Другое объяснение. «Царь» – Творец, «правосудием» – это Йосеф, «устраивает землю», как сказано: «И со всей земли приходили в Египет покупать к Йосефу»[12]. И поскольку Творец любил Яакова, сделал Он Йосефа правителем над землей.

13) Сказал рабби Йоси: «"Царь" – это Йосеф, "правосудием устраивает землю" – это Яаков, ибо до тех пор пока не пришел Яаков в Египет, земля не могла существовать из-за голода. Когда Яаков пришел в Египет, благодаря его заслугам голод ушел, и выжила земля».

14) «Царь правосудием устраивает землю»[11] – это царь Давид, как сказано: «И вершил Давид суд и правду всему народу своему»[13]. И он возродил землю при жизни своей, и благодаря ему стоит она после его ухода из мира. «А муж высо-

---

[11] Писания, Притчи, 29:4. «Царь правосудием устраивает землю, а муж высокомерный разоряет ее».

[12] Тора, Берешит, 41:57. И со всей земли приходили в Египет покупать к Йосефу, ибо силен голод на всей земле.

[13] Пророки, Шмуэль 2, 8:15. «И царствовал Давид над всем Йсраэйлем, и вершил Давид суд и правду всему народу своему».

комерный разоряет ее»¹¹ – это Рехавам. Объяснение. «Муж высокомерный» – означает «гордец», а Рехавам возгордился, сказав: «Отец мой наказывал вас бичами, а я буду наказывать вас тернием»¹⁴. Поэтому было отторгнуто царствование его.¹⁵

15) И несмотря на, то что наказание уже вынесено миру, Творец медлит ради праведников и не владычествует над миром. Во все дни царя Давида земля существовала ради него. После того как он умер, она существовала благодаря заслугам его, как сказано: «И буду Я защищать город этот ради Себя и ради Давида, раба Моего»¹⁶. Подобно этому, во все дни Яакова и во все дни Йосефа не господствовали наказания в мире. Ведь благодаря им прекратился голод и не начиналось египетское рабство.

16) «Царь правосудием устраивает землю»¹¹ – это Йосеф. «А муж высокомерный разоряет ее»¹¹ – это Фараон. Ибо когда ожесточил он свое сердце в противостоянии Творцу, была опустошена земля египетская. Но до этого, благодаря Йосефу, процветала земля, согласно тому самому сну, который видел Фараон, как сказано: «И было по окончании двух лет, и Фараону снилось...»¹.

17) «И было по окончании...» Рабби Эльазар начал говорить: «"Жив Творец, и благословен оплот мой, да будет превознесен Всесильный спасения моего (Элоэй ишьи יְשְׁעִי אֱלֹהֵי)!"¹⁷ "Всесильный (Элоэй אֱלֹהֵי)" написано с "вав ו". Нужно вдумчиво изучить эту фразу. "Жив Творец". "Жив (хай)" – это праведник, основа (есод) мира» – т.е. Есод Зеир Анпина, называемый оживляющим миры (хай а-оламим). «"И благословен оплот мой" – это как сказано: "Благословен Творец, оплот мой"¹⁸, и это мир» – т.е. Нуква, «который держится на праведнике». Другими

---

[14] Пророки, Мелахим 1, 12:14. «И говорил он с ними по совету молодых, и сказал: "Отец мой возложил на вас тяжкое иго, а я сделаю еще более тяжким иго ваше; отец мой наказывал вас бичами, а я буду наказывать вас тернием"».

[15] Пророки, Шмуэль 1, 15:28. «Тогда сказал ему Шмуэль: "Отторг Творец царство Исраэльское от тебя сегодня и отдал его ближнему твоему, который лучше тебя"».

[16] Пророки, Мелахим 2, 20:6. «И прибавлю Я к дням твоим пятнадцать лет и спасу тебя и город этот от руки царя Ашшурского, и буду Я защищать город этот ради Себя и ради Давида, раба Моего!»

[17] Писания, Псалмы, 18:47. «Жив Творец, и благословен оплот мой, да будет превознесен Всесильный спасения моего».

[18] Писания, Псалмы, 144:1. Давиду. Благословен Творец, оплот мой, обучающий битве руки мои, пальцы мои – войне.

словами, праведник, т.е. Есод Зеир Анпина, дает ей наполнение, и она существует. «"Да будет вознесен Всесильный спасения моего!"[17]. "Да будет вознесен" – это высший мир», Бина. «"Всесильный (Элоэй אֱלֹהֵי)" с "вав i" – это небеса», Зеир Анпин, «как сказано: "Небеса эти – небеса Творца"[19]».

Объяснение. В этом стихе объясняется совершенство отдачи Есода, называемого «оживляющий миры», Нукве, называемой «мир», а также «оплот». И это происходит в то время, когда в Есоде соединяются две высшие ступени – Бина и Зеир Анпин. И Бина облачается в Зеир Анпин вместе с ее мохин, и тогда они передают наполнение Есоду, а он передает Нукве, от которой получают наполнение все нижние.

И сказанное: «Жив (хай) Творец, и благословен оплот мой»[17] означает следующее. Когда передает наполнение «оживляющий миры (хай а-оламим)», т.е. Есод, а «оплот», Нуква, благословляется от него? В то время, когда «будет превознесен Всесильный спасения моего»[17] – т.е. Зеир Анпин, называемый Всесильным (Элоэй אֱלֹהֵי), с «вав i», поднимается вместе с облачением Бины в нем, потому что «да будет превознесен» указывает на Бину. И когда Есод получает от этих двух ступеней, у него есть возможность передать наполнение Нукве.

18) «Благословен Господин наш каждый день»[20]. «Благословен Господин наш (Адни אדני)» – имя Творца пишется через «алеф-далет-нун-йуд אדני», что указывает на Нукву. И это выражение таит в себе скрытый смысл. «Каждый день (йом-йом)» – это два года, т.е. две ступени, Бина и Зеир Анпин, без которых Нуква не благословляется. И подобно этому, слова: «И было по окончании двух лет, и Фараону снилось: и вот он стоит у реки»[1], как мы изучали,[21] указывают на власть Йосефа, потому что любая река – это Йосеф-праведник.

Объяснение. Здесь приводится второе доказательство, что Нуква благословляется от Есода лишь когда соединяются в нем две высшие ступени – Бина и Зеир Анпин. Ибо эта фраза говорит о том, что «Благословен Господин наш» благодаря

---

[19] Писания, Псалмы, 115:16. «Небеса эти – небеса Творца, а землю Он отдал сынам человеческим».

[20] Псалмы, 68:20. «Благословен Господин наш каждый день! Сторицей воздаст нам Всемогущий – спасение наше, сэла!»

[21] См. выше, п. 9.

«каждому дню (йом-йом)», которые соединяются в ней (Нукве) с помощью Есода, т.е. (благодаря) Бине и Зеир Анпину, дни которых – это два года. И тогда: «Сторицей воздаст нам Всемогущий» – т.е. Нуква, «спасение наше, сэла!»[20].

И так выясняется сказанное: «И было по окончании двух лет» – после того, как установились эти два года, т.е. две ступени, Бина и Зеир Анпин, «и Фараону снилось: и вот стоит он у реки», тогда наполняется совершенством река, т.е. Йосеф, Есод, и он дает Нукве, что называется «семь коров». «И вот из реки выходят семь коров...»[22] – т.е. Нуква.

19) «И вот из реки выходят семь коров, тучных и холеных, и стали пастись на лугу»[22]. «И вот из реки» – потому что от этой реки, т.е. Есода, благословляются все ступени, которые внизу, так как эта «река, которая берет свое начало и вытекает из Эдена» – т.е. Бины, «поит и кормит всех». «И Йосеф» – Есод, который получает от Бины через Зеир Анпин, «это река, и вся страна египетская благословляется благодаря ему».

20) «Эта река» – Есод, «семь ступеней» – Нуквы, от ХАГАТ НЕХИМ в ней, распространяющиеся от нее и расположенные в мире Брия, «питаются и благословляются от нее». И это те «семь коров, холеных и тучных». «И стали пастись на лугу (ба-аху [22]«(בָּאָחוּ, т.е. в соединении и в братской дружбе (бэ-ахва בְּאַחְוָה), когда нет между ними раздора, и все они предназначены для превозношения, так как не переходит от них никакое питание ситре ахра.

Ибо все эти семь ступеней – это те, о которых сказано: «Семь девиц, достойных, чтобы подавать ей»[23], и это семь чертогов мира Брия, и все они – для превозношения. И также «семь коров, хороших видом»[22], все они – для превозношения. И в противоположность этому сказано: «Семерым евнухам,

---

[22] Тора, Берешит, 41:2-4. «И вот из реки выходят семь коров, холеных и тучных, и стали пастись на лугу. И вот семь других коров выходят за ними из реки, невзрачные и тощие, и стали возле тех коров на берегу реки. И съели коровы невзрачные и тощие семь коров холеных и тучных. И проснулся Фараон».

[23] Писания, Эстер, 2:9. «И понравилась ему эта девица, и приобрела благоволение его, и он поспешил выдать ей притирания ее и все, назначенное на долю ее, и приставить к ней семь девиц достойных, чтобы подавать ей из дома царского, и перевести ее и девиц ее в лучшее отделение женского дома».

служившим пред лицом царя»²⁴, и эти семеро – не все для превозношения, ибо есть в них доля нечистых сил, и это свойство семи плохих коров.

21) Сказал рабби Ицхак: «Семь хороших коров – это высшие ступени относительно других ступеней, а семь плохих коров – это другие ступени, которые внизу. Те, что высшие, – со стороны святости, а те, что нижние, – со стороны скверны».

22) «Семь колосьев»²⁵. Сказал рабби Йегуда: «Те семь колосьев, которые вначале, они хорошие, поскольку исходят от правой стороны, и сказано о ней, что она хороша²⁶. А те семь колосьев, которые плохие, – ниже них. Семь хороших колосьев – со стороны чистоты, а те, что плохие, – со стороны скверны. И всё это ступени, стоящие одна над другой и одна против другой. И все их Фараон видел в своем сне».

23) Сказал рабби Йеса: «Неужели такому грешнику, как Фараон, показали все эти ступени?!» Сказал ему рабби Йегуда: «Он видел лишь некое подобие их, а не суть ступеней. Ведь сколько ступеней за ступенями, одни напротив других и одни над другими, но Фараон видел с тех ступеней, которые внизу».

24) «Ведь сообразно тому, что представляет собой человек, так и показывают ему во сне, и именно это он видит, и так поднимается душа, чтобы постичь, – каждый согласно своей ступени, как подобает ему. И поэтому Фараон видел то, что положено ему, но не более».

25) «И было по окончании»¹. Заговорил рабби Хизкия, провозгласив: «"Всему свое время, и свой срок всякой вещи под небесами"²⁷. Всё, что сделал Творец внизу, назначил всему время, и время отведено. Время назначил свету и тьме. Вре-

---

[24] Эстер, 1:10. «На седьмой день, когда хорошо стало на сердце у царя от вина, приказал он Меуману, Бизте, Харвоне, Бигте и Авагте, Зетару и Харкасу, – семерым евнухам, служившим пред лицом царя Ахашвероша, чтобы они привели царицу Вашти пред лицо царя в венце царском, для того чтобы показать народу и князьям красоту ее; потому что красива видом была она».

[25] Тора, Берешит, 41:5-6. «И уснул он, и снилось ему во второй раз: и вот семь колосьев всходят на одном стебле, тучные и хорошие. И вот семь колосьев, тощих и опаленных восточным ветром, растут за ними».

[26] Тора, Берешит, 1:4. «И увидел Всесильный свет, что он хорош; и отделил Всесильный свет от тьмы».

[27] Писания, Коэлет, 3:1. «Всему свое время, и свой срок всякой вещи под небесами».

мя назначил свету других народов, кроме Исраэля, который управляет теперь миром. Время назначил тьме, и это пребывание Исраэля в изгнании под их властью. Время назначил Творец всему. И потому: «Всему свое время, и свой срок всякой вещи под небесами». Что такое: «И свой срок всякой вещи под небесами»? Время и срок всякой вещи, которая находится внизу. Другими словами, у всего хорошего, что есть внизу, есть свой срок и определенное время.

26) «Другое объяснение. "И свой срок всякой вещи под небесами"[27]. Что такое "срок"? Это как сказано: "Время действовать ради Творца: они нарушили Тору Твою!"[28], и сказано: "Чтобы он не входил во всякое время в Святилище"[29]. И это ступень ответственного за управление миром» – т.е. Нуква. «И поэтому "срок"» – т.е. Нуква, «назначен "всякой вещи под небесами"».

«"И было по окончании двух лет"[1] – со стороны того самого "конца тьме"» – потому что Он назначил определенное время свету и тьме, «который Фараон увидел во сне своем, и оттуда узнал он, и раскрылся ему сон».[30]

---

[28] Писания, Псалмы, 119:126. «Время действовать ради Творца: они нарушили Тору Твою!»
[29] Тора, Ваикра, 16:2. «И сказал Творец Моше: "Скажи Аарону, брату твоему, чтобы он не входил во всякое время в Святилище, за завесу, пред покрытие, которое на ковчеге, чтобы не умер; ибо в облаке зрим Я буду над покрытием"».
[30] См. Зоар, главу Ноах, п. 75.

ГЛАВА МИКЕЦ

И встревожился дух его

27) «И было утром: и встревожился дух его. И послал он и призвал всех гадателей Египта и всех мудрецов его, и рассказал им Фараон свой сон, но не было никого, кто бы истолковал их Фараону»[31]. Что значит: «И встревожился»? О Фараоне сказано: «И встревожился», а о Навухаднэцаре сказано: «И встрепенулся»[32]. Сказано о Фараоне: «И встревожился», потому что он знал сон и только разгадки не знал. Однако Навухаднэцар видел сон и видел разгадку, и всё было забыто им, поэтому сказано: «И встрепенулся».

28) «И встревожился дух его»[31]. Как сказано: «И начал дух Творца тревожить его»[33], т.е. дух этот приходил и уходил, приходил и уходил, и еще не установился в нем, как следует. И потому сказано: «И начал дух Творца тревожить его»[33], ибо тогда он был еще в начале зарождения духа. И здесь тоже этот дух пробуждался в нем и уходил, и снова пробуждался, и не поселился в нем, чтобы понять и познать.

Сказано о Навухаднэцаре: «И встрепенулся дух его»[32], поскольку пробуждение, когда дух пробуждался, было двойным, ибо не знал он ни сна, ни разгадки, а дух приходит и уходит. Как сказано: «Раз за разом»[34] – раз в одном, и раз в другом, и не устанавливались знание и дух его.

29) «И послал он и призвал всех гадателей Египта»[31] – это колдуны, «и всех мудрецов»[31] – это астрологи, и все они пытались узнать разгадку, но не могли постичь.

30) Хотя мы учили, что человеку показывают лишь согласно его ступени, но для царей это не так, поскольку показывают им вещи более высокие и отличные от того, что показывают

---

[31] Тора, Берешит, 41:8. «И было утром: и встревожился дух его, и послал он и призвал всех гадателей Египта и всех мудрецов его, и рассказал им Фараон свой сон, но не было никого, кто бы истолковал их Фараону».

[32] Писания, Даниэль, 2:1. «Во второй год царствования Нэвухаднэцара приснились Нэвухаднэцару сны; и встрепенулся дух его, и сон ушел от него».

[33] Пророки, Шофтим, 13:25. «И начал дух Творца тревожить его в стане Дановом, между Цорою и Эштаолом».

[34] Тора, Бемидбар, 24:1. «И увидел Билам, что угодно Творцу благословить Исраэль, и не обратился он, как (обращался) раз за разом, к гаданию, а обратил к пустыне лицо свое».

другим людям. Так же как царь по своему уровню выше всех других людей, так и показывают ему более высокую ступень, чем всем остальным, как сказано: «Что Всесильный сделает, то Он и показал Фараону»[35]. А остальным людям Творец не раскрывает, что Он делает, но только пророкам или праведникам, или мудрецам поколения.

31) «Меня вернул на мое место, а его повесил»[36]. Отсюда видно, что сон следует за истолкованием. «Вернул на мое место». Кто вернул его? – Йосеф. И также: «А его повесил» – тоже Йосеф. В силу истолкования, которое он дал ему, так и должно было случиться. И сказано: «И как он нам разгадал, так и произошло»[36].

---

[35] Берешит, 41:28. «Вот это я и сказал Фараону: «Что Всесильный сделает, то Он и показал Фараону».
[36] Берешит, 41:13. «И как он нам разгадал, так и произошло: меня вернул на мое место, а его повесил».

И спешно вывел его из ямы

32) «И послал Фараон, и призвал Йосефа, и спешно вывел его из ямы»[37]. Заговорил рабби Аба: «"Любит Творец боящихся Его, уповающих на милость Его"[38]. Сколь желанны праведники Творцу, ведь праведники устанавливают мир наверху, в Абе ве-Име, и устанавливают мир внизу, в ЗОН, и приводят невесту к ее мужу. Поэтому желанны Творцу те, кто боится его и исполняет волю Его».

Объяснение. Благодаря тому, что они поднимают МАН в ЗОН, ЗОН тоже поднимают МАН в Абу ве-Иму, и происходит зивуг наверху в Абе ве-Име и внизу в ЗОН. А невесту, т.е. Нукву, они приводят к ее мужу, Зеир Анпину, чтобы произвести зивуг. И потому желанны они Творцу, Зеир Анпину. Ведь без них не было бы мира, т.е. зивуга, ни наверху в Абе ве-Име, ни внизу в ЗОН.

33) «К уповающим на милость Его»[39]. Кто они – «уповающие на милость Его»? Это те, кто занимается Торой ночью, соединяясь со Шхиной, и когда наступает утро, они уповают на милость Его.

Когда человек занимается Торой ночью, нить милости (хесед) протянута к нему днем, как сказано: «Днем явит Творец милость Свою, и ночью воспевание Его со мной»[40]. Почему «днем явит Творец милость Свою»? Потому что «ночью воспевание Его со мной». Поэтому сказано: «Желает Творец боящихся Его (эт-йереа́в)»[38], а не сказано: «Боящихся Его (бе-йереав)», т.е. не только желает Он их самих, но это подобно тому, кто обращает свое желание на другого и желает примириться с ним, поскольку «желает (роце)» означает также «умиротворение (рицуй)» и «примирение». И потому сказано: «Желает Творец боящихся Его (эт-йереав)», т.е. умиротворяет их и примиряется с ними. И не сказано: «Боящихся Его (бе-йереав)», так как

---

[37] Тора, Берешит, 41:14. «И послал Фараон, и призвал Йосефа, и спешно вывел его из ямы. И он остригся, и переменил одежду свою, и пришел к Фараону».
[38] Писания, Псалмы, 147:11. «Любит Творец боящихся Его, уповающих на милость Его».
[39] Писания, Псалмы, 33:18. «Взор Творца обращен к боящимся его, к уповающим на милость его».
[40] Писания, Псалмы, 42:9. «Днем явит Творец милость Свою, и ночью воспевание Его со мной – молитва к Творцу жизни моей».

это означало бы, что желает их самих, и не было бы значения, что также и умиротворяет их и примиряется с ними.

34) И подобно этому, Йосеф был опечален, печалью духа и сердца, оттого что был заключен туда. Когда послал Фараон за ним, сказано: «И спешно вывели его»[37], т.е. он умиротворил его, и вернул ему слова радости, – слова, радующие сердце, ибо он был опечален своим пребыванием в яме. И смотри, вначале он попал в яму, а затем из ямы вознесся к величию.

35) До того как с Йосефом произошло это событие, он не назывался праведником. После того, как он сохранил святой союз и не поддался соблазну с женой Потифара, называется праведником. И ступень эта святого союза, т.е. Есод, возвеличилась с ним. И то, что было сначала помещено в яму, т.е. в клипу, возвысилось вместе с ним, поскольку удостоился он благодаря этому событию называться праведником. В таком случае, почему же поместили его в яму, в тюрьму? Поскольку то, что было вначале в яме, поднялось до царства вследствие этого. И сказано: «И спешно вывел его из ямы»[37] – потому что он избавился от клипы и возвеличился благодаря колодцу живой воды, т.е. Шхине.

36) «И послал Фараон и призвал Йосефа»[37]. Следовало сказать: «Призвать Йосефа». Однако, «и призвал Йосефа» – это Творец, который призвал его, чтобы вывести из ямы, как сказано: «До тех пор, пока не пришло слово Его, – слово Творца очистило его»[41]. Когда «пришло слово Его»? Как сказано: «И призвал Йосефа» – когда Творец призвал его. Здесь сказано: «И призвал Йосефа», а в другом месте сказано: «И призвал (Он) Моше»[42], – как там призвал его Творец, так и здесь призвал Творец. «И он остригся и переменил одежды свои»[37] – из уважения к царю, поскольку должен был он предстать перед Фараоном.

37) Сказал рабби Эльазар: «"И пришел Исраэль в Египет, и Яаков жил в стране Хама"[43]. Посмотри, Творец воплощает кру-

---

[41] Писания, Псалмы, 105:17-19. «Послал Он пред ними человека – в рабы продан был Йосеф. Мучили кандалами ноги его, железо пронзало душу его. До тех пор, пока не пришло слово Его, – слово Творца очистило его».

[42] Тора, Шмот, 24:16. «И осенила слава Творца гору синай, и покрывало ее облако шесть дней, и призвал (Он) Моше на седьмой день из облака».

[43] Псалмы, 105:23-24. «И пришел Исраэль в Египет, и жил Яаков в стране Хама. И сделал Он народ Свой очень многочисленным, сильнее врагов его».

гообороты в мире и выполняет обеты и клятвы, чтобы выполнить клятву и решение, которое Он вынес».

38) «Если бы не расположение и любовь, с которыми Творец относился к праотцам, должен был Яаков спуститься в Египет в железных цепях, но поскольку любил Он их, поставил Он править сына его Йосефа и сделал его царем, управляющим всей страной, и спустились тогда все колена с честью, и Яаков был, как царь».

39) «Сказано: "И пришел Исраэль в Египет, и Яаков жил в стране Хама"[43]. Если сказано: "И пришел Исраэль в Египет", разве не понятно, что "Яаков жил в стране Хама"? Однако, «и пришел Исраэль в Египет» – это Творец, т.е. Зеир Анпин, называемый Исраэль. «И Яаков жил в стране Хама» – это Яаков, потому что ради Яакова и его сыновей пришла Шхина в Египет. И Творец, воплощая кругообороты, спустил сначала Йосефа, благодаря которому осуществился союз с Ним, и поставил его управлять всей страной.

40) «Послал царь и освободил его, правитель народов и отпустил его»[44]. Сказал рабби Шимон: «"Творец освобождает узников"[45]. Почему же здесь сказано: "Послал царь и освободил его"? И почему добавил во второй раз: «Правитель народов и отпустил его»? Но дело в том, что "послал царь" – это Творец, "правитель народов"[44] – это Творец. И истолковывается это так: «Послал царь» – это высший царь, Зеир Анпин. "Послал и освободил его", – кого послал? Ангела-избавителя, т.е. Нукву, и Он "правитель народов", который управляет внизу нижним миром, и всё от Творца».

41) «"И спешно вывел его (ва-йерицу́у וַיְרִיצֻהוּ)" – без "вав ו", что указывает на единственное число, ведь надо было сказать: "И спешно вывели его (ва-йерицуу וַיְרִיצוּהוּ)", во множественном числе. И кто же вывел его из ямы? Это Творец, ибо некому заключить в тюрьму и освободить из нее, кроме Творца, как сказано: "Кого Он заключит, тот не высвободится"[46]. И сказано:

---

[44] Писания, Псалмы, 105:20. «Послал царь и освободил его, правитель народов и отпустил его».

[45] Писания, Псалмы, 146:7. «Творящего суд угнетенным, дающего хлеб голодным. Творец освобождает узников».

[46] Писания, Иов, 12:14. «Что Он разрушит, то не построится; кого Он заключит, тот не высвободится».

"И Он успокоит, а кто осудит?"⁴⁷ Ибо всё зависит от Него. И сказано: «По воле Своей поступает Он как с воинством небесным, так и с живущими на земле, и нет никого, кто противился бы Ему и сказал бы Ему: "Что делаешь Ты?"»⁴⁸ И потому сказано: «И спешно вывел его из ямы», ибо Творец вывел его из ямы.

42) Что означает: «И спешно вывел его (ва-йерицу́у וַיְרִיצֻהוּ)»? Это как говорят: «Помолится Творцу, и Он смилостивится над ним (ва-йирце́у וַיִּרְצֵהוּ)»⁴⁹, от слова «примирение». Подобно этому: «И спешно вывел его из ямы» – т.е. Творец смилостивился над ним, а вслед за тем: «И пришел он к Фараону»³⁷.

Другое объяснение: «И спешно вывел его (ва-йерицу́у וַיְרִיצֻהוּ)» – от слов «благоволение (рацон רָצוֹן)» и «расположение (хен חֵן)», ибо Он протянул ему нить милости (хесед), чтобы дать ему расположение Фараона. «Всесильный ответит во благо (досл. миром) Фараону»⁵⁰ – сказал ему это, чтобы обратиться к нему с пожеланием блага и начать свою речь словом «мир».

43) Сказал рабби Аба: «По поводу этого злодея Фараона, который сказал: "Не знаю я Творца (АВАЯ)"⁵¹ – ведь он был мудрее всех своих гадателей, как же он не знал Творца (АВАЯ)? Но, конечно же, знал он имя Элоким. Ведь сказано: "Найдем ли такого мужа, в котором дух Всесильного (Элоким)?"⁵² А когда Моше пришел к нему с именем АВАЯ, а не с именем Элоким, ему было тяжелее всего понять это, ведь он знал, что имя Элоким правит землей, а имени АВАЯ он не знал, и потому было трудным для него это имя».

---

47 Писания, Иов, Иов, 34:29. «И Он успокоит, а кто осудит? И таит Он лицо Свое, а кто видит Его? И Он над всеми людьми и народами вместе».

48 Писания, Даниэль, 4:32. «А все живущие на земле считаются ничем в сравнении с Ним; и по воле Своей поступает Он как с воинством небесным, так и с живущими на земле, и нет никого, кто противился бы Ему и сказал бы Ему: "Что делаешь Ты?"»

49 Писания, Иов, 33:26. «Помолится Творцу, и Он смилостивится над ним; и увидит Он лицо его в молитве, и вернет человеку его праведность».

50 Тора, Берешит, 41:16. «И отвечал Йосеф Фараону, сказав: "Не я – Всесильный ответит во благо Фараону"».

51 Тора, Шмот, 5:2. «И сказал Фараон: "Кто такой Творец, чтобы я послушался голоса его и отпустил Исраэль?! Не знаю я Творца, и Исраэль тоже не отпущу!"»

52 Тора, Берешит, 41:38. «И сказал Фараон рабам своим: "Найдем ли мы человека, подобного этому, в котором дух Всесильного?"».

44) «И это смысл сказанного: "И ожесточил Творец сердце Фараона"⁵³. Ибо это слово АВАЯ ожесточало его сердце и делало его твердым. И потому не сообщил ему Моше ни слова о другом имени, но только имя АВАЯ».

45) Сказал, провозгласив: «"Кто как Творец Всесильный наш, восседающий высоко"⁵⁴ – это значит, что Он возвышается над престолом славы Своей и не раскрывается внизу, поскольку в час, когда нет в мире праведников, Он удаляется от них (людей) и не раскрывается им. "Склоняющийся, чтобы видеть"⁵⁴ – в час, когда есть в мире праведники, Творец спускается со Своих ступеней к нижним, чтобы управлять миром и приносить им добро».

46) «И когда нет в мире праведников, Он удаляется и скрывает лик от них (людей), и не управляет ими, потому что праведники – это основа и жизнь мира, как сказано: "Праведник же – основа мира"⁵⁵».

47) «И потому Творец никому не раскрыл Свое святое имя, кроме Исраэля, которые являются частью удела Его и наследием Его. А мир разделил Творец между сильными властителями, т.е. между семьюдесятью правителями. Как сказано: "Когда Всевышний давал уделы народам"⁵⁶. И сказано: "Ибо доля Творца – народ его, Яаков – наследственный удел Его"⁵⁷».

48) Рабби Хия и рабби Йоси находились в пути. Сказал рабби Йоси рабби Хия: «Удивляюсь я произнесенному Шломо, ибо все слова его непонятны и неведомы. И Коэлет (царь Шломо) скрывает смысл слов, и речи его непонятны».

49) Заговорил, провозгласил: «"Все речения трудны – человек не сумеет их выразить; не насытится глаз увиденным, и не

---

⁵³ Тора, Шмот, 9:12. «И ожесточил Творец сердце Фараона, и он не послушал их, – как говорил Творец Моше».
⁵⁴ Псалмы, 113:5-7. «Кто как Творец Всесильный наш, восседающий высоко, склоняющийся, чтобы видеть, – в небесах и на земле, поднимающий из праха бедного, из сора возвышающий нищего».
⁵⁵ Писания, Притчи, 10:25. «Пронесется буря, и нет нечестивого, праведник же – основа мира».
⁵⁶ Тора, Дварим, 32:8. «Когда Всевышний давал уделы народам, разделяя сынов человеческих, установил Он границы народов по числу сынов Исраэля».
⁵⁷ Тора, Дварим, 32:9. «Ибо доля Творца – народ его, Яаков – наследственный удел Его».

наполнится ухо услышанным"⁵⁸. "Все речения трудны" – разве все речения трудны в их выражении, ведь есть и легкие вещи? И еще он говорит: "Человек не сумеет их выразить; не насытится глаз увиденным, и не наполнится ухо услышанным". Почему он упоминает только их? Но дело в том, что только оба они из всего, а именно глаза и уши, не находятся во власти человека, а рот – во власти его, поэтому они составляют все силы человека. И он дает нам понять, что все эти три, какие бы они ни были, не могут восполнить всего и постичь всего, т.е. не могут постичь все эти речения. И разрешается также и первый вопрос, что "все речения трудны". Это означает, что глаз и ухо, и рот не смогут постичь все эти речения».

50) Сказал рабби Хия: «Это так, речь человеческая не сможет выразить, и глаза – увидеть, а уши – услышать, "и нет ничего нового под солнцем"⁵⁹». Объяснение. Не надо думать, что когда-нибудь они изменятся в своей ограниченности. «И потому завершает он: "Что было, то и будет, и что происходило, то и будет происходить, и нет ничего нового под солнцем"⁵⁹. Даже демоны и духи, которых создал Творец под солнцем, не смогут выразить все речения в мире. И глаз не сможет охватить и увидеть, а ухо услышать. И потому Шломо, который всё знал, сказал это».

51) «Все дела мира зависят от многочисленных правителей, потому что "нет ни одной травинки внизу, у которой не было бы правителя наверху, ударяющего ее и говорящего ей: "Расти!" А все жители мира не знают и не изучают по корням своим, зачем они находятся в мире. И даже царь Шломо, который был мудрее всех, не смог встать над ними».

52) «Счастливы те, кто занимается Торой и умеет видеть с помощью духа мудрости. "Все создал Он прекрасным в свое время"⁶⁰. Это означает, что все действия, которые совершил Творец в мире, в каждом действии существует ступень, отвечающая за это действие в мире, как во благо, так и во зло. И

---

⁵⁸ Писания, Коэлет, 1:8. «Все речения трудны – человек не сумеет их выразить; не насытится глаз увиденным, и не наполнится ухо услышанным».

⁵⁹ Писания, Коэлет, 1:9. «Что было, то и будет, и что творилось, то и будет твориться, и нет ничего нового под солнцем».

⁶⁰ Писания, Коэлет, 3:11. «Все создал Он прекрасным в свое время, даже вечность вложил в их сердца, но так, чтобы дела, вершимые Всесильным, не мог постичь человек от начала и до конца».

это двадцать восемь времен, которые упоминает там Коэлет[61]: четырнадцать времен во благо, находящихся в правой стороне, т.е. в Шхине, и четырнадцать времен во зло, находящихся в левой стороне, и они в ситре ахра, для того чтобы наказывать людей».

«Что представляют собой ступени в правой стороне, и что такое ступени в левой? Если человек направляется в правую сторону, – за то действие, которое он совершает, отвечающая за правую сторону ступень оказывает ему помощь, и есть много помогающих ему. Если направился человек в левую сторону и совершает свои действия, – за то действие, которое он совершил, отвечающий с левой стороны обвиняет его и ведет его в эту сторону, и совращает его».

«И потому за действие, совершенное человеком как подобает, помогает ему ответственный с правой стороны. И это действие "в свое время", о котором говорится в Писании: "Прекрасным в свое время"[60], – потому что это действие соединяется со временем как подобает». И это Нуква, называемая «время». И это те четырнадцать времен во благо, которые находятся в правой стороне. А благодаря наказаниям, получаемым в четырнадцать времен во зло, он выбирает четырнадцать времен правой стороны и соединяется со Шхиной. И получается, что «все создал Он прекрасным в свое время»[60].

53) «"Даже вечность (досл. мир) вложил в их сердца"[60]. Ибо весь мир и все дела мира соединяются со святостью лишь в желании сердца, когда возникает желание у человека. Об этом сказано: "Познай же ныне и возложи на сердце твое"[62]. Счастливы праведники, которые притягивают желанием сердца своего добрые дела, неся благо себе и всему миру. И они знают, как достичь слияния во время мира» – т.е. в то время, когда есть высший зивуг, называемый миром (шалом). «И силой праведности, которую устанавливают внизу, они поднимают МАН, и

---

[61] Писания, Коэлет, 3:1-8. «Всему свое время и свой срок – всякой вещи под небесами. Время рождаться и время умирать. Время насаждать и время вырывать насажденное. Время убивать и время исцелять. Время ломать и время строить. Время плакать и время смеяться. Время скорбеть и время плясать. Время разбрасывать камни и время собирать камни. Время обнимать и время отдалиться от объятий. Время искать и время терять. Время хранить и время бросать. Время разрывать и время сшивать. Время молчать и время говорить. Время любить и время ненавидеть. Время войне и время миру».

[62] Тора, Дварим, 4:39. «Познай же ныне и возложи на сердце твое, что Творец есть Всесильный на небе, вверху, и на земле, внизу, – нет иного».

они привлекают ту ступень, которая называется "всё"» – Есод, «чтобы светила "в свое время"» – т.е. Нукве.

54) «Горе тем грешникам, которые не знают, когда время действия, т.е. время мира (шалом), и не следят за тем, чтобы совершать свои действия в мире для исправления, необходимого миру, и установить это действие на самой подходящей для него ступени, и не поднимают МАН своими действиями для высшего зивуга, который и есть "время мира"».

55) «И потому дано всё в желании людей, как сказано: "Но так, чтобы дела, вершимые Всесильным, не мог постичь человек от начала и до конца"[60]. И поскольку эти дела не были вершимы для того, чтобы быть исправленными на своей ступени, как подобает, так чтобы соединилось это действие с соответствующей ему ступенью в полном исправлении, а были вершимы согласно желанию человека, по воле его сердца, то сказано: "Узнал я, что нет ничего хорошего в них, кроме как радоваться и делать добро в жизни своей"[63]. "Узнал я, что нет ничего хорошего в них" – т.е. в тех делах, которые не были сделаны с намерением исправления, как подобает, "кроме как радоваться" – всему, что придет к нему, как хорошему, так и плохому, и воздать благодарность Творцу, "и делать добро в жизни своей"».

«А плохому он должен радоваться потому, что если действие, которое он совершил, принесло ему зло, из-за ступени, которая отвечает за него» – в левой стороне,[64] «он должен радоваться и благодарить за это зло, которое пришло к нему, поскольку он сам привел к этому, ибо пошел без знания, как та птица, что попала в силок». А теперь, когда пришел к знанию в результате этого наказания, он уже будет уметь «делать добро в жизни своей»[63], поэтому он должен радоваться и благодарить за наказание.

56) «Откуда мы знаем, что человек без знания? Поскольку сказано: "И даже не знает человек своего времени, подобно рыбам, захваченным злой сетью, подобно птицам, попавшимся

---

[63] Писания, Коэлет, 3:12. «Узнал я, что нет ничего хорошего в них, кроме как радоваться и делать добро в жизни своей».

[64] См. выше, п. 52.

в силок"⁶⁵. "И даже не знает человек своего времени" – что такое его время? Это время действия, которое он совершил. Как сказано: "Все создал Он прекрасным в свое время"⁶⁰. И потому они подобны "птицам, попавшимся в силок". И потому счастливы занимающиеся Торой и знающие пути и тропинки Торы высшего Царя, чтобы с ее помощью идти дорогой истины».

«И сказанное: "Все создал Он прекрасным в свое время"⁶⁰ означает, что все двадцать восемь времен, которые он упоминает там, все они хороши, каждое в свое срок. Ибо даже четырнадцать времен левой стороны хороши, поскольку подталкивают человека связаться с четырнадцатью временами правой, соединяющих его со Шхиной».

«"Даже вечность вложил в их сердца"⁶⁰ – потому что благодаря тяжким наказаниям четырнадцати времен левой стороны устанавливаются в их сердцах четырнадцать сладостных времен правой. Ибо из-за горького наказания, которое он получает в левой стороне, он убегает от левой и приходит к правой. И вынужден был воспользоваться этим путем, поскольку всё устроено "так, чтобы дела, творимые Всесильным, не мог постичь человек от начала и до конца"⁶⁰ – так как не может человек постичь всего. И сказано: "Все речения трудны – человек не сумеет их выразить"⁶⁰ – поэтому дано ему выяснение в сердце, которое избегает горького наказания и связывается с добром и милосердием правой стороны. Как сказано: "Узнал я, что нет ничего хорошего в них"⁶³ – в четырнадцати временах левой стороны, однако они верная причина для того, чтобы "радоваться и делать добро в жизни своей"»⁶³.

57) «Человек никогда не должен открывать уста свои для зла, поскольку не знает он, кто возьмет это слово, а когда человек не знает, он терпит неудачу из-за него. А когда праведники открывают уста свои, то все слова их – во благо. Когда Йосеф начал говорить с Фараоном, сказал: "Творец ответит во благо Фараону"⁵⁰».

---

⁶⁵ Писания, Коэлет, 9:12. «И даже не знает человек своего времени, подобно рыбам, захваченным злой сетью, подобно птицам, попавшимся в силок, – подобно им уловляются сыны человеческие в час беды, которая внезапно их настигнет».

Сказал рабби Йегуда: «Мы изучали, что Творец печется о благе царства, как сказано: "И дал им указания о сынах Исраэля и о Фараоне, царе Египта"[66]».

---

[66] Тора, Шмот, 6:13. «И говорил Творец с Моше и Аароном, и дал им указания о сынах Исраэля и о Фараоне, царе Египта, чтобы вывести сынов Исраэля из земли египетской».

ГЛАВА МИКЕЦ

Затем, что Всесильный возвестил тебе все это

58) Сказал рабби Хия: «Фараон хотел испытать Йосефа, изменил ему детали сна, но поскольку Йосеф был знаком со ступенями, на которые указывает его сон, смотрел на каждую деталь и говорил: "Так ты видел", и выстроил одну за другой все подробности как положено».

59) «И сказал Фараон Йосефу: "Затем, что Всесильный возвестил тебе все это, нет столь проницательного и мудрого, как ты"»[67]. «"Затем, что (ахарэй אַחֲרֵי) Всесильный возвестил тебе" означает – ты был сзади меня (ахарай אַחֲרַי), когда видел я сон, ты там находился. И потому сказал он: "Все это"[67] – ты узнал, каким был сон, и ты узнал разгадку его».

60) Сказал рабби Ицхак: «В таком случае, Йосеф сказал всё, и сам сон и разгадку, подобно Даниэлю, который рассказал сон и его разгадку?» Сказал ему: «Это не то же самое. Йосеф смотрел, исходя из слов Фараона, который рассказывал детали сна известных ступеней, и видел, что тот ошибался, так как детали его не были в том порядке, который установлен на этих ступенях сна. И он говорил ему: "Не так ты видел, а так", ибо ступени идут по порядку. Однако Даниэль совсем не смотрел, исходя из слов Навухаднецара, и всё рассказал ему – и сон и разгадку».

61) «Что сказано о Даниэле: "Тогда Даниэлю в ночном виде́нии была открыта тайна"[68]. Что такое "ночное видение"? Это ступень Гавриэля, являющаяся свойством "виде́ние", и это видение от видения».[69]

Объяснение. Нуква называется "ночь", и она является виде́нием, т.е. зеркалом, что означает свечение Хохмы. И поскольку нет свечения Хохмы ни в каком парцуфе, кроме нее, Нуква называется зеркалом, или видением. И потому ночь – это

---

[67] Тора, Берешит, 41:39. «И сказал Фараон Йосефу: "Затем, что Всесильный возвестил тебе все это, нет столь проницательного и мудрого, как ты"».
[68] Писания, Даниэль 2:19. «Тогда Даниэлю в ночном видении открылась тайна, и благословил Даниэль Владыку небес».
[69] См. Зоар, главу Ваеце, статью «Пророчество, видение, сновидение», пп. 50-51.

свойство «ви́дение». И «ночное видение» – это, как он говорит, видение от видения, и это ангел Гавриэль, так как видение в нем исходит от видения, являющегося Нуквой.

62) «Смотри, что сказано: "И вот слава Всесильного исраэлева пришла с пути восточного, и голос Его как шум многих вод, и земля озарилась славой Его"[70]. А что сказано после этого: "И подобно это видение видению, которое я видел, как видение, какое видел я, когда приходил возвестить гибель городу, и эти видения как видение, какое видел я у реки Кевар. И пал я на лицо свое"[71]. Все эти ви́дения, упомянутые в этом стихе, это шесть ступеней, являющихся видениями».

Объяснение. «И подобно это видение видению» – это два, «и эти видения» – во множественном числе, это тоже два, всего четыре, «как видение, какое видел я» – их два, итого шесть видений, т.е. шесть сфирот ХАГАТ НЕХИ Нуквы.

И «видение от видения», и это Гавриэль, есть у него зеркало, в котором видны высшие цвета, и это шесть видений, которые в Нукве. И они видны в этом ви́дении, т.е. Гавриэле, который называется «видение от видения». И есть видение видения и еще видение видения, одно над другим. Иными словами, есть в видении видения, являющегося Гавриэлем, много ступеней, каждая из которых определяется как видение видения. И это означает видение от высшего видения, т.е. Нуквы. И это шесть свойств «видение видения», одно над другим, исходящие от шести видений Нуквы, и все они находятся на известных ступенях, т.е. ХАГАТ НЕХИ, и они властвуют, и на них разрешаются все сны в мире. И они подобны тем, что выше них, – подобны шести видениям в Нукве.

63) Поэтому о Даниэле сказано, что ему «в ночном ви́дении была открыта тайна»[68]. Не сказано: «Открылась тайна», а «была открыта тайна», потому что одна из этих ступеней ночного видения раскрыла ему сон и его разгадку. Но Йосеф, исходя из слов Фараона, рассмотрел высшие ступени, на которые указывал сон, и сказал его разгадку Фараону.

---

[70] Пророки, Йехезкель, 43:2. «И вот слава Всесильного Исраэлева пришла с пути восточного, и голос Его как шум многих вод, и земля озарилась славой Его».
[71] Пророки, Йехезкель, 43:3. «И подобно это видение видению, которое я видел, как видение, какое видел я, когда приходил возвестить гибель городу, и эти видения как видение, какое видел я у реки Кевар. И пал я на лицо свое».

64) И поэтому назначил тот его над всей землей египетской, так как Творец дал ему присущее ему, Йосефу. Уста, не прикоснувшиеся к греху, сказано: «По слову твоему (досл. по устам твоим) будет кормиться весь мой народ»[72]. Рука, не приблизившаяся к греху, сказано: «И надел его на руку Йосефа»[73]. Шея, не приблизившаяся к греху, как сказано: «И возложил золотое ожерелье на шею ему»[73]. Тело, не приблизившееся к греху: «И облачил он его в одежды из тонкого льна»[73]. Нога, которая не восходила к греху, сказано: «И возвел его на вторую колесницу»[74]. Мысль: поскольку не думал о грехе, называли его проницательным и мудрым. Сердце, не помышлявшее о грехе: «И возглашали перед ним: "Преклоняйтесь!"[74]» И всё он получил присущее ему.

65) «И вышел Йосеф от Фараона, и прошел он по всей земле египетской»[75]. Сказал рабби Хизкия: «Для чего "и прошел он по всей земле египетской"? Для того, чтобы воцариться над ними, ибо так и возглашали перед ним» – ведь возглашали перед ним: «Преклоняйтесь!» «И еще, чтобы в каждом месте собрать запасы зерна». Сказал рабби Эльазар: «Собрал Йосеф запасы зерна в каждом месте, чтобы не сгнило оно» – ведь «съестное с полей окрестности каждого города собрал он в нем»[76], и не поместил зерно одного места в другое место. Ибо в природе всякого места – хранить плоды, выросшие в нем.

66) Сказал рабби Шимон: «Всё, что сделал Творец, – всё для того, чтобы воплотить кругообороты» – т.е. воплотить в жизнь и ускорить все факторы на благо Исраэля, «ибо Он желал выполнить свое обещание». «Посмотри сам, когда Творец создавал мир, Он произвел сначала всё, что нужно миру, а потом произвел человека на свет и нашел ему пропитание».

---

[72] Тора, Берешит, 41:40. «Ты будешь над домом моим, и по слову твоему кормиться будет весь мой народ; только престолом я буду превосходить тебя».

[73] Тора, Берешит, 41:42. «И снял Фараон перстень с руки своей и надел его на руку Йосефа, и облачил он его в одежды из тонкого льна и возложил золотое ожерелье ему на шею».

[74] Тора, Берешит, 41:43. «И возвел его на вторую колесницу и возглашали перед ним: "Преклоняйтесь!" И поставил его над всею землею египетскою».

[75] Тора, Берешит, 41:46. «А Йосефу было тридцать лет, когда предстал он перед Фараоном, царем египетским. И вышел Йосеф от Фараона, и прошел он по всей земле египетской».

[76] Тора, Берешит, 41:48. «И собрал он все съестное тех семи лет, которые были в стране египетской, и собрал съестное в городах: съестное с полей окрестности каждого города собрал он в нем».

67) «И так же сказал Творец Аврааму: "Узнай же, что пришельцами будут потомки твои на земле не своей ... а затем они выйдут с большим имуществом"[77]. Когда Йосеф пришел в Египет, там не было большого имущества. Творец повернул события и наслал голод на весь мир, и весь мир принес серебро и золото в Египет, и наполнилась вся земля египетская серебром и золотом. А после того как было приготовлено большое имущество во всей полноте, Он привел Яакова в Египет».

68) «Ибо таковы пути Творца, который сначала создает лечение, а после этого поражает болезнью. Сначала Он подготовил большое имущество в Египте, а потом привел их в изгнание. И для того Он и повернул события и наслал голод на весь мир, – чтобы несли серебро и золото всего мира в Египет».

69) «Ради Йосефа, который был праведником, сделал Он так, чтобы Исраэль получили богатство, серебро и золото, как сказано: "И вывел их с серебром и золотом, и нет бедного среди их колен"[78]. И благодаря праведнику пришло это к Исраэлю. И всё это – чтобы удостоить их будущего мира».

70) «"Наслаждайся жизнью с женою, которую любишь"[79]. Этот стих заключает в себе высшую тайну. "Наслаждайся жизнью" – это жизнь будущего мира, ибо счастлив человек, который удостоился его как полагается».

71) «"С женою, которую любишь"[79] – это Кнессет Исраэль», т.е. Нуква, «потому что любовь, о которой говорится, относится к ней, как сказано: "И любовью вечною возлюбил Я тебя"[80]. Когда? В тот час, когда правая сторона охватывает ее, как

---

[77] Тора, Берешит, 15:13-14. «И сказал Он Авраму: "Узнай же, что пришельцами будут потомки твои на земле не своей, и поработят их и будут угнетать четыреста лет. Но и над народом, которому они служить будут, произведу Я суд, а после они выйдут с большим имуществом"».

[78] Писания, Псалмы, 105:37. «И вывел их с серебром и золотом, и нет бедного среди их колен».

[79] Писания, Коэлет, 9:9. «Наслаждайся жизнью с женою, которую любишь, все дни суетной жизни твоей, и которую дал Он тебе под солнцем на все суетные дни твои, ибо это доля твоя в жизни и в трудах твоих, которыми ты занят под солнцем».

[80] Пророки, Йермияу, 31:2-3. «Издалека Творец являлся мне (и сказал): "И любовью вечною возлюбил Я тебя, потому ниспослал тебе милость. Еще Я восстановлю тебя, и ты будешь восстановлена, дева Исраэлева, еще украсишь тимпаны свои и выйдешь в хоровод веселящихся"».

сказано: "Поэтому ниспослал тебе милость (хесед)"[80]», и хесед – это правая сторона.

72) «"Все дни суетной жизни твоей"[79], так как она» – Нуква в гадлуте, называемая Кнессет Исраэль, «соединилась с жизнью» – Биной, «и она – мир, в котором есть жизнь, ибо в этом мире», Нукве, «нет жизни» – относительно ее собственного свойства, «поэтому он называется суетной жизнью, потому что находится "под солнцем"» – Зеир Анпином, и должен получать от него.

«И света солнца не доходят сюда, в этот мир. А удалились они из мира в день, когда был разрушен Храм, как сказано: "Солнце померкло при восходе своем"[81], ибо свет его поднялся вверх, и не светит оно внизу, как сказано: "Праведник пропал"[82]». И это Есод Зеир Анпина, который передает наполнение вниз, этому миру, т.е. Нукве. И потому нужно притянуть к ней жизнь от Бины, как сказано: «Наслаждайся жизнью»[79].

73) «"Ибо это доля твоя в жизни"[79] – это зивуг солнца», Зеир Анпина, «с луной», Нуквой; потому что нуква называется «доля», а свет солнца – это «жизнь». «И солнце должно войти в луну, а луна – в солнце, чтобы не было разделения между ними. И это доля человека» – т.е. чтобы он привел своими действиями к высшему зивугу, «прийти посредством их к будущему миру».

74) «Что сказано после этого: "Все, что найдешь возможным сделать своими силами, – делай, ибо нет ни дела, ни замысла, ни знания, ни мудрости в преисподней, куда ты идешь"[83]. Нужно внимательно изучить эту фразу, сказано: "Все, что найдешь возможным сделать" – разве отменен ремень?!» – т.е. нет более страха перед карающим ремнем, «что позволено человеку делать всё, что он может?» «Однако "сделать своими силами" сказано. "Своими силами" – это душа человека, которая является силой человека, чтобы удостоиться этого мира и мира будущего». И объяснение сказанного следующее. «Всё, что найдешь

---

[81] Пророки, Йешаяу, 13:10. «Ибо звезды небесные и созвездия их не засияют светом своим, солнце померкло при восходе своем, и луна не засветится светом своим».

[82] Пророки, Йешаяу, 57:1. «Праведник пропал, и нет человека, принимающего это к сердцу, и мужи благочестия погибают, и никто не понимает, что из-за зла вознесен праведник».

[83] Писания, Коэлет, 9:10. «Все, что найдешь возможным своими силами сделать, – делай, ибо нет ни дела, ни замысла, ни знания, ни мудрости в преисподней, куда ты идешь».

возможным силами души твоей сделать» – добрые дела, «делай и не ленись» – ибо тогда ты удостоишься обоих миров.

75) Другое объяснение. «Своими силами» – это женщина, т.е. Кнессет Исраэль, и это сила, с помощью которой можно укрепиться в этом мире и в будущем мире. И должен человек удостоиться в этом мире этой силы, чтобы укрепиться с ее помощью в будущем мире. И смысл слов: «Всё, что найдешь возможным своими силами», а это Нуква, «сделать» – добрые дела в этом мире, «делай» – и удостоишься будущего мира.

76) И нужно укрепляться в добрых делах в этом мире, поскольку после того как человек выходит из этого мира, нет у него силы сделать хоть что-нибудь, чтобы он мог сказать: «Сейчас, с этого момента и далее, я буду делать добрые дела», – ибо, конечно, «нет ни дела, ни замысла, ни знания, ни мудрости в преисподней, куда ты идешь»[83]. А если не удостоился человек в этом мире, не удостоится потом в будущем мире. И тот, кто не запасся провизией в дорогу, ведущую из этого мира, не будет есть в будущем мире. И есть добрые дела, совершаемые человеком в этом мире, от которых он питается здесь, в этом мире, а всё вознаграждение остается для будущего мира, чтобы питаться от них.

77) Йосеф удостоился этого мира и будущего мира, поскольку хотел он соединиться с женщиной, боящейся Творца, т.е. с Нуквой, которая является этим миром, как сказано: «И (как же) согрешу пред Всесильным (Элоким)»[84], и это Нуква, называемая Элоким. И потому удостоился он управлять этим миром и удостоил Исраэль.

78) «И собрал Йосеф все серебро»[85]. «Так и должно быть – ведь та река, которая берет начало и вытекает из Эдена» – т.е. Есод, называемый Йосеф, «собирает всё» – т.е. она состоит из всех сфирот и получает от них, «и всё богатство находится в ней». «Именно поэтому сказано: "И поместил их Творец на

---

[84] Тора, Берешит, 39:9. «Не ставит он себя выше меня в этом доме, и не устранил он от меня ничего, разве только тебя, потому что ты жена его. Как же сделаю я это великое зло и согрешу пред Всесильным?!"»

[85] Тора, Берешит, 47:14. «И собрал Йосеф все серебро, какое нашлось на земле египетской и на земле кнаанской, за хлеб, который покупали; и внес Йосеф серебро это в дом Фараона».

своде небесном"⁸⁶» – потому что Есод называется небосводом, который светит земле, свойству Нуква. «И всё было так, как и должно быть, поскольку именно Йосеф» – свойство Есод, «должен был управлять царством (малхут)» – Нуквой, и наполнять ее.

79) «Сказано: "И возвел его на вторую колесницу"⁷⁴. Что такое "вторая колесница"? Творец сделал праведника правителем, поскольку от него питается мир» – т.е. Нуква, «и от него он должен питаться». «И у Творца есть высшая колесница» – ХАГАТ и Малхут, которые выше хазе Зеир Анпина, «и есть у Него нижняя колесница» – Нуква.⁸⁷ «И нижняя колесница называется второй колесницей, а Йосеф называется праведником» – т.е. Есодом, «и ему подобает ехать на второй колеснице, что у Творца. И все это – сообразно высшим свойствам».

80) «И возглашали перед ним: "Преклоняйтесь!"⁷⁴ Что означает "преклоняйтесь"? Это связь, благодаря которой соединились солнце с луной» – т.е. Есод, объединяющий Зеир Анпин и его Нукву. «И все совершают преклонение, когда доходит до этого места», – поскольку преклонения в молитве во время произнесения слова «благословен» указывают на Есод, называемый благословенным, и в память о преклонениях возглашали перед ним: «Преклоняйтесь (аврéх אַבְרֵךְ)», что происходит от слов: «И поставил на колени (ва-яврéх וַיַּבְרֵךְ) верблюдов»⁸⁸. «И поставил его над"⁷⁴ всем миром» – над Нуквой, «и все жители мира благодарят его за это» – за то благо, которое он дает им. «И все это соответствует высшим свойствам».

81) «Творец сотворил царство земное по подобию небесного царства, и всё сотворил одно против другого» – потому что у всего, что есть на земле, есть соответствующий корень на небесах. «И всё, что было создано на земле, было перед Творцом в самом начале» – наверху на небесах. «Святая Малхут не получила совершенного царства, пока не соединилась с праотцами, потому что Творец сотворил высшую Малхут, чтобы она светила от свойств праотцев».⁸⁷

---

⁸⁶ Тора, Берешит, 1:17. «И поместил их Всесильный на своде небесном, чтобы светить на землю».

⁸⁷ См. Зоар, главу Ваера, п. 16.

⁸⁸ Тора, Берешит, 24:11. «И поставил на колени верблюдов вне города против колодца с водой, под вечер, в пору выхода черпальщиц».

82) «И Йосеф-праведник сначала спустился в Египет, а затем привлек он с собой Шхину, так как Шхина идет лишь за праведником. И потому сначала Йосеф был приведен в Египет и получил всё богатство мира, как полагается. А затем Шхина спустилась в Египет, и все колена с вместе ней».

83) «И потому Йосеф, который оберегал святой союз, удостоился возвыситься на своем месте» – т.е. стал строением для Есода Зеир Анпина, «и удостоился и высшего царства и нижнего царства. И потому всякий, кто оберегает святой союз, как будто полностью выполнил всю святую Тору. Ибо этот союз равен всей Торе».

ГЛАВА МИКЕЦ

И увидел Яаков, что есть хлеб в Египте

84) «И увидел Яаков, что есть хлеб в Египте, и сказал Яаков сыновьям своим: "Зачем вы себя показываете?"»[89]. Если удалилась от него Шхина при продаже Йосефа, как же он увидел, что есть хлеб в Египте?[90] Заговорил рабби Хия, провозгласив: «"Пророчество, сказанное Творцом об Исраэле, – слово Творца, распростершего небо, и основавшего землю, и создавшего дух человека внутри него"[91]. Это высказывание нужно рассмотреть внимательно. "Пророчество, сказанное Творцом" – везде, где сказано о пророчестве, почему говорится: "Пророчество (масá אשמ)"? Но дело в том, что в любом месте, где речь идет о суде над остальными народами, и говорится "пророчество", это во благо. В любом же месте, где он (суд) над Исраэлем, и говорится "пророчество", это во зло».

85) И объяснил сказанное. «"В любом месте, где речь идет о суде над остальными народами, это во благо" – потому что слово "пророчество (масá אשמ)" имеет значение "бремя (маамасá מעמסה)"; бремя это для Творца – благо народов-идолопоклонников, и когда вынесен им приговор, снимает Он с себя то бремя, которое терпел из-за них». И потому, когда говорится о них «пророчество», это во благо.

«В любом же месте, где это суд, который должен свершиться над Исраэлем, и говорится "пророчество", это словно бремя для Творца наказывать Исраэль. И это бремя и с той и с другой стороны» – т.е. накажет Он их или нет, это словно бремя для Него. Ведь если Он не накажет их, они останутся в скверне греха, а если накажет их, Он словно испытывает страдания Исраэля. И потому, когда о них говорится «пророчество», это во зло.

86) «Если сказал: "Распростершего небо и основавшего землю"[91], зачем должен был говорить: "И создавшего дух человека

---

[89] Тора, Берешит, 42:1. «И увидел Яаков, что есть хлеб в Египте, и сказал Яаков сыновьям своим: "Зачем вы себя показываете?"».
[90] См. далее, п. 93.
[91] Пророки, Зехария, 12:1. «Пророчество, сказанное Творцом об Исраэле, – слово Творца, распростершего небо и основавшего землю, и создавшего дух человека внутри него».

внутри него"⁹¹? Разве бы мы не знали, что Он создает дух человека, если бы это не было сказано? Но это для того, чтобы указать известную ступень, так как любые дух и душа (рухот и нешамот) в мире находятся на этой ступени» – т.е. Нуква, в которой зарождаются все рухот и нешамот, и от нее получают нижние.

87) Сказал рабби Шимон: «Это непростое высказывание, если бы сказал: "Создавшего дух человека"⁹¹ и всё, было бы хорошо, но что означает "внутри него"? Однако говорится здесь о двух сторонах, о Есоде и Нукве. Ведь из реки, которая берет начало и вытекает из Эдена» – Есода, «оттуда выходят и воспаряют все души (нешамо́т) и собираются в одном месте» – в Нукве, «и эта ступень» – Есод, «создает дух (руах) человека "внутри него"» – т.е. в Нукве. «И она» – Нуква, «подобна женщине, которая забеременела от мужчины, и плод стесняет ее утробу, пока полностью не сформируется в совершенном виде в ее утробе».

«Так "и создавшего дух (ру́ах) человека внутри него"⁹¹, когда "внутри него"» – т.е. в Нукве, «находится» – этот дух и формируется там, «пока не завершится создание человека в мире, и тогда она дает ему» – этот дух. Он объясняет здесь, что «и создавшего (ве-йоцер יוצר)» происходит от слова «форма (циюр ציור)», так как Он формирует в ней дух человека. И поскольку до того как завершается форма пло́да, он причиняет страдание своей матери, то говорит здесь «пророчество», потому что у Исраэля это во зло.

88) «"И создавшего дух человека внутри него"⁹¹ – то есть на самом деле внутри человека, а не в высшей Нукве. Ведь когда человек был создан, и Творец дал ему душу (нешама), и он появился на свет, тот дух (руах), что в нем, не находит тела достаточным для распространения внутри него и стоит в нем с одной стороны» – с правой, и не распространяется вправо и влево.

89) «А когда тело человека становится больше, увеличивается также и дух и дает ему силу. И также, по мере того как тело растет, дух дает силу человеку, чтобы он укреплялся с помощью него. И потому: "Создавшего дух человека внутри него"⁹¹ – на самом деле».

90) «А если скажешь: "Создавшего дух человека"⁹¹, – что это? Дело в том, что дух (руах) нуждается в дополнительной силе свыше, которая помогла бы ему. И потому Творец «создает дух человека внутри него», т.е. оказывает ему помощь, чтобы он мог распространиться внутри человека».

91) «Когда этот дух нуждается в помощи, то в соответствии с тем, что представляет собой этот человек, и в соответствии с тем, насколько это тело исправлено, исправляют ему свыше этот дух и добавляют ему дух для исправления. Ведь насколько он собирается очиститься, настолько и помогают ему. И это означает: "Создавший дух человека внутри него" – т.е. дает ему дополнительный дух, чтобы он мог распространиться внутри человека».

Объяснение. Когда человек рождается и появляется на свет, не может этот дух (руах) распространиться в нем и стоит в нем с одной стороны, т.е. он не соединен с левой стороной, и потому ему недостает ГАР. А когда он вырастает и улучшает свои деяния, дают ему дополнительный дух (руах), т.е. ГАР, потому что основой руаха считается ВАК, а ГАР – добавкой руаха. И тогда он распространяется в теле человека во всех сторонах.

92) «Когда Йосеф потерялся у отца его Яакова, потерял Яаков тот дополнительный дух, который был у него» – т.е. ГАР, «и удалилась от него Шхина». «А после этого сказано: "И ожил дух Яакова, отца их"⁹² , – а разве до этого был он мертв? Но дело в том, что дополнительный дух удалился от него, и не находился в нем, ибо охватившая его печаль привела к тому, что дух (руах) его не смог выжить» – т.е. что ушли от него ГАР, являющиеся жизнью руаха. И потому сказано: «И ожил дух Яакова, отца их»⁹² – так как снова ожили ГАР.

93) «И тут сказано: "И увидел Яаков, что есть хлеб в Египте"⁸⁹» – т.е. что он увидел с помощью духа святости. «Но ведь до этого момента ему еще не было известно», – что Йосеф жив, и Шхина все еще была в удалении, откуда же он знал, что есть хлеб в Египте? Однако «и увидел Яаков»⁸⁹ означает, что он

---

⁹² Берешит, 45:27. «И пересказали они ему все слова Йосефа, которые он говорил им. И увидел он колесницы, которые прислал Йосеф, чтобы везти его. И ожил дух Яакова, отца их».

видел, как все жители земли направляются в Египет и несут оттуда зерно, а не то, что он видел с помощью духа святости.

96⁹³) «Пути ее – пути благоволения»⁹⁴ – это пути Торы. Ибо над тем, кто идет путями Торы, Творец устанавливает благоволение Шхины, которая не отойдет от него никогда. «И все тропы ее – мир»⁹⁴, потому что абсолютно все тропы Торы – мир: мир ему наверху, мир ему внизу, мир ему в этом мире, мир ему в будущем мире.

97) «Подобно монете в кармане, содержащееся в этом отрывке» – т.е. скрыта здесь, во внутреннем смысле этого высказывания, дорогая тайна. «В этом высказывании говорится о двух видах» – путях и тропах, «и о двух свойствах» – т.е. о прелести и мире. И в нем названы «пути» и названы «тропы», и названы в нем «благоволение» и «мир».

98) «Пути ее – пути благоволения»⁹⁴, как сказано: «Дающий в море дорогу»⁹⁵. Потому что всюду, где в Торе сказано «путь», – это путь, открытый всем, как и этот путь, материальный, который открыт каждому человеку. Так «пути ее – пути благоволения»⁹⁴ – это пути открытые, от праотцев, т.е. ХАГАТ, называемых Авраам, Ицхак, Яаков, которые выкопали великое море и вошли в него. И благодаря этим путям раскрываются света, чтобы светить в каждом направлении и во все стороны света.

Объяснение. Есть две Малхут, в которых устанавливается экран для совершения зивуга с высшим светом, и называются они «мифтеха (ключ)» и «манула (замок)», или атерет-Есода (венец Есода) и сама Малхут. И свечение Хохмы возможно лишь в месте, где есть мифтеха. Но в тех местах, где есть манула, они остаются в хасадим, укрытых от Хохмы. И в ГАР парцуфов, таких как Атик, высшие Аба ве-Има и большие ЗОН, действует манула, и поэтому они находятся в свойстве укрытые хасадим. А в ВАК парцуфов, таких как Арих Анпин, ИШСУТ и малые ЗОН, действует мифтеха, и потому раскрывается в них свечение Хохмы.⁹⁶

---

93 Пункты 94-95 в этой редакции отсутствуют.
94 Писания, Притчи, 3:17. «Пути ее – пути благоволения, и все тропы ее – мир».
95 Пророки, Йешаяу, 43:16. «Так говорит Творец, давший в море дорогу и в водах мощных путь».
96 См. «Предисловие книги Зоар», статью «Манула и мифтеха», п. 41, со слов: «И мы уже знаем, что Атик…» и до конца статьи.

И вот мифтеха называется путем или дорогой, поскольку является путем передачи мохин Хохмы, которые светят всем сторонам свойством ГАР. А манула называется дорожкой или тропой, т.е. это узкий путь, который не открыт для всех, ибо только души от хазе ЗОН и выше могут получить от них ГАР, поскольку не нуждаются в Хохме, так как относятся к свойству хафец-хесед. Однако души, которые находятся от хазе ЗОН и ниже и нуждаются в Хохме, могут получить оттуда лишь ВАК без рош.

И получается, что (этот путь) не открыт для душ, находящихся от хазе и ниже, а это большинство душ, и потому он называется тропой или дорожкой, так как открыт лишь единицам. И в высших Абе ве-Име действует манула, называемая дорожкой, и потому они всегда пребывают в свойстве хасадим, укрытых от Хохмы. А в ИШСУТ действует мифтеха, называемая путем, и потому они пребывают в свойстве свечения Хохмы.[97]

И это означают слова: «Потому что всюду, где в Торе сказано "путь", – это путь, открытый всем», так как путь указывает на Малхут мифтехи, на зивуг которой раскрывается свечение Хохмы. И это свечение восполняет все души, даже и те которые исходят от места ниже хазе ЗОН, а это большинство душ в мире. И поэтому сказано: «Это пути открытые, от праотцев, которые выкопали великое море и вошли в него» – так как после того как Зеир Анпин получает три линии ИШСУТ, в виде «три выходят благодаря одному, один находится в трех»[98], он передает их Нукве, которая становится четвертой относительно праотцев, и называется Малхут (царство) Давида.[99]

И когда он передает ей наполнение от правой линии Бины, называемое точкой холам, нисходят к ней буквы «ЭЛЕ (אלה)» Бины, в которых содержится свойство мифтеха. И тогда считается, что ХАГАТ Зеир Анпина выкопали в ней и сделали в ней место получения, и это свойство мифтеха, о котором сказано: «Мать (има) одалживает свои одежды дочери».[100]

---

[97] См. Зоар, главу Берешит, часть 1, п. 308.
[98] См. Зоар, главу Берешит, часть 1, п. 363.
[99] См. Зоар, главу Берешит, часть 1, п. 117, со слов: «И это два свойства в Малхут…»
[100] См. «Предисловие книги Зоар», п. 17, со слов: «Поэтому сказано: "И мать одалживает свои одежды дочери и венчает ее своими украшениями". Иными словами, когда три буквы ЭЛЕ Имы опускаются в Нукву…»

И это смысл сказанного: «Колодец, выкопанный старейшинами»[101] – это ИШСУТ, «вырытый знатными из народа»[101] – т.е. ХАГАТ Зеир Анпина. И это означают слова: «Это пути открытые, от праотцев» – т.е. ХАГАТ Зеир Анпина, «которые выкопали великое море» – Нукву, т.е. передают ей кли мифтехи от Бины, а потом передают ей также две точки шурук и хирик, от двух линий Бины, левой и средней, и теперь у нее есть все три линии ХАГАТ Зеир Анпина, полученные им от трех линий Бины, и тогда «вошли в него» – т.е. три линии Зеир Анпина, ХАГАТ, входят в Нукву.

Поэтому сказано: «И благодаря этим путям раскрываются света, чтобы светить в каждом направлении и во всех сторонах света» – так как от мифтехи, называемой путем или дорогой, передается свечение Хохмы, которое светит и восполняет все стороны и все направления в мире, и даже тех, кто исходит от ЗОН ниже хазе. Тогда как тропинки, т.е. свойства манулы, передают наполнение лишь единицам, т.е. исходящим от Зеир Анпина выше хазе, и не открыты для всех.

99) А «благоволение»[94] – это благо, исходящее от будущего мира, т.е. ИШСУТ. И из будущего мира светят все светила и разделяются во всех сторонах, т.е. в трех линиях правой-левой-средней, и то добро и свет будущего мира, которые наследуют праотцы, т.е. ХАГАТ Зеир Анпина, наследующие эти мохин от ИШСУТ, будущего мира, называются благоволением.

Другое объяснение. Сам будущий мир, т.е. ИШСУТ, называется благоволением, поскольку, когда пробуждается будущий мир, для того чтобы светить, вся радость, всё добро, все света и вся свобода в мире просыпаются, – и потому называется он благоволением.

100) И потому мы учили, что грешники в аду при наступлении субботы, все отдыхают, и есть у них свобода и отдых. А на исходе субботы мы должны вызывать на себя высшую радость, чтобы избавиться от того наказания, на которое грешники осуждены с этого момента и далее. И мы должны выйти из состояния покоя и сказать: «Да будет благоволение к нам

---

[101] Тора, Бемидбар, 21:18. «Колодец, выкопанный старейшинами, вырытый знатными из народа жезлом, посохами своими».

Творца Всесильного нашего»¹⁰². Это высшее благоволение, общая радость, т.е. мохин ИШСУТ. И об этом сказано: «Пути ее – пути благоволения»⁹⁴.

Объяснение. В день субботы светят мохин высших Абы ве-Имы, относящиеся к свойству «чистый воздух (ави́ра да́хья)» и именуемые «на грядущее будущее». И тогда все суды устраняются из мира, и даже грешники в аду отдыхают. А на исходе субботы снова пробуждаются суды и клипот, и отменяются они только с помощью мохин свечения Хохмы, которые приходят от ИШСУТ и называются благоволением. И потому на исходе субботы мы должны произнести отрывок: «Да будет благоволение»¹⁰², – чтобы вызвать на себя мохин свечения Хохмы, отменяющие все суды.

101) «И все тропы ее – мир»⁹⁴. Тропы ее – это тропинки, нисходящие сверху, от Абы ве-Имы, т.е. манулы, действующей в Абе ве-Име,²⁹⁴ о которой говорит Писание: «И тропа Твоя в водах великих»¹⁰³. И называются так потому, что открыты они не каждому человеку, а только единицам.¹⁰⁴ И всех их связывает только этот союз, Есод, называемый «мир», мир в доме, и вводит их в великое море, когда оно в своей мощи (гвура), и тогда оно дает ему мир. И это смысл слов: «И все тропы ее – мир»⁹⁴.

Йосеф стал союзом мира, т.е. удостоился этих троп, и стал царем Египта и правителем над этой землей. А Яаков, из-за того что удалилась от него Шхина, не знал об этом.

Объяснение. Мифтеха, который является экраном, нисходящим из Бины, и называется путем, притягивает мохин благоволения, как сказано: «Пути ее – пути благоволения»⁹⁴. Однако манула не притягивает мохин благоволения, и все его исправление – сделать мир. Ведь вся сила средней линии, объединяющая две эти линии, правую и левую, друг с другом, приходит посредством включения сначала в этот экран манулы.¹⁰⁵

---

¹⁰² Писания, Псалмы, 90:17. «Да будет благоволение к нам Творца Всесильного нашего, и дело рук наших утверди для нас, и дело рук наших утверди».

¹⁰³ Писания, Псалмы, 77:20. «В море путь Твой, и тропа Твоя в водах великих, и следы Твои неведомы».

¹⁰⁴ См. выше, п. 98, со слов: «Поэтому сказано: "И благодаря этим путям"…»

¹⁰⁵ См. Зоар, главу Лех леха, п. 22, со слов: «Экран де-хирик, на который выходит средняя линия…»

И это означают слова: «И всех их связывает только этот союз». «И всех их» – т.е. оба экрана вместе, называемые «путь» и «тропа», «связывает только этот союз» – т.е. Есод в состоянии гадлут, называемый Йосеф. Иными словами, несмотря на то, что основа средней линии это Тиферет, тем не менее, он не содержит в себе оба эти экрана вместе, так как из-за его расположения выше хазе Зеир Анпина, суды манулы не ощущаются в нем, поскольку они ощущаются в виде суда только ниже хазе. И потому только Есод, расположенный ниже хазе, связывает их обоих вместе.

И это как сказано: «И вводит их в великое море» – Нукву, «когда оно в своей мощи (гвура)» – в то время, когда она во власти гвурот левой линии, не желающей включаться в правую, и тогда застывают все света в нем, и оно называется застывшим морем,[106] «и тогда оно дает ему мир» – и тогда Есод дает ему мир, т.е. с помощью экрана манулы, называемого экраном де-хирик, он подчиняет левую линию и соединяет ее с правой. И тогда возникает мир между правой линией и левой, и света раскрываются. «И это смысл слов: "И все тропы ее – мир"[94]» – потому что «тропы», являющиеся свойством манула, не призваны притягивать мохин, как мифтеха, называемый «путь», а призваны устанавливать мир между правой и левой линиями.

102) И вместе с тем у Яакова был хлеб, чтобы купить зерно в Египте. И увидел он, что это хлеб над хлебом, когда сошли сыновья его в Египет. И потому «и сказал Яаков своим сыновьям: "Зачем вы себя показываете?"[89] – лучше покажите себя голодными, как люди, у которых нет сытости».

Объяснение. Несмотря на то, что удалилась Шхина от Яакова, вместе с тем был у него хлеб (шéвер, или разбиение), т.е. экран мифтехи со стороны его судов, чтобы купить зерно в Египте – т.е. притянуть на себя свечение Хохмы ИШСУТ, называемое мудростью (хохма) Египта. Однако экран манулы не ощущался им как суд, поскольку он является свойством Тиферет, находящимся выше хазе. Но у его сыновей, относящихся к свойству от хазе и ниже, будет ощущаться и свойство манулы, если они сойдут в Египет.

---

[106] См. Зоар, главу Берешит, часть 1, п. 302.

Поэтому сказано: «И увидел он, что это хлеб над хлебом, когда сошли его сыновья в Египет». Ибо раскрылся в них также и второй хлеб (шевер), т.е. экран манулы. И потому: «И сказал он своим сыновьям: "Зачем вы себя показываете?"[89] – лучше покажите себя голодными» – в силу экрана мифтехи, жаждущего мохин, «как люди, у которых нет сытости» – в силу экрана манулы, не достигающего полной сытости до конца исправления.

103) До тех пор, пока есть горе в мире, человек не должен показываться на рыночной площади, чтобы не уличили его в грехах, – т.е. чтобы судящие не увидели его и не обвинили, и не раскрыли грехов его, дабы наказать его. И потому сказал им Яаков: «Зачем вы себя показываете?»[89] – так как они должны бояться обвинителей.

104) Другое объяснение. «И увидел Яаков, что есть хлеб (шевер)»[89] – это на самом деле зерно, а не разбиение (швира), как объяснялось до этого. Ведь поэтому Творец и наслал голод на весь мир, чтобы спустить Яакова и сыновей его туда, и потому он видел жителей земли (Исраэля), которые несли оттуда зерно.

105) «И увидел Яаков, что есть хлеб (шевер) в Египте»[89]. Когда умирал Ицхак, пришли Яаков и Эсав разделить наследство. И Эсав отказался от своего надела в земле (Исраэля) и от всего – т.е. ушёл и избавился также от изгнания. А Яаков, чтобы терпеть изгнание, взял всё, т.е. они пришли к такому соглашению. И потому увидел Яаков то разбиение (швира), каким будет в Египте для него и для сыновей его терпеть изгнание. И потому: «И сказал Яаков своим сыновьям: "Зачем вы себя показываете?"[89]» – перед высшим судом, и не боитесь. Чтобы не нашлось на вас обвинителя! «И сказал он: «Вот я слышал, что есть хлеб (шевер) в Египте, – сойдите туда»[107]. И «сойдите (рэду רדו)» имеет численное значение двести десять, столько лет были Исраэль в Египте.

---

[107] Тора, Берешит, 42:2. «И сказал он: "Вот я слышал, что есть хлеб в Египте, – сойдите туда и купите нам оттуда, чтоб нам жить и не умереть"».

А Йосеф – правитель

106) «А Йосеф – правитель над той землей»[108]. Заговорил рабби Йеса, провозгласив: «"А ныне поднимется голова моя над врагами моими, окружившими меня, и принесу в шатре Его жертвы восславления, буду петь и хвалить Творца"[109]. Когда Творец желает человека, Он возносит его над всеми живущими в мире и делает его главным над всеми, и все враги подчиняются ему».

107) «Царя Давида ненавидели братья его и отталкивали его от себя, Творец поднял его над всеми живущими в мире. Выступил (против него) тесть его, Шауль, и бежал от него. Поднял его Творец над всеми царствами, и все преклонились и склонились пред ним. И Йосеф, которого отвергли братья, – потом все преклонились и склонились пред ним, как сказано: "И пришли братья Йосефа, и поклонились ему лицом до земли"[108]».

108) «"А ныне поднимется голова моя"[109]. Что означает: "А ныне"? "А ныне (ве-атá ועתה)" это то же самое, что и "а ты (ве-ата ואתה)"». Объяснение. Так же как «а ты (ве-ата ואתה)» – это имя Шхины, так же и «а ныне (ве-атá ועתה)» – это имя Шхины, т.е. он молился о том, чтобы Шхина подняла голову его.

Рабби Йегуда сказал: «Мы учили, что "срок (эт את)" – это высшая ступень, И что такое этот "срок (эт את)"? Это "хэй ה" имени АВАЯ (הויה), т.е. Шхина, и называется она "ныне (ата עתה)". "А ныне (ве-атá ועתה)" с буквой "вав ו" – это Он», т.е. Зеир Анпин, «с его судом» – Нуквой, потому что «вав ו» из «а ныне (ве-атá ועתה)» указывает на Зеир Анпин.

109) «"Поднимется голова моя"[109] – поднять голову в достоинстве и царственности, «над врагами моими, окружившими меня"[109] – это остальные цари земли, "и принесу в шатре Его"[109] – это Йерушалаим. "В шатре Его (бе-оалó בְּאָהֳלוֹ)" с буквой "вав ו" указывает на шатер Собрания. "Жертвы восславления"[109] – возвестить всему миру. "Буду петь и хвалить"[109]

---
[108] Тора, Берешит, 42:6. «А Йосеф - правитель над той землей, он же продает всему народу земли. И пришли братья Йосефа, и поклонились ему лицом до земли».
[109] Писания, Псалмы, 27:6. «А ныне поднимется голова моя над врагами моими, окружившими меня, и принесу в шатре Его жертвы восславления, буду петь и хвалить Творца».

— со стороны восславления, ибо со стороны восславления идет пение и восхваление.

110) «"А ныне поднимется голова моя"[109] – это Кнессет Исраэль», Нуква, «которая называется "ныне", "над врагами моими, окружившими меня"[109] – это Эсав и все его покровители, "и принесу в шатре Его"[109] – внутри Исраэля, "жертвы восславления"»[109], как сказано: "Жертвы Всесильному – дух сокрушенный"[110], чтобы устранить суд из мира. "Буду петь и хвалить"[109] – благодарить и восхвалять Творца непрерывно, в века».

111) «"А ныне поднимется голова моя"[109]. "Голова моя" – это доброе начало, поскольку во всем он молился, чтобы доброе начало поднялось над злым началом. "Над врагами моими, окружившими меня"[109] – это злое начало, которое окружает человека и ненавидит его во всем. "И принесу в шатре Его жертвы восславления"[109] – это изучение Торы, которая была дана со стороны огня, как сказано: "От Его десницы пламя Закона им"[111]. Ибо ради Торы «поднимется голова его», и все враги его будут разбиты перед ним, как сказано: "Сокрушил восставших на меня"[112]».

112) «"А ныне поднимется голова моя"[109], чтобы включиться в праотцев» – т.е. ХАГАТ Зеир Анпина, «потому что царь Давид должен объединиться с праотцами, поскольку он соединяется с ними, становясь четвертым основанием престола,[113] и тогда он возвышается и поднимается наверх» – от хазе Зеир Анпина и выше, «и пребывает в единой связи с ними. "Над врагами моими, окружившими меня"[109] – это те, кто с левой стороны, все они противники, желающие разрушения. И когда он поднимается над ними, тогда соединяется солнце» – т.е. Зеир Анпин, «с луной» – Нуквой, «и всё становится единым».

113) «"А Йосеф – правитель над той землей"[108]. «Йосеф – это солнце» – Зеир Анпин, поскольку Йосеф является сфирой

---

[110] Писания, Псалмы, 51:19. «Жертвы Всесильному – дух сокрушенный; сердце сокрушенное и удрученное, Всесильный, не отвергай».

[111] Тора, Дварим, 33:2. «И сказал он: "Творец от Синая выступил и воссиял от Сеира им, озарил от горы Паран, и пришел, (а с Ним) от мириадов святых; от десницы Его пламя Закона им"».

[112] Писания, Псалмы, 18:40. «Ты препоясал меня силой для войны, сокрушил восставших на меня».

[113] См. Зоар, главу Берешит, часть 1, п. 117.

Есод Зеир Анпина, «управляющее луной» – Нуквой, «и светящее ей, и питающее ее» – он дает питание всему народу земли. Поскольку «от реки, берущей начало и вытекающей из Эдена» – сфиры Есод, называемой Йосеф, «питаются все, и оттуда воспаряют души всех людей». «И потому все поклоняются тому месту, ведь нет такой вещи в мире, которая бы не зависела от благоволения (мазаль)» – т.е. от Есода.

ГЛАВА МИКЕЦ

И узнал Йосеф братьев своих

114) «И узнал Йосеф братьев своих, а они не узнали его»[114]. Заговорил рабби Эльазар, провозгласив: «"Чего устрашусь в дни зла? Нечестие пят моих окружает меня"[115]. Есть трое, которые боятся и не знают, чего они боятся. Но кроме этих трёх, есть боящийся и не знающий, чего он боится, из-за грехов, которые он совершил, даже не зная, что это грехи, и не остерегался их, и он страшится дней бедствия».

115) «"Дни бедствия (досл. зла)"[115] – это дни, назначенные быть в этом зле. Это злое начало, которое называется злом, и есть у него известные дни, когда дана ему власть сбивать с пути всех тех, кто оскверняет свой путь» – напрасным излиянием семени, «ибо тот, кто пришел оскверниться, оскверняют его. И эти дни называются "дни бедствия", и они предопределены для наказания в них за те грехи, которые человек попирает своими пятами».

116) «Все тем, кто оскверняет свой путь, сколько назначено им сборищ вредителей, которые оскверняют их! Тем путем, которым человек хочет идти, тем путем и ведут его. Человеку, который пришел очиститься, – сколько же есть помогающих ему!»

117) «Когда человек встает утром, он должен омыть руки из специального сосуда (натла́) с водой, который представляет собой сосуд для омовения из него рук, и должен совершить омовение с помощью того, кто уже омыл руки. И только ради этого сосуда (натла) мы изучали это». Иначе говоря, все эти законы, которые мы изучили, нужны лишь для того чтобы научить нас, что именно этот сосуд (натла) следует использовать для омовения рук по утрам.

118) «И еще мы изучали, что человек должен омыть правую руку левой рукой, чтобы левая прислуживала правой, дабы утвердить власть правой над левой, и должен омыть правую левой. И для этого требуется омовение, поскольку омовение

---

[114] Тора, Берешит, 42:8. «И узнал Йосеф братьев своих, а они не узнали его».
[115] Писания, Псалмы, 49:6. «Чего устрашусь в дни зла? Нечестие пят моих окружает меня».

призвано утвердить власть правой над левой. И потому омывающий руки должен омыть правую левой, чтобы утвердить власть правой над левой, и не дать никакого места злому началу, чтобы проявить власть». Объяснение. Не может ситра ахра удерживаться в правой линии, а только в левой, но если он утверждает власть правой над левой, прекращается удержание ситры ахра также и в левой.

119) «В час, когда господствует суд зла, не прекращается совершение зла. И даже праведники терпят ущерб от него, ведь когда дана власть губителю, он не отличает хорошего от плохого. А когда правая линия властвует над народами-идолопоклонниками, для того чтобы сокрушить их, жалеет их Творец и не уничтожает». Таким образом, ты видишь великую разницу между милосердием правой линии и судом левой.

120) «И потому всякий, кто совершает грехи из тех, что человек попирает своими пятами, он не знает при этом, что согрешил, и он всегда боится. Царь Давид всегда остерегался этих прегрешений. И когда выходил на войну, он выискивал их, чтобы на них основать возвращение, и потому не страшился вести с ними войну».

121) «И было четыре царя. То, что искал один, не искал другой. Давид сказал: "Преследую я врагов моих, и настигаю их, и не возвращусь, пока не уничтожу их"[116]. А почему? Он остерегался тех грехов, которые человек попирает своими пятами, и никакого места он не отдал во власть врагам своим. И потому он всегда старался преследовать их, а они не могли настигнуть его с целью обвинить в грехах, чтобы он попался к ним руки».

122) «Аса испытывал больший страх, и хотя он тщательно выискивал грехи, но не настолько, как царь Давид. Он старался только преследовать своих врагов, а не воевать с ними, но чтобы Творец убивал их. О Давиде, что сказано: "И бил их Давид от сумерек до вечера следующего дня"[117]. Но в случае с Асой, сам он преследовал, а Творец бил».

---

[116] Писания, Псалмы, 18:38. «Преследую я врагов моих, и настигаю их, и не возвращусь, пока не уничтожу их».
[117] Пророки, Шмуэль 1, 30:17. «И бил их Давид от сумерек до вечера следующего дня. И не спасся из них никто, кроме четырехсот юношей, которые бежали верхом на верблюдах».

123) «Йеошафат, царь Иудеи, тоже искал, и говорил: "Я не могу ни преследовать, ни убивать их, но я буду петь хвалу, а Ты будешь убивать их". И это потому, что он отыскивал свои грехи не так тщательно, как Аса. И Творец так и делал для него. Как сказано: "И когда они начали петь и славословить, Творец подстроил ловушку (распри) сынам Аммона, Моава и жителям горы Сеир, пришедшим на Иудею, и они были поражены"[118]».

124) «Хизкия, царь Иудеи, тоже говорил: "Я не могу ни петь хвалу, ни преследовать, и ни вести войну", ибо он страшился тех грехов, которые человек за собой не замечает. Как сказано: "И было в ту ночь, и вышел ангел Творца и поразил в стане Ашшурском сто восемьдесят пять тысяч. И встали поутру, и вот, все они – мертвые тела"[119]. И Хизкия сидел у себя дома, а Творец убивал их».

125) «И если такие праведники боялись этих прегрешений, то остальные жители мира должны бояться и подавно, и потому человеку следует остерегаться этих прегрешений и искать их, чтобы не возобладали над ним "дни зла", которые не сжалятся над ним».

126) «"И узнал Йосеф братьев своих"[114] – т.е. в час, когда братья его попали к нему в руки, он проявил милосердие к ним, поскольку он совершенен. А они не узнали его, ибо они, Шимон и Леви, относятся к стороне сурового суда. И поэтому они не сжалились над ним, так как эти носители сурового суда не испытывают жалости к людям, когда те попадают к ним в руки» – потому что они относятся к свойству упомянутых «дней зла», которые не жалеют человека.

127) «И потому сказал Давид: "Чего устрашусь в дни зла?"[115] Сказано не "страшился", а "устрашусь", – имеется в виду ныне, т.е. он все еще страшится. И потому сказал он, что следует ему страшиться всегда этих "дней зла", как мы уже сказали. "Нечестие пят моих окружает меня"[115]. Кто такие "пяты́ мои"? Те, кто пребывает в вере, т.е. в святости, как сказано: «Держась

---

[118] Писания, Диврей а-ямим 2, 20:22, «И когда они начали петь и славословить, Творец подстроил ловушку (распри) сынам Аммона, Моава и (жителям) горы Сеир, пришедшим на Иудею, и они были поражены».

[119] Пророки, Мелахим 2, 19:35. «И было в ту ночь, и вышел ангел Творца и поразил в стане Ашшурском сто восемьдесят пять тысяч. И встали поутру, и вот, все они – мертвые тела».

рукою за пяту Эсава»¹²⁰ – ведь пята Эсава относится к вере, к святости, потому что Яаков держит ее. И это пята, о которой сказано: "Нечестие пят моих окружает меня"¹¹⁵. И это пяты, непрестанно наблюдающие за теми грехами, которые человек всегда попирает своими пятами».

Объяснение. Он объясняет, что в выражении: «Нечестие пят моих окружает меня»¹¹⁵ говорится о клипот, называемых «пята» и смешанных со святостью, как сказано: «Держась рукою за пяту Эсава»¹²⁰. И они предназначены для наблюдения за человеком и наказания за те грехи, которые он попирает своими пятами. И сказал царь Давид: «Нечестие пят моих окружает меня»¹¹⁵, т.е. они окружают его и следят за ним, есть ли в нем грех из тех грехов, которые человек попирает своими пятами. И поэтому он страшился всегда.

128) «Сказано: "Горе влекущим грех вервями суетности и вину, как канатами тележными"¹²¹. "Вервями суетности" – т.е. грех, который попирает пятой, и не ценит его. А затем он усиливается и становится, как канат тележный. И укрепляется этот грех, и сбивает его с пути в этом мире и в будущем мире».

129) Счастливы праведники, которые умеют оберегать себя от своих грехов. И они постоянно следят за делами своими, чтобы не было жалующегося на них в этом мире и обвиняющего их в мире будущем. Ибо Тора выправляет им пути и тропы, чтобы идти ими, как сказано: «Пути ее – пути благоволения. И все тропы ее – мир»⁹⁴.

---

[120] Тора, Берешит, 25:26. «А затем вышел его брат, держась рукою за пяту Эсава, и нарек ему имя Яаков. А Ицхаку шестьдесят лет при рождении их».
[121] Пророки, Йешаяу, 5:18. «Горе влекущим грех вервями суетности и вину, как канатами тележными».

ГЛАВА МИКЕЦ

И вспомнил Йосеф сны

130) «И вспомнил Йосеф сны, которые снились ему о них, и сказал он им: "Соглядатаи вы! Высмотреть наготу земли пришли вы!"»[122] Сказал рабби Хия, провозгласив: «"При падении врага твоего не радуйся, и если споткнется он, пусть не ликует сердце твое"[123]. Творец создал человека, чтобы он достиг славы Его, и чтобы служить Ему постоянно и заниматься Торой денно и нощно, ибо Творец желает Тору всегда».

131) «И когда Творец сотворил человека, дал Он ему Тору и обучил его знанию путей ее. Откуда это известно? Из сказанного: "Тогда Он увидел (мудрость) и установил ее, утвердил, еще и испытал; и передал человеку"[124]. И из-за того, что тот изучал ее, но не уберег, преступив запрет Господина своего, был наказан за грех свой».

132) «И все, кто преступает хоть одно указание в Торе, наказываются ею. Царь Шломо, который был мудрее всех жителей мира, преступил одно указание Торы, умножив себе число женщин, и сам привел к тому, что ушло от него царство, и он был превращен Ашмодаем в простолюдина,[125] и царство было разделено сыновьями его. Что уж говорить о тех, кто преступает многочисленные указания Торы».

133) «А Йосеф, который знал, что сказано в Торе: "Не мсти и не держи зла"[126], и братья попали к нему в руки, зачем он замыслил против них все эти действия, ведь он знал Тору, которой учил его отец? Но ни в коем случае нельзя думать, что Йосеф задумал все эти действия, чтобы отомстить им. А сделал он всё это только затем, чтобы привели ему брата его Биньямина, которого он очень любил. И он не дал своим братьям пропасть. Ведь сказано: "И приказал Йосеф, чтобы

---

[122] Тора, Берешит, 42:9. «И вспомнил Йосеф сны, которые снились ему о них, и сказал он им: "Соглядатаи вы! Высмотреть наготу земли пришли вы!"»
[123] Писания, Притчи, 24:17. «При падении врага твоего не радуйся, и, если споткнется он, пусть не ликует сердце твое».
[124] Иов, 28:27. «Тогда Он увидел (мудрость) и установил ее, утвердил, еще и испытал; и передал человеку».
[125] Вавилонский Талмуд, трактат Гитин, лист 68:2.
[126] Тора, Ваикра, 19:18. «Не мсти и не держи зла на сынов народа твоего, и возлюби ближнего своего, как самого себя. Я Творец».

сосуды их наполнили зерном"[127] – и всё это для того, чтобы не дать им пропасть».

134) Рабби Йегуда, комментируя изречение: «Тогда Он увидел мудрость»[124], сказал: «Когда Творец создавал луну» – Нукву, «Он смотрел на нее непрестанно, как сказано: "Непрестанно глаза Творца Всесильного твоего обращены на нее"[128], т.е. Его управление ею осуществляется непрерывно. И сказано: "Тогда Он увидел (мудрость) и установил ее; утвердил ее, еще и испытал"[124]. «"Тогда Он увидел", что солнце» – т.е. Зеир Анпин, «вместе с Его управлением ею» – Нуквой, «светится» – так как получает видение, свечение Хохмы, только во время зивуга с Нуквой. «"И установил ее". Что значит: "И установил ее (ва-йесапрá וַיְסַפְּרָהּ)"? Это как сказано: "Место сапфира (сапи́р סַפִּיר) – камни ее"[129]», от слов «сияние» и «свечение».

135) «"Укрепил ее"[124] – т.е. укрепил ее исправлениями, ибо она пребывает в исправлении двенадцати границ и разделяется на семьдесят ангелов». Иначе говоря, двенадцать границ разделяются и становятся семьюдесятью ангелами.[130] «И исправил Он ее с помощью семи высших столбов» – ХАГАТ НЕХИМ Бины, «как сказано: "Мать одалживает свои одежды дочери"[131], чтобы получить с помощью них света и пребывать в совершенстве». Объяснение. Всё совершенство Нуквы приходит благодаря тому, что она исправляется с помощью семи высших столбов, т.е. келим ХАГАТ НЕХИМ Бины. И без этого не была бы она достойна получить эти света.[132] «"И еще испытал ее"[124] – т.е. испытывал ее, наблюдая за ней непрестанно, раз за разом, не прекращая никогда» – чтобы не было питания ситры ахры от нее.

136) «А потом предостерег Он человека и сказал: "И сказал Он человеку: "Ведь трепет перед Творцом – это мудрость

---

[127] Тора, Берешит, 42:25. «И приказал Йосеф, чтобы сосуды их наполнили зерном, и чтобы возвратили их серебро каждому в мешок его и выдали им пищу на дорогу. И сделали им так».

[128] Тора, Дварим, 11:12. «Земля, за которую Творец Всесильный твой взыскивает, – непрестанно глаза Творца Всесильного твоего обращены на нее, от начала года и до конца года».

[129] Иов, 28:6. Место, (где находят) сапфир, – камни ее; и в песке его – золото;

[130] См. Зоар, главу Ваера, п. 269, а также главу Лех леха, п. 10.

[131] См. «Предисловие книги Зоар», п. 17, со слов: «Поэтому сказано: "И мать одалживает свои одежды дочери и венчает ее своими украшениями".

[132] См. Зоар, главу Берешит, часть 1, п. 3, со слов: «В свойстве суда, т.е. в свойстве Малхут...»

(хохма), а удаляться от зла – разум (бина)"¹³³». «Ибо он» – трепет перед Творцом, т.е. Нуква, «возвеличивается нижними, чтобы бояться Творца и познавать Его с помощью него (трепета)» – и потому он мудрость (хохма), "а удаляться от зла – разум (бина)" – выявление мусора, чтобы не приближаться с ним к святости. То есть "удаляться от зла" – это наличие разума, позволяющего познать и видеть славу высшего Царя».

137) Рабби Йоси встал однажды ночью, чтобы изучать Тору, и был там с ним один иудей, которого он повстречал в этом доме. Первым заговорил рабби Йоси, провозгласив: «"Не принесут пользы богатства, нажитые нечестно, праведность же избавляет от смерти"¹³⁴. Это те, которые не занимаются Торой и гонятся за приобретениями мира, и копят богатства, нажитые неправедно. Что сказано: "И пропадет это богатство из-за причиненного зла"¹³⁵, ибо это богатства, нажитые нечестно».

138) «Праведность же избавляет от смерти»¹³⁴. Это те, кто занимается Торой и знает пути ее, чтобы усердствовать в ней. Ибо Тора называется Древом Жизни, и называется праведностью, как сказано: «И праведностью будет нам то, что будем мы строго соблюдать»¹³⁶ сказанное в Торе.

Другое объяснение. «Праведность же (также: милостыня) избавляет от смерти»¹³⁴. Это настоящая милостыня, которую дает нищему. Милостыня и Тора – всё это одно. Это в двух видах и с двух сторон: называет им, словом «праведность (цдака́ צדקה)», и Тору и настоящую милостыню. И все это одно целое. Объяснение. Если это Тора, то она избавляет от смерти вследствие того, что Тора – это Древо Жизни. А если это милостыня на самом деле, то избавляет от смерти вследствие заповеди, которая оживила нищего. То есть два свойства, Тора и милостыня, на самом деле, – это два вида, а способы спасения от смерти – это два свойства.

---

[133] Писания, Иов, 28:28. «И сказал Он человеку: "Вот, страх Творца, он (и есть) мудрость, и удаляться от зла – разум"».

[134] Писания, Притчи, 10:2. «Не принесут пользы богатства, нажитые нечестно, праведность же избавляет от смерти».

[135] Писания, Коэлет, 5:13. «И пропадет это богатство из-за причиненного зла; и родит он сына, а в руках у него нет ничего».

[136] Тора, Дварим, 6:25. «И праведностью будет нам то, что будем мы строго соблюдать всю эту заповедь пред Творцом Всесильным нашим, как Он повелел нам».

139) Сказал ему иудей: «Словом "праведность" также называется мир (шалом)». Ответил ему рабби Йоси: «Это безусловно так – называется она "мир"». Встал этот иудей и стал заниматься вместе с ним Торой.

Сказал иудей, провозгласив: «"Возделывающий землю свою будет сыт хлебом, а кто гонится за пустяками, тот насытится бедностью"[137]. Это высказывание непонятно – царь Шломо был самым мудрым во всем мире, как же он сказал, что человек должен стараться возделывать землю и трудиться на ней и оставить жизнь вечную?»

140) «Но тут кроется внутренний смысл». Сказал: «"И взял Творец Всесильный человека и поместил его в саду Эденском, возделывать его и охранять его"[138]. Говорится о приношении жертв». «"Возделывать его" – это высший Царь» – т.е. притягивать изобилие благословений от высшего Царя, Зеир Анпина. «"И охранять его" – это нижний Царь» – т.е. хранить изобилие, которое получил нижний Царь, Нуква.

И эти слова Писания соответствуют высшему миру, Зеир Анпину, и нижнему миру, Нукве. «Возделывать его» – означает работу в отношении свойства «помни (захор)», т.е. Зеир Анпина. «И охранять его» – означает работу в отношении свойства «храни (храни)», т.е. Нуквы. По этой причине на первых скрижалях, которые относились к свойству Зеир Анпина, написано: «Помни день субботний ради святости его». А на последних скрижалях, которые относились к свойству Нуквы, написано: «Храни день субботний ради святости его».

141) «И потому "возделывающий землю свою"[137] – это Эденский сад» Нуква, «ее человек должен обрабатывать и возделывать и привлекать к ней благословения свыше» – от Зеир Анпина. «И когда получает она благословение и привлекаются к ней благословения свыше, то и человек благословляется вместе с ней. Ведь коэн, который благословляет, благословляется сам, как сказано: "И Я благословлю их"[139]. И потому "возделывающий землю свою"[137]» – работающий для того, чтобы при-

---

[137] Писания, Притчи, 28:19. «Возделывающий землю свою будет сыт хлебом, а кто гонится за пустяками, тот насытится бедностью».
[138] Тора, Берешит, 2:15. «И взял Творец Всесильный человека и поместил его в саду Эденском, возделывать его и охранять его».
[139] Тора, Бемидбар, 6:27. «И вознесут имя Мое над сынами Исраэля, и Я благословлю их».

влечь изобилие к Нукве, «"будет сыт хлебом"¹³⁷ – пропитанием свыше, которое он получает за свою работу, ибо благословляющий благословляется сам. "А кто гонится за пустяками"¹³⁷ – тот, кто прилепляется к ситре ахра, что и является погоней за пустяками, "тот насытится бедностью"¹³⁷, конечно же». Сказал рабби Йоси: «Счастлив ты, что удостоился сказать это».

142) И еще сказал он: «И вслед за этим изречением, "Возделывающий землю свою"¹³⁷, следует изречение: "Человек, живущий верой, богат благословениями"¹⁴⁰ – это человек, у которого есть вера в Творца. Как, например, старый рабби Йеса Саба, который несмотря на то, что была у него еда в тот день, не накрывал на стол, пока не обращался с просьбой о пропитании своем к святому Царю. Лишь после того как произносил свою молитву и обращался с просьбой о пропитании к Царю, он накрывал на стол. И всегда говаривал: "Мы не будем накрывать на стол, пока пища не будет дана из дома царского"».

143) «"А кто торопится разбогатеть, тот не останется ненаказанным"¹⁴⁰ – и это потому, что не желал заниматься Торой, которая является жизнью этого мира и жизнью мира будущего. А теперь – время заняться Торой, давай же займемся».

144) И начал этот человек говорить о тайне сна, провозгласив: «"И вспомнил Йосеф сны, которые снились ему о них"¹²². Почему он помнил эти сны? И что бы вышло у него, если бы он не помнил их? Ведь Йосеф был мудрым, и сказано: "Всякий благоразумный использует знание, а бестолковый выкажет глупость"¹⁴¹».

145) «Однако, когда увидел Йосеф, что они подходят и кланяются ему лицом до земли, он вспомнил, что ему снилось о них, когда он был с ними, как сказано: "И вот поднимается мой сноп и так и стоит, и вот окружают его ваши снопы, и кланяются они моему снопу"¹⁴². Потому что когда он увидел, как братья кланяются ему, как сказано: "И пришли братья Йосефа, и поклонились ему лицом до земли"¹⁰⁸, тогда: "И вспомнил Йосеф

---

[140] Писания, Притчи, 28:20. «Человек, живущий верой, богат благословениями; а кто торопится разбогатеть, тот не останется ненаказанным».

[141] Писания, Притчи, 13:16. «Всякий благоразумный использует знание, а бестолковый выкажет глупость».

[142] Тора, Берешит, 37:7. «И вот мы вяжем снопы среди поля, и вот поднимается мой сноп и так и стоит, и вот окружают его ваши снопы, и кланяются они моему снопу».

сны, которые снились ему"¹²², ибо увидел, что они исполнились. Иначе говоря, "и вспомнил Йосеф сны" означает – увидел он, что исполнились сны».

146) «"И вспомнил Йосеф сны, которые снились ему"¹²². Он помнил их, поскольку нет тогда забвения пред Творцом, – ведь если сон хороший, человек должен помнить его, чтобы он не забылся. И тогда он исполняется. Ибо так же как он забывается у человека, так же забывают о нем наверху, и он не сбывается».

147) «Сон, который не разгадан, подобен письму, которое не прочитано и никак не действует на получателя, потому что не помнящий сна подобен не знающему его разгадки. И потому тот, у кого сон забылся, и он не знает о нем, не должен сбыться у него. И потому Йосеф помнил свой сон, чтобы он исполнился и не забылся у него никогда, и всегда ожидал его. "И сказал он им: "Соглядатаи вы!"¹²². Он помнил сон, но ничего им не сказал, а только сказал им: "Соглядатаи вы!"»

148) Сказал рабби Йоси, провозгласив: «"Как сон возникает из множества забот, так и речь глупца – из множества слов"¹⁴³. "Как сон возникает из множества забот" – сколько есть помогающих сну сбыться и сколько назначено ступеней над ступенями, настолько, что часть снов полностью истинны, а часть содержит и истину, и ложь, т.е. частично они сбываются, а частично – нет. Но истинным праведникам вообще не раскрываются во сне ложные вещи, а все они истинны».

149) «Что сказано о Даниэле: "Тогда Даниэлю в ночном виде́нии"¹⁴⁴ – т.е. во сне, "была открыта тайна"¹⁴⁴. И сказано: "Видел Даниель сон и видения мысли на ложе своем. Записал он тогда этот сон, рассказал суть дела"¹⁴⁵. И если были в его сне ложные вещи, зачем записана книга Даниэля в числе Писаний? Но дело в том, что у истинных праведников, когда их душа поднимается, т.е. во время сна, соединяются с ними лишь святые вещи,

---

¹⁴³ Писания, Коэлет, 5:2. «Как сон возникает из множества забот, так речь глупца – из множества слов».
¹⁴⁴ Писания, Даниэль, 2:19. «Тогда Даниэлю в ночном видении открылась тайна, и благословил Даниэль Владыку небес».
¹⁴⁵ Писания, Даниэль, 7:1. «В первый год царствования Белишацара, царя вавилонского, видел Даниель сон и видения мысли на ложе своем. Тогда записал он этот сон, рассказал суть дела».

которые извещают их об истинных событиях, происходящих в жизни, и не обманывают никогда».

150) «Можно сказать, что поскольку царь Давид не видел доброго сна, он видел вещи неистинные» – ведь истиной является то, что был он полон блага и милости, нисходящих от Творца. «Но он действительно всю свою жизнь занимался кровопролитием и вел войны, и все его сны были дурными снами: разрушение, разорение, кровь и кровопролитие, – а не мирный сон».

151) «Как возможно, чтобы хорошему человеку показывали плохой сон? Но это именно так, потому что все беды, которые будут неотступно преследовать преступивших слова Торы, и все наказания, которые им предстоит пройти в мире истины, – всё это видел царь Давид, чтобы в любое время пребывал над ним трепет перед Господином его. И теперь становится ясным, как он видел вещи неистинные, так как он видел их в совершающих прегрешения, и для них они были истинными. А показали ему их с тем, чтобы вызвать в нем трепет небесный. И объяснили мудрецы, что под словами: "И сделал Всесильный так – чтобы боялись Его"[146] имеется в виду дурной сон, вызывающий страх у человека. И поэтому показывают праведнику дурной сон».

152) «Ведь мы изучали, что человек, который видел сон, должен открыть уста свои и поведать о нем» – т.е. искать разгадку, «перед людьми, которые любят его, чтобы желание их обратилось ему во благо, и они раскрыли уста свои во благо, и будет желание их и слово их – всё во благо». «Желание, которое является мыслью» – т.е. Хохма, «это начало всего» – начало всех сфирот, «а слово» – Малхут, «это конец всего» – конец всех сфирот. «И поэтому получается, что он находится в совершенстве, в свойстве высшего» – поскольку тут есть начало и конец сфирот. «И потому он исполняется целиком. И, кроме того, они просят о милосердии к человеку, чтобы исполнилась та добрая разгадка, которую они дали, и все происходит так, как должно быть».

---

[146] Писания, Коэлет, 3:14. «И узнал я, что все созданное Всесильным пребудет вовек, к этому нельзя прибавить и от этого нельзя убавить. И сделал Всесильный так – чтобы боялись Его».

153) «И потому Творец сообщает человеку во сне – каждому, согласно его ступени, – все, как есть. И в том виде, в каком каждый о нем расскажет, сон и сбудется» – потому что все сны следуют за изреченным устами. Сказал этот иудей: «Конечно, сон предназначен только праведнику, и он видит сон, как подобает».

154) «Когда человек спит на своем ложе, выходит душа его и странствует в мире наверху, и приходит в то место, куда приходит. И множество станов духов пребывает в мире и ходит по нему, сталкиваясь с этой душой. Если человек этот праведник, душа поднимается наверх, и видит то, что видит. А если он не праведник, душа удерживается в этой стороне, и сообщают ей события ложные или те, что произойдут в ближайшем будущем».

155) «И потому человеку, который не праведник, сообщают ему хороший сон, который не целиком истинен, для того чтобы сбить его с пути истины, а когда он сбился с пути истины, оскверняют его. Ибо того, кто пришел очиститься, очищают, а того, кто пришел оскверниться, оскверняют».

156) Сидели они до восхода зари. Сказал рабби Йоси: «Разумеется, имя Йосефа не упомянуто среди знамен, как сказано: "Знамя стана Эфраима"[147], но не сказано: "Знамя стана Йосефа", и это, потому что он возгордился над братьями своими».

157) Сказал иудей: «Я достоверно слышал, что Йосеф находится в мире захар» – т.е. является свойством Есод Зеир Анпина, «а все колена относятся к свойству мира некева» – т.е. к Шхине. «И потому Йосеф не входит вместе с ними в число знамен, так как он находится в мире захар».

158) «"Все до одного – сыновья одного мужа мы"[148]. "Мы" написано "на́хну נַחְנוּ", надо было бы написать "анахну אֲנַחְנוּ", почему недостает буквы "алеф א"? Но поскольку свойство союз, т.е. Йосеф, не находится с ними, ушел оттуда "алеф א", и сказано "нахну נַחְנוּ". Ибо "алеф א" – это захар, и за ним "бэт ב" – это некева. "Алеф א"– это захар, и поэтому ушел "алеф א"

---

[147] Тора, Бемидбар, 2:18. «Знамя стана Эфраима по ополчениям их, к западу, а предводитель сынов Эфраима – Элишама, сын Амиуда».

[148] Тора, Берешит, 42:11. «Все до одного – сыновья одного мужа мы, честны мы, никогда не были слуги твои соглядатаями».

оттуда, т.е. Йосеф, и остались лишь некевот, буквы "нахну נַחְנוּ", у Шхины» – в которой находятся свойства колен.

159) «А потом они сказали: "Честны мы (анахну אֲנַחְנוּ)" "алеф א" добавился. Сказали, но сами не знали, что сказали, поскольку из-за того, что Йосеф присутствовал там, они восполнили слово и сказали «анахну». И откуда это следует? Из того, что сказано: "И сказали они: "Двенадцать рабов твоих, братья мы"[149], и Йосеф входил в счет. Таким образом, когда Йосеф вошел в счет, сказали "анахну", а когда не вошел в счет, сказали "нахну"».

160) Сказал рабби Йоси: «Все те слова, которые мы тут произнесли, желал их Творец, так как не отходит отсюда Шхина, как сказано: "Тогда говорили друг с другом боящиеся Творца"[150]».

---

[149] Тора, Берешит, 42:13. «И сказали они: «Двенадцать рабов твоих, братья мы, сыновья одного мужа на земле кнаан. И вот младший с нашим отцом сегодня, а одного нет».
[150] Пророки, Малахи, 3:16. «Тогда говорили друг с другом боящиеся Творца. И внимал Творец, и выслушал, и написана была памятная книга пред Ним для боящихся Творца и чтущих имя Его».

ГЛАВА МИКЕЦ

И взял он их под стражу

161) «И взял он их под стражу на три дня»[151]. Сказал рабби Эльазар: «Для чего эти три дня? Эти три дня соответствуют трем дням Шхема, как сказано: "И было на третий день, когда они были больны"[152]».

162) «Смотри, что сказано о нем: "И сказал им Йосеф на третий день: "Это (зот) сделаете и будете живы"[153], – чтобы показать, что он не поступает так, как они поступили со Шхемом, заставив жителей Шхема принять на себя эту "зот"» – т.е. Нукву, «принадлежащую союзу» – потому что союз (брит), т.е. Есод, слит с ней. «И когда заключили этот союз, они перебили их, всех до одного, никого не осталось».

«А о нем что сказано: "Это (зот) сделаете и будете живы"[153] – т.е. дарует им жизнь. В чем причина? Поскольку "Всесильного я боюсь"[153] – т.е. он хранит этот союз. И все то, что он сделал с ними, было только ради Биньямина» – т.е. для того чтобы они привели Биньямина.

163) «И сказали они один другому: "Верно, виновны мы за брата нашего, что видели его страдания, когда он умолял нас, а мы не послушали. За это и постигло нас такое горе"»[154]. «"И сказали они один другому" – это Шимон и Леви, как до того сказано: "И сказали они один другому: "Вот тот самый знаток снов идет!"[155]. Как там это были Шимон и Леви, так и здесь это Шимон и Леви».

164) «Кто такой "один"? "Один" – это Шимон. Ибо сказано здесь "один" и сказано там: "И вот один из сынов Исраэля

---

[151] Тора, Берешит, 42:17. «И взял он их под стражу на три дня».

[152] Тора, Берешит, 34:25. «И было на третий день, когда они были больны, взяли два сына Яакова, Шимон и Леви, братья Дины, каждый свой меч, и напали на город безбоязненно, и перебили всех мужчин».

[153] Тора, Берешит, 42:18. «И сказал им Йосеф на третий день: "Это сделаете и будете живы, – Всесильного я боюсь!"»

[154] Тора, Берешит, 42:21. «И сказали они один другому: "Верно, виновны мы за брата нашего, что видели его страдания, когда он умолял нас, а мы не послушали. За это и постигло нас такое горе"».

[155] Тора, Берешит, 37:19. «И сказали они один другому: "Вот тот самый знаток снов идет!"»

пришел"[156]. Как там Шимон, так и тут Шимон. И поскольку он раскаялся, плакал и сожалел об этом, и сказал Леви: "Верно, виновны мы"[154], знаком Шимона стал "бык", ибо двенадцать знаков соответствуют двенадцати коленам, где "овен" соответствует Реувену, а "бык" – Шимону. Так же как знак Йосефа "бык", как сказано: "Первенец быков его – великолепие его"[157], так же и знак Шимона "бык"».

---

[156] Тора, Бемидбар, 25:6. И вот один из сынов Исраэля пришел и привел к братьям своим женщину из Мидьяна на глазах у Моше и на глазах у всей общины сынов Исраэля, и они плакали у входа в шатер собрания.

[157] Тора, Дварим, 33:17. «Первенец быков его – великолепие его, а рога дикого быка – рога его; ими будет бодать он все народы вместе, до края земли – это десятки тысяч Эфраима, и это тысячи Менаше».

И взял он от них Шимона

165) «Поэтому: "И взял он от них Шимона"[158] – чтобы не обвинял он его вместе с Леви, потому что Шимон и Леви, когда объединяются вместе, могут начать обвинять. "И заключил его под арест на глазах у них"[158] – но только на глазах у них арестовал его, а после того как они вышли, он накормил и напоил его».

166) «А если скажешь, что это было желанием Йосефа, потому как сказано: "Если голоден враг твой, накорми его хлебом"[159] – и поэтому он накормил и напоил Шимона, который был его врагом. Если это так, то как же сделал такое Йосеф, который был праведником? Ведь сказано в завершение предыдущего изречения: "Ибо горящие угли собираешь ты на голову его, и Творец воздаст тебе"[160]». И не в обычае праведника мстить своим братьям.

167) «Однако Йосеф вовсе не имел это в виду. Но как брат с братом поступал он и относился к нему с братской любовью, и никак иначе. И не с ним одним, а так же поступил он со всеми братьями, как сказано: "И приказал Йосеф, чтобы сосуды их наполнили зерном"[127] – чтобы поступить с ними по-братски».

168) Заговорил рабби Йоси, провозгласив: «"Если они в мире, и также многочисленны, и также отделены, то пройдет; и мучил Я тебя, но больше мучить не стану"[161]. Когда во всем народе пребывает мир, и нет среди них ссорящихся, Творец милосерден к ним, и суд не властен над ними. И хотя все они идолопоклонники, если они в мире, суд не властен над ними. Как сказано: «Привязан к идолам Эфраим – оставь его!»[162]. Это означает, что даже если поклоняются идолам, т.е. служат чужим богам, все-таки если они в сплочении, "оставь его"».

---

[158] Тора, Берешит, 42:24. «А он отстранился от них и заплакал. И возвратился он к ним и говорил с ними, и взял он от них Шимона и заключил его под арест на глазах у них».
[159] Писания, Притчи, 25:21. «Если голоден враг твой, накорми его хлебом, а если измучен жаждой, напои его водою».
[160] Писания, Притчи, 25:22. «Ибо горящие угли собираешь ты на голову его, и Творец воздаст тебе».
[161] Пророки, Нахум, 1:12. «Так сказал Творец: "Если они в мире, и также многочисленны, и также отделены, то пройдет; и мучил Я тебя, но больше мучить не стану"».
[162] Пророки, Ошеа, 4:17. «Привязан к идолам Эфраим – оставь его!»

169) «"И также отделены, то пройдет"¹⁶¹. Что означает: "И также отделены" – "и отделены" следовало сказать? Но так же как в начале этого высказывания говорится о мире, так и здесь говорится о мире. И что это? Это милостыня, потому что милостыня (цдака) – это мир, и кто умножает милостыню, умножает мир наверху и умножает мир внизу. И потому сказано: "И также отделены, то пройдет"¹⁶¹, так как "отделены" означает то же, что "выделены", когда выделяют из своих денег на милостыню. А слова "и также" указывают, что как в начале говорится о мире, также и здесь говорится о мире» – т.е. о милостыне.

«Ведь следовало сказать: "То пройдут", во множественном числе, так же как "отделены", почему сказано: "То пройдет"? Но это указывает на суд гнева, подобно сказанному: "Пока не пройдет гнев"¹⁶³. Также и здесь, "то пройдет" означает, что суд ушел от них».

170) «Так сказал Творец: "Если они в мире (досл. совершенны), и также многочисленны, и также отделены, то пройдет; и мучил Я тебя, но больше мучить не стану"¹⁶¹. "Совершенны" – это Исраэль, ибо Творец дал им вечный завет» – союз обрезания, «чтобы хранить его всегда, и чтобы человек благодаря ему был совершенен со всех сторон» – т.е. ХУГ ТУМ, «вверху и внизу» – и это Нецах и Ход. «А если человек не хранит его всегда, тогда он ущербен, ущербен во всем. Откуда мы знаем? Так как сказано: "Ходи предо Мною и будь непорочен"¹⁶⁴. Что значит "непорочен"? Совершенен. Это означает, что пока не был выполнен им завет» – т.е. пока не был обрезан, «был ущербен».

171) «И поэтому: "Если они совершенны, и также многочисленны", "если они совершенны" означает, что соблюдают заповедь союза обрезания, чтобы быть совершенными и не быть ущербными. "И также многочисленны" означает, что будут плодиться и размножаться благодаря ему, потому что души выходят в мир лишь благодаря этому союзу. "И также отделены" – это указывает на начало фразы: "Если они совершенны" – т.е. хранят этот союз всегда. И "отделены" означает – те, кто

---

¹⁶³ Пророки, Йешаяу, 26:20. «Ступай, народ мой, войди в покои свои и запри двери свои за собою, спрячься лишь на мгновение, пока не пройдет гнев».

¹⁶⁴ Тора, Берешит, 17:1. «И было Авраму девяносто лет и девять лет, и явил Себя Творец Авраму, и сказал Он ему: "Я Творец Всемогущий. Ходи предо Мною и будь непорочен"».

совершил обрезание и принял на себя этот союз. И "отделены (наго́зу ונגזו)" от слов "срезание (гиза́ גיזה)" и "отрезание". "То пройдет" – что это? Это значит, что "пройдет" у него вся нечистота крайней плоти, которая была у него до этого».

172) «Так сказал Творец: "Если они совершенны, и также многочисленны" – это сыновья Яакова, ибо все время, пока они были у Йосефа, были совершенны, так как находились вместе с союзом, т.е. Йосефом. «И также отделены» – означает, что ушли и покинули Йосефа и Шимона. «И отделены» – указывает на то, что временно и преходяще, как сказано: «И отлетают они, уходят мгновенно»[165]. «То пройдет» – тогда суд установился ради них, как сказано: «И пройдет Творец, чтобы поразить Египет»[166]. Как в этом случае «и пройдет» сказано о суде, так и здесь сказано о суде.

173) «Есть суровый суд, и есть мягкий суд. Суровый суд – сильный, мягкий суд – слабый. А когда мягкий суд питается от сурового суда, он возрастает и становится сильным».

174) «Когда совершается суд над Исраэлем, он совершается посредством мягкого суда, который не усиливается суровым судом. А когда суд совершается над народами-идолопоклонниками, усиливается мягкий суд суровым судом свыше, чтобы стать сильнее. И об этом сказано: "И пройдет Творец, чтобы поразить Египет"[166]. "И пройдет (ве-ава́р ועבר)" означает, что наполнился гневом (эвра́ עֶבְרָה) и яростью, так как усилился суровым судом. Так же и здесь "то пройдет" означает, что наполнился гневом» – однако это мягкий суд, который не усиливается суровым судом, поскольку суд происходит над Исраэлем.

«В час, когда собираются десять человек в доме собраний, и один из них уходит, Творец гневается на него». И так с братьями Йосефа, которых было десять, а после того как ушли они от Йосефа и Шимона, их осталось девять, Творец гневался, как уже объяснялось, что «и пройдет (ве-ава́р ועבר)» означает – наполняется гневом (эвра́ עֶבְרָה).

---

[165] Писания, Псалмы, 90:10. «Дней нашей жизни – семьдесят лет, а если пребывает в силах – то восемьдесят лет, полных забот и печали, и отлетают они, уходят мгновенно»

[166] Тора, Шмот, 12:23. «И пройдет Творец, чтобы поразить Египет, и увидит кровь на притолоке и на двух косяках, и минует Творец тот вход, и не даст пагубе войти в ваши дома, чтобы поразить».

175) «"И также отделены" – когда устранены у них плохие деяния», и объясняется, что «отделены» означает: «И отлетают они, уходят мгновенно»¹⁶⁵. «Тогда: "То пройдет". Что означает: "То пройдет"? Рабби Шимон сказал: «Когда душа выходит из этого мира, судится она несколькими судами, прежде чем придет на свое место. После этого все эти души должны перейти реку Динур, которая нисходит и течет, и омыться там. И кто же встанет там и перейдет реку Динур без страха, как сказано: "Кто взойдет на гору Творца и кто встанет в месте святости Его?!"¹⁶⁷ И душа праведника переходит без страха, и "встанет в месте святости Его"¹⁶⁷».

176) «И тот, кто совершает благодеяния в этом мире и дает из денег своих на милостыню, переходит реку Динур и не боится. И разносится воззвание над этой душой: "И мучил Я тебя, но больше мучить не стану"¹⁶¹ – потому что для того, кто удостоился перейти реку Динур, нет больше никакого суда».

177) «Почему все сказанное о Йосефе с его братьями должно быть написано в Торе? Однако Тора – это учение истины, и все ее пути – пути святости, и нет ни одного слова в Торе, в котором нет высших и святых тайн, и возможности для людей укрепляться в них».

178) «Не говори: "Я отплачу за зло", надейся на Творца, и Он поможет тебе»¹⁶⁸. Творец (все) сделал для человека, чтобы он укреплял себя в Торе и шел путем истины, и держался правой стороны, и не уходил в левую сторону. И поскольку люди должны идти в правой стороне, они должны умножать любовь друг к другу, потому что любовь – это свойство правой стороны, чтобы не было ненависти друг к другу, которая является свойством левой стороны, чтобы не ослаблять правую, поскольку это место, к которому прилепляется Исраэль.

179) «Именно для этого есть доброе начало и злое начало. И Исраэль должны укреплять доброе начало над злым началом с помощью добрых дел. Если же человек отклоняется влево, то укрепляется злое начало над добрым началом, и того, кто был ущербен» – т.е. злое начало, «он восполняет грехом своим, ибо

---

¹⁶⁷ Писания, Псалмы, 24:3. «Кто взойдет на гору Творца и кто встанет в месте святости Его?!»

¹⁶⁸ Писания, Притчи, 20:22. «Не говори: "Я отплачу за зло" – надейся на Творца, и Он поможет тебе».

180) «И поэтому человек должен остерегаться, чтобы не стало законченным злое начало из-за его грехов. И он постоянно должен быть настороже, так как доброе начало нужно всегда восполнять совершенством, а не злое начало. И поэтому "не говори: "Я отплачу за зло", ведь ненавистью ты укрепишь левую сторону и довершишь злое начало, но "надейся на Творца, и Он поможет тебе"[168]».

181) «"Не говори: "Я отплачу за зло"[168]. И также сказано: "А воздающие мне злом за добро"[169], поскольку тот, кому он сделал добро, не отплатит ему злом, потому что сказано: "Кто воздает злом за добро, не отойдет зло от дома его"[170]. И даже тому, кто причинил человеку зло, не следует платить злом за причиненное зло, а "надейся на Творца, и Он поможет тебе"[168]».

182) «И стих этот выясняется на примере с Йосефом-праведником, который не стремился отплатить злом своим братьям, когда они попали в его руки. И это как сказано: "Не говори: "Я отплачу за зло", а надейся на Творца, и Он поможет тебе"[168]. Ибо он был боящимся Творца, как сказано: "Это сделаете и будете живы, – Всесильного я боюсь!"[153], и он всегда уповал на Творца».

183) Сказал рабби Аба: «"Глубокие воды – совет в сердце мужа, но человек разумный извлечет его"[171]. "Глубокие воды – совет в сердце мужа" – это Творец, ибо Он подготовил советы и устроил причины, и произвел кругообращения над миром через Йосефа, чтобы выполнить свое решение и наслать голод на мир. "Но человек разумный извлечет его"[171] – это Йосеф, который раскрыл глубокие причины того, что насылает Творец на мир», разгадав сон.

184) «Йосеф, кроме того, что не отплатил злом своим братьям, он еще и поступил с ними по милости и истине. И таковы

---

[169] Писания, Псалмы, 38:21. «А воздающие мне злом за добро ненавидят меня за стремление мое к добру».
[170] Писания, Притчи, 17:13. «Кто воздает злом за добро, не отойдет зло от дома его».
[171] Писания, Притчи, 20:5. «Глубокие воды – совет в сердце мужа, но человек разумный извлечет его».

пути праведников всегда, поэтому Творец милосерден к ним всегда, в этом мире и в будущем мире».

185) «"Глубокие воды – совет в сердце мужа"[171] – это Йегуда, в час, когда Йегуда подошел к Йосефу просить за Биньямина. "А человек разумный извлечет его"[171] – это Йосеф, который открылся тогда своим братьям».

186) Рабби Аба сидел перед воротами города Лода. Увидел он одного человека, который подошел и сел на уступ, выдававшийся со стороны горы, и был он утомлен с дороги и сел, и заснул там. И тут он увидел змею, которая приблизилась к нему, но тут вышел хищник и убил змею. Когда пробудился человек, он увидел перед собой змею, которая была мертва. Встал человек, и обрушился уступ, на котором он сидел, в долину внизу, так как оторвался от горы, а человек спасся. Но если бы он замешкался хоть мгновение и не встал, то упал бы вместе с уступом в долину и погиб.

187) Подошел к нему рабби Аба и сказал ему: «Скажи мне, чем ты занимаешься? Ведь Творец явил тебе два этих чуда» – которые спасли его от змеи и от обрушившегося уступа, «это было не случайно».

188) Сказал он ему: «Все дни мои не было так, чтобы сделал мне человек зло, а я не примирился бы с ним и не простил его. И мало того, если я не мог примириться с ним, я не ложился в постель прежде, чем я простил его и всех тех, кто огорчил меня, и не таил я к нему ненависть весь день за то зло, которое он причинил мне. Но помимо того, с этого дня и впредь я старался делать им добро».

189) Заплакал рабби Аба, сказав: «Поступки его больше, чем у Йосефа. Ведь у Йосефа причинившие зло были его братья, и разумеется, что он должен был пожалеть их в силу братской любви. Но то, что сделал этот человек» – поступавший так со всеми людьми, «это больше Йосефа, – достоин он, чтобы Творец являл ему одно чудо за другим».

190) «Идущий в непорочности, будет идти безопасно»[172]. Это человек, идущий путями Торы. «Будет идти безопасно», – так, что разрушители мира не смогут навредить ему. «А извращающий пути свои, будет наказан»[172]. Кто это «будет наказан»? Тот, кто уклонился с пути истины и стремится взыскать с ближнего, ибо хочет отплатить ему злом за зло и преступает заповедь «Не мсти и не держи зла»[126]. «Будет наказан (также известен)» – т.е. будет известен всем обвинителям, чтобы не был забыт ими образ этого человека и могли привести его туда, где взыщут с него, т.е. мера за меру, и потому сказано: «Будет наказан».

191) Того, кто идет путем истины, Творец защищает, чтобы он не был наказан и не был известен обвинителям. Но «извращающий пути свои, будет наказан»[172], и будет известен им. Счастливы люди, идущие путем истины, и идущие безопасно по миру, которые не боятся ни в этом мире, ни в мире будущем.

---

[172] Писания, Притчи, 10:9. «Идущий в непорочности, будет идти безопасно, а извращающий пути свои, будет наказан».

ГЛАВА МИКЕЦ

И устрашились те люди, что введены в дом Йосефа

192) «И устрашились те люди, что введены в дом Йосефа»[173]. Сказал рабби Йоси: «Горе тем людям, которые не знают и не исследуют пути Торы. Горе им в час, когда придет Творец потребовать с них отчет за дела их, и встанут тело и душа, чтобы подвести итог всех дел своих, совершенных прежде, чем душа рассталась с телом».

193) И день тот – это день суда. День, когда книги, в которых записаны все дела людей, раскрыты, и обвинители уже на месте. Ибо в тот момент предстает змей, посланный ужалить его, и все органы волнуются перед ним, и душа отделятся от тела и отправляется скитаться, и не знает каким путем пойдет, и куда поднимут ее.

194) Горе в тот день, день этот – день гнева и ярости. И потому человек должен каждый день раздражать свое злое начало и напоминать ему тот день, когда оно предстанет на суд Царя, и что положат его гнить под землей, и душа отделится от него.

195) Человек должен всегда раздражать доброе начало против злого начала и неустанно преследовать его. Если оно ушло от него – то хорошо, а если нет – то должен заниматься Торой. Потому что нет ничего, что могло бы сломить злое начало, кроме Торы. Если оно ушло – то хорошо, а если нет – пусть напомнит ему о дне смерти, чтобы сломить его.

196) Здесь надо разобраться, ведь это злое начало, и это ангел смерти. Неужели ангел смерти сломится перед днем смерти? Ведь он – тот, кто убивает людей, а это значит, что ему доставляет радость умерщвлять людей. И поэтому, он всегда уводит их с пути, чтобы увлечь к смерти.

197) Но безусловно, человек должен напоминать ему о дне смерти, чтобы сломить человеческое сердце, потому что злое

---
[173] Тора, Берешит, 43:18. «И устрашились те люди, что введены в дом Йосефа, и сказали: "Это за серебро, возвращенное прежде в сумы наши, введены мы, чтобы придраться к нам и напасть на нас, и взять нас в рабы и ослов наших"».

начало находится именно в том месте, где пребывает веселье от вина и высокомерие духа. А когда дух человека сокрушен, оно отделяется от человека и не пребывает над ним. И потому надо напоминать ему день смерти, и сломится тело его, и оно (злое начало) уйдет в свою сторону.

198) Доброе начало нуждается в радости Торы. А злое начало нуждается в радости от вина и прелюбодеяния, и высокомерия духа. И потому должен человек раздражать его постоянно, напоминая о великом дне, дне суда, дне итога, – ведь ничто не защитит человека, кроме добрых дел, которые он совершает в этом мире для того, чтобы они защитили его в этот час.

199) «И устрашились те люди, что введены в дом Йосефа»[173]. Но если все они до одного были мужественными и сильными, и один юноша, приведший их в дом Йосефа, заставил их устрашиться, – то времени, когда явится Творец, чтобы призвать человека к суду, надо страшиться и бояться во много крат сильнее.

200) Поэтому должен человек позаботиться в этом мире о том, чтобы укрепиться в Творце и положиться на Него. И хотя грешил он, если придет к полному раскаянию, у Творца есть сила преобразовать все его свойства и простить его, и он сможет укрепиться в Творце, как будто вообще не грешил.

201) Родоначальники колен устрашились потому, что совершили грех, украв Йосефа. А если бы не согрешили, они бы вообще не знали страха – ведь это грехи человека разбивают его сердце, и нет у него никаких сил. И в чем причина? В том, что доброе начало разбилось вместе с ним, и нет у него сил одолеть злое начало. Поэтому сказано: «Тот, кто боится и робок сердцем»[174] – боится грехов, совершенных им, ибо они разбивают сердце человека.

202) С нескольких поколений взыскивает Творец за грехи колен в продаже Йосефа. Ибо не пропадает у Творца ничего, и взыскивает Он из поколения в поколение, и этот суд всегда

---

[174] Тора, Дварим, 20:8. «И пусть еще говорят надсмотрщики с народом, и скажут: "Тот, кто боится и робок сердцем, пусть идет и возвратится в дом свой, чтобы не сделал он робкими сердца братьев его, как его сердце"».

находится пред Ним, пока не взыщет Он. И суд этот бывает в том месте, в каком должен быть.

203) Откуда мы это знаем? Из случившегося с Хизкияу. Хизкияу совершил грех, раскрыв другим народам, поклоняющимся идолам, тайны Творца, которые не должен был раскрывать. И Творец послал Йешаяу, и передал ему: «Вот дни приходят, и унесено будет все, что есть в доме твоем и что собрали отцы твои до этого дня»[175].

204) Сколько же вызвал этот грех, т.е. раскрытие им того, что было скрыто! Ведь вследствие этого раскрытия, место власти было предоставлено другому месту, т.е. ситре ахра, которая не должна была властвовать над ним. Поэтому благословение пребывает только лишь в месте скрытия. Ибо над всем, что находится в скрытии, пребывает благословение. Но после того как раскрылось, место власти отдается другому месту, чтобы властвовать над ним.

205) Сказано: «Все почитавшие ее стали презирать ее, ибо увидели срам ее»[176]. Однако «все почитавшие ее стали презирать ее» – это вавилонское царство, потому что оттуда был послан дар в Иерусалим. Как сказано: «В то время послал Меродах Баладан, сын Баладана, царь Вавилона, письма и подарок Хизкияу»[177].

206) И что было написано в них: «Мир Хизкияу, царю Иудеи, и мир великому Творцу, и мир Иерушалаиму!» Но не успело уйти письмо, как он, почувствовав это в сердце своем, сказал: «Некрасиво я сделал, послав приветствие рабу прежде приветствия его Господину». Встал он со своего трона, сделал три шага и забрал свое письмо, и написал другое вместо него. И написал он так: «Мир великому Творцу, мир Иерушалаиму и мир Хизкияу!» И это – «почитавшие ее»[176].

---

[175] Пророки, Йешаяу, 39:6. «Вот дни приходят, и унесено будет все, что есть в доме твоем и что собрали отцы твои до этого дня, в Бавэль; не останется ничего, – так сказал Творец».

[176] Писания, Эйха, 1:8. «Тяжко согрешила (дочь) Йерушалаима, за это стала подобна нечистой. Все почитавшие ее стали презирать ее, ибо увидели срам ее; и сама она стонет и отворачивается».

[177] Пророки, Йешаяу, 39:1. «В то время послал Меродах Баладан, сын Баладана, царь Бавэля, письма и подарок Хизкийау, ибо слышал он, что тот был болен и выздоровел».

207) А потом: «Стали презирать ее»¹⁷⁶. И в чем причина? «Ибо увидели срам ее»¹⁷⁶, который показал им Хизкияу, а иначе не стали бы ее потом презирать. И поскольку Хизкияу был праведником, то весьма задержалось наступление предсказанного, и не наступило при его жизни. Как сказано: «Да будут мир и правда во дни мои!»¹⁷⁸ А потом Творец припомнил этот грех сыновьям его после него.

208) Подобно этому грех колен ждет своего времени. Поскольку высший суд не может властвовать над ними, пока не наступит час расплаты и не взыщется с них. И потому всякий, у кого есть грехи, боится всегда, как сказано: «И в страхе будешь ты ночью и днем»¹⁷⁹. И потому: «И устрашились те люди, что введены в дом Йосефа»¹⁷³.

---

¹⁷⁸ Пророки, Йешаяу, 39:8. И сказал Хизкияу Йешаяу: "Благо слово Творца, которое ты изрек", и сказал: "Да будут мир и правда во дни мои!"»

¹⁷⁹ Тора, Дварим, 28:66. «И будет жизнь твоя висеть пред тобою, и в страхе будешь ты ночью и днем и не будешь уверен в жизни твоей».

ГЛАВА МИКЕЦ

И увидел Биньямина

209) «И поднял он глаза свои и увидел Биньямина, брата своего, сына матери своей»[180]. Сказал рабби Хия: «"Затянувшееся ожидание – сердечная мука, и древо жизни – желание приходящее"[181]. Не должен человек проверять, пришло к нему спасение или нет в ответ на его молитву к Творцу, ибо когда он проверяет, являются многочисленные обвинители, чтобы проверить его дела».

210) «Ибо такой взгляд на молитву приводит к сердечной муке. И что это за сердечная мука? Это тот, кто всегда стоит над человеком, чтобы обвинять его наверху и внизу» – т.е. Сатан.

211) «"И древо жизни – желание приходящее"[180]. Тот, кто хочет, чтобы Творец принял его молитву, должен заниматься Торой, которая является Древом жизни. И тогда приходит желание. Что такое желание? Это ступень, в распоряжении которой находятся все молитвы мира» – т.е. Нуква. «И она приносит их к высшему Царю» – к Зеир Анпину. «Здесь сказано: "Приходящее", и в другом месте сказано: "Вечером она приходит"[182]. Как там это указывает на Нукву, так и здесь слово «приходящее» указывает на Нукву.[183] «"Желание приходящее" – поскольку оно приходит к высшему Царю для зивуга, чтобы выполнить желание человека» молящегося, исполнить его просьбу.

212) «"Затянувшееся ожидание – сердечная мука"[180]. Это место, в которое была передана эта молитва, в другое место – не в то, что нужно. И это место называется сердечной мукой, и задерживается приход ее, пока она передается из рук в руки. А иногда спасение и вовсе не придет, поскольку она долго

---

[180] Берешит, 43:29. «И поднял он глаза свои и увидел Биньямина, брата своего, сына матери своей, и сказал он: "Это ли младший ваш брат, о котором вы сказали мне?" И сказал: "Всесильный да помилует тебя, сын мой!"»

[181] Писания, Притчи, 13:12. «Затянувшееся ожидание – сердечная мука, и древо жизни – желание приходящее».

[182] Писания, Эстер, 2:14. «Вечером она приходит, а утром возвращается в другой, женский дом под надзор Шаашгаза, евнуха царского, стража наложниц; и больше уже не войдет к царю, разве только если пожелает ее царь и позовет по имени».

[183] См. Зоар, главу Ваера, п. 217.

переходит из рук в руки, через всех ответственных, которые должны опустить ее в мир».

213) «"И древо жизни – желание приходящее"[180]. Это ожидание, которое не передается через этих ответственных и промежуточные структуры из рук в руки. А Творец дает ее сразу, поскольку, когда она передается через этих ответственных и промежуточные структуры, сколько есть осуждающих, которым позволено смотреть и заглядывать в его приговор, прежде чем дойдет до него спасение. Но то, что вышло из царского дома и дано человеку, достоин он того или нет, передается человеку сразу. И это означает: "И древо жизни – желание приходящее"[180]» – т.е. оно передается ему сразу.

214) «"Затянувшееся ожидание"[180] – это Яаков, у которого ожидание Йосефа затянулось на долгое время. "И древо жизни – желание приходящее"[180] – это Биньямин, ибо с того момента, когда потребовал его Йосеф, и до момента, когда он пришел к нему, прошло лишь короткое время, которое не тянулось долго».

«"И поднял он глаза свои и увидел Биньямина, брата своего, сына матери своей"[180]. Почему говорит Писание: "Сына матери своей"? Потому что образ матери был в нем, и образ его был подобен образу Рахели».

215) Сказал рабби Йоси: «До этого сказано: "И увидел Йосеф при них Биньямина"[184], а теперь сказано: "И поднял он глаза свои и увидел Биньямина, брата своего"[180]. На что это указывает? А дело в том, что он увидел Биньямина с помощью духа святости, потому что его удел был с ними в земле (Исраэля), а в уделе Биньямина и Йегуды будет пребывать Шхина. Ибо он видел Йегуду и Биньямина, в уделе которых будет Храм. И это означает: "И увидел Йосеф при них Биньямина"[184], т.е. видел его с ними, а Йосефа, который был их братом» – себя, «не видел с ними в том уделе, в котором был Храм».

216) «Также и здесь: "И поднял он глаза свои и увидел Биньямина, брата своего, сына матери своей"[180], – тут он тоже увидел здание Храма в уделе его. Что сказано после этого: «И

---

[184] Тора, Берешит, 43:16. «И увидел Йосеф при них Биньямина, и сказал он тому, кто над домом его: "Введи этих людей в дом и надо зарезать скот и приготовить, ибо со мной будут есть эти люди в полдень"».

поспешил Йосеф, ибо переполняла его жалость к брату своему, и не мог он удержаться от плача, и вошел он в комнату и там плакал»[185] – потому что увидел разрушение Храма.

217) Заговорил рабби Хизкия, провозгласив: «"Пророчество о долине ви́дения. Что же с тобою, что весь ты поднялся на крыши!"[186] Когда разрушался Храм, и сжигали его огнем, поднялись все коэны на крыши Храма, держа в руках все ключи от Храма. И сказали они: "Доныне мы были Твоими хранителями, отныне и далее забери принадлежащее Тебе"».

218) «"Долина видения" – это Шхина, которая была в Храме, и все жители мира получали питание от нее через пророчество. И хотя все пророки предсказывали из другого места» – т.е. из сфирот Нецах и Ход Зеир Анпина, «все же из нее» – из Нуквы, «они получали свое пророчество». Потому что Нецах и Ход Зеир Анпина передавали наполнение Шхине, а Шхина передавала свечение Нецаха и Хода пророкам. И поэтому, в силу пророчества, она называется "долина видения". "Видения" – потому что она является отражением всех высших цветов» – так как четыре цвета Зеир Анпина, и это ХУБ ТУМ, видны лишь в ней, и потому она называется видением.

219) «"Что же с тобою, что весь ты поднялся на крыши!"[186] Ибо когда разрушался Храм, Шхина начала подниматься повсюду, где было жилище ее среди них до этого, и плакала она по дому обитания своего и по Исраэлю, которые ушли в изгнание, и по всем праведникам и приверженцам, бывшим там и погибшим. Откуда это известно? Из сказанного: "Так сказал Творец: "Слышится голос в Раме, вопль и горькое рыдание, Рахель оплакивает сыновей своих"[187]. А Рахель это имя Шхины. И Творец спросил Шхину: "Что же с тобою, что вся ты поднялась на крыши?!"[186]»

220) «Почему говорит: "Что вся ты поднялась на крыши?!"[186] – ведь достаточно было сказать: "Что ты поднялась

---

[185] Тора, Берешит, 43:30. «И поспешил Йосеф, ибо переполняла его жалость к брату своему, и не мог он удержаться от плача, и вошел он в комнату и там плакал».

[186] Пророки, Йешаяу, 22:1-2. « Пророчество о долине видения. Что же с тобою, что весь ты поднялся на крыши, полный кипения шумный город, город веселый!»

[187] Пророки, Йермияу, 31:14. «Так сказал Творец: "Слышится голос в Раме, вопль и горькое рыдание, Рахэйль оплакивает сыновей своих – не хочет она утешиться из-за детей своих, ибо не стало их"».

на крыши?!", что значит "вся"? Это для того, чтобы объединить с собой все воинства и другие структуры, и все они плакали с ней о разрушении Храма». Поэтому сказано: «Что вся ты поднялась на крыши?!»[186]

221) «И поэтому спросил Он ее: "Что же с тобою, что вся ты поднялась на крыши?!"[186] Сказала она Ему: "Ведь сыновья мои в изгнании, и Храм сгорел, разве Ты не знаешь? А я – зачем я тут?" И сказала она: "Полный кипения шумный город, город веселый! Убитые твои не мечом убиты и не в битве погибли. Поэтому сказала я: "Оставьте меня, буду я горько плакать"[188]. И мы учили, что Творец сказал ей. "Так сказал Творец: "Удержи голос твой от рыданья и глаза твои от слез, ибо есть воздаянье за труд твой"[189]».

222) «Со дня разрушения Храма не было дня, в который не было бы проклятий, потому что когда стоял Храм, Исраэль совершали служение и приносили всесожжения и жертвы, и Шхина пребывала над ними в Храме, словно мать, высиживающая птенцов. И лица всех сияли, пока пребывали благословения сверху и снизу, и не было дня, в который не было бы благословений и радости. И обитали Исраэль безопасно на земле (своей), и весь мир получал питание благодаря им».

223) «Сейчас, когда разрушен Храм, и Шхина ушла с ними в изгнание, нет дня, в который не было бы проклятий и не проклинался бы мир, и радости нет ни наверху, ни внизу».

224) «И в будущем Творец поднимет Кнессет Исраэль», т.е. Шхину, «из праха, чтобы, как говорится, радовать мир во всем. Как сказано: "И Я приведу их на гору Моей святости и обрадую их в доме молитвы Моем"[190]. И сказано: "С плачем придут они,

---

[188] Пророки, Йешаяу, 22:2-4. «Полный кипения шумный город, город веселый! Убитые твои не мечом убиты и не в битве погибли. Все вожди твои бежали вместе, луком настигнутые схвачены все; оставшиеся в тебе схвачены вместе с теми, что далеко убежали. Поэтому сказал я: "Оставьте меня, буду я горько плакать, не старайтесь утешить меня в бедствии дочери народа моего"».

[189] Пророки, Йермияу, 31:15. «Так сказал Творец: "Удержи голос твой от рыданья и глаза твои от слез, ибо есть воздаянье за труд твой, – слово Творца, – возвратятся они из вражьей страны"».

[190] Пророки, Йешаяу, 56:7. «И их приведу Я на гору святую Мою и обрадую их в доме молитвы Моем. Всесожжения их и жертвы их будут желанны на жертвеннике Моем, ибо дом Мой домом молитвы назовется для всех народов».

и с милосердием поведу Я их"¹⁹¹. Как вначале сказано: "Плачет, плачет она по ночам, и слезы ее на щеках у нее"¹⁹², так и потом, с плачем вернутся они из изгнания, как сказано: "С плачем придут они"¹⁹¹».

---

[191] Пророки, Йермияу, 31:8. «С плачем придут они, и с милосердием поведу Я их, поведу их к потокам вод путем прямым, не споткнутся они на нем, ибо стал Я отцом Исраэлю, и Эфраим – первенец Мой».

[192] Писания, Эйха, 1:2. «Плачет, плачет она по ночам, и слезы ее на щеках у нее. Нет ей утешителя среди всех любивших ее, все друзья ее изменили ей, стали ее врагами».

Утром на рассвете

225) «Утром на рассвете эти люди были отосланы, они и ослы их»[193]. Сказал рабби Эльазар: «Если они ушли и были отосланы, зачем нам писать в Торе: "Они и ослы их"? Это потому, что сказано: "И взять нас в рабы, и ослов наших"[173]. Поэтому сказано: "Эти люди были отосланы, они и ослы их"[193]. Чтобы сообщить нам, что не остались там они и ослы их, как они сказали».

226) «"И поднялся Авраам рано утром и оседлал своего осла"[194]. Это утро Авраама» – т.е. Хесед, «светило, пребывая над ними» – над коленами, благодаря его заслугам, «потому что заслуги Авраама помогли им, и они ушли с миром, спасшись от суда. Поскольку в это время суд пребывал над ними, чтобы взыскать с них, и только власть этого утра Авраама защитила их, и они были отосланы из места суда, так как он не властвовал над ними в это время».

227) Сказал рабби Йегуда: «"И на рассвете утром взойдет солнце, утром безоблачным; от сияния от дождя – трава из земли"[195]. Это свет того самого утра Авраама» – свет Хесед, «"взойдет солнце" – это солнце Яакова» – свет Тиферет, «как сказано: "И взошло над ним солнце"[196]. "Утром безоблачным"[195], потому что в это утро» – в свете хасадим, «нет таких уж туч» – т.е. нет у судов связи с ним, «но "от сияния от дождя"[195] означает – свечение, идущее от дождя, и это дождь, приходящий со стороны Ицхака» – т.е. свет Гвуры, «и этот дождь извлекает траву из земли».

228) «"И на рассвете утром"[195] означает – в том самом свете утра Авраама» – свете хасадим, «"взойдет солнце"[195] – Яаков,

---

[193] Тора, Берешит, 44:3. «Утром на рассвете эти люди были отосланы, они и ослы их».
[194] Тора, Берешит, 22:3. «И поднялся Авраам рано утром и оседлал своего осла, и взял он двух отроков своих с собою и Ицхака, сына своего, и наколол дров для всесожжения, и поднялся и пошел на место, о котором сказал ему Всесильный».
[195] Пророки, Шмуэль 2, 23:3-5. «Сказал Всесильный Исраэля мне, говорил оплот Исраэля, господствующий над человеком. Праведником управляет страх Всесильного. И на рассвете утром взойдет солнце, утром безоблачным; от сияния от дождя – трава из земли. Не таков дом мой у Творца, ибо вечный союз заключил Он со мною, во всем упорядоченный и хранимый. И любое спасение мое и желание не Он ли взрастит».
[196] Берешит, 32:32. И взошло над ним солнце, когда он прошел Пнуэль, а он припадал на свое бедро.

свет которого, как свет этого утра Авраама» – так как он является свойством Тиферет, которое светит укрытыми хасадим, исходящими от света Хесед. «"Утром безоблачным"[195] – потому что это утро не мрачное, а светлое. «Поскольку в час, когда приходит утро» – свет хасадим, «суд вообще не властвует, но всё светит на стороне Авраама» – и это правая сторона. «От сияния от дождя»[195] – это сторона Йосефа-праведника, который проливает дождь на землю» – т.е. Есод, дающий наполнение Нукве, «чтобы извлечь траву и всё благо мира».

229) Сказал рабби Шимон: «Когда ночь наступает и расправляет свои крылья над миром, сколько белых ослиц» – и это духи в образе ослиц, назначенные взыскивать с преступающих закон и обычаи, «должны выйти и властвовать в мире». «И множество возбуждающих суд просыпаются в многочисленных сторонах по виду своему и властвуют над миром. Когда наступает утро, и светит, все они удаляются и не властвуют, и каждый приходит в свое обычное состояние и возвращается на свое место».

230) «Сказанное: "Утром на рассвете"[193] – это утро Авраама» – т.е. власть правой линии, а "эти люди были отосланы"[193] – это возбуждающие суд, которые властвовали ночью, "они и ослы их"[193] – это ослицы, отвечающие за преступающих закон и обычай, дабы взыскивать с них» – т.е. духи, «исходящие со стороны скверны, и они не святы». «И не властвуют они и не видны с приходом утра. И эти ослицы, отвечающие за преступающих закон, как мы уже сказали, они относятся к свойству "ослы"» – поскольку ослица и осел принадлежат одному виду, и потому называет их Писание: «Они и ослы их»[193].

231) «Нет высших ступеней, у которых не было бы правой и левой стороны, милосердия и суда, – ступени над ступенями, святые со стороны святости, нечистые со стороны скверны. И все они – это ступени над ступенями, одни над другими».

Объяснение. Здесь возник вопрос, ведь известно, что белые ослицы относятся к стороне святости, как сказано: «Ездящие на ослицах белых, восседающие в суде»[197] – как же тут говорится, что они относятся к левой стороне и не святы? И об этом он говорит: «Нет высших ступеней, у которых не было бы правой

---

[197] Пророки, Шофтим, 5:10. «Ездящие на ослицах белых, восседающие в суде и ходящие по дороге, повествуйте!»

и левой стороны» – и есть белые ослицы, относящиеся к святости и правой стороне, а есть белые ослицы, относящиеся к скверне и левой стороне.

232) «И всюду, где утро Авраама пробудилось в мире, все силы левой стороны уходят и не властвуют, поскольку нет у них существования в правой стороне, а только в левой» – и поэтому утром, когда наступает власть правой, они вынуждены удалиться. «И Творец создал день и ночь, чтобы управлять каждым из них с помощью соответствующего ему свойства. Поскольку днем управление правой стороной, а ночью – управление левой.

233) Сказал рабби Хия: «"И засияет вам, боящиеся имени Моего, солнце праведности, и исцеление – в крыльях его"[198]. В будущем должен будет Творец светить Исраэлю тем солнцем, которое Он спрятал со дня сотворения мира из-за грешников мира. Как сказано: "А нечестивым недоступен свет"[199]».

234) «И этот свет спрятал Творец. Поскольку когда он вышел вначале, светил от края мира и до края. Когда посмотрел Он на поколение Эноша и на поколение потопа, и на поколение рассеяния, и на всех грешников, спрятал Он этот свет».

235) «Когда пришел Яаков и не отпускал того самого управляющего, покровителя Эсава, тот уязвил его в бедро, и хромал он, и сказано: "И взошло над ним солнце"[196]. Какое солнце? Это то солнце, которое (Творец) спрятал, так как есть в этом солнце целительная сила для исцеления его бедра. И затем он исцелился с помощью этого солнца, как сказано: "И пришел Яаков невредимым"[200], что означает невредимый телом, поскольку излечился».

236) «Поэтому должен будет Творец в будущем раскрыть это солнце и светить Исраэлю, как сказано: "И засияет вам, боящиеся имени Моего"[198]. Что такое "солнце праведности"? Это солнце Яакова, с помощью которого он исцелился. "И исцеление

---

[198] Пророки, Малахи, 3:20. «И засияет вам, боящиеся имени Моего, солнце праведности, и исцеление – в крыльях его, и выйдете и разрастетесь как тельцы в стойлах».
[199] Писания, Иов, 38:15. «А нечестивым недоступен свет, и сила вознесшаяся сокрушена».
[200] Тора, Берешит, 33:18. «И пришел Яаков невредимым в город Шхем, который на земле Кнаана, по приходе своем из Падан-Арама, и расположился он станом пред городом».

– в крыльях его"¹⁹⁸ – так как в это время исцелятся все, потому что когда восстанут Исраэль из праха, много хромых и много слепых будет среди них, и тогда Творец будет светить им этим солнцем, чтобы они исцелились с его помощью».

237) И тогда будет светить это солнце от края мира и до края. И для Исраэля будет исцеление. А народы-идолопоклонники сгорят от него. Но об Исраэле сказано: «Тогда пробьется, как заря, свет твой, и исцеление твое скоро явится, и пойдет пред тобой правда твоя, слава Творца будет следовать за тобой»²⁰¹.

---

[201] Пророки, Йешаяу, 58:8. «Тогда пробьется, как заря, свет твой, и исцеление твое скоро явится, и пойдет пред тобой правда твоя, слава Творца будет следовать за тобой».

ГЛАВА МИКЕЦ

И у Йосефа родились до наступления голодного года

238) Вернемся к тому, что было вначале: «И у Йосефа родились два сына до наступления голодного года»[202]. Первым заговорил рабби Ицхак: «"И будет остаток Яакова среди народов многих, как роса от Творца, как капли дождя на траве, которые не станут надеяться на человека и уповать на сынов человеческих"[203]. Каждый день, когда встает рассвет, просыпается одна птица на дереве в Эденском саду и три раза призывает, и жезл распрямляется, и призыв звучит с силой: "Законы выбора возвещают вам: те из вас, кто видит и не видит, те, кто пребывают в мире и не знают, зачем они пребывают, не смотрят на величие Господина своего, Тора находится перед ними, но они не усердствуют в ней, – лучше бы им не быть сотворенными, чем быть. Для чего им вставать без разума?! Горе им, когда пробудятся над ними дни бедствия и заставят уйти из мира"». И об этом сказано: «Смотри, предложил я тебе сегодня жизнь и добро, и смерть и зло... – ...и выберешь жизнь»[204].

Пояснение сказанного. Известно, что под конец ночи, когда усиливается тьма, происходит зивуг ЗОН, и от их зивуга рождается свет дня, о котором сказали мудрецы, что начиная с третьей стражи «жена общается со своим мужем»[205]. И свече-

---

[202] Тора, Берешит, 41:50. «И у Йосефа родились два сына до наступления голодного года, которых родила ему Оснат, дочь Поти Феры, вельможи Она».

[203] Пророки, Миха, 5:6. «И будет остаток Яакова среди народов многих, как роса от Творца, как капли дождя на траве, которые не станут надеяться на человека и уповать на сынов человеческих».

[204] Тора, Дварим, 30:15-20. «Смотри, предложил я тебе сегодня жизнь и добро, и смерть и зло, ибо заповедую я тебе сегодня любить Творца Всесильного твоего, идти путями его, и соблюдать заповеди его, и установления его, и законы его, чтобы жил ты и размножился, и благословит тебя Творец Всесильный твой, на земле, на которую ты вступаешь, чтобы овладеть ею. Но если отвратится сердце твое, и не будешь слушать, и сойдешь ты с пути, и поклоняться будешь богам иным и служить им, то сказал я вам сегодня, что погибнете вы, не продлятся дни ваши на земле, в которую переходишь ты через Ярден, чтобы прийти и овладеть ею. В свидетели призываю я на вас сегодня небо и землю – жизнь и смерть предложил я тебе, благословение и проклятье. И выберешь жизнь, чтобы жил ты и потомство твое, и любил Творца Всесильного твоего, и исполнял волю Его, и прилепился к Нему, ибо Он жизнь твоя и долгие годы твои, которые будешь ты жить на земле, которую поклялся Творец отцам твоим, Аврааму, Ицхаку и Яакову, дать им».

[205] Вавилонский Талмуд, трактат Брахот, лист 3:1. «В третью (стражу) младенец вскармливается от груди матери своей и жена общается со своим мужем».

ние этого зивуга нисходит от Зеир Анпина к Нукве в виде трех линий, которые нисходят в три времени и в трех местах в виде трех точек холам-шурук-хирик. И поэтому эти три линии именуются «три места» или «три ча́са», а здесь они называются «три времени (досл. три раза)».

И сказано: «Каждый день, когда встает рассвет, просыпается одна птица» – птица означает Нуква, и она пробудилась для зивуга, чтобы породить свет дня, «на дереве в Эденском саду» – т.е. с Зеир Анпином, который называется Древом жизни в Эденском саду, «и три раза призывает» – т.е. получает от него три линии, которые называются тремя временами (разами), «и жезл распрямляется» – это жезл суда, который в начале зивуга распрямляется и властвует, и это власть левой линии, которая пробуждается тогда».

«И призыв звучит с силой: "Законы выбора возвещают вам"» – то, что сказано: «Смотри, предложил я тебе сегодня жизнь и добро, и смерть и зло… – …избери же жизнь»[204]. Ибо тогда вместе со свечением зивуга раскрывается свет и благо, исходящие от средней линии, называемой Древом жизни, т.е. «жизнь и добро»[204], и величина меры горьких наказаний, приходящих к грешникам, которые не желают соединяться со средней линией, а только с левой, т.е. «смерть и зло»[204], тогда-то «и выберешь жизнь»[204]. Таким образом, с помощью двух этих видов свечений раскрывается праведникам выбор жизни, и поэтому называются они «законы выбора».

И об этом сообщает призыв: «Те из вас, кто видит и не видит». Ви́дение – это свойство Хохмы, и соединенные с левой линией, а не с правой. Они «видят и не видят», потому что Хохма левой линии не станет светить без облачения в свет хасадим правой, и поэтому, хотя и есть там Хохма, что и означает «видят», все же они не получают Хохму из-за отсутствия облачения хасадим, и поэтому «не видят».

И сказано: «Пребывают в мире и не знают, зачем они пребывают» – это говорится о соединенных с правой линией, а не с левой, у которых есть пребывание в мире с помощью света хасадим, но они «не знают, зачем они пребывают», т.е. недостает им свойства ГАР, поскольку свечение правой линии без левой это ВАК без рош, и «не знают, зачем они пребывают». И получается, что и те и другие, как соединенные с левой линией, так и соединенные с правой, без левой, «не смотрят на величие Господина своего», потому что одним будет недоставать хасадим, а другим – Хохмы. И всё это произошло с ними из-за того, что «Тора находится перед ними, но они не усердствуют в ней».

Тора означает – средняя линия, т.е. Зеир Анпин, называемый Торой, соединяющий две эти линии друг с другом. И поскольку они в крайностях – или в правой линии, или в левой, а к средней линии, находящейся перед ними, не стараются прилепиться, – поэтому сказано, что «не смотрят на величие Господина своего».

И потому: «Лучше бы им не быть сотворенными; для чего им вставать без разума?!» – поскольку они не удостоятся мохин, исходящих от ИШСУТ. «Горе им, когда пробудятся над ними дни бедствия» – т.е. в то время, когда будет происходить зивуг ЗОН, а в начале зивуга властвует левая линия, называемая «дни бедствия», тогда раскроются горькие наказания в левой линии и будут они устранены из мира.

239) «Что такое эти "дни бедствия"? Если ты подумаешь, что это дни старости, то это не так, потому что дни старости, если человек удостоился сыновей и сыновей сыновей, это дни благоденствия. Так что же такое эти "дни бедствия"?»

240) А это, как сказано: «И помни о своем Создателе с юных дней, пока не пришли дни бедствия»[206]. Это не дни старости, но дело тут в том, что когда создавал Творец мир, создавал Он его с помощью букв Торы, и каждая буква являлась перед Ним до тех пор, пока не установились все буквы благодаря букве "бэт ב", так как она является благословением.[207] И поэтому от нее был создан мир. И все виды алфавитов вследствие формирования букв» – т.е. двести тридцать один вид алфавита лицевой стороны (паним), и двести тридцать один вид алфавита обратной стороны (ахор), «все они готовы, чтобы создать с их помощью мир» – т.е. после того как получили благословение от буквы «бэт ב».

241) «Когда сформировались буквы и вошли в алфавит, где соединяются две буквы "тэт ט" и "рэйш ר" вместе, поднялась

---

[206] Писания, Коэлет, 12:1. «И помни о своем Создателе с юных дней, пока не пришли дни бедствия, и не наступили годы, о которых скажешь: "Нет мне в них проку"».
[207] См. «Предисловие книги Зоар», пп. 23-37.

буква "тэт ט" и не установилась рядом с "рэйш ר". Пока не побранил ее Творец и не сказал ей: "Тэт, тэт, почему ты поднялась и не устанавливаешься на своем месте?" Сказала она Ему: "Ведь сделал Ты меня буквой, с которой начинается слово "тов (טוב хорошо)", и Тору начал с меня, что хорошо"» – то есть: «И увидел Всесильный (Элоким) свет, что хорошо»[208]. «"Как же я соединюсь, чтобы установиться рядом, с буквой "рэйш ר", с которой начинается слово "ра (רע зло)"? Сказал Он ей: "Вернись на свое место, потому что она нужна тебе"» – буква зла, «"ибо в человеке, которого Я хочу создать с вашей помощью, обе вы будете включены вместе, и тогда он будет сотворен, но ты – в правую сторону, а она – в левую". И тогда буквы "тэт ט" и "рэйш ר" снова установились друг с другом вместе».

Пояснение сказанного. Здесь мы должны вспомнить порядок выхода трех линий Зеир Анпина в их корне в Бине из трех точек холам-шурук-хирик.[209] И вначале Малхут поднялась в Бину, и вследствие этого упали у нее буквы ЭЛЕ (אלה) имени Элоким (אלהים), и остались в ней только МИ (מי) имени Элоким, что означает ВАК, которому недостает ГАР. И это падение образует точку холам и правую линию, светящую свойством хасадим.

А затем, во время гадлута, снова поднялись буквы ЭЛЕ (אלה) и соединились с МИ (מי), и ГАР вернулись в Бину, т.е. свечение Хохмы, однако в сильном скрытии, потому что удалились оттуда хасадим, а Хохма не может светить без хасадим. И вернувшиеся буквы ЭЛЕ (אלה) – это точка шурук, и они считаются левой линией из-за суровых судов, которые исходят от них.[210] И продолжаются эти суды до тех, пока не происходит зивуг на экран ЗОН, поднявшихся туда, и на него выходит средняя линия, которая после того как уменьшает ГАР Хохмы левой линии, соединяет их друг с другом: и правая включает в себя левую и приобретает ГАР Хохмы, а левая включает правую и приобретает облачение хасадим.[211] И этим завершаются три линии Бины с помощью экрана Зеир Анпина, являющегося свойством точки хирик.

---

[208] Тора, Берешит, 1:4. «И увидел Всесильный свет, что хорошо, и отделил Всесильный свет от тьмы».

[209] См. Зоар, главу Берешит, часть 1, п. 9.

[210] См. Зоар, главу Берешит, часть 1, п. 58.

[211] См. Зоар, главу Лех леха, п. 22, со слов: «Экран де-хирик, на который выходит средняя линия, происходит от свойства суда, имеющегося в Малхут...»

И это означает, что «три выходят благодаря одному» – поскольку Зеир Анпин был причиной этих трех линий в Бине, «один находится в трех» – т.е. Зеир Анпин тоже достигает три эти линии, и завершаются его мохин.[212] И две линии, правая и левая, называются здесь «тэт ט» и «рэйш ר», где «тэт ט» – это правая линия и точка холам, а «рэйш ר» – левая и точка шурук.

И это смысл сказанного здесь. «Когда создавал Творец» – т.е. Бина, «мир» – т.е. ЗОН. Иначе говоря, когда Бина притянула мохин де-ЗОН в виде «трое выходят из одного, и один находится в трех», «создавал Он его с помощью букв Торы, и каждая буква являлась перед Ним» – т.е. в трех линиях.

«Когда сформировались и соединились две буквы "тэт ט" и "рэйш ר" вместе» – т.е. когда буквы ЭЛЕ (אלה), т.е. левая линия, и буква «рэйш ר» вернулись в Бину и соединились с буквами МИ (מי), т.е. правой линией, и буквой «тэт ט», «поднялась буква "тэт ט" и не установилась рядом с "рэйш ר"» – «тэт ט», которая является правой линией и свойством хасадим, удалилась от левой линии, т.е. «рэйш ר», и не устанавливается с ней.

Поскольку между ними было разногласие.[210] «Пока не побранил ее Творец», Творец – это Зеир Анпин, т.е. средняя линия, и благодаря силе экрана средней линии уменьшились ГАР левой линии, и уж тем более ГАР правой линии.

«Сказал Он ей: "Вернись на свое место, потому что она нужна тебе"». После того как уменьшились ГАР с помощью экрана ЗОН в свойстве манулы, там произошло действие подслащения Малхут Биной, и было притянуто свойство мифтеха, и благодаря этому Хохма снова начинает светить в левой линии, но только в свойстве ВАК де-ГАР.[213] И тогда также и правая линия, в которую включена буква «тэт ט», получает свечение Хохмы от левой, ведь «тэт ט» должна соединиться и получить свечение Хохмы от «рэйш ר», иначе она оставалась бы в свойстве ВАК без ГАР из-за экрана Зеир Анпина.

И это означает сказанное: «Потому что она нужна тебе, ибо в человеке, которого Я хочу создать с вашей помощью, обе вы

---

[212] См. Зоар, главу Берешит, часть 1, п. 363.
[213] См. Зоар, главу Лех леха, п. 22, со слов: «И поэтому не может здесь средняя линия согласовать и объединить две линии прежде, чем экран де-хирик сможет уменьшить левую линию до ВАК Хохмы...»

будете включены вместе, и тогда он будет сотворен». И тогда был создан человек вследствие этого включения. «Но ты – в правую сторону, а она – в левую» – но «тэт ט» будет в правой стороне, а «рэйш ר» – в левой. Иначе говоря, считается, что от левой линии исходят суды, и установил Он этим, что от «рэйш ר» будут исходить суды. Но в этом есть очень возвышенная цель, которая требует дополнительного разъяснения.

И сначала следует понять, что произошло между Творцом и буквой «тэт ט», когда буква «тэт ט» не хотела соединяться с «рэйш ר», а Творец заставил ее. А дело в том, что в природе духовного, что корень господствует над ветвью, и ветвь отменяет себя перед ним. И поэтому не хотела «тэт ט» соединяться с «рэйш ר», чтобы получать от нее Хохму, ведь тогда «рэйш ר» будет корнем, а «тэт ט» – ветвью, и она будет отменять себя перед «рэйш ר», и потому отдалилась она от нее и не хотела получать Хохму.

Но Творец хотел, чтобы она получала Хохму от «рэйш ר», чтобы посредством этого включения получал бы от нее человек мохин де-ГАР. Потому постановил Он, чтобы в продолжение свечения «рэйш ר», т.е. во время подъема букв ЭЛЕ (אלה) обратно в Бину, распространялись бы от нее суровые и горькие суды, и чтобы по этой причине поспешила бы «рэйш ר» соединиться с «тэт ט», чтобы притянуть от нее хасадим, чтобы облачилась Хохма ее в хасадим «тэт ט» и могла бы светить. И таким образом выходит, что «тэт ט» вновь стала корнем для «рэйш ר», ведь если бы не ее свет хасадим, «рэйш ר» не могла бы светить из-за множества горьких судов, притягивающихся вследствие ее свечения.

И это означает сказанное: «Но ты – в правую сторону, а она – в левую» – т.е. ты будешь правой линией и корнем, а она будет левой линией и ветвью. Ибо благодаря тому, что во время свечения «рэйш ר» притягиваются суровые и горькие суды, «рэйш ר» вновь соединится с тобой, чтобы получить от тебя хасадим для облачения. И таким образом, хотя ты получишь от нее Хохму, ты останешься для нее корнем, так как «рэйш ר» обязана сразу включиться в тебя и получить от тебя свет хасадим.

И отсюда мы поймем то, о чем говорили раньше[214], что начало зивуга происходит в свойстве «приговор суда». И всё потому, что правая линия не может включиться в левую и получить он нее Хохму до того, как левая раскроет свой приговор, так как боится, что не отменит себя перед ней. И только когда левая линия раскроет свой приговор, тогда сможет она получить Хохму, так как левая линия обязана при этом включиться в ее хасадим, и она снова становится корнем для левой линии. Таким образом, свечение Хохмы, передаваемое от левой линии, происходит именно из-за ее приговора, ведь иначе правая линия не сможет получить от нее Хохму.

243) «В этот час разъединил их Творец» – т.е. отделил их свечение друг от друга, чтобы одна светила абсолютным добром, а другая – абсолютным злом. «И создал для них, для каждой из них, известные дни и годы» – это двадцать восемь времен, указанные в Коэлет[215], «одни – в правой стороне, а другие – в левой» – т.е. четырнадцать времен во благо и четырнадцать времен во зло. «Те, что в правой стороне называются "дни добра", а те, что в левой называются "дни зла". И об этом сказал Шломо: "Пока не пришли дни бедствия (досл. зла)"[206], которые окружают человека из-за грехов, им совершенных. Когда были сотворены дни добра и дни зла, "тэт ט" и "рэйш ר" вновь установились вместе, чтобы включиться в человека». Объяснение. После того как были созданы дни зла под властью «рэйш ר», т.е. свечения левой линии, «тэт ט» уже может установиться вместе с «рэйш ר» и получать от нее Хохму, и передавать мохин де-ГАР человеку.

244) «И потому сказал Давид: "Чего устрашусь в дни зла? Нечестие пят моих окружает меня"[115] – конечно, это дни зла». Иначе говоря, конечно, это дни зла, которые притягиваются во время свечения левой линии. «И поэтому эти называются "голодные дни" и "голодные годы"» – т.е. свечение левой

---

[214] См. Зоар, главу Ваера, пп. 216-217.

[215] Писания, Коэлет, 3:1-8. «Всему свое время и свой срок – всякой вещи под небесами. Время рождаться и время умирать. Время насаждать и время вырывать насаженное. Время убивать и время исцелять. Время ломать и время строить. Время плакать и время смеяться. Время скорбеть и время плясать. Время разбрасывать камни и время собирать камни. Время обнимать и время отдалиться от объятий. Время искать и время терять. Время хранить и время бросать. Время разрывать и время сшивать. Время молчать и время говорить. Время любить и время ненавидеть. Время войне и время миру».

линии, «а те называются "сытые дни", "сытые годы"» – т.е. свечение правой линии.

245) «И нужно заботиться о том, чтобы не дать излиться роднику святого союза» – т.е. не использовать свою постель, «в дни голода, в голодный год». «И поэтому Йосеф, который является свойством союза, перекрыл свой родник в голодный год и не дал ему места размножиться в мире, ибо сказано: "И у Йосефа родились два сына до наступления голодного года"[202]. И это то, что должен сделать человек, когда господствует голодный год, – перекрыть свой родник святого союза, чтобы не дать ему места» – левой линии, «размножиться в мире».

Объяснение. Так же как произошло исправление наверху, когда во время свечения левой линии перекрылись источники изобилия и распространились суды в мире, чтобы с помощью этого левая линия включилась в правую и отменилась по отношению к ней, чтобы получить от нее хасадим, так же и человек внизу, когда ощущается распространение судов от левой линии, т.е. в дни голода, он должен уподобиться высшему и перекрыть свой источник, и не умножать потомство. Ибо если он будет умножать потомство во время господства левой линии, то получится, что в силу этого действия внизу, он увеличивает и умножает силу левой линии наверху, и она не включится в правую. И это означает сказанное: «Чтобы не дать ему места размножиться в мире».

246) Сказал рабби Шимон: «Тайна эта – это высшая тайна. В этот голодный год» – и это свечение левой линии, «поскольку он господствует, человек должен перекрыть свой источник» – чтобы не порождать. По двум причинам:

1. «Ведь если не перекроет свой источник, это ведет к притягиванию в плод духа от этой стороны» – от левой.

2. «Поскольку дает место этой стороне, чтобы возобладала в мире сторона скверны над стороной святости» – и это, как мы уже говорили, приводит к тому, что левая сторона не отменяет себя перед правой, и если правая получит от нее при этом Хохму, левая будет корнем, а правая – ветвью, и возобладает нечистая сторона, питающаяся от левой линии, над святостью правой.

И еще сказано: «Под тремя трясется земля, четырех она (уже) не может носить»[216]. Объяснение. Он этим действием приводит к тому, о чем говорится в этом отрывке: что раб будет царствовать, и негодяй будет сыт хлебом, и ненавистная выйдет замуж, т.е. клипа получит изобилие от святости, и рабыня унаследует госпоже, т.е. клипа унаследует Шхине, поскольку левая линия становится корнем, а правая – ветвью.

247) «И потому Йосеф-праведник, который является свойством союза, поднялся и перекрыл свой родник в голодный год, чтобы никак не смешиваться с ним» – с левой стороной, «и не давать ему места господствовать» – над правой. «А тот, кто открывает свой родник в это время, о нем сказано: "Творцу изменили они, ибо чужих сыновей породили"[217]. Ведь те сыновья, которых он порождает в голодный год, – это чужие сыновья, конечно» – по той причине, что он притягивает дух от этой стороны к плоду.[218] «Творцу они изменили, несомненно» – по той причине, что дает место левой стороне возобладать над правой,[218] чем изменяет имени АВАЯ. «И поэтому благословен удел праведников Исраэля, которые не поменяли святого места на место скверны».

248) «И поэтому сказано: "И у Йосефа родились два сына до наступления голодного года"[202], потому что с того времени, как воцарился голодный год» – т.е. левая линия без правой, «перекрыл он свой родник и поднял свой исток, чтобы не отдавать сыновей стороне скверны, и не менять святого места на место скверны» – т.е. возносить скверну над святостью, «и должен человек ждать своего Господина, чтобы Он пришел и воцарился в мире, как сказано: "И буду я ждать Творца, скрывающего лицо Свое от дома Яакова, и буду уповать на Него"[219]».

249) Счастливы праведники, знающие пути Творца и соблюдающие заповеди Торы, чтобы идти по ним, как сказано: «Ведь прямы пути Творца, и праведники пойдут по ним, а грешники

---

[216] Писания, Притчи, 30:21-23. «Под тремя трясется земля, четырех она (уже) не может носить: раба, когда он делается царем, и негодяя, когда он досыта ест хлеб, ненавистную (женщину), вышедшую замуж, и рабыню, наследующую госпоже своей».
[217] Пророки, Ошеа, 5:7. «Творцу изменили они, ибо чужих сыновей породили; теперь пожрет их (враг) в месяц с уделом их».
[218] См. выше, п. 246.
[219] Пророки, Йешаяу, 8:17. «И буду я ждать Творца, скрывающего лицо Свое от дома Яакова, и буду уповать на Него.

споткнутся на них»²²⁰, и сказано: «А вы, прилепившиеся к Творцу Всесильному вашему, живы все вы сегодня»²²¹.

250) «И поэтому предостерег Творец Исраэль, чтобы освящали себя, как сказано: "И будьте святы, ибо свят Я"²²². "Я" – это Творец, святое высшее царство (малхут)» – т.е. Нуква. «Другое царство, поклоняющихся идолам, называется "другой", как сказано: "И поклоняться не должен ты богу другому, потому что Творец-Ревнитель имя Его"²²³».

251) «"Я" – это правление этим миром и будущим миром, и всё зависит от него» – так как всё зависит от Нуквы. «И кто прилепляется к этому "Я"» – т.е. к Нукве, «есть у него доля в этом мире и в мире будущем».

252) «А кто прилепляется к тому "другому"» – к Нукве идолопоклонников, «исчезает из мира истины, и нет у него доли в будущем мире, а есть у него доля в скверне в этом мире, ибо в этом другом царстве (малхут), идолопоклонников, – сколько же воинств и возбуждающих суд назначено в нем, чтобы господствовать в этом мире».

253) «И поэтому Элиша-Ахер (досл. другой), который опустился и прилепился к этой ступени» – к Малхут идолопоклонников, называемой «другой», «был изгнан из будущего мира и не дано ему позволения раскаяться, и он выведен из мира истины, и потому зовется Ахер (другой)».

254) «И поэтому должен человек оградить себя со всех сторон, чтобы не оскверниться в той стороне и удостоиться этого мира и будущего мира. И потому одна, – святая Нуква, – благословение, а другая, – Нуква идолопоклонников, – проклятие, одна – насыщение, другая – голод, и они полностью противоположны друг другу».

---

[220] Пророки, Ошеа, 14:10. «Кто мудр, да разумеет это, благоразумный пусть поймет это: ведь прямы пути Творца, и праведники пойдут по ним, а грешники споткнутся на них».

[221] Тора, Дварим, 4:4. «А вы, прилепившиеся к Творцу Всесильному вашему, живы все вы сегодня».

[222] Тора, Ваикра, 11:45. «Ибо Я Творец, выведший вас из земли Египта, чтобы быть для вас Всесильным; и будьте святы, ибо свят Я».

[223] Тора, Шмот, 34:14. «И поклоняться не должен ты богу другому, потому что Творец-Ревнитель имя Его, Владыка ревностный Он».

255) «И потому во время голодного года» – т.е. во время господства Нуквы идолопоклонников, «нельзя человеку показываться на рыночной площади, и нельзя открывать свой родник для порождения, чтобы не отдать сыновей другому богу».

256) «Счастлив человек, который оберегает себя, чтобы идти путем истины и прилепляться к своему Господину постоянно, как сказано: "И к Нему прилепись, и именем Его клянись"[224]. "И Им клянись" не сказано, а сказано: "И именем Его"» – т.е. Нуквой, которая называется «имя». «Что значит "клянись"? Мы изучали, что "клянись (тишаве́а תִשָּׁבֵעַ)" означает быть прилепленным к свойству веры» – т.е. к Нукве, которая называется «семь (ше́ва שֶׁבַע)», согласно семи сфирот ХАГАТ НЕХИМ, которые она получает от Бины.

257) «Семь ступеней есть наверху, в Бине, которые выше всего и являются совершенством веры» – т.е. окончательным совершенством Нуквы, получаемом при подъеме и облачении этих семи ступеней, ХАГАТ НЕХИМ Бины. «И есть семь ступеней, которые находятся ниже них» – т.е. сама Нуква. «И это одно соединение и одна связь, одних» – семи нижних, «с другими» – семью высшими, «так как все они – одно целое». «Поэтому сказано: "Семь дней и семь дней – четырнадцать дней"[225]». И всё это является одним целым и единой связью». Ибо семь ступеней Нуквы, когда они в совершенстве, поднимаются и облачают семь ступеней Бины, и соединяются как одно целое. «И поэтому сказано: "И именем Его клянись (тишавеа תִשָּׁבֵעַ)"[224]» – что указывает на семерки (швииёт שביעיות), т.е. «сверху и снизу». Иначе говоря, прилепиться к двум этим семеркам, к семи ступеням Бины и семи ступеням Нуквы, чтобы объединить их как одно целое.

258) «И тот, кто объединяет одни с другими» – семь нижних с семью высшими, «сказано о нем: "Откроет Творец для тебя благодатную сокровищницу Свою, небеса"[226]. Это сокровищницы

---

[224] Тора, Дварим, 10:20. «Творца Всесильного своего бойся, Ему служи и к Нему прилепись, и именем Его клянись».

[225] Пророки, Мелахим 1, 8:65. «И устроил Шломо в то время праздник, и с ним весь Исраэль – большое собрание, от входа в Хамат до реки египетской, – пред Творцом Всесильным нашим: семь дней и семь дней – четырнадцать дней».

[226] Тора, Дварим, 28:12. «Откроет Творец для тебя благодатную сокровищницу Свою, небеса, чтобы дать дождь земле твоей вовремя и благословлять всякое дело рук твоих, и будешь ты давать взаймы многим народам, а сам занимать не будешь».

высшие» – семь ступеней Бины, «и нижние» – семь ступеней Нуквы. «Ибо семь дней» – Бины, «и семь дней» – Нуквы, «все это одно целое, как сказано: "Благодатную сокровищницу Свою, небеса" – одна сокровищница, то есть "небеса"». Иными словами, когда семь ступеней Нуквы поднимаются и облачают семь ступеней Бины, называются они вместе «небеса», потому что тогда они одно целое, одна сокровищница. И это внутренний смысл сказанного: «"И по семь (досл. семь и семь) трубочек"[227] – которые являются одним целым».

259) «Рабби Хия и рабби Йоси шли по дороге. По ходу увидели они человека, который шёл, обернутый в облачение заповеди» – т.е. в цицит, «а под ним он был обвешан оружием. Сказал рабби Хия: "Этот человек, одно из двух у него: или он полный праведник, который даже в пути заворачивается в талит с цицит, или он пытается обмануть жителей мира"» – если он препоясан оружием, значит, он разбойник и заворачивается в талит с цицит, чтобы обмануть жителей мира, заманить их в свои тенёта.

260) Сказал ему рабби Йоси: «Ведь сказали высшие праведники: "Суди каждого человека на чашу заслуг". И мы учили, что человек, выходящий в путь и боящийся разбойника, должен настроиться на три вещи: на подарок, и на войну, и на молитву. Откуда мы это знаем? От Яакова, который настроился на три эти вещи и подготовился к подарку, и к войне, и к молитве». Как сказано в главе Ваишлах, что послал он Эсаву подношение; и разбился на два стана, чтобы не пришел Эсав и не поразил его, и это – к войне; и молился он Творцу: «Спаси же меня от руки брата моего»[228] – и это молитва.

«А этот человек, идущий по дороге, есть у него облачение заповеди для молитвы, и есть у него оружие для войны. И раз две эти вещи есть у него, то ради третьей» – подарка, «нет более необходимости преследовать его» – чтобы узнать, есть ли она у него, ведь если есть у него две, наверняка есть у него также и третья.

---

[227] Пророки, Зехария, 4:2. «И сказал он мне: "Что видишь ты?" И сказал я: "Видел я – вот светильник весь из золота, и головка (чашечка) на верху его, и семь лампад на нем, и по семь трубочек у лампад, что на верху его"».

[228] Тора, Берешит, 32:12. «Спаси же меня от руки брата моего, от руки Эсава! Ибо страшусь я его, как бы он не пришел и не разбил меня, мать с сыновьями».

261) Когда он приблизился к ним, поприветствовали они его миром, но не ответил он им. Сказал рабби Хия: «Видно, одной из этих трех вещей, которые должны быть у него, нет у него, так как не приготовил он себя к подарку, поскольку подарок включает в себя приветствие, а он не отвечает приветствием». Сказал рабби Йоси: «Может быть, он занят молитвой или шепчет про себя свое учение, чтобы не забыть его».

262) Они шли вместе, но этот человек не заговорил с ними. Затем отошли в сторону рабби Хия и рабби Йоси и стали изучать Тору. Когда человек этот увидел, что они занимаются Торой, подошел к ним и поприветствовал их.

263) Сказал он им: «Достопочтенные, в чем вы заподозрили меня, когда поприветствовали меня, а я не ответил вам?» Сказал ему рабби Йоси: «Мы подумали, что может быть ты произносишь молитву или шепчешь про себя свое учение». Сказал он им: «Творец рассудит вас на чашу заслуг».

264) «Но я расскажу вам. Однажды я шел по дороге, встретил одного человека и первым поприветствовал его, а этот человек оказался грабителем, и он набросился на меня и заставил меня жалеть (о случившемся), и если бы я не одолел его, то пожалел бы. С того дня поклялся я не приветствовать первым, если только этот человек не праведник, и только если я знаю его заранее» – что праведник он, «из-за страха, что он может заставить меня пожалеть об этом и одолеть меня силой, и из-за того, что нельзя первым приветствовать человека нечестивого, как сказано: "Нет мира, – говорит Творец, – нечестивым"[229]».

265) «А когда я увидел вас, и вы поприветствовали меня миром, и не ответил я вам, я подозревал вас» – что не праведники вы, «так как не видел я в вас заповеди, заметной снаружи, поэтому не ответил я на ваше приветствие, и я также повторял свое учение и не мог ответить на ваше приветствие. Но сейчас, когда я вижу, что вы праведники, путь мой установлен предо мной».

266) «Сказал он: "Псалом Асафа. Только добр к Исраэлю Всесильный, к чистым сердцем"[230]. Творец сотворил правую

---

[229] Пророки, Йешаяу, 48:22. «Нет мира, – говорит Творец, – нечестивым».
[230] Псалмы, 73:1. «Псалом Асафа. Только добр к Исраэлю Всесильный, к чистым сердцем».

и левую стороны, чтобы управлять миром. Одна называется добром, правая, а другая называется злом, левая, и в обе эти стороны включается человек и во всем приближается к Творцу», – как сказали мудрецы: «В двух началах своих – в добром начале и в злом начале»[231].

267) «И в сторону зла, левую, включены народы-идолопоклонники, и оно дано их стороне, чтобы оскверняться им, ибо они "глухи сердцем и необрезаны плотью"[232]. Но об Исраэле что сказано: "Только добр к Исраэлю"[230]».

268) «А если скажешь ты, что ко всем он добр, – нет, только лишь к тем, кто не осквернился злом. Как сказано: "К чистым сердцем"[230]. Ибо это добро и это зло: добро – только Исраэлю, и зло – только народам-идолопоклонникам. "Только добр к Исраэлю"[230], чтобы прилепились к Творцу, и таким образом прилепились Исраэль к свойствам высшего» – Зеир Анпина, «к свойствам веры» – Нуквы, «чтобы всё было одним целым». Иначе говоря, через постижение добра они удостаиваются объединить Зеир Анпин и Нукву как одно целое и слиться с ними.

269) Сказал рабби Йоси: «Счастливы мы, что не ошиблись в тебе, ведь Творец послал тебя нам, потому что добр Он к Исраэлю, есть у Исраэля доля в этом мире и в мире будущем, чтобы воочию видеть образ величия. Как сказано: "Ибо воочию увидят возвращение Творца в Цион"[233]. Благословен Творец навеки, амен и амен».

---

[231] Вавилонский Талмуд, трактат Брахот, лист 54:1.
[232] Пророки, Йехезкель, 44:7. «Когда приводили вы чужеземцев, глухих сердцем и необрезанных плотью, чтобы были они в храме Моем, чтобы оскверняли дом Мой, принося хлеб Мой, тук и кровь, и нарушали завет Мой – сверх мерзостей ваших».
[233] Йешайау, 52:8. Голос стражей твоих – возвысят они голос, вместе ликовать будут, ибо воочию увидят возвращение Творца в Цион.

Глава Ваигаш

И подошел к нему Йегуда

1) «И подошел к нему Йегуда и сказал: "О, господин мой! Дай же молвить рабу твоему слово во услышание господина моего, и пусть не воспылает твой гнев на раба твоего, ибо ты как Фараон!"»[1] Начал говорить рабби Эльазар, провозгласив: «"Ведь Ты – отец наш, ибо Авраам не знает нас, и Исраэль не узнает нас, Ты, Творец, – отец наш, Избавитель наш – от века имя Твое"[2]. Когда Творец создавал мир, каждый день Он делал свою работу, как подобает. Каждый день Он делал, как следует, когда же наступила пятница, и Он должен был создать Адама (досл. человека), предстала пред Ним Тора и сказала: "Этот Адам, которого Ты желаешь сотворить, прогневает Тебя в будущем. Если Ты не будешь терпелив, лучше ему не быть сотворенным". Сказал ей Творец: "Не зря же Я называюсь долготерпеливым?"»

2) «Однако всё было сотворено Торой, и всё достигло совершенства благодаря Торе. И как Тора начинается с буквы "бэт ב", так же и мир был создан буквой "бэт ב". Ибо до того как Творец сотворил мир» – т.е. Нукву, «явились перед Ним все буквы и вошла каждая, начиная с конца, т.е. в порядке "тав-шин-рэйш-куф תשרק", а не "алеф-бэт-гимель-далет אבגד"».

3) «Явилась пред Ним буква "тав ת" и сказала: "Желаешь ли Ты сотворить мир мною?". Сказал ей Творец: "Нет. Ибо из-за тебя умрут многие праведники. Как сказано: "И начертаешь знак на лбах людей"[3]. И сказано: "И от святилища Моего начнете"[4]. И мы изучали, что нужно читать не "от святилища Моего", а "с посвященных Мне", т.е. с праведников. "И поэтому мир не будет сотворен тобой"».

---

[1] Тора, Берешит, 44:18. «И подошел к нему Йегуда и сказал: "О господин мой! Дай же молвить рабу твоему слово во услышание господина моего, и пусть не воспылает твой гнев на раба твоего, ибо ты как Фараон!"»

[2] Пророки, Йешаяу, 63:16. «Ведь Ты – отец наш, ибо Авраам не знает нас, и Исраэль не узнает нас, Ты, Творец, – отец наш, Избавитель наш – от века имя Твое».

[3] Пророки, Йехезкель, 9:4. «И сказал ему Творец: "Пройди посреди города, посреди Йерушалаима, и начертаешь знак на лбах людей, стенающих и вопящих о всех гнусностях, совершающихся в нем"».

[4] Пророки, Йехезкель, 9:6. «Старика, юношу, и деву, и младенцев, и женщин убивайте во истребление; но ни к одному человеку, на котором знак, не приближайтесь; и от святилища Моего начнете. И начали они с тех старейшин, что пред домом».

4) «Явились три буквы: "шин ש", "куф ק", "рейш ר", – каждая сама по себе. Сказал им Творец: "Вы не достойны, чтобы вами был создан мир, потому что вы буквы, которыми названа "ложь (шекер שקר)", а ложь не достойна вставать предо Мной».

5) «Явились буквы "пэй פ" и "цади צ", и так же все остальные, пока не дошли до буквы "каф כ". Когда "каф כ" спустилась с кетера (короны), стали содрогаться высшие и нижние, пока не осуществилось всё с помощью буквы "бэт ב", которая является знаком благословения (браха ברכה), и с ее помощью мир достиг совершенства и был сотворен».

6) «Но ведь начало всех букв – это "алеф א", разве не ею нужно было создавать мир? Это так, но поскольку с нее начинается «проклятый (арур ארור)», мир не был сотворен ею. Поэтому, несмотря на то, что "алеф א" – это буква, относящаяся к свойству высшего, чтобы не дать места» – т.е. силы и укрепления, «ситре ахра, которая называется "проклятый", мир не был сотворен ею. И мир достиг совершенства с помощью буквы "бэт ב", и был сотворен ею».

7) «"Ведь Ты – отец наш"[2] означает, что поскольку этот мир» – Нуква Зеир Анпина, называемая Ты, «достиг совершенства и был сотворен с помощью этой ступени» – т.е. с помощью знака благословения, с помощью буквы «бэт», «и также человек был сотворен ею и вышел в мир». Поэтому Нуква считается корнем человека, и мы говорим ей: «Ведь Ты – отец наш», то есть: «Ведь Ты – корень наш».

8) «"Ибо Авраам не знает нас"[2]. Несмотря на то, что благодаря ему существует мир» – так как он является свойством Хесед, как сказано: «Мир милостью (хесед) отстроится»[5], «он не заботился так о нас, как заботился об Ишмаэле, как сказано: "Лишь бы Ишмаэль жил пред Тобою!"[6]»

«"И Исраэль не узнает нас"[2] – потому что все благословения, которыми он должен был благословить своих сыновей, он передал этой (зот) ступени» – Нукве, «чтобы благословлять всех».

---

[5] Писания, Псалмы, 89:3. «Ибо думал я: мир милостью отстроится, небеса утвердил ты на вере Твоей в них».

[6] Тора, Берешит, 17:18. «И сказал Авраам Всесильному: "Лишь бы Ишмаэль жил пред Тобою!"»

И это как сказано: «И вот (зот), что говорил им их отец»[7]. И это объясняется так: Нуква называется «зот», «говорил им» – т.е. о них, «их отец», – чтобы она благословила их. И также при благословении Эфраима и Менаше он сказал: «Ангел, избавляющий меня от всякого зла» – т.е. Нуква, «пусть благословит отроков!»[8]

9) «Ты, Творец, – отец наш»[2] – т.е. Нуква, как мы уже объяснили, «ибо Ты находишься над нами постоянно, чтобы благословлять и смотреть за нами, как отец, присматривающий за сыновьями во всём, в чем они нуждаются».

«"Избавитель наш – от века имя Твое"[2] – потому что Ты» – т.е. Нуква, «это Избавитель, ведь она так и называется "ангел избавляющий". И это означает: "Избавитель наш – от века имя Твое"[2], конечно, – "имя Твое"», так как Нуква называется именем АВАЯ. «И мы изучали, что не делают перерыва между избавлением и молитвой» – т.е. между благословением «избавляющий Исраэль»[9] и молитвой Шмона-Эсре, «как не делают перерыва между благословением на ручные тфилин и благословением на головные тфилин.

Пояснение статьи. Непонятно, почему сказано: «И подошел к нему Йегуда и сказал»[1] – на первый взгляд кажется, что достаточно было сказать: «И сказал ему Йегуда: "О, господин мой!"» И рабби Эльазар начал объяснять это с помощью отрывка: «Ведь Ты – отец наш»[2]. И сначала он указывает, что Адам и Нуква Зеир Анпина, оба они находятся на одной ступени, т.е. на ступени хасадим, раскрытых в свечении Хохмы. И Адам был создан с помощью имени «долготерпеливый», которое указывает на то, что Он сдерживает Свой гнев и не обнаруживает его, чтобы Адам мог получить ГАР свечения Хохмы. И так же мир, т.е. Нуква Зеир Анпина, была создана буквой «бэт ב», что означает – точкой в Его чертоге, являющейся знаком благословения, т.е. началом раскрытия мохин ГАР свечения

---

[7] Тора, Берешит, 49:28. «Все эти - колена Исраэля, двенадцать. И вот что говорил им их отец, и благословил он их, каждого его благословением благословил он их».

[8] Тора, Берешит, 48:16. «Ангел, избавляющий меня от всякого зла, пусть благословит отроков! И наречется в них имя мое и имя моих отцов, Авраама и Ицхака! И как рыбы во множестве будут средь земли!»

[9] Благословение, произносимое перед молитвой «Шмона-Эсре (восемнадцать благословений)»: «Благословен Ты, Господин наш, избавляющий Исраэль!»

Хохмы.¹⁰ И «алеф א» – это свойство «скрытые животные», что означает хасадим, укрытые от Хохмы. А «бэт ב» – это свойство «раскрытые животные», т.е. хасадим, раскрывающиеся в свечении Хохмы.¹⁰

И вместе с этим он выясняет сказанное Исраэлем Нукве Зеир Анпина: «Ведь Ты – отец наш»², что она называется «Ты» потому, что является раскрытым миром, ведь Нуква от хазе и выше Зеир Анпина называется «Он», т.е. скрытый, а не «Ты». И поскольку она является миром, раскрытым со свечением Хохмы, они сказали ей: «Ведь Ты – отец наш», так как сыновья Исраэля тоже относятся к ступени раскрытого мира, и поэтому он был сотворен именем «долготерпеливый».

«"Ибо Авраам не знает нас"² – ведь он не заботился так о нас, как заботился об Ишмаэле, как сказано: "Лишь бы Ишмаэль жил пред Тобою!"⁶» Ибо Ишмаэль хотя и был обрезан, но не открыл «йуд-хэй יה», т.е. он не притягивал ГАР Хохмы, называемый «йуд-хэй יה», и его обрезание – впустую, т.е. в ВАК без мохин свечения Хохмы. А поскольку ему нужна Хохма, так как он относится к свойству от хазе и ниже, но у него нет ее, он считается отбросами правой стороны. Однако Авраам – это хасадим правой линии Бины, которая не нуждается в Хохме, и поэтому он укрыт от Хохмы, как сказано: «Ибо склонен к милости (хафец хесед) Он»¹¹. И поэтому он более всего молился о хасадим, которые скрыты от Хохмы, ибо к ним всё желание его и вся страсть его.

Поэтому сказано: «Лишь бы Ишмаэль жил пред Тобою!»⁶, – и ничего подобного он не сказал об Ицхаке. И потому: «Авраам не знает нас»² – т.е. его знание (даат) не раскрыто нам, «и Исраэль не узнает нас»², поскольку Исраэль – это средняя линия от хазе и выше Зеир Анпина, где находится мир, укрытый от свечения Хохмы.

«И поэтому благословения, которыми он должен был благословить своих сыновей, он передал этой (зот) ступени»¹², т.е. Нукве, «чтобы она благословила всех» – так как сыновья его

---

¹⁰ См. Зоар, главу Берешит, часть 1, пп. 139-140.
¹¹ Пророки, Миха, 7:18. «Кто Творец, как Ты, который прощает грех и проявляет снисходительность к вине остатка наследия Своего, не держит вечно гнева Своего, ибо склонен к милости Он».
¹² См. п. 8.

относятся к свойству от хазе и ниже, и это мир, раскрытый в свечении Хохмы. А поскольку сам он – лишь свойство укрытых хасадим, он не мог благословить их, и поэтому он передал их благословение Нукве, являющейся раскрытым миром, чтобы она благословила их. Ведь «Исраэль не узнает»[2] наших нужд, чтобы наполнить нас. Поэтому они сказали Нукве: «Ты, Творец, – отец наш»[2] – т.е. Нуква, так как ты находишься над нами постоянно, чтобы благословлять и наблюдать за нами, как отец, присматривающий за сыновьями во всём, в чем они нуждаются»[13] – т.е. и в хасадим и в Хохме.

«"Избавитель наш – от века имя Твое"[2] – потому что Ты являешься избавителем», так как избавление может быть только с помощью мохин свечения Хохмы. И поэтому называется Нуква «ангел избавляющий» по отношению к сыновьям Исраэля. И Есод Зеир Анпина, называемый Йосеф, тоже называется избавителем по отношению к Нукве, поскольку он передает ей эти мохин свечения Хохмы.

И поэтому не делают перерыва между избавлением и молитвой, т.е. между Есодом и Нуквой, ведь мы должны их объединить. И поэтому также не делают перерыва между ручными тфилин, т.е. Нуквой, и головными тфилин, Зеир Анпином.

Таким образом выяснились слова: «И подошел к нему Йегуда»[1]. Ибо Йегуда – это Нуква, т.е. молитва, а Йосеф – это избавление. И это говорит нам Писание, – что подошли они друг к другу, для зивуга, настолько, что «и не мог Йосеф удержаться»[14] и раскрыл им эти мохин.

---

[13] См. п. 9 выше.
[14] Тора, Берешит, 45:1. «И не мог Йосеф удержаться при всех, кто стоял около него, и закричал: "Выведите от меня всех!" И не стоял никто возле него, когда Йосеф дал себя узнать братьям своим».

ГЛАВА ВАИГАШ

Нефеш, руах, нешама

10) Рабби Ицхак и рабби Йегуда сидели в одну из ночей и занимались Торой. Сказал рабби Ицхак: «Мы ведь изучали, что когда Творец сотворил мир, Он сделал нижний мир подобным высшему, и сделал всё одно против другого, так что у каждого элемента в нижнем мире есть соответствующий ему корень в высшем мире, и в этом слава Его наверху и внизу».

11) Сказал рабби Йегуда: «Да, это так. И создал Он надо всем человека, который включает и дополняет все элементы творения. Как сказано: "Я создал землю и человека сотворил на ней"[15]. "Я создал землю" – в этом нет сомнения, и Он не должен сообщать нам об этом. Но Он сообщает нам, в чем смысл слов "Я создал землю", и он в том, что "человека сотворил на ней", – и он сущность мира, чтобы всё было одним совершенством». Иначе говоря, цель всего мира и его совершенство – это человек.

12) Сказал, провозгласив: «"Так сказал Всемогущий Творец, сотворивший небеса и распростерший их"[16]. Это высказывание мы уже выясняли, но: "Так сказал Всемогущий Творец, сотворивший небеса и распростерший их" – это Творец высоко-высоко» – т.е. Бина, «который сотворил небеса» – Зеир Анпин. Бина устанавливает Зеир Анпин постоянно, т.е. она создает его и дает ему мохин. «"Разостлавший землю с порождениями ее"[16], – это святая земля, средоточие жизни» – т.е. Нуква. «"Дающий душу народу на ней"[16] – земля эта» – Нуква, «дает душу (нешама)».

13) Сказал рабби Ицхак: «Всё это наверху» – т.е. в Бине, и это противоречит сказанному рабби Йегудой, что «дающий душу народу»[16] указывает на Нукву. «Потому что оттуда» – из Бины, «выходит оживляющая душа (нешама) на эту землю» – Нукву, «и эта земля принимает душу, чтобы давать всем, ибо та река, которая оттуда проистекает и выходит» – т.е. Зеир Анпин, «она» – принимает от Бины, «и передает, и приводит

---

[15] Пророки, Йешаяу, 45:12. «Я создал землю и человека сотворил на ней; Я, руки Мои распростерли небеса, и всему воинству их повелел Я (быть)».

[16] Пророки, Йешаяу, 42:5. «Так сказал Всемогущий Творец, сотворивший небеса и распростерший их, разостлавший землю с порождениями ее, дающий душу народу на ней и дух – ходящим по ней».

души на эту землю» – Нукву, «а та принимает их и дает всем» людям, ее удостоившимся.

14) «Когда Творец сотворил человека, Он собрал его прах с четырех сторон мира, и создал его в месте нижнего Храма» – в свойстве Нуквы, «и привлек к нему оживляющую душу от высшего Храма» – из Бины.

15) «А душа состоит из трех ступеней, и поэтому у души есть три имени, согласно высшим свойствам – "нефеш", "руах", "нешама". "Нефеш", как мы уже выяснили, является самой нижней из всех» – потому что исходит от Нуквы, нижней из десяти сфирот. «"Руах" – это сущность, преобладающая над "нефеш", ступень выше нее», которая исходит от Зеир Анпина, чтобы обеспечить ее всем, – как Хохмой, так и хасадим. «"Нешама" – это сущность, которая выше их всех» – т.е. свет Бины, который выше света Зеир Анпина и света Нуквы, или ступеней «руах» и «нефеш», «и преобладает над всеми – ступень святости, превосходящая все их» – т.е. «руах» и «нефеш».

16) «И эти три ступени» – нефеш, руах, нешама, «содержатся в людях, в тех, кто удостоился служения своему Властелину». «Поскольку сначала у человека есть нефеш, и это святое исправление, которым должны быть исправлены люди. Когда человек пришел к очищению на этой ступени, он исправляется, чтобы увенчаться руахом. И это святая ступень, находящаяся над нефеш», – которой увенчивается тот человек, который удостоился.

17) «После того как он поднялся в нефеш и руах, и исправляется дальше в служении Властелину своему как подобает, над ним пребывает нешама, высшая святая ступень, преобладающая над всем, для того чтобы он увенчался высшей святой ступенью и был бы совершенным во всём, совершенным со всех сторон, и удостоился будущего мира, и он – возлюбленный Творца, как сказано: "Дать в наследство возлюбленным Моим сущее"[17]. Кто это "возлюбленные Мои"? Это те, в ком есть святая нешама (душа)».

---

[17] Писания, Притчи, 8:21. «"Дать в наследство возлюбленным Моим сущее, и сокровищницы их Я наполню"».

18) Сказал рабби Йегуда: «Если так, ведь сказано: "Все, у кого дыхание (нешама) духа жизни в ноздрях его, из всех, кто на суше, умерли"[18]. Но если удостоившиеся ступени нешама – это возлюбленные Творца, почему же они погибли при потопе?» Ответил ему: «Это так, безусловно, они – возлюбленные Творца, однако никого не осталось из всех тех, в ком была святая нешама (душа), т.е. Ханоха, Йереда, и из всех праведников, которые могли защитить землю, чтобы благодаря им она не развратилась[19]. Поэтому сказано: "Все, у кого дыхание (нешама) духа жизни в ноздрях его, из всех, кто на суше, умерли"[18]. Т.е. они уже умерли и ушли из мира, и не осталось из них никого, кто мог бы защитить мир в то время».

19) «Всё это – ступени над ступенями, и нефеш, руах и нешама – это ступени над ступенями, одна выше другой. Нефеш вначале, и это нижняя ступень, как мы уже сказали. А затем руах, пребывающий над ней и стоящий выше нее. Нешама – это ступень, превосходящая всё остальное».

20) «Нефеш – это душа Давида», Нуква, «и она должна получить нефеш от той реки, которая течет и вытекает» т.е. от Зеир Анпина, «от руаха». «Это тот руах, который стоит выше нефеш, и нефеш питается только с помощью руаха. И это тот руах (ветер), который пребывает между огнем и водой» – т.е. Тиферет, являющаяся средней линией между Гвурой, называемой «огонь», и Хеседом, называемым «вода». «И отсюда питается эта нефеш (душа)».

21) «Руах пребывает и получает питание от другой высшей ступени, называемой "нешама", от которой исходят руах и нефеш» – т.е. это свет Бины, от которого исходит свет Зеир Анпина, называемый «руах», и свет Нуквы, называемый «нефеш». «Оттуда питается руах, и когда движется руах, движется также и нефеш, и всё это – одно целое. И они приближаются друг к другу, нефеш приближается к руаху, а руах приближается к нешаме, и все они – одно целое».

---

[18] Тора, Берешит 7:22 «Все, у кого дыхание (нешама) духа жизни в ноздрях его, из всех, кто на суше, умерли».

[19] Тора, Берешит, 6:11. «И развратилась земля пред Всесильным, и наполнилась земля злодеянием».

22) «"И подошел к нему Йегуда"[20] – это приближение одного мира к другому» – приближение нижнего мира, т.е. Нуквы, или нефеш, называемой Йегуда, к высшему миру, т.е. Есоду Зеир Анпина, или руаху, называемому Йосеф, «чтобы всё стало одним целым». «И поскольку Йегуда был царь, и Йосеф был царь, они сблизились друг с другом и объединились».

---

[20] Тора, Берешит, 44:18. «И подошел к нему Йегуда и сказал: "О господин мой! Дай же молвить рабу твоему слово во услышание господина моего, и пусть не воспылает твой гнев на раба твоего, ибо ты как Фараон!"»

ГЛАВА ВАИГАШ

Ибо вот цари сошлись

23) Сказал рабби Йегуда: «"Ибо вот цари сошлись"[21] – это Йегуда и Йосеф, потому что оба они были царями, и они подошли друг к другу, чтобы спорить, и тот и другой. Ведь Йегуда поручился за Биньямина, и поручился перед отцом, – в этом мире и в будущем. И поэтому он подошел к Йосефу, чтобы спорить с ним по поводу Биньямина, чтобы не быть отвергнутым в этом мире и в будущем. Как сказано: "Я поручусь за него, из моих рук его истребуешь. Если не приведу его к тебе и не поставлю его пред тобой"[22], "грешен буду я пред отцом моим во все дни"[23], – в этом мире и в будущем».

24) «"Ибо вот цари сошлись, прошли вместе"[21]. "Прошли вместе" означает – "разгневались вместе", т.е. разгневались друг на друга из-за Биньямина. И что сказано: "Они увидели, так и застыли, испугались, заспешили. Трепет охватил их там"[24] – всех тех, кто там был».

25) «Поскольку они боялись убить или быть убитыми. И всё это было из-за Биньямина. А ведь Йосеф был продан по совету Йегуды и пропал для отца, а сейчас он (Йегуда) поручился за Биньямина и боялся, чтобы тот не пропал. И поэтому: "И подошел к нему Йегуда"[1]».

27) «Ибо вот цари сошлись»[21]. Сказал рабби Йегуда: «Здесь говорится о свойстве веры» – т.е. Нуквы. «Ибо когда раскрылось желание, и единство довершилось» – в ЗОН, «как одно целое, два мира» – ЗОН, «соединяются вместе и сходятся вместе». «Один» – Зеир Анпин, «чтобы открыть сокровища и наполнять», «а другой» – Нуква, «чтобы собирать и накапливать внутри себя» – это наполнение. «И тогда: "Ибо вот цари сошлись" – т.е. два мира, высший мир» – Зеир Анпин, «и нижний мир» – Нуква.

---

[21] Писания, Псалмы, 48:5. «Ибо вот цари сошлись, прошли вместе (на войну)».

[22] Тора, Берешит, 43:9. «Я поручусь за него, из моих рук его истребуешь. Если не приведу его к тебе и не поставлю его пред тобой, грешен буду я пред тобой во все дни».

[23] Тора, Берешит, 44:32. «Ибо твой раб поручился за отрока пред отцом моим так: "Если не приведу его к тебе, грешен буду я пред отцом моим во все дни"».

[24] Писания, Псалмы 48:6-7. «Они увидели, так и застыли, испугались, заспешили. Трепет охватил их там, дрожь – как роженицу».

28) «"Прошли вместе"²¹, – ибо все грехи в мире не проходят, чтобы искупиться, пока они», ЗОН, «не соединяются вместе». «Как сказано: "И проявляет снисходительность к вине остатка наследия Своего"²⁵. И таким же образом: "Прошли вместе", – грехи прошли, искупились, ведь» в свечении зивуга «все лики светятся, и все грехи искупаются». «Искупиться» истолковывается как в сказанном: «Скрытое подношение гасит гнев, а умение подкупить – сильную ярость»²⁶.

29) Сказал рабби Хия: «Здесь идет речь об исправлении посредством жертвоприношения. Ибо когда приносится жертва, и все получают свое пропитание – каждый, как ему положено, всё соединяется воедино, и все лики светятся, и пребывает одна связь» – т.е. один зивуг. «И тогда: "Цари сошлись"²¹, – т.е. они сошлись вместе, чтобы искупить грехи и устранить их. "Цари сошлись"» – это ЗОН, «и соединились вместе, "прошли вместе"²¹, – т.е. искупить грехи, «чтобы осветить все лики, и чтобы всё стало единым желанием».

30) «"Они увидели, так и застыли"²⁴. Разве можно представить себе, что это цари» увидели и застыли? «Нет, это обвинители, и радость их в том, чтобы чинить тот суд, какой указано им. И тогда, когда «цари сошлись», оба в одном желании, "они увидели" это желание обоих миров», т.е. ЗОН, «"так и застыли, испугались, заспешили"²⁴, – ибо все обвинители замолчали и исчезли из мира, и не могут править. И тогда исчезла их поддержка, и пропала их власть».

31) Сказал рабби Эльазар: «"И подошел к нему Йегуда"²⁰. Почему подошел именно Йегуда? Так и должно быть, ведь это он поручился, как сказано: "Ибо твой раб поручился за отрока"²³. Дело в том, что Йегуда и Йосеф должны были приблизиться друг к другу, поскольку Йосеф – праведник», т.е. Есод Зеир Анпина, «Йегуда – царь (мелех)», т.е. Малхут, Нуква Зеир Анпина. «И поэтому: "И подошел к нему Йегуда", – потому что их близость, когда они приблизились друг к другу, вызвала много хорошего в мире, привела к миру между всеми коленами, вызвала мир между ними самими, т.е. между Йегудой

---

²⁵ Пророки, Миха, 7:18. «Кто Творец, как Ты, который прощает грех и проявляет снисходительность к вине остатка наследия Своего, не держит вечно гнева Своего, ибо склонен к милости Он».

²⁶ Писания, Притчи, 21:14. «Скрытое подношение гасит гнев, а умение подкупить – сильную ярость».

и Йосефом, привела к тому, что возродился духа Яакова, как сказано: "И ожил дух Яакова, их отца"[27]. И поэтому сближение их было необходимо со всех сторон, наверху и внизу».

---

[27] Тора, Берешит, 45:27. «И изрекли они ему все речи Йосефа, что говорил им; и он увидел повозки, которые прислал Йосеф, чтобы везти его. И ожил дух Яакова, их отца».

ГЛАВА ВАИГАШ

Прекрасен вид

32) Заговорил рабби Аба, провозгласив: «"Прекрасен вид, радость всей земли, гора Цион, северная оконечность города Царя великого "[28]. Здесь говорится о свойстве веры. "Прекрасен вид" – это Йосеф-праведник, как сказано: "И Йосеф был красив станом и красив видом"[29]. "Радость всей земли" – это радость и ликование наверху и внизу. "Гора Цион, северная оконечность" – поскольку в уделе Йосефа находится Храм Шилó. "Гора Цион" – это Иерусалим, т.е. Нуква. "Северная оконечность", – безусловно, это так и наверху, и внизу» – потому что как верхний Храм, так и нижний Храм находятся в северной стороне, т.е. в свечении левой линии Бины, и это свечение Хохмы.

33) «"Города Царя великого"[28] – это место, установленное для лика Царя великого. Это высший Царь над всей святая святых, так как оттуда исходит весь свет и все благословения и вся радость всех, и оттуда светят все лики. И оттуда благословляется Храм, и когда он благословляется, оттуда исходят благословения всему миру, ведь весь мир благословляется оттуда».

---

[28] Писания, Псалмы, 48:3. «Прекрасна высота, радость всей земли, гора Сион, на краю северной (стороны) – город Царя великого».

[29] Тора, Берешит, 39:6. «И оставил он все, что у него, в руках Йосефа, и не ведал при нем ничем, кроме хлеба, который ел. И был Йосеф красив станом и красив видом».

ГЛАВА ВАИГАШ

Шестьдесят дыханий

34) Рабби Йегуда и рабби Йоси встретились в деревне Ханан. В то время, когда они находились на постоялом дворе, пришел какой-то человек, неся с собой ослиную поклажу. Между тем, сказал рабби Йегуда рабби Йоси: «Мы же изучали, что сон царя Давида был подобен сну коня, и сон его был недолог. В таком случае, как же он вставал в полночь? Ведь этой меры» – шестидесяти дыханий конского сна, «недостаточно, и он просыпался бы даже раньше трети ночи».

35) Сказал ему: «В час, когда наступала ночь, он сидел с именитыми людьми дома его и вел обсуждения, и занимался словами Торы». Словом, он шел спать не в начале ночи, а незадолго до полуночи. «А потом он спал до полуночи и, вставая в полночь, пробуждался и занимался служением своему Властелину, произнося песнопения и восхваления».

36) Заметил на это тот человек: «Разве так было то, о чем вы говорите?! Суть дела здесь заключается в том, что царь Давид живет и здравствует вечно, во веки веков, и Давид все свои дни остерегался ощутить вкус смерти, ведь сон – это одна шестидесятая часть смерти. А Давид из-за своего места, и это место жизни, не спал более шестидесяти дыханий. Ибо до шестидесяти дыханий без одного – человек жив, а начиная с этой точки, он ощущает вкус смерти, и над ним властвует сторона духа скверны».

37) «Вот почему царь Давид остерегался ощущать вкус смерти и того, чтобы сторона иного духа властвовала над ним. Ведь шестьдесят дыханий без одного указывают на то, что жизнь, находящаяся наверху, – до шестидесяти дыханий. И это шестьдесят высших дыханий, от которых зависит жизнь, а начиная с этой точки и ниже – это смерть».

38) «И поэтому царь Давид устанавливал меру ночи» – до полуночи, «чтобы оставаться в живых и чтобы вкус смерти не властвовал над ним. А когда ночь разделялась пополам, Давид пребывал на своем месте, т.е. на своей ступени, где он живет и здравствует, так как он пробуждался ото сна и произносил песнопения и восхваления. Ведь когда пробуждается полночь

и просыпается святой Кетер» – т.е. Нуква, «нужно, чтобы он не нашел Давида связанным с другим местом, с местом смерти».

39) «И когда ночь разделилась пополам, и пробудилась высшая святость, а спящий на своем ложе человек не пробудился, т.е. не проснулся от своего сна, чтобы наблюдать славу своего Властелина, он соединяется со смертью и прилепляется к другому месту, т.е. к ситре ахра. Поэтому царь Давид всегда вставал в полночь, чтобы созерцать славу своего Властелина, живой – Живого, а не спал до ощущения вкуса смерти, и потому он спал подобно коню, шестьдесят дыханий, но неполных», без одного.

Пояснение статьи. Сначала выясним, что такое сон и пробуждение в их корне. Сон – это закрывание глаз, т.е. мохин, подобно спящему, который лежит, закрыв глаза, без сознания. И корень его восходит к власти свечения левой линии, т.е. Хохмы, когда она в разногласии с правой линией, хасадим, и поскольку Хохма не может светить без хасадим, мохин перекрываются. И это состояние называется сном.

А пробуждение ото сна восходит к средней линии, потому что состояние сна продолжается до подъема средней линии с экраном де-хирик в ней, являющегося точкой манулы,[30] которая уменьшает левую линию и включает ее в правую, при этом Хохма левой линии входит в хасадим правой, и тогда раскрываются мохин, и Хохма может светить. И это состояние называется пробуждением.

И отсюда мы поймем большую разницу между ХАГАТ Зеир Анпина, расположенными от его хазе и выше, и его НЕХИ, находящимися от его хазе и ниже. Ибо три линии Зеир Анпина называются ХАГАТ. И в то время, когда Хесед в разногласии с Гвурой, притягивается к нему сон. А когда его Тиферет, т.е. средняя линия, согласовывает их и устанавливает мир между ними с помощью силы экрана манулы в себе, она притягивает пробуждение, т.е. мохин открываются, поскольку теперь Хохма левой линии включается в хасадим правой и может светить. Ведь экран манулы находится в Тиферет, в средней линии, и это

---

[30] См. Зоар, главу Лех леха, п. 22, со слов: «Экран де-хирик, на который выходит средняя линия, происходит от свойства суда, имеющегося в Малхут...»

точка хазе в Тиферет, где находится место пребывания экрана манулы, устанавливающего мир между линиями.

И известно, что смерть исходит от манулы, как сказано: «А если не удостоился – то становится злом»[31], и это раскрытие сокращения в Малхут, когда она не способна получить свет Хохмы, свет жизни. И поэтому при ее раскрытии человек умирает, ведь свет жизни улетучивается из него. Однако здесь, при исправлении с помощью пробуждения она, наоборот, становится причиной всей жизни, ведь если бы не манула в средней линии точки хазе, Зеир Анпин не смог бы пробудиться ото сна, и эйнаим (глаза), т.е. Хохма, остались бы закрытыми навсегда, поскольку она не может светить без хасадим. Таким образом, всё раскрытие мохин зависит от экрана манулы.

И теперь мы увидим разницу между ХАГАТ, расположенными от хазе и выше и НЕХИ, находящимися от хазе и ниже. Ведь экран и суд в нем никоим образом не могут действовать выше места своего нахождения. И поэтому в ХАГАТ, которые выше точки хазе, нет ничего от суда манулы, называемого смертью. Однако на НЕХИ Зеир Анпина, которые ниже точки хазе, уже действует смерть, содержащаяся в мануле. Но мы уже выяснили, что здесь у точки манулы в хазе есть обратное действие, т.е. исправление с помощью пробуждения. Ведь благодаря силе согласования, невозможной без нее, она становится здесь причиной жизни. И поэтому НЕХИ тоже принадлежат жизни и святости, и сила смерти ни в коей мере не властвует над ними.

И вот Нуква, называемая «ночь», получает строение своих сфирот от Зеир Анпина. И поэтому она, так же как и он, разделяется на точке хазе. Начиная от точки полуночи, от хазе и выше, в шесть первых часов до полуночи совершенно нет силы суда и смерти от точки манулы. Но от точки хазе и ниже, т.е. шесть вторых часов, если в них присутствует исправление с помощью пробуждения, они тоже становятся жизнью и святостью, подобно ХАГАТ, расположенным наверху, однако если в них нет исправления с помощью пробуждения, т.е. согласования посредством средней линии, а притягивается власть левой линии без правой, т.е. сон, то тогда пробуждается сила смерти от манулы в точке хазе, и НЕХИ от хазе и ниже, шесть

---

[31] См. «Предисловие книги Зоар», п. 123, «Малхут – это Древо познания добра и зла, если удостоился человек – стало добром, а если не удостоился – то злом».

вторых часов после полуночи, оказываются под властью смерти и ситры ахра. Однако царство (малхут) Давида – это от хазе и выше свойство Нуквы, шесть первых часов до полуночи, и она является четвертой по отношению к праотцам, т.е. ХАГАТ.³²

И это смысл сказанного: «Царь Давид живет и здравствует вечно, во веки веков»³³, потому что место его – от хазе и выше Нуквы, первые шесть часов до полуночи, и там оно полностью жизнь, и сила суда и смерти точки манулы в хазе никоим образом не может дойти до него, и потому он «живет и здравствует».

«И Давид все свои дни остерегался ощутить вкус смерти»³³, – т.е. продолжать спать после полуночи, где уже господствует смерть, «ведь сон – это одна шестидесятая часть смерти», – так как вследствие включения сфирот друг в друга, есть шесть сфирот ХАГАТ НЕХИ, и каждая состоит из десяти, т.е. шестьдесят дыханий, от хазе и выше, и также шесть сфирот ХАГАТ НЕХИ, т.е. шестьдесят дыханий, от хазе и ниже. И поскольку точка манулы, являющаяся причиной смерти, находится в точке хазе, в Малхут Есода от хазе и выше, получается, что для спящего в первые шесть часов ночи причина смерти – в самой последней из шестидесяти сфирот, поэтому сон – это одна шестидесятая смерти. Иными словами, в одной из его шестидесяти сфирот находится смерть, и это – точка хазе, являющаяся десятой частью сфиры Есод.

И поэтому сказано: «Ибо до шестидесяти дыханий без одного человек жив»³³ – и это шесть часов, каждый из которых включает в себя десять (дыханий), и это шестьдесят дыханий до точки полуночи, т.е. точки хазе Нуквы, где жизнь находится без какой-либо силы суда. Однако «без одного» – десятого в Есоде, самой точки полуночи, в которой присутствует манула, являющаяся причиной смерти. Поэтому жизнь – только в шестидесяти без одного.

И это противоречит сказанному рабби Йегудой, который считает, что шестьдесят дыханий являются недостаточной мерой.³⁴ И поэтому он объясняет: «Начиная с этой точки, он ощущает

---

³² См. Зоар, главу Берешит, часть 1, п. 117. «Малхут (правление) дома Давида установилась в четвертый день, являющийся свойством "четвертое подножие" и свойством "четвертое основание" престола...»

³³ См. п. 36.

³⁴ См. выше, п. 34.

вкус смерти»³³, – т.е. от вторых шести часов, потому что сила смерти, содержащаяся в точке полуночи, т.е. мануле, властвует над шестью часами, следующими за ней, и поэтому спящий в эти часы обязательно ощущает вкус смерти.

И поэтому они «указывают на то, что жизнь, находящаяся наверху, до шестидесяти дыханий»³⁵ – т.е. жизнь наверху не длится более шестидесяти дыханий, и доходит до точки хазе, точки полуночи. «И это шестьдесят высших дыханий» – выше хазе, ибо сила суда никоим образом не действует выше места его нахождения, как мы уже сказали.

«"И поэтому царь Давид устанавливал меру ночи" – до полуночи»³⁶ – т.е. спал шестьдесят дыханий без одного, до точки полуночи, в которой он просыпался и не спал, т.е. он притягивал к ней исправление пробуждением, которое преобразует точку манулы, содержащуюся в полночи, и будучи до этого причиной смерти, она становится причиной жизни.

«И когда ночь разделилась пополам, и пробудилась высшая святость»³⁷ – т.е. наверху произошло исправление пробуждением с помощью средней линии, которая превращает точку хазе Нуквы из смерти в причину жизни, т.е. из скверны в святость, «а спящий на своем ложе человек не пробудился, т.е. не проснулся от своего сна, чтобы наблюдать славу своего Властелина, он соединяется со смертью» – так как человек, спящий в это время, становится притягивающим этим власть левой линии, которая является корнем сна. И точка манулы в точке хазе остается из-за него причиной смерти, поскольку не включается в исправление пробуждением, превращающее ее из смерти в жизнь. Поэтому «он соединяется со смертью», т.е. с властью ситры ахра и скверны.

«Поэтому царь Давид всегда вставал в полночь, чтобы созерцать славу своего Властелина, живой – Живого». Ибо его ступень – «живой», поскольку он был носителем свойства от хазе и выше, являясь четвертым по отношению к праотцам,³² а сила суда и смерти в точке хазе никоим образом не действует выше места ее нахождения. И когда он вставал и совершал

---

³⁵ См. выше, п. 37.
³⁶ См. выше, п. 38.
³⁷ См. выше, п. 39.

исправление пробуждением, он становился носителем того исправления точки хазе в Нукве, которое пробуждается в то время, и это означает «живой», так как эта точка возвращается от смерти к жизни. «Поэтому он спал подобно коню, шестьдесят дыханий»[37], – т.е. шесть часов до точки полуночи, «но неполных» – потому что в точке полуночи он не спал, так как она – одна шестидесятая смерти, но возвращал ее от смерти к жизни с помощью пробуждения.

40) Подошли рабби Йегуда и рабби Йоси и поцеловали его, потому что раскрыл он им новое толкование в полуночном исправлении. Спросили у него: «Как имя твое?» Сказал им: «Хизкия». Сказали ему: «Пусть прямо будет направлена сила твоя и укрепится Тора твоя». Сели они. Сказал рабби Йегуда: «Раз уж ты начал, то поведай нам от тех высших тайн, которые ты рассказываешь».

41) Сказал, провозгласив: «"Творец мудростью основал землю, утвердил небеса разумом"[38]. Когда Творец создал мир, Он увидел, что мир не может существовать» – потому что мир был создан во власти левой линии, т.е. Хохмы без хасадим, а Хохма без хасадим не светит, и поэтому он не может существовать, «до тех пор, пока Он не создал Тору» – т.е. среднюю линию, называемую Зеир Анпином или Торой, которая включила две линии, правую и левую, друг в друга, и Хохма включилась в хасадим и тогда стала светить. «И от нее (Торы)» – т.е. от средней линии, «исходит всё управление, как высшее, так и нижнее и с ее помощью существуют как высшие, так и нижние». «И это означает сказанное: "Творец (АВАЯ)" – т.е. Зеир Анпин, или средняя линия, "мудростью (хохма) основал землю" – Он тот, кто основал землю Хохмой, потому что облачил Хохму в хасадим, и в мире возникло свечение Хохмы. «И этой мудростью (хохма) поддерживается всё существование мира, и всё исходит от нее». Как сказано: «Всё мудростью сотворил Ты»[39].

42) «Творец мудростью основал землю, утвердил небеса разумом (твуна́)»[38]. «Высший мир» – Твуна, «был сотворен только этой мудростью». «А нижний мир» – Нуква, «был сотворен

---

[38] Писания, Притчи, 3:19. «Творец мудростью основал землю, утвердил небеса разумом».
[39] Писания, Псалмы, 104:24. «Как многочисленны дела Твои, Творец! Все мудростью сотворил Ты, полна земля созданиями Твоими».

только нижней мудростью» – и это Хохма, облачающаяся в Нукву. И получается, что «все они исходят от высшей мудрости и от нижней мудрости».

«"Утвердил небеса разумом". Что значит "утвердил"? Он утверждает» – это Твуна, утверждающая Зеир Анпин, называемый небесами, «каждый день, не переставая. И они не установились за один раз, но каждый день Он устанавливает их».

43) «И это смысл сказанного: "И небеса не чисты в глазах Его"[40]. Разве может прийти в голову, что это недостаток небес? Но это как раз достоинство небес, вызванное великой любовью и страстным желанием Творца» – Твуны, «которыми Он желает небеса» – Зеир Анпин, «и Его любовью к нему». «И несмотря на то, что он устанавливает их каждый день, они не выглядят в Его глазах исправленными, как подобает, поскольку Его любовь к нему, и желание освещать их – всегда, непрерывно».

«Ведь будущий мир» – т.е. Твуна, «порождает света, сверкающие каждый день, всегда, непрерывно, чтобы освещать их всегда. И поэтому "не чисты в глазах Его". Сказано: "В глазах Его", – это указывает на то, что на самом деле они чисты, однако из-за страстного желания давать им, они выглядят для Него не чистыми. И поэтому сказано: "Утвердил небеса разумом (твуна)"[38]».

44) «Что представляют собой небеса, о которых говорит он: "Утвердил небеса разумом"[38]? Это "праотцы"» – ХАГАТ. «А свойство праотцев – это Яаков» – т.е. средняя линия, Тиферет, «который является их соединением» – так как средняя линия включает в себя правую и левую, свойства Авраама и Ицхака. «Поскольку Яаков являет собой великолепие (тиферет) праотцев, и он будет светить над миром» – Нуквой.

45) «И поскольку он поднимается в будущий мир» – т.е. поднимается и облачает Исраэль Саба, называемый будущим миром и являющийся свойством укрытых хасадим, и потому в нем нет места для раскрытия свечения Хохмы, «из него выходит одна ветвь, прекрасная видом» – т.е. со светом Хохмы, называемом ви́дением и видом. «И от него исходят все света»

---

[40] Писания, Иов, 15:15. «Вот, святым Своим не доверяет Он, и небеса не чисты в глазах Его».

– как Хохма, так и хасадим, «и все насыщение и елей помазания, для того чтобы светить земле» – Нукве. «И кто она» – эта ветвь? «Это Йосеф-праведник, который дает насыщение» – т.е. свечение Хохмы, «всему миру, и мир питается от него» – и это свечение хасадим. «И потому всё, что делает Творец, – всё это пребывает в высшем свойстве, и всё это происходит так, как и должно быть».

46) Тем временем вошел рабби Эльазар и сказал, увидев их: «Безусловно, здесь присутствует Шхина. Что вы обсуждаете между собой?» Поведали ему обо всем случившемся с этим человеком и о рассказе его. Сказал: «Он, безусловно, хорошо сказал», и пояснил: «Однако эти шестьдесят дыханий» – т.е. шесть часов до полуночи, «принадлежат жизни, как наверху в высших мирах» – от хазе Нуквы и выше, «так и внизу, в этом мире. А отсюда и далее» – после точки полуночи, «есть шестьдесят других дыханий» – ХАГАТ НЕХИ от хазе и ниже,[41] «и все они относятся к стороне смерти, и ступень смерти пребывает над ними» – т.е. точка манулы в точке хазе, являющаяся причиной любой смерти в мире. «И называются они "дремота"» – эти шестьдесят дыханий от хазе и ниже, «и все они несут вкус смерти».

47) «И поэтому царь Давид соединялся с теми шестьюдесятью дыханиями жизни» – т.е. с шестью часами до полуночи, относящимися к свойству «выше хазе», куда не может дойти сила суда и смерти, содержащаяся в точке хазе, «а оттуда и далее он вообще не спал. И это то, о чем сказано: "Не дам сна глазам своим и векам своим – дремоты"[42]. И поэтому хорошо сказал этот человек – для того чтобы встал Давид, называемый живым, на стороне жизни, а не смерти».[43] Сели все они и занимались Торой, и соединились вместе.

48) Провозгласил рабби Эльазар: «"Творец, Всесильный спасения моего! Днем кричал я, ночью был пред Тобой"[44]. Царь Давид вставал в полночь и занимался Торой, произнося песнопения и восхваления и доставляя радость Царю и Госпоже.

---

41 См. выше, п. 39, со слов: «И вот Нуква, называемая "ночь"...»
42 Писания, Псалмы, 132:4. «Не дам сна глазам своим и векам своим – дремоты».
43 См. выше, п. 39, со слов: «И поэтому царь Давид устанавливал меру ночи...»
44 Писания, Псалмы 88:2. «Творец, Всесильный спасения моего! Днем кричал я, ночью был пред Тобой».

И это радость веры на земле, потому что это – восхваление веры» – т.е. Шхины, «которая видна на земле».

49) «Ибо наверху множество высших ангелов начинает радоваться и произносить различные виды песнопения, и они произносят восхваления ночью во всех сторонах» – т.е. даже в свечении левой стороны. «Ведь это время власти Нуквы, как сказано: "Встает она еще ночью"[45]. Подобно этому и внизу, на земле, – того, кто на земле восхваляет ночью Творца, Творец жалует. И все святые ангелы, восхваляющие Творца, внимают тому, кто восхваляет Творца на земле ночью. Ибо это песнопение пребывает в совершенстве, чтобы возвеличить славу Творца снизу, и воспевать в радости единения».

50) «Царь Давид написал: "Творец, Всесильный спасения моего!"[44] И это означает следующее. Когда Творец Всесильный – спасение мое? Он – спасение мое в тот день, когда я рано ночью начал произносить воспевание Тебе, и тогда Он – спасение мое днем».

51) «Тот, кто ночью воспевает своего Властелина в радости Торы, укрепляется в мужестве (гвура) днем, в правой стороне» – т.е. в Хеседе. Иными словами, Хохма, которую он получил ночью с левой стороны, днем облачается в Хесед с правой стороны. «Потому что одна нить», Хеседа, «нисходит от правой стороны, и тогда она протягивается к нему, и он укрепляется ею. И поэтому сказал Давид: "Творец, Всесильный спасения моего! Днем кричал я, ночью был пред Тобой"[44]».

52) «И поэтому он сказал: "Не мертвые восхвалять будут Творца"[46]. "Не мертвые" – потому что Живого должен хвалить живой. А мертвый Живого – не должен, как сказано: "Не мертвые восхвалять будут Творца". А мы благословим Творца, ибо мы живые, и у нас нет никакой связи со стороной смерти». Хизкия сказал: «"Живущий, живущий, он прославит Тебя, как я ныне"[47] – потому что живой приближается к Живому. И также царь Давид – живой, и он приблизился к Вечно Живому,

---

[45] Писания, Притчи 31:15. «Встает она еще ночью, раздает пищу в доме своем и урок служанкам своим».

[46] Писания, Псалмы, 115:17-18. «Не мертвые восхвалять будут Творца и не нисходящие в преисподнюю, А мы благословлять будем Творца отныне и вовеки. Алелуйа».

[47] Пророки, Йешаяу, 38:19. «Живущий, живущий, он прославит Тебя, как я ныне; отец детям возвестит истину Твою».

а приблизившийся к Вечно Живому, – живой, как сказано: "А вы, прилепившиеся к Творцу Всесильному вашему, живы все вы сегодня"[48]. И сказано: "И Бнайяу, сын Йеояды бен Иш Хай (досл. сын мужа живого), величественный в деяниях, из Кавцеэля"[49]».

---

[48] Тора, Дварим, 4:4. «А вы, прилепившиеся к Творцу Всесильному вашему, живы все вы сегодня».

[49] Пророки, Шмуэль 2, 23:20. «И Бнайяу, сын Йеояды бен Иш Хай, величественный в деяниях, из Кавцеэля. И он сразил двух доблестных воинов Моава, и сошел он, и поразил льва во рву в снежный день».

ГЛАВА ВАИГАШ

И будешь есть и насытишься, и благословишь

53) Сказал вслед за ним тот иудей, провозгласив: «"И будешь есть и насытишься, и благословишь Творца Всесильного твоего"[50]. Разве мы не благословляем Творца до того как едим? Ведь утром мы должны прежде всего вознести хвалу Ему надлежащим образом, прежде чем благословим кого-то другого в мире. И слова: "Не ешьте при крови"[51] – мудрецы истолковали, что запрещено есть прежде, чем человек благословит своего Властелина. Сказано: "И будешь есть и насытишься, и благословишь", из чего следует, что благословлять нужно только после еды».

54) «Однако то, что мы благословляем перед едой, – это благословение в молитве об единстве» ЗОН, «а то, что после еды, – это благословение за пищу». И нужны две вещи:

1. «Показать ступени веры» – т.е. Нукве, «насыщение, как подобает».

2. «И тогда нужно благословить ее, как подобает, чтобы эта ступень веры, как следует напиталась и благословилась, и наполнилась радостью высшей жизни, для того чтобы давать нам пропитание».

55) «Ведь пропитание человека тяжело для Творца, как рассечение Конечного моря (ям суф). И почему? Дело в том, что пропитание мира нисходит свыше» – от Зеир Анпина, от экрана де-хирик в средней линии.[52] «И мы изучали, что "сыновья, жизнь и пропитание, – это то, что зависит не от заслуг, а это зависит от благоволения (мазаль)"[53]. И поэтому тяжело для Него пропитание мира, ведь это вещь, зависящая от благоволения, от которого нисходят сыновья, жизнь и пропитание. И поэтому тяжело для Него пропитание мира, так как Он не обладает им до тех пор, пока не благословляется по этому благоволению».

---

[50] Тора, Дварим, 8:10. «И будешь есть и насытишься, и благословишь Творца Всесильного твоего, за добрую землю, которую Он дал тебе».

[51] Тора, Ваикра, 19:26. «Не ешьте при крови. Не гадайте и не ворожите».

[52] См. Зоар, главу Берешит, часть 1, п. 198.

[53] Вавилонский Талмуд, трактат Моэд катан, лист 28:1. «Сказал Раба: "Жизнь, сыновья и пропитание, – это то, что зависит не от заслуг, а это зависит от благоволения"».

Пояснение сказанного. Сначала Нуква по величине и чистоте своей была, как Зеир Анпин, и была слита с ним со стороны его ахораим. Однако в это время мохин не светили в Нукве из-за недостатка облачения хасадим, и она ничего не передавала нижним.[54] И поэтому Нуква уменьшила себя до точки под Есодом Зеир Анпина, т.е. включилась в экран де-хирик средней линии от хазе и ниже Зеир Анпина, и была отделена как парцуф, отдельный от него. И из-за этого уменьшения у нее самой больше нет никакого света, и она должна получать всё свыше, т.е. от Зеир Анпина.[55]

И поэтому сказано: «Сыновья, жизнь и пропитание, – это то, что зависит не от заслуг»[53]. Ведь в то время, когда Нуква по величине и чистоте своей была, как Зеир Анпин, она не могла давать сыновей, жизнь и пропитание нижним. «А это зависит от благоволения» – т.е. это зависит от Зеир Анпина, Есод которого называется благоволением. То есть Нуква должна включиться в экран де-хирик, который находится в Есоде Зеир Анпина, и тогда ее Хохма облачается в хасадим, и она может давать нижним сыновей, жизнь и пропитание.

И это означает сказанное: «Тяжело пропитание человека для Творца» – т.е. для Нуквы, «как рассечение Конечного моря». «И почему? Дело в том, что пропитание мира нисходит свыше» – т.е. Нуква должна получать свыше, от Зеир Анпина, и в таком случае она должна уменьшиться. И поэтому тяжело для нее пропитание человека – ведь чтобы давать пропитание миру, она уменьшается до состояния, когда у нее самой нет ничего.

И поэтому сказано: «Показать ступени веры насыщение, как подобает»[56], поскольку для этого нужны две вещи:

1. «Благословить ее, как подобает, чтобы эта ступень веры, как следует напиталась и благословилась, и наполнилась радостью высшей жизни, для того чтобы дать нам пропитание», – т.е. притянуть к ней теперь, после того как она уменьшилась, всю жизнь и благо свыше, от Зеир Анпина, чтобы она давала нам пропитание.

---

[54] См. Зоар, главу Берешит, часть 1, п. 111.
[55] См. Зоар, главу Берешит, часть 1, п. 113, со слов: «В состоянии "два великих светила"…».
[56] См. п. 54.

2. «Показать ступени веры, т.е. Нукве, насыщение, как подобает»⁵⁶ – ведь то, что мы показываем себя сытыми, служит ей утешением за уменьшение, которое она совершила ради нас.

56) «И подобно этому, тяжелы для Него супружеские связи в мире, и всё это» – и сыновья, и жизнь, и пропитание, «из-за того, что небосвод-завеса не производит ничего, и уж тем более эти вещи» – сыновей, жизнь и пропитание, «которые находятся наверху, в другом месте, и поэтому она должна благословиться», чтобы получать оттуда.

Объяснение. Небосвод-завеса – это Нуква, у которой после того, как она уменьшилась, нет ничего своего. Поэтому сказано: «И всё это из-за того, что небосвод-завеса не производит ничего» – т.е. она уменьшилась до состояния, когда нет у нее ничего собственного, поэтому мы должны показать себя сытыми, «и уж тем более эти вещи» – сыновей, жизнь и пропитание, «которые находятся наверху, в другом месте, и поэтому она должна благословиться» – и поэтому нужно благословить ее, чтобы она получила от высшего.

57) «Все супружеские связи (зивуги) в мире тяжелы для этой ступени» – Нуквы, «потому что когда происходит зивуг для порождения душ, все души исходят от того благоволения, что наверху, т.е. от реки, которая течет и вытекает» из Эдена – Есода Зеир Анпина. «А когда есть стремление притягивать снизу вверх» – т.е. притягивать свечение Хохмы, которое можно притянуть только снизу вверх,⁵⁷ «то души воспаряют» – к Нукве, «и все они оказываются на одной ступени, состоящие одновременно из захара и некевы». «А после этого Он разделяет их, каждую на подобающее ей место. И затем этой ступени тяжело вновь соединить их как вначале, захара с некевой. Ведь они не соединяются иначе, как согласно пути людей, и всё зависит от того, что свыше.

Объяснение. Нуква сначала была создана большой, как Зеир Анпин, и была слита с его ахораим.⁵⁸ А потом, из-за того что она включилась в экран де-хирик Зеир Анпина, она была отделена как парцуф, отдельный от него. Так же и с душами людей, рождающимися от Нуквы. Сначала, когда они получа-

---

⁵⁷ См. Зоар, главу Берешит, часть 1, п. 50.
⁵⁸ См. выше, п. 55, со слов: «Пояснение сказанного...».

ют от свечения левой линии Нуквы, т.е. свечения Хохмы, все свойства захар и некева душ слиты друг с другом со стороны их ахораим, а затем Нуква светит им экраном де-хирик, и тогда они отделяются друг от друга.

«А когда есть стремление притягивать снизу вверх», – т.е. когда притягивается свечение Хохмы левой линии снизу вверх, «души воспаряют к Нукве, и все они оказываются на одной ступени, состоящие одновременно из захара и некевы», – т.е. они слиты друг с другом со стороны их ахораим, подобно Нукве, которая слита с ахораим Зеир Анпина, когда она в свечении левой линии. «А после этого Он разделяет их», – т.е. вследствие того что она светит им экраном де-хирик, они отделяются друг от друга, как это было у Нуквы.

И известно, что начало свечения экрана де-хирик вызывается силой манулы.[59] И она (Нуква) не способна принять мохин, пока не получит подслащения в Бине и не установится в свойстве мифтеха. «И затем этой ступени тяжело вновь соединить их как вначале, захара с некевой», – поскольку из-за включения в экран манулы они не способны на зивуг. «Ведь они не соединяются иначе, как согласно пути людей» – так как они соединяются в зивуге только после того, как исправляются согласно пути, т.е. после того как получили экран мифтехи, который называется «путь». Ибо тогда – «мать одалживает свои одежды дочери». И то же самое касается захара и некевы человеческих душ.

58) И поэтому тяжело для Него пропитание человека, как рассечение Конечного моря. Ведь рассечение Конечного моря произошло, чтобы раскрыть в нем высшие тропы, и так же как раскрываются в нем тропы и пути, так же оно расступается и раскрывается.

Объяснение. Мы уже знаем, что свечения манулы называются тропами, как сказано: «И тропа Твоя в водах великих»[60], а свечения мифтехи называются путями,[61] как сказано: «Путь

---

[59] См. Зоар, главу Лех леха, п. 22, со слов: «Экран де-хирик, на который выходит средняя линия, происходит от свойства суда, имеющегося в Малхут...»
[60] Писания, Псалмы, 77:20. «В море путь Твой, и тропа Твоя в водах великих, и следы Твои неведомы».
[61] См. Зоар, главу Берешит, часть 1, п. 308.

праведных – как свет сияющий»⁶². И вся трудность в рассечении Конечного моря состояла в том, что в нем было два противоположных действия:

1. Что нужно было утопить египтян, исходящих от ГАР Хохмы левой линии, и это возможно только вследствие раскрытия манулы, называемой «тропа».

2. И нужно было притянуть жизнь и спасение к Исраэлю, исходящих от ВАК Хохмы левой линии, что возможно только вследствие скрытия манулы и раскрытия мифтехи, потому что мохин притягиваются только с помощью мифтехи, называемой «путь».

«И поэтому тяжело для Него пропитание человека, как рассечение Конечного моря. Ведь рассечение Конечного моря произошло, чтобы раскрыть в нем высшие тропы» – т.е. раскрыть свойство манулы с тем, чтобы утопить египтян. И получается, что тропы раскрывались в свойстве манулы для того, чтобы утопить египтян, а пути – в свойстве мифтехи, для Исраэля. «И так же как раскрываются в нем тропы и пути, так же оно расступается и раскрывается» – потому что в рассечении Конечного моря содержатся два противоположных действия, и так же как тропы раскрывались с помощью манулы, а пути – с помощью мифтехи, так же и Конечное море расступалось и раскрывалось, чтобы утопить египтян и спасти Исраэль.

И в этом заключается вся трудность рассечения Конечного моря. И те же два противоположных действия присутствуют и в уменьшении Нуквы с целью дать пропитание нижним. И поэтому пропитание человека так же тяжело, как и рассечение Конечного моря.

59) «И поэтому всё зависит от того, что свыше» – потому что у Нуквы нет ничего своего после ее уменьшения, «и нужно ее благословить и придать крепость свыше, чтобы она благословилась» и стала получать «свыше», от Зеир Анпина, «и укрепилась подобающим образом. Поэтому сказано: "И благословишь (эт) Творца"⁵⁰ – именно "эт"», так как это слово указывает на Нукву, называемую «эт (את)».

---

⁶² Писания, Притчи, 4:18. «Путь праведных – как свет сияющий, который светит всё ярче, пока не наступит день».

60) «И этому месту» – Нукве, «нужно показать насыщение и свечение лика»[63] – поскольку нужны две вещи[63]. «А когда над миром господствует ситра ахра, ей нужно показать голод, так как эта ступень ситры ахра – это голод, и ей следует показывать голод, а не насыщение, ведь из-за нее насыщение не обладает властью в мире. И поэтому сказано: "И будешь есть и насытишься, и благословишь Творца Всесильного твоего"[50]», – потому что во время правления святости есть насыщение в мире. Сказал рабби Эльазар: «Все это так, несомненно, и именно так должно быть» – что насыщение должно раскрываться во время правления святости, а голод – во время правления ситры ахра.

61) Сказал рабби Йегуда: «Счастливы праведники, близость которых» друг к другу «приносит мир в мире, ибо они умеют строить единство и создавать близость, умножая мир в мире. Ведь пока Йосеф и Йегуда не приблизились друг к другу, мира не было, а когда Йосеф и Йегуда сблизились вместе, умножился мир в мире. И умножилась радость наверху и внизу в час, когда сблизились Йосеф и Йегуда, и все колена стали пребывать вместе с Йосефом. И эта близость умножила мир в мире, как мы выяснили в сказанном: "И подошел к нему Йегуда"[64]».

---

[63] См. выше, п. 55, со слов: «И поэтому сказано: "Показать ступени веры насыщение, как подобает"…»

[64] Тора, Берешит, 44:18. «И подошел к нему Йегуда и сказал: "О господин мой! Дай же молвить рабу твоему слово во услышание господина моего, и пусть не воспылает твой гнев на раба твоего, ибо ты как Фараон!"»

ГЛАВА ВАИГАШ

И не мог Йосеф удержаться

62) «И не мог Йосеф удержаться при всех, кто стоял около него»[65]. Сказал рабби Хия: «"Щедро раздает нищим, праведность его пребывает вовек, гордо будет вознесен рог его"[66]. Творец сотворил мир и поставил над ним человека, чтобы он был царем надо всем».

63) «И отделяются от этого человека в мире различные виды. Есть праведники, есть грешники, есть глупцы, есть мудрецы. И все они» – все эти четыре вида, «бывают в мире богатыми и бедными. И все они – чтобы удостоиться и помогать друг другу: чтобы праведники помогали грешникам», возвращая их к раскаянию, «и чтобы мудрецы помогали глупцам, уча их разуму, и чтобы богатые помогали бедным», восполняя недостающее им. «Ибо благодаря этому человек удостаивается жизни вечной и соединяется с Древом жизни». И об этом говорит Писание: «Щедро раздает нищим»[66]. «Но кроме того праведность, достигаемая им, пребывает вовек», – т.е. из нее строится Нуква, которая называется «век». «Как сказано: "Праведность его пребывает вовек"[67]».

64) «Щедро раздает нищим»[66]. Сказал рабби Эльазар: «Когда Творец сотворил мир, он поставил его на одном столпе, и праведник имя его», т.е. Есод, «и этот праведник – это опора мира» – ведь он поддерживает существование Нуквы, называемой «мир». «И это значит, что он поит» – свечением Хохмы, «и питает» – свечением хасадим, «всех, как сказано: "И река, – т.е. Есод, – выходит из Эдена, чтобы орошать сад, а оттуда разделяется"[68]».

65) «"А оттуда разделяется"[68]. Что значит "разделяется"? То есть питание и орошение реки, всё это получает сад» – Нуква,

---

[65] Тора, Берешит, 45:1. «И не мог Йосеф удержаться при всех, кто стоял около него, и закричал: "Выведите от меня всех!" И не стоял никто возле него, когда Йосеф дал себя узнать братьям своим».

[66] Писания, Псалмы, 112:9. «Щедро раздает нищим, праведность его пребывает вовек, гордо будет вознесен рог его».

[67] Писания, Псалмы, 112:3. «Изобилие и богатство в доме его, и праведность его пребывает вовек».

[68] Тора, Берешит, 2:10. «И река выходит из Эдена, чтобы орошать сад, а оттуда разделяется она на четыре главных русла».

«а потом орошение разделяется на четыре стороны мира» – т.е. все жители мира питаются от него, никто не испытает недостатка. «И много их, жаждущих напиться и насытиться оттуда, как сказано: "Глаза всех ждут Тебя, и Ты даешь им пищу их в свое время"[69]».

«И поэтому: "Щедро раздает нищим"[66], – это праведник», т.е. Есод, щедро оделяющий и дающий свое совершенное наполнение из Хохмы и хасадим, наполняющее всех нищих в мире.

«"Праведность его пребывает вовек"[67] – это Кнессет Исраэль», т.е. Нуква, называемая праведностью. «И благодаря тому, что она получает совершенное наполнение» от Есода, «она пребывает в согласии, в совершенном существовании» – т.е. «пребывает вовек».

«"Нечестивый увидит и разгневается"[70], – это царство (малхут) народов-идолопоклонников» – т.е. Малхут ситры ахра, которая завидует в это время святой Малхут.

66) «Царство (малхут) небес» – Нуква Зеир Анпина, «это Святилище, и оно дает поддержку всем бедным под сенью обитания Шхины, а праведник» – Есод Зеир Анпина, «называется собирающим пожертвования, чтобы оказывать милость и давать питание всем» – т.е. всем бедным, пребывающим под сенью Шхины. «Поэтому собирающие пожертвования получают оплату соответственно всем, кто дал им пожертвования» – так как они являются носителями Есода Зеир Анпина, который называется собирающим пожертвования и включает в себя все сфирот выше него.

67) «Сказано: "И не мог Йосеф удержаться при всех, кто стоял около него"[65] – это все, кто должен насытиться и напиться от него». Ведь Есод, называемый Йосеф, не может удержаться, чтобы не дать им их благо.

«"И не стоял никто рядом с ним, когда Йосеф дал узнать себя своим братьям"[65]. "С ним" – это Кнессет Исраэль», т.е. Нуква, и не стоял никто рядом с ней, когда она дала узнать

---

[69] Писания, Псалмы, 145:15. «Глаза всех ждут Тебя, и Ты даешь им пищу их во время свое».
[70] Писания, Псалмы, 112:10. «Нечестивый увидит и разгневается, зубами скрежетать будет и истает. Сгинет вожделение нечестивых!»

себя, – т.е. в момент зивуга, ибо зивуг называется познанием. «"Своим братьям" – это остальные построения и воинства, как сказано: "Ради братьев моих и ближних моих"[71]» – т.е. ради них он совершал зивуг с Нуквой, чтобы дать им их благо. И смысл слов: «Когда Йосеф дал узнать себя» – когда Йосеф совершал зивуг со Шхиной ради братьев своих, потому что «братьям» означает «ради братьев».

«Другое объяснение. "И не стоял никто рядом с ним" означает – в то время, когда Творец явился, чтобы соединиться с Кнессет Исраэль. "Когда Йосеф дал узнать себя своим братьям" означает – в то время, когда Творец соединялся с Исраэлем, "не стоял никто" из народов "рядом с ним"» – в момент Его зивуга с Нуквой. «Потому что только сыны Исраэля получают наполнение» от свечения зивуга, «и у народов-идолопоклонников нет связи с ними». «Поэтому сказано: "А в восьмой день завершение будет у вас"[72] – так как в это время Творец пребывает в единстве только с сынами Исраэля, о которых сказано: "Братья мои и друзья мои"».[73]

68) Рабби Йеса объяснил сказанное: «В то время, когда Творец поднимет Кнессет Исраэль из праха» – т.е. во время избавления, «и захочет свершить Свое возмездие над народами-идолопоклонниками, сказано: "И не было со Мной никого из народов"[74], т.е. как сказано здесь: "И не стоял никто возле него, когда Йосеф дал себя узнать братьям своим"[65]. И как сказано: "И носил их и возвышал во все былые времена"[75]».

Объяснение. Так же как о времени избавления сказано: «И не было со Мной никого из народов»[74], – т.е. нет никакой силы ситры ахра, которая могла бы помешать Ему в этом, так же и слова: «И не стоял никто возле него»[65] означают, что никакая сила ситры ахра не находилась рядом с ним, мешая ему дать узнать себя братьям. И так же сказано: «И носил их, и

---

[71] Писания, Псалмы, 122:8. «Ради братьев моих и ближних моих скажу: мир тебе!»
[72] Тора, Бемидбар, 29:35. «В восьмой день завершение будет у вас, никакой работы не делайте».
[73] См. Зоар, главу Эмор, статью «Шмини Ацерет», п. 288.
[74] Пророки, Йешаяу, 63:3. «Один Я топтал в давильне, и не было со Мной никого из народов, и топтал Я их в гневе Моем, и попирал их в ярости Моей, и брызгала кровь их на одежды Мои, и все одежды Мои запачкал Я».
[75] Пророки, Йешаяу, 63:9. «В каждой беде их Он сострадал (им), и ангел лика Его спасал их, в любви Своей и милосердии Своем Он избавлял их, и носил их и возвышал во все былые времена».

возвышал во все былые времена»⁷⁵ – т.е. вознес Исраэль так высоко, что никакая сила в мире не сможет навредить ему.

69) Сказал рабби Хизкия: «"И не мог Йосеф удержаться"⁶⁵. Это как сказано: "Песнь ступеней. К Тебе поднимаю я глаза мои, Восседающий в небесах"⁷⁶. И сказано: "Поднимаю глаза мои к горам"⁷⁷. "Поднимаю глаза мои к горам" означает – наверх», к Зеир Анпину, «чтобы притянуть благословения сверху вниз», к Нукве, «от высших гор, и горы – это ничто иное, как праотцы», т.е. ХАГАТ Зеир Анпина, «чтобы притянуть от них благословения к Кнессет Исраэль, которая благословляется от них. "К Тебе поднимаю я глаза мои"» – вниз, к Нукве, «уповая и ожидая тех благословений, которые спускаются оттуда» – т.е. от Зеир Анпина, вниз, в Нукву.

70) «"Восседающий в небесах"⁷⁶». Если говорится о Нукве, почему же он говорит «в небесах», ведь это Зеир Анпин? Однако «Восседающий в небесах» он говорит «потому что вся ее мощь, и сила, и пропитание» – Нуквы, «в небесах» – т.е. она получает их от Зеир Анпина, называемого небесами. «Поскольку когда йовель⁷⁸» – т.е. Бина, «открывает источники всех этих ворот» – т.е. изобилие пятидесяти врат Бины, «все они оказываются в небесах» – в Зеир Анпине. «А после того как небеса получают все те света, которые выходят из йовеля, они кормят и поят Кнессет Исраэль» – Нукву, «с помощью одного праведника» – т.е. Есода.

71) «А после того как он» – Есод, «пробуждается для нее, много их – стоящих со всех сторон, чтобы напиться и благословиться оттуда», – т.е. получить от свечения зивуга, «как сказано: "Львы рычат о добыче"⁷⁹. И тогда она поднимается» в зивуг «в тайне тайн, как подобает, и получает услады от своего мужа, как и подобает ей».

«А все те, кто стоят со всех сторон» в ожидании получить от нее, «не более, чем стоят», не поднимаясь вместе с Нуквой, «все равно, что сказать: "И не стоял никто возле него"⁶⁵,

---

⁷⁶ Писания, Псалмы, 123:1. «Песнь ступеней. К Тебе поднимаю я глаза мои, Восседающий в небесах».

⁷⁷ Писания, Псалмы, 121:1. «Песнь ступеней. Поднимаю глаза мои к горам – откуда придет помощь мне?»

⁷⁸ Юбилей, пятидесятый год, год отдыха и свободы для земли и рабов.

⁷⁹ Писания, Псалмы, 104:21. «Львы рычат о добыче, прося у Творца пищи себе».

поскольку сказано: "И закричал: "Выведите от меня всех!"[65] Однако после того как она получила услады от своего мужа», т.е. после зивуга, «все они пьют и насыщаются, как сказано: "Поят всех зверей полевых"[80]».

---

[80] Писания, Псалмы 104:11. «Поят всех зверей полевых, дикие звери утоляют жажду».

ГЛАВА ВАИГАШ

Почему ты причинил зло

72) Заговорил рабби Йоси: «Сказано об Элияу: "И воззвал он к Творцу, и сказал: "Творец Всесильный мой! Неужели и вдове, у которой я живу, Ты причинил зло, умертвив сына ее?"[81] Двое было, упрекавших Творца, – Моше и Элияу. Моше сказал: "Почему Ты причинил зло этому народу?"[82]. А Элияу сказал: "Неужели Ты причинил зло, умертвив сына ее?"[81] И оба они сказали одно и то же».

73) «Моше сказал: "Почему Ты причинил зло?"[82], – поскольку ситре ахра было дано право господствовать над Исраэлем. "Причинил зло" означает: "Ты дал право другой стороне, стороне зла, властвовать над ними"».

«Элияу сказал: "Причинил зло", – т.е. дал ситре ахра позволение забрать его душу. Поэтому он сказал: "Причинил зло". И всё это одно, т.е. "причинил зло" – это предоставление власти ситре ахра, называемой злом».

74) «Элияу сказал: "Неужели и вдове, у которой я живу, Ты причинил зло, умертвив сына ее?"[81] Ведь Творец сказал Элияу: "Вот, Я повелел там женщине вдове кормить тебя"[83]. А всякий, кто кормит и дает пропитание нуждающемуся, в особенности во время голода, соединяется с Древом жизни и держится за него, и гарантирует жизнь себе и сыновьям своим. А теперь? Сказал Элияу: "Каждый, кто дает в мире пропитание душе, удостаивается жизни для себя и удостаивается соединиться с Древом жизни – а теперь Древо смерти, сторона зла, господствует над вдовой, которой Ты повелел кормить меня?!" Поэтому сказал он: "Причинил зло"[81]».

75) «Но ведь человеку не было причинено зло от Творца? И в то время, когда человек идет в правой линии, у него постоянно есть защита Творца, и ситра ахра не может властвовать над ним, и это зло подчиняется ему и не может властвовать. Но

---

[81] Пророки, Мелахим 1, 17:20. «И воззвал он к Творцу, и сказал: "Творец Всесильный мой! Неужели и вдове, у которой я живу, Ты причинил зло, умертвив сына ее?"»

[82] Тора, Шмот, 5:22. «И возвратился Моше к Творцу, и сказал: "Господин мой! Почему Ты причинил зло этому народу, почему Ты послал меня?"»

[83] Пророки, Малахим 1, 17:9. «Встань и пойди в Царефат, что у Цидонян, и живи там; вот, Я повелел там женщине вдове кормить тебя».

если эта защита снимается с него, как только он прилепляется к злу, тогда это зло видит, что у него нет защиты, оно властвует над ним и хочет уничтожить его. И тогда ему дается право, и оно забирает его душу».

76) «Моше сказал: "Почему Ты причинил зло этому народу?"[82] – потому что стороне зла было дано право властвовать над Исраэлем, чтобы он был у нее в рабстве. Другое объяснение. Он сказал: "Почему Ты причинил зло", – потому что увидел многих из Исраэля, которые умерли и были преданы стороне зла».

77) «Когда пробуждается добро, т.е. правая сторона, есть вся радость и всё благо, и все благословения. Но всё это в скрытии, как сказали сыны Яакова: "Благословенно имя величия царства Его во веки веков"[84], – в скрытии. И это, потому что тогда единение – правильное. И отсюда ясно, почему во время единения Йосеф сказал: "Выведите от меня всех!"[65], – потому что единение должно происходить в скрытии».

78) Сказал рабби Хия: «Но Элияу, который, когда он выносил решение, и Творец исполнял, и он вынес решение небесам не опускать росу и дождь, – как же он боялся Изэвели, которая посылала к нему? Как сказано: "Если я завтра в эту же пору не сделаю с твоею жизнью того же, что (сделано) с жизнью каждого из них"[85], и он сразу испугался и убежал, спасая свою жизнь».

79) Сказал ему рабби Йоси: «Праведники не хотят утруждать своего Господина там, где вред очевиден. Как Шмуэль, который сказал: "Как я пойду? Ведь услышит Шауль и убьет меня". И сказал Творец: "Телицу возьмешь ты с собою"[86]. Ведь праведники не хотят утруждать своего Господина там, где есть вред. Так же и Элияу – когда увидел, что есть вред, он не захотел утруждать Господина своего».

---

[84] Благословение из молитвы «Шма Исраэль». «Благословенно имя величия царства Его во веки веков».
[85] Пророки, Мелахим 1, 19:2. «И послала Изэвэль посланца сказать Элияу: "Пусть то-то и то-то сделают со мною боги и даже больше, если я завтра в эту же пору не сделаю с твоею жизнью того же, что (сделано) с жизнью каждого из них"».
[86] Пророки, Шмуэль 1, 16:2. «И сказал Шмуэль: "Как я пойду? Ведь услышит Шауль и убьет меня". И сказал Творец: "Телицу возьмешь ты с собою и скажешь: "Пришел я принести жертву Творцу"».

80) Сказал ему: «Я слышал об этом вот что. Об Элияу не сказано: "Испугавшись (ва-ира וַיִּרָא), встал и пошел, спасая свою жизнь"[87], а сказано: "Увидев (ва-яра וַיַּרְא)", т.е. ему открылось видение. И он увидел, что уже несколько лет преследует его ангел смерти, и он не отдан в руки его. А теперь: "И пошел, спасая свою жизнь (досл. для своей души)", – пошел ради поддержания своей души, т.е. к Древу жизни, чтобы прилепиться там». И ангел смерти больше не будет преследовать его.

81) «Всюду говорится "свою душу", а здесь "для своей души"[87]. Все души в мире исходят из той же реки, которая течет и вытекает, т.е. из Есода Зеир Анпина. И всех их принимает то же средоточие жизни, т.е. Нуква. И когда Нуква беременеет от захара, все они в двойном устремлении – от устремления некевы к захару и от устремления захара к некеве.[88] И когда устремление захара выливается в великое желание, у душ есть большее жизненное наполнение, ведь всё зависит от устремления и желания Древа жизни», т.е. Зеир Анпина. «И Элияу, поскольку он происходил от такого желания захара более других людей, продолжал жить» и не умер.

82) «И сказано поэтому "для своей души", а не "свою душу". Ведь "свою душу (эт нафшо)" – это Нуква, называемая "эт", однако "эль" – это захар. "Для своей души (эль нафшо)" указывает на одного лишь захара. А когда говорится: "А жене (ве-эль а-ишá) сказал Он"[89], – т.е. некеве, это включает захара и некеву, ибо, когда Нуква содержится внутри захара, говорится: "А жене сказал Он". "Жену (эт а-иша)" и "душу (эт нафшо)" – указывает на одну лишь Нукву без соединения с захаром».

«А поскольку Элияу происходит со стороны захара более всех людей в мире, он получил большее жизненное наполнение, чем все люди в мире. И он не умер, как остальные люди в мире, поскольку весь он – от Древа жизни, а не из праха, как остальные люди. И потому он ушел наверх, а не умер, как это

---

[87] Пророки, Мелахим 1, 19:3. «Увидев (это), он встал и пошел, чтобы (спасти) жизнь свою, и пришел в Беэр-Шеву, которая в Иудее, и оставил отрока своего там».
[88] См. Зоар, главу Лех леха, п. 205.
[89] Тора, Берешит 3:16 «Жене сказал Он: "Премного умножу муку твою и беременность твою, в мучении будешь рождать детей. И к мужу твоему вожделение твое, он же будет властвовать над тобой"».

происходит со всеми людьми в мире. Как сказано: "И вознесся Элияу вихрем в небо"⁹⁰».

83) «Сказано: "И вот, появилась колесница огненная и кони огненные, и отделили они их одного от другого; и вознесся Элияу вихрем в небо"⁹⁰ – потому что в этот момент тело отделилось от духа. И он ушел не как остальные люди, а остался святым ангелом, подобно другим высшим святым, и выполняет свою миссию в мире как ангел. Ибо чудеса, которые Творец совершает в мире, делаются через него».

84) «И сказано: "И просил смерти душе своей"⁹¹. До этого сказано: "И пошел, спасая свою жизнь (досл. для своей души)"⁸⁷, – что говорит о жизни. А здесь сказано: "Смерти душе своей", – что указывает на Древо, в котором пребывает смерть, т.е. на Нукву. Как сказано: "Ноги ее нисходят к смерти"⁹². И там раскрывается ему Творец, как сказано: "И сказал: "Выйди и стань на горе пред Творцом"⁹³. И как сказано далее: "И после землетрясения – огонь; ... и после огня – голос тонкой тишины"⁹⁴, – это самое глубокое место внутри, из которого исходят все света».

85) «Сказано: "И было, когда услышал Элияу... И сказал он: "Весьма возревновал я о Творце"⁹⁵. Сказал ему Творец: "Доколе ты будешь ревновать обо Мне? Ты закрыл дверь, чтобы смерть больше никогда не властвовала над тобой, и мир не

---

⁹⁰ Пророки, Мелахим 2, 2:11. «И было, когда они шли, идя и разговаривая, вот, (появилась) колесница огненная и кони огненные, и отделили они их одного от другого; и вознесся Элияу вихрем в небо».

⁹¹ Пророки, Мелахим 1, 19:4. «И ушел он в пустыню на день пути и, придя, сел под (кустом) дрока, и просил смерти душе своей, и сказал: "Довольно – теперь, Творец, возьми душу мою, ибо я не лучше отцов моих"».

⁹² Писания, Притчи, 5:5. «Ноги ее нисходят к смерти, на преисподнюю опираются стопы ее».

⁹³ Пророки, Мелахим 1, 19:11. «И сказал: "Выйди и стань на горе пред Творцом". И вот, Творец проходит; и большой и сильный ветер, раздирающий горы и сокрушающий скалы пред Творцом; "Не в ветре Творец". После ветра – землетрясение; "Не в землетрясении Творец"».

⁹⁴ Пророки, Мелахим 1, 19:12 «И после землетрясения – огонь; "Не в огне Творец". И после огня – голос тонкой тишины».

⁹⁵ Пророки, Мелахим 1, 19:13-14 «И было, когда услышал (это) Элияу, покрыл он лицо свое плащом, своим и вышел, и стал у входа в пещеру. И вот, голос к нему, и сказал: "Что тебе (нужно) здесь, Элияу?" И сказал он: "Весьма возревновал я о Творце Всесильном воинств, потому что оставили завет Твой сыны Исраэля, жертвенники Твои разрушили и пророков Твоих убили мечом; и остался я один, но и моей души искали они, чтобы отнять ее"».

может терпеть, чтобы ты находился вместе с сынами моими, ибо ты обвиняешь их". Сказал он ему: "Потому что оставили завет Твой сыны Исраэля"[95]. Сказал Он ему: "Клянусь, что ты будешь присутствовать всюду, где люди будут соблюдать святой завет"» – т.е. будут совершать обрезание.[96]

86) «Посмотри, к чему привело то, что сказал Элияу, как сказано: "И оставлю Я среди Исраэля семь тысяч"[97]. Сказал ему Творец: "Начиная с этого момента, мир не сможет терпеть тебя рядом с моими сынами, ибо ты будешь обвинять их. "Элишу же, сына Шафата, …помажешь в пророки вместо себя"[98], – чтобы был другой пророк сынам Моим, а ты уйдешь в место свое"».

87) «Над человеком, ревнующем о Творце, ангел смерти не властен, как над другими людьми, и будет с ним мир (шалом), как сказано в главе Пинхас: "Вот Я даю ему Мой завет мира"[99]».

---

[96] См. «Предисловие книги Зоар», п. 225.
[97] Пророки, Мелахим 1, 19:18. «И оставлю Я среди Исраэля семь тысяч: всех, чьи колени не преклонялись пред Баалом, и всех, чьи уста не целовали его».
[98] Пророки, Мелахим 1, 19:16 «А Йеу, сына Нимши, помажешь на царство в Исраэле, Элишу же, сына Шафата, из Авель-Мехолы, помажешь в пророки вместо себя».
[99] Тора, Бемидбар, 25:12 «Потому скажи: Вот Я даю ему Мой завет, (завет) мира».

ГЛАВА ВАИГАШ

И пал он на шею Биньямину, брату своему, и плакал

88) «И пал он (Йосеф) на шею Биньямину, брату своему, и плакал»[100]. Он плакал о первом Храме и о втором Храме, который выстроят в уделе Биньямина и разрушат.

89) Сказано: «Шея твоя подобна башне Давида, что возносится в великолепии. Тысяча щитов висит на ней, все щиты героев»[101]. Башня Давида находится в Иерушалаиме. Разумеется, Давид построил ее, и она стоит внутри Иерушалаима. Но «подобна башне Давида», как сказано в Писании, это не та башня, а высший Иерушалаим, т.е. Нуква. Сказано о ней: «Крепкая башня – имя Творца: в нее бежит праведник, и возвышается»[102]. Слово «возвышается» указывает на праведника или на башню? Башня возвышается, потому что в нее бежит праведник, т.е. Есод.

90) «Шея твоя» – это нижний Храм, подобный башне Давида, Нукве. И называется он так потому, что исправлен в красоте, подобно тому как шея – это краса тела, так и Храм – это краса всего мира.

91) «Возносится в великолепии (ле-тальпиёт לְתַלְפִּיּוֹת)» означает – холм (תֵּל), на который смотрят все жители мира, чтобы восславлять и молиться. Слово «тальпиёт (תַלְפִּיּוֹת великолепие)» разделяется по буквам на «тель-пиёт (תל פיות холм-уста): холм, к которому все уста мира обращают хвалы и молитвы.

92) «Тысяча щитов висит на ней» – это тысяча исправлений, осуществленных в ней, т.е. свечение Хохмы, на которое указывает число «тысяча». «Все щиты героев» – все они происходят со стороны сурового суда и потому называются героями. Свечение Хохмы исходит из Бины, которая вновь

---

[100] Тора, Берешит, 45:14. «И пал он на шею Биньямину, брату своему, и плакал, и Биньямин плакал на шее его».

[101] Писания, Песнь песней, 4:4. «Шея твоя подобна башне Давида, что возносится в великолепии. Тысяча щитов висит на ней, все щиты героев».

[102] Писания, Мишлей, 18:10. «Крепкая башня – имя Творца: в нее бежит праведник, и возвышается».

стала Хохмой, и из ее левой линии, называемой Ицхак, и это суровый суд.[103]

93) И так же как от шеи зависят все женские исправления, так и все исправления мира зависят от Храма и пребывают в нем. Мы уже изучали, что сказанное: «В шею гнали нас»[104] означает – из Храма, называемого шеей и красотой всего мира, нас изгнали, «старались мы – не было позволено нам»[104] – означает, что мы дважды старались выстроить его, т.е. первый и второй Храм, «не было позволено нам», поскольку не оставили нас в покое, и они были разрушены и не отстроились потом.

94) Когда повреждается шея, вместе с ней повреждается всё тело. Так же и Храм: когда он разрушается и покрывается мраком, покрывается мраком и весь мир, и не светят ни солнце, ни небеса, ни земля и не звезды.

95) Потому и плакал Йосеф об этом, т.е. о двух разрушенных Храмах. А после плача об этом, плакал об изгнанных коленах. Ведь когда был разрушен Храм, тотчас были изгнаны все колена и рассеялись среди народов. И сказано: «Целовал он всех братьев своих и плакал над ними»[105] – конечно, «над ними», над тем, что они изгнаны.

96) Над всем этим он плакал: над Храмом, разрушенным дважды, и над своими братьями, – т.е. над десятью коленами, которые вышли в изгнание и рассеялись среди народов. «А затем заговорили с ним братья его»[105] – и не сказано о них «заплакали». Ведь он плакал потому, что проявился над ним дух святости, и он увидел всё это. А они не плакали, так как не пребывал над ними дух святости, и они не видели этого.

---

[103] См.Зоар, главу Ваешев, п. 20.
[104] Писания, Эйха, 5:5. «В шею гнали нас, старались мы – не было позволено нам».
[105] Тора, Берешит, 45:15. «И целовал он всех братьев своих, и плакал над ними. Потом говорили с ним братья его».

ГЛАВА ВАИГАШ

И услышана была молва в доме Фараона

97) «И услышана была молва в доме Фараона»[106]. Сказано: «Тоскует и изнывает душа моя по дворам Создателя, сердце мое и плоть моя поют Творцу живому»[107]. Каждый человек, возносящий молитву пред своим Владыкой, должен каждый день сначала благословить Его, и тогда возносить свою молитву в надлежащее время.

98) Утром он должен объединиться с правой стороной Творца – с Хеседом. Во время послеполуденной молитвы (минха) должен объединиться с левой стороной Творца. И человеку требуется молитва и просьба каждый день, чтобы объединяться с Творцом. Кто возносит молитву пред своим Владыкой, не должен издавать го́лоса во время молитвы. Если же человек издает голос во время молитвы, то молитва его не принимается.

99) Дело в том, что молитва – это неслышный голос, потому что голос, который слышен, это не молитва. Что же такое молитва? Это другой голос, который зависит от голоса, который слышен. Что же такое слышимый голос? Это голос (коль קל) с «вав ו». А голос, который зависит от него, от слышимого голоса, это голос (коль קל) без «вав».

Объяснение. Неслышный голос – это хасадим, укрытые от свечения Хохмы, голос Бины. А слышимый голос – это хасадим, раскрытые в свечении Хохмы, Зеир Анпин, в котором от хазе и ниже раскрывается Хохма.[108] Однако есть еще один неслышный голос – Нуква, в то время, когда она является Хохмой без хасадим, и Хохма не может светить без хасадим. И называется она «молитва, произносимая шепотом»[109], а также называется голосом (коль קל) без «вав». «Вав ו» – это Зеир Анпин, который дает ей хасадим, и тогда она слышна. Когда же ей недостает

---

[106] Тора, Берешит, 45:16. «И услышана была молва в доме Фараона, что пришли братья Йосефа, и показалось это приятным Фараону и рабам его».

[107] Писания, Псалмы, 84:3. «Тоскует и изнывает душа моя по дворам Создателя, сердце мое и плоть моя поют Творцу живому».

[108] См. Зоар, главу Берешит, часть 2, статью «Голос и речь», пп. 237-238.

[109] См. Зоар, главу Хаей Сара, статью «Молитва, вопль, плач», п. 232, со слов: «Объяснение. От трех корней проистекают все суды и страдания в мире...»

«вав ו», т.е. Зеир Анпина, тогда она лишена хасадим и не слышна, т.е. не совершает отдачу вне себя.

И потому сказано, что молитва – это неслышный голос, потому что это Хохма без хасадим, которая не слышна. И что же такое «молитва»? Это другой голос, зависящий от голоса, который слышен, и она должна получить хасадим от Зеир Анпина, т.е. голоса, который слышен, и тогда Хохма в ней облачается в хасадим, и она слышна. И что же это – голос, который слышен? Это голос (коль קול) с «вав ו» – Зеир Анпин. А голос, который зависит от слышащегося голоса, зависит от его зивуга – это голос (коль קל) без «вав», т.е. Нуква, которой недостает хасадим.

100) И потому во время своей молитвы человек не должен издавать голос, а должен молиться шепотом, неслышным голосом, как и в Нукве, которая называется молитвой. Посредством нашей молитвы мы объединяем неслышный голос с Зеир Анпином, слышимым голосом. Такая молитва принимается всегда, поскольку тогда она в наибольшей мере устремлена на зивуг с Зеир Анпином. И об этом сказано: «И услышана была молва»[106] – был услышан голос без «вав», т.е. молитва шепотом, которая принимается. Как сказано: «Ханна же говорила в сердце своем: только губы ее шевелились, голоса же ее не было слышно»[110]. Такую молитву Творец принимает, когда она возносима с желанием и намерением, исправленная должным образом, и когда человек приводит к единству своего Владыки каждый день как подобает.

101) Скрытый голос (коль קול) – это голос высшего, голос в Бине, откуда происходят все голоса, и это первый вид голоса, который неслышен. Но голос (коль קל) без «вав» – это молитва внизу, Нуква, второй вид голоса, который неслышен, и он должен подняться к «вав ו», т.е. к Зеир Анпину, и соединиться с ним, чтобы получить от него хасадим.

102) Голос (коль קל) без «вав» – это Нуква, когда она отделяется от Зеир Анпина, и это тот голос, который плачет над первым Храмом и над вторым Храмом, как сказано: «Слышится

---

[110] Пророки, Шмуэль, 1, 1:13. «Ханна же говорила в сердце своем: только губы ее шевелились, голоса же ее не было слышно».

голос в Раме»¹¹¹. Что значит «в Раме (досл. в вышине)»? Это высший мир, будущий мир, т.е. Бина. И пусть будет зна́ком для тебя: от Рамы до Бэйт-Эля (досл. дома Творца), что означает «от мира до мира»¹¹² – от Бины, которая зовется Рамой (вышиной) и это высший мир, до Малхут, которая зовется Бэйт-Элем (домом Творца) и это нижний мир. Так и здесь: «Рама (вышина)» – это высший мир, Бина. Ибо в час, когда он послышался в Раме (вышине), тогда сказано: «И призвал Творец, Всесильный воинств, в тот день плакать, и сетовать…»¹¹³

Пояснение сказанного. Известно, что в начале зивуга ЗОН должно быть согласие, когда Зеир Анпин привлекает к ней (Нукве) свечение Хохмы от левой линии Бины, и благодаря этому Нуква приходит к согласию, чтобы совершить с ним зивуг.¹¹⁴ Это привлечение осуществляется посредством их подъема в Бину, когда Зеир Анпин облачает ее правую линию, т.е. хасадим, а Нуква облачает ее левую линию, т.е. свечение Хохмы.

И в этом есть много исправлений:

1. (Нуква) приходит к согласию с ним, так как он привлекает к ней свечение левой линии от Бины, являющееся ее собственным свойством, – т.е. Хохму.

2. Когда она облачает левую линию Бины, там пробуждаются грозные суды, содержащиеся в этой левой линии. Они перекрывают все ее света, и она становится как жгучий огонь, вследствие чего в ней пробуждается сильное стремление совершить зивуг с Зеир Анпином и получить от него хасадим, чтобы облачить свое свечение левой линии.

3. Из-за суровых судов она оставляет ГАР свечения левой линии и принимает только ВАК свечения левой линии.

«И услышана была молва»¹⁰⁶ – это голос (коль קל) без «вав», т.е. в момент подъема Нуквы к левой линии Бины, когда она расстается с Зеир Анпином, который называется «вав ו». Ибо

---

¹¹¹ Пророки, Йермияу, 31:14. «Так сказал Творец: "Слышится голос в Раме, вопль (и) горькое рыдание: Рахель оплакивает сыновей своих; не хочет она утешиться из-за детей своих, ибо не стало их (досл. его)"».

¹¹² Писания, Псалмы, 106:48. «Благословен Творец Всесильный Исраэля, от века и до века (досл. от мира до мира)! И скажет весь народ: "Амен! Аллелуйа!"»

¹¹³ Пророки, Йешаяу, 22:12. «И призвал Творец, Всесильный воинств, в тот день плакать и сетовать, и рвать волосы, и препоясаться вретищем».

¹¹⁴ См. Зоар, главу Берешит, часть 2, п. 215, со слов: «Внутренний смысл сказанного…», а также п. 213, со слов: «Пояснение сказанного…»

Зеир Анпин целиком относится к правой линии Бины, а Нуква целиком относится к левой линии Бины, и они крайне далеки друг от друга. «И это тот голос, который плачет над первым Храмом и над вторым Храмом» – поскольку при облачении левой линии Бины, там пробуждаются все суды, пока не перекрываются все света, и это, как мы уже сказали, во время второго исправления, совершаемого для пробуждения зивуга. И тогда: «Река пересохнет и станет безводной»[115]. «Пересохнет» – при первом Храме, т.е. в Бине, в ее ЗАТ, «и станет безводной» – при втором Храме, т.е в Нукве. И она плачет над двумя этими разрушениями.

«Слышится голос в Раме»[111]. «Голос» – это Нуква, которая поднялась и слышна в Бине, зовущейся Рама, как было сказано: «Что значит "в Раме (досл. в вышине)"? Это высший мир». «В Раме (вышине)» – это значит, что Нуква облачает левую линию Бины. «Тогда сказано: "И призвал Творец, Всесильный воинств, в тот день плакать, и сетовать..."[113]» – что вызвано пробуждением больших судов, которые там находятся. И они перекрывают все ее света, и это – второе исправление. И тогда: «Река пересохнет и станет безводной»[115] – т.е. разрушаются два Храма.

103) «И услышана была молва»[106] – т.е. услышана высоко-высоко, когда Нуква поднялась наверх, к левой линии Бины, и тогда разрушаются два Храма. И разрушаются они потому, что «вав ו», т.е. Зеир Анпин, удалился и ушел от Нуквы, так как он облачает правую линию Бины, а Нуква – левую линию Бины, и они крайне отдалились друг от друга. И тогда: «Рахель оплакивает сыновей своих; не хочет она утешиться из-за детей своих, ибо не стало их (досл. его)»[111] – потому что перекрылись все ее света, и нечего ей дать сыновьям, и потому они ушли в изгнание.

Сказано в Писании: «Ибо не стало его»[111], хотя следовало бы сказать: «Ибо не стало их», во множественном числе. Однако же «не стало его» означает, что муж ее – не с нею, и если бы ее муж, Зеир Анпин, был с ней, она утешилась бы по сыновьям, поскольку тогда открылись бы ее света, и сыновья ее не были бы в изгнании. Но поскольку его нет, она не утешается

---

[115] Пророки, Йешаяу, 19:5. «И высохнут воды моря, и река пересохнет и станет безводной».

по своим сыновьям – ведь сыновья удалились от нее, потому что муж ее не с нею.

104) «В доме Фараона (паро́ פַרְעֹה)» – это указание на Бину, т.е. дом, из которого скрываются (митпари́м מתפערים) и раскрываются все света и все свечи, т.е. сфирот Нуквы, называемые свечами. И всё, что было перекрыто, раскрывается оттуда. И поэтому Бина называется домом Фараона.

И сказанное: «И услышана была молва в доме Фараона»[106] означает, что Нуква поднялась к левой линии Бины, и тогда все суды пробуждаются там над ней. И это – второе исправление, необходимое для пробуждения зивуга.[116] Поэтому Творец извлекает все света и все свечи, чтобы светить этому голосу, который зовется голосом (коль קֹל) без «вав», т.е. Нукве. И потому, когда пробудились над ней суды левой линии, в ней усилилось стремление к зивугу, и она совершила зивуг с Зеир Анпином, и он дал ей все света и все свечи.

105) Когда Творец возведет этот голос, т.е. Нукву, из праха, и она соединится с «вав ו», т.е. с Зеир Анпином, тогда всё, что было утрачено Исраэлем во время изгнания, вернется к ним. И усладятся они высшими светами, добавленными им из высшего мира, как сказано: «И будет в тот день: вострубят в великий шофар, и придут пропавшие в земле ашурской и заброшенные в землю египетскую, и будут они поклоняться Творцу на горе святой в Йерушалаиме»[117].

---

[116] См. выше, п. 102, со слов: «И в этом есть много исправлений…»
[117] Пророки, Йешаяу, 27:13. «И будет в тот день: вострубят в великий шофар, и придут пропавшие в земле ашурской и заброшенные в землю египетскую, и будут они поклоняться Творцу на горе святой в Йерушалаиме».

ГЛАВА ВАИГАШ

Возьмите себе повозки для детей ваших

106) «Тебе же повелеваю, сделайте вот что: возьмите себе из земли египетской повозки для детей ваших»[118]. Сказано: «Веселитесь с Йерушалаимом и радуйтесь ему, все любящие его! Возрадуйтесь с ним радостью»[119]. Но когда был разрушен Храм, и прегрешения привели к тому, что были изгнаны Исраэль из земли, удалился Творец в выси небесные, и не взирал на руины святого Храма и на народ свой в изгнании, и Шхина тогда находилась в изгнании вместе с ними.

107) Когда, спустившись, окинул Он взором Храм Свой, – и вот сожжен он. Посмотрел на народ свой, – и вот он в изгнании. Спросил о Госпоже, т.е. о Шхине, – и она изгнана. Тогда: «И призвал Творец, Всесильный воинств, в тот день плакать и сетовать, и рвать волосы, и препоясаться вретищем»[113]. А о Шхине сказано: «Плачь как дева, препоясанная вретищем, о суженом юности своей»[120]. Как сказано: «Ибо не стало его»[111]. Так и суженого ее – «не стало его», потому что удалился Он от нее, и наступила разлука.

108) И даже небо и земля полностью омрачились скорбью, как сказано: «Облачу Я мраком небеса и вретище сделаю покровом их»[121]. Все высшие ангелы безутешно сокрушались о ней, как сказано: «Вот сильные их кричат на улицах, вестники мира горько плачут»[122]. Солнце и луна находились в скорби и омрачились света их, как сказано: «Солнце померкнет при восходе своем»[123]. И все высшие и нижние проливали слезы

---

[118] Тора, Берешит, 45:19. «Тебе же повелеваю, сделайте вот что: возьмите себе из земли египетской повозки для детей ваших и для ваших жен, и возьмите отца вашего и приходите»

[119] Пророки, Йешаяу, 66:10. «Веселитесь с Йерушалаимом и радуйтесь ему, все любящие его! Возрадуйтесь с ним радостью, все скорбящие о нем».

[120] Пророки, Йоэль, 1:8. «Плачь, как дева, препоясанная вретищем, о суженом юности своей».

[121] Пророки, Йешаяу, 50:3. «Облачу Я небеса мраком и вретище сделаю покровом их».

[122] Пророки, Йешаяу, 33:7. «Вот сильные их кричат на улицах, вестники мира горько плачут».

[123] Пророки, Йешаяу, 13:10. «Ибо звезды небесные и созвездия их не засияют светом своим, солнце померкнет при восходе своем, и луна не засветится светом своим».

по ней, скорбя, потому что ситра ахра властвовала над ней, властвовала над святой землей.

109) «И ты, сын человеческий, так сказал Творец: "И земле Исраэля – конец! Пришел конец на четыре края земли"»[124]. Конец правой, конец левой. Левой, как сказано: «Положил конец тьме и всякий предел Он обследует»[125]. И это – «конец всякой плоти».

110) Конец правой – это как сказано: «И земле Исраэля – конец!» «Пришел конец на четыре края земли» – это конец левой. Конец правой – это конец доброго начала. Конец левой – это конец злого начала. И вот когда грехи всё усиливались, был вынесен приговор о передаче правления царству зла, чтобы властвовать и разрушить Храм и Святилище Его. И сказано: «Так сказал Творец: "Беда, одна беда, вот приходит"»[126]. И все это – одно.

Объяснение. Левая – это беда, несущая суды и наказания. А конец левой – это вторая беда, злое начало, Сатан и ангел смерти. И поэтому сказано: «Так сказал Владыка Творец: "Беда, одна беда, вот приходит"»[126] – и две эти беды стали одной, потому что соединились друг с другом.

111) Поэтому высшие и нижние скорбят о том, что власть передана этому концу левой. Ибо поскольку Малхут святости, небесная Малхут, унижена, а Малхут (царство) зла усилилась, необходимо каждому человеку пребывать в скорби вместе с Малхут святости и быть униженным вместе с ней. А вследствие этого, когда встанет Малхут святости и в мире воцарится радость, возрадуется и он вместе с ней, как сказано: «Возрадуйтесь с ней радостью все, скорбящие о ней»[119].

112) Сказано об Египте: «Египет – красавица-телица»[127]. И эта телица (эгла עֶגְלָה) – под ее управлением находились Исраэль двести десять лет своего пребывания в Египте. И посколь-

---

[124] Пророки, Йехезкель, 7:2. «И ты, сын человеческий, – так сказал Творец, – и земле Исраэля – конец! Пришел конец на четыре края земли. Теперь конец тебе».
[125] Писания, Иов, 28:3. «Положил конец тьме, и всякий предел Он обследует – камня тьмы и тени смертной».
[126] Пророки, Йехезкель, 7:5. «Так сказал Творец: "Беда, одна беда, вот приходит"».
[127] Пророки, Йермияу, 46:20. «Египет – красавица-телица, но идет, идет заклание с севера».

ку в будущем Исраэлю предстоит властвовать над ней, то им на это косвенно указывается в выражении: «Возьмите себе из земли египетской повозки (агалот עֲגָלוֹת)».

Пояснение сказанного. Египетская клипа – это притяжение Хохмы сверху вниз из левой линии, как в прегрешении с Древом познания. Ибо келим и искры, в которые привнес изъян Адам Ришон своим нарушением завета о Древе познания, упали в удел египтян.[128] Сказано: «Возьмите себе из земли египетской повозки»[118], – чтобы они приняли колесницы от земли Египта для привлечения мохин. И как возможно такое, чтобы пользовались колена и Яаков колесницами земли Египта, являющимися колесницами (меркавот) нечистоты?

Но суровые суды, довлеющие в час свечения левой линии, от них – разрушение святого Храма и изгнание Исраэля, и изгнание Шхины. Как сказано: «Призвал Творец, Всесильный воинств, в тот день плакать и сетовать, и рвать волосы»[113]. И это имеет место в каждом зивуге, и также в общих зивугах – изгнания и избавления. И во время власти левой отдана сила ситре ахра (иной стороне) властвовать над Исраэлем и разрушить Храм и Святилище Его, и посредством этого уготован полный зивуг в час избавления в совершенстве трех этих исправлений.

Ибо частные зивуги и общие зивуги по своей последовательности совпадают друг с другом, и каждому человеку необходимо находиться в скорби вместе с Малхут святости и быть приниженным вместе с ней, потому что не может человек получить совершенный свет зивуга ЗОН, если он не включен в Нукву в час, когда пробуждаются над ней суровые суды левой линии, и тогда он скорбит с ней и унижен вместе с ней. Ибо посредством этого и он получает те же три исправления, которые делают его способным включиться в свечение этого зивуга.

И основное из них – это третье исправление: оставить ГАР левой линии, чтобы не притягивать свет Хохмы сверху вниз, но только снизу вверх, что является лишь свойством ВАК. А вследствие этого, когда встанет Малхут святости и в мире воцарится радость, возрадуется и он вместе с ней, чтобы он

---

[128] См. Зоар, главу Лех леха, п. 108, со слов: «Объяснение. Здесь содержатся два понятия...», а также п. 117, со слов: «В этих словах заключен необычайно глубокий смысл...»

мог, включившись, получить от совершенства этого зивуга, как сказано: «Возрадуйтесь с ней радостью все, скорбящие о ней»¹¹⁹. И это означает, что все, кто соединился с Нуквой во время пробуждения над ней суровых судов, скорбит о ней и унижен вместе с ней, возрадуется вместе с ней, когда состоится полный зивуг. Но если он не скорбел о ней, потому что не был соединен с ней во время пробуждения суровых судов, он не сможет порадоваться с ней и получить наполнение от свечения ее совершенного зивуга, так как он не защищен от того, чтобы не притянуть ГАР левой линии, и тогда снова усилится власть ситры ахра над святостью. И поэтому уточняет Писание: «Возрадуйтесь с ней радостью все, скорбящие о ней»¹¹⁹ – так как скорбящий с ней несомненно притянет меру ВАК де-ГАР, как положено.

И с помощью этого мы можем понять сказанное: «Тебе же повелеваю, сделайте вот что: возьмите себе из земли египетской повозки»¹¹⁸. И говорится, что сказано о Египте: «Египет – красавица-телица»¹²⁷. Объяснение. Известно, что Египет – это Хохма клипы, и есть в ней четыре ступени, ХУБ ТУМ, называемые «бык», «корова», «теленок» и «телица», и выяснено от нее в святости только их ВАК, т.е. в подъеме снизу вверх, и это свет Малхут, называемый «телица». И это смысл слов: «Возрадуйтесь с ней радостью все, скорбящие о ней»¹¹⁹. И поэтому не говорит Писание «красавец-бык» или «красавица-корова», а только «красавица-телица», поскольку из них выявляется лишь только свойство «телица».

И это означают слова: «И эта телица (эгла עֶגְלָה) – под ее управлением находились Исраэль двести десять лет своего пребывания в Египте» – т.е. только для того, чтобы выявить это свойство «телица», означающее ВАК левой линии, находились Исраэль под властью египетской клипы в разные времена и долгие годы. Ибо более этой меры, называемой «телица (эгла עֶגְלָה)», запрещено брать из Египта. «И поскольку в будущем Исраэлю предстоит властвовать над ней» – т.е. в час свечения этого зивуга обретут Исраэль в будущем власть над этой телицей, т.е. получат ВАК Хохмы, «то им на это косвенно указывается в выражении: "Возьмите себе из земли египетской повозки (агалот עֲגָלוֹת)"» – чтобы указать им на эту меру «телица (эгла עֶגְלָה)».

113) Йосеф косвенно намекнул Яакову на «телицу с прорубленным затылком»[129], ибо как раз, когда они занимались выяснением этого раздела, «телица с прорубленным затылком»[129], он разлучился с ним (с Йосефом). «Телица с прорубленным затылком»[129] берется, когда находят убитого и не известно, кто его убил. Чтобы не властвовали над землей злые духи, если желают избавиться от них, отдают эту телицу для исправления, дабы они не узнали его и не властвовали над землей.

114) Все люди лишаются жизни ангелом смерти. Кроме того случая, когда опередили его люди, убив кого-то прежде, чем пришло время ангела смерти властвовать над ним и получить право забрать его душу. Ибо он не властвует над человеком, пока не получает разрешения свыше.

115) И поэтому есть у него право, у этого ангела смерти, властвовать над ним по закону, как сказано: «Не известно, кто убил его»[130]. И есть у него также право, когда «не известно, кто убил его», обвинить это место, Нукву, и поэтому «и возьмут старейшины того города телицу из стада»[131] для того, чтобы отвести суд от этого места, чтобы быть ему исправленным, дабы не властвовал над ним обвинитель, и оно будет спасено от него.

Объяснение. Два вида суда содержатся в сказанном «не известно, кто убил его»:
1. Сила сокращения поднялась в Малхут, и ушли из Нуквы света ГАР, являющиеся светом жизни;
2. Даже если исправят ее, и этот ГАР вернется к Нукве, есть еще сила у ситры ахра выдвигать против нее обвинения, перекрывая ее света с помощью своего удержания в этих ГАР.

И поэтому есть у него, у ангела смерти, право властвовать, в силу этого закона, над Нуквой, из-за того, что ушли от нее света де-ГАР. И это относится к первому виду суда. А есть у него

---

[129] См. Тора, Дварим, 21:1-9, раздел в главе Шофтим, в котором рассматривается вопрос, как нужно поступать в случае невыясненного убийства.

[130] Тора, Дварим, 21:1-2. «Если будет найден убитый на земле, которую Творец Всесильный твой, дает тебе для владения ею, павший в поле, – не известно, кто убил его. То выйдут твои старейшины и твои судьи и измерят расстояние до городов, которые вокруг убитого».

[131] Тора, Дварим, 21:3-4. «И будет город, ближайший к убитому, — и возьмут старейшины того города телицу из стада, на которой еще не работали, которая еще не ходила в ярме. И приведут старейшины того города телицу в долину скалистую, которая не обрабатывается и не засевается, и прорубят там затылок телице, в долине».

также право, когда «не известно, кто убил его», для обвинения этого места, Нуквы, и это второй вид суда: если исправят ее, и ГАР вернутся к ней, он сможет перекрыть ее света. Поэтому она нуждается в двух исправлениях:

1. Отвести суд этого сокращения от нее и исправить ее так, чтобы ГАР вернулись к ней. И это является исправлением для первого вида суда. Оно производится тем, что приводят телицу.

2. Исправить ее так, чтобы не властвовал над ней обвинитель, сократив ее на ГАР де-ГАР, и тем самым устраняется удержание ситры ахра, преграждающей ее света. И это – исправление второго вида суда, производимое посредством прорубания затылка телице.

116) Йосеф, когда был разлучен со своим отцом, был брошен без сопровождения и без еды, и произошло то, что произошло. И когда сказал Яаков: «Безжалостно растерзан Йосеф!»[132], сказал: «"Вот сойду я к сыну моему от горя в могилу"[133], ибо я был причиной того, что он умер, послав его без сопровождения. И не могу я сказать, что не по нашей вине пролита эта кровь, как в случае с прорубанием затылка телице (эгла עֶגְלָה)» – т.е. «что не оставили мы его без сопровождения». И еще: «Знал я, что братья его ненавидят его, но всё же послал его к ним». И Йосеф косвенно намекнул ему на всё это тем, что послал повозки (агалот עֲגָלוֹת).

117) И эти повозки по слову Фараона он послал им. Как сказано: «И дал им Йосеф повозки по слову Фараона»[134]. И почему говорится, что Йосеф косвенно намекнул ему тем, что послал повозки? Ибо сказано: «Тебе же повелеваю»[118] – не нужно было говорить «тебе же повелеваю», ибо уже «сказал Фараон Йосефу: "Скажи своим братьям"»[135]. Но «тебе же повелеваю (досл. велено)» – сказал именно так. И поэтому сказано: «Веле-

---

[132] Тора, Берешит, 37:33. «И он узнал ее, и сказал: "Это одежда сына моего, зверь лютый истерзал его, безжалостно растерзан Йосеф!"»

[133] Тора, Берешит, 37:35. «И поднялись все его сыновья и дочери, чтобы утешить его, но он не хотел утешиться и сказал: "Вот сойду к сыну моему от горя в могилу". И оплакивал его отец его».

[134] Тора, Берешит, 45:21. «И сделали так сыны Исраэля, и дал им Йосеф повозки по слову Фараона, и дал он им провизию на дорогу».

[135] Тора, Берешит, 45:17. «И сказал Фараон Йосефу: "Скажи своим братьям: "Вот что делайте: навьючьте ваш скот и идите в землю Кнаан"».

но (цуве́та צִוְיָתָה)», с «хэй ה» в конце слова, чтобы указать, что это было именно так. И это учит нас тому, что Йосеф требовал от него, чтобы дал ему повозки. И поэтому: «И дал им Йосеф повозки по слову Фараона»[134] – ибо Йосеф давал их, но просил он у Фараона. А зачем он требовал повозки у Фараона? Затем, что хотел намекнуть своему отцу на «телицу с прорубленным затылком», и поэтому Яаков не поверил в это, пока не увидел повозки. И понял тогда посланный ему намек, как сказано: «И он увидел повозки»[136].

118) Сначала сказано: «И ожил дух Яакова»[136], а затем: «И сказал Исраэль: "Довольно! Еще жив сын мой Йосеф"»[137]. Почему вначале используется имя Яаков, а в завершении – имя Исраэль? Но вначале называет его Тора Яаковом, из-за того, что Шхина приняла участие в отчуждении, совершенном коленами, когда был продан Йосеф, чтобы не раскрывать случившегося. И поэтому отдалилась Шхина от Яакова на всё это время. А теперь, когда вернулась к нему Шхина, сказано: «И ожил дух Яакова, отца их»[136] – т.е. это Шхина называется «дух Яакова». И после того, как Шхина ожила в нем, тогда эта высшая ступень перешла с уровня Яаков на уровень Исраэль – с мохин де-ВАК, которые называются Яаков, к мохин де-ГАР, называемым Исраэль. Отсюда понятно, что ступень, находящаяся наверху, не может пробудиться наверху прежде, чем пробуждается снизу. Ибо здесь сказано: «И ожил дух Яакова» вначале – пробуждение снизу. А затем сказано: «И сказал Исраэль» – пробуждение свыше.

119) «И сказал Творец Исраэлю в видениях ночных»[138]. «В видениях» (бе-маро́т בְּמַרְאֹת) – написано без «вав», как в единственном числе, что указывает на ступень Нуквы, называемой «зеркало (мара́ מַרְאָה)» и называемой «ночь». «И принес жертвы Всесильному своего отца, Ицхака»[139] – это сказано вначале, чтобы вызвать в левой линии, называемой Ицхак, любовь

---

[136] Тора, Берешит, 45:27. «И изрекли они ему все речи Йосефа, что говорил им; и он увидел повозки, которые прислал Йосеф, чтобы везти его. И ожил дух Яакова, их отца».

[137] Тора, Берешит, 45:28. «И сказал Исраэль: "довольно! Еще жив сын мой Йосеф, пойду же и увижу его, прежде чем умереть"».

[138] Тора, Берешит, 46:2. «И сказал Всесильный Исраэлю в видениях ночных, говоря: "Яаков, Яаков!", и тот сказал: "Вот я!"»

[139] Тора, Берешит, 46:1. «И отправился Исраэль со всем, что у него, и пришел в Беер-Шеву, и принес жертвы Всесильному своего отца, Ицхака».

к Нукве, т.е. любовь близких, исходящую из левой линии. И тогда: «И сказал Всесильный Исраэлю в видениях ночных» – т.е. раскрылся ему на этой ступени Нуквы, которая называется «ночные видения».

120) И сказал Он: «Я Всесильный – Всесильный отца твоего»[140]. В чем смысл того, что упомянул ему Свое имя? Но дело в том, что сторона святости, приходящая свыше, имеется здесь. Поскольку сторона нечистоты не упоминает имени Творца, а любая сторона святости упоминается Его именем. И сказано: «Я сойду с тобой в Египет»[141] – т.е. Шхина сошла вместе с ним в изгнание. И в любом месте, где Исраэль удаляются в изгнание, удаляется вместе с ними в изгнание и Шхина.

121) Сколько было повозок? Было шесть повозок, подобно тому, как сказано: «Шесть крытых повозок»[142]. Но есть также мнение, что их было шестьдесят. И всё это – одно целое. Ибо «шесть» указывает на шесть сфирот ХАГАТ НЕХИ, а «шестьдесят» указывает на то, что каждая из них состоит из десяти.

Вначале сказано: «Повозки, которые прислал Йосеф»[143], а в конце: «Которые послал Фараон»[144]. Все «повозки, которые прислал Йосеф», соответствовали установленному счету, а те, «которые послал Фараон», были сверх этого – не входили в этот счет.

Объяснение. «Повозки» – это форма мохин свечения Хохмы. «Счет» – означает Малхут, которая называется «счет». Все повозки, которые прислал Йосеф, соответствовали установленному счету, то есть соответствовали величине света Малхут, ВАК де-ГАР, ведь только эту меру можно взять из Египта, и не

---

[140] Тора, Берешит, 46:3. «И сказал Он: "Я Всесильный – Всесильный отца твоего. Не бойся сойти в Египет, ибо большим народом сделаю Я тебя там"».
[141] Тора, Берешит, 46:4. «Я сойду с тобой в Египет, и Я также выведу тебя, и Йосеф закроет глаза твои».
[142] Тора, Бемидбар, 7:3. «И принесли жертву свою пред Творцом: шесть крытых повозок и двенадцать быков, по повозке от двух вождей и по быку от каждого, и поставили их перед Шатром Откровения».
[143] Тора, Берешит, 45:27. «И изрекли они ему все речи Йосефа, что говорил им. И он увидел повозки, которые прислал Йосеф, чтобы везти его».
[144] Тора, Берешит, 46:5. «И поднялся Яаков из Беер-Шевы, и повезли сыны Исраэля Яакова, отца своего, и своих детей и своих жен, в повозках, которые послал Фараон, чтобы везти его».

более того, и эта мера называется «телица»¹⁴⁵. Но те, «которые послал Фараон», не входили в счет, а были более, чем мера «телица», т.е. от свойств «бык-корова-теленок». И это было приношением со стороны Фараона, и было запрещенным для Йосефа.

122) И те, и другие пришли к Яакову: как свойство «телица», присланная Йосефом, так и от свойств сверх этой «телицы», которые прислал Фараон. И поэтому сказано: «Которые прислал Йосеф»¹⁴³, и сказано: «Которые прислал Фараон»¹⁴⁴. О времени, когда выйдут Исраэль из изгнания, сказано: «И приведут всех братьев ваших от всех народов в дар Творцу»¹⁴⁶. Ибо тогда принесут все народы дар Творцу, как принес Фараон.

---

[145] См. выше, п. 112, со слов: «И с помощью этого мы можем понять...»

[146] Пророки, Йешаяу, 66:20. «И приведут всех братьев ваших от всех народов в дар Творцу на конях, и колесницах, и в повозках, и на мулах, и на верблюдах на гору святую Мою, в Йерушалаим, – сказал Творец, – подобно тому, как сыны Исраэля приносят дар в сосуде чистом в дом Творца».

ГЛАВА ВАИГАШ

И запряг Йосеф свою колесницу

123) «И запряг Йосеф свою колесницу»[147]. Сказано: «А над головами этого создания – образ небосвода наподобие страшного льда»[148]. Но есть одно создание над другим – создание в свойстве правой линии, т.е. лик льва, Хесед, находится выше и является более важным, чем создание, находящееся в левой линии, т.е. лик быка. И четыре создания находятся в колеснице: лев-бык-орел соответствуют трем линиям правой-левой-средней, а четвертое создание – это лик человека, включающий эти три.

А есть святое создание, стоящее над головами этих созданий, и это – создание из левой линии, лик быка, Гвура, и после ее включения в правую, протягиваются от нее мохин де-рош ко всем созданиям, поскольку из левой линии исходит свечение Хохмы.

124) И есть высшее создание, выше всех остальных созданий, создание, принадлежащее к свойству средней линии, лик орла, Тиферет. И поскольку оно является определяющим по отношению к двум созданиям, находящимся в правой и левой, так как соединяет их друг с другом вместе, поэтому оно считается выше их и важнее. И это создание властвует над всеми, потому что когда это создание дает свою силу, светя всем, – т.е. силу экрана де-хирик и свечение хасадим, и это два понятия, действующие в средней линии, – тогда все отправляются в свои переходы, включаясь друг в друга и передавая друг другу свои силы и властвуя друг над другом. И дается власть каждому из них над другими – ибо в трех, находящихся в правой линии, властвует лик льва, а в трех, находящихся в левой, властвует лик быка, а в трех, находящихся в средней, властвует лик орла.

125) И есть создание, находящееся выше нижних, т.е. над остальными созданиями, находящимися ниже мира Ацилут, и это – лик человека, Нуква. И все они питаются от нее, и четыре стороны света записаны в нем, ХУБ ТУМ. Известные

---

[147] Тора, Берешит, 46:29. «И запряг Йосеф свою колесницу, и поднялся навстречу Исраэлю, отцу своему, в Гошен, и явился к нему, и пал на шею ему, и долго плакал на шее его».

[148] Пророки, Йехезкель, 1:22. «А над головами этого создания – образ небосвода наподобие страшного льда, простертого над головами их сверху».

лики светят в каждую сторону, и это три лика лев-бык-орел, светящие каждой из четырех сторон. Две стороны, южная и северная, это правая и левая, а восточная – средняя линия. А западная – Нуква, которая принимает все и содержит их все. И это – Нуква, которая властвует над четырьмя сторонами, и это – три в одной стороне, и три – в другой стороне, и так – в четырех сторонах света. Иными словами, когда все они включают друг друга, они не являются четырьмя в каждой стороне, вместе – шестнадцать, а три в каждой стороне, вместе – двенадцать ликов.

126) Есть небосвод над небосводом, а этот небосвод властвует над ними. Т.е. три небосвода, где правый и левый находятся один над другим, а средний небосвод властвует над ними, согласовывая их и включая друг в друга. Так же, как в случае с созданиями. И все они устремляют взоры к нему – т.е. получают от него согласование и взаимное включение. «И под сводом этим крылья их распростерты от одного к другому»[149] – так как все они властвуют над тем, над чем назначены. И средняя линия поддерживает свечение их обоих: т.е. правый светит сверху вниз, а левый – снизу вверх. И поэтому правое крыло уравновешено с левым крылом. И (происходит) распространение «веревочной меры» в них, т.е. силы экрана, имеющегося в средней линии, которая связывает правую и левую вместе. И это подобно тому, как поле орошается водой, и вода распространяется в нем.

127) Три небосвода находятся в каждой стороне, которые включены друг в друга. И в каждом из трех есть три. И они – девять, девять в каждой стороне. И есть девять в восточной стороне, и девять – в западной стороне. Четыре раза по девять – тридцать шесть небосводов. И когда соединяются, все они становятся их единым образом, единым небосводом, единым именем, – т.е. Нуквой, называющейся «имя», – в полном единстве как подобает.

128) И когда эти небосводы и создания устанавливаются в свойстве престола, сказано: «Над сводом же, который над головами их, словно образ сапфирового камня, в виде престола,

---

[149] Пророки, Йехезкель, 1:23. «И под сводом этим крылья их распростерты от одного к другому; у одного два (крыла) покрывали, и у другого два (крыла) покрывали тело его (так у каждого из четырех)».

и над образом престола – образ, подобный человеку, на нем сверху»[150]. Этот драгоценный камень, Нуква, устанавливается в виде престола, стоящего на четырех основах, и на этом престоле – образ человека (адам), Зеир Анпина, дабы соединиться с ним вместе. Т.е. чтобы престол, Нуква, соединился с человеком на нем, Зеир Анпином.

Объяснение. Небосвод и создания иногда устанавливаются в виде престола, а иногда – в виде колесницы. И оба они – исправление Нуквы для зивуга с Зеир Анпином. Но когда устанавливаются, находясь во власти правой линии, они называются престолом, а когда устанавливаются, находясь во власти левой, то называются колесницей.

129) Когда небосводы и создания, образующие Нукву, устанавливаются так, чтобы всё это было единой колесницей (меркава) для этого человека (адам), Зеир Анпина, тогда сказано: «И запряг Йосеф свою колесницу, и поднялся навстречу Исраэлю, отцу своему, в Гошен»[147] – это праведник, Есод Зеир Анпина, зовущийся Йосефом-праведником, который связал и соединил колесницу свою, Нукву, из небосводов и созданий.

«Навстречу Исраэлю» – это человек. Человек (адам), находящийся над престолом, т.е. Зеир Анпин. «В Гошен (гошна́ גֹּשְׁנָה)» – от слов «подойдите (гшу גְּשׁוּ) ко мне»[151], что является сближением и зивугом Зеир Анпина и Нуквы, которые подразумеваются здесь, в колеснице Йосефа и Исраэля, отца его. И сказанное приводится, чтобы указать на этот зивуг, как на сближение, поскольку он является властью левой линии, свойственной началу каждого зивуга, как сказано: «Его левая – под моей головой»[152]. И это – только одно сближение, и тотчас он отделяется, возвращаясь к правой, во избежание судов, пробуждающихся вместе с этой властью, и во избежание перекрывания в таком случае всех светов.

---

[150] Пророки, Йехезкель, 1:26. «Над сводом же, который над головами их, словно образ сапфирового камня, в виде престола, и над образом престола – образ, подобный человеку, на нем сверху»

[151] Пророки, Мелахим 1, 18:30. «И сказал Элияу всем людям: "Подойдите ко мне". И все люди подошли к нему. И он восстановил разрушенный жертвенник Творца».

[152] Писания, Песнь песней, 2:6. «Его левая – под моей головой, а правая обнимает меня».

130) И тогда: «И явился к нему»¹⁴⁷ – явился ему и скрылся. Когда солнце являет себя луне, тогда светит луна всем, кто находится внизу в мире. Подобно этому, все время, пока высшая святость, свет Зеир Анпина, пребывает над нижним Храмом, Нуквой, светит Храм и пребывает в своем совершенстве. Но здесь говорится: «И явился к нему»¹⁴⁷ – то есть явился ей свет и скрылся. «И долго плакал на шее его»¹⁴⁷ – а после того, как скрылся от нее высший свет Зеир Анпина, все оплакивали разрушение Храма, уход света из Нуквы, вследствие этого зивуга, происходящего во власти левой линии, по причине чего он сразу же возвращается к правой. И Писание говорит, что это последнее изгнание, – большая часть судов исходят на Исраэль во время последнего изгнания из-за власти левой линии. Именно поэтому он тотчас отделяется от этого, возвращаясь к правой.

131) И когда убедился Яаков, видя, что исправление внизу, в ЗОН, подобно тому, что наверху, в Абе ве-Име, т.е. когда произвел зивуг во власти правой линии, и света повторились, раскрывшись также, как наверху, тогда сказал он: «Могу умереть теперь, после того, как увидел лицо твое, что ты еще жив»¹⁵³ – т.е. «ты жив благодаря союзу святости, называемому "оживляющий миры", и поэтому "ты еще жив"». И потому сказал Яаков вначале: «Довольно! Еще жив сын мой Йосеф», потому что тот должен был жить, благодаря этому «оживляющему».

И смысл сказанного им в том, что исхождение светов, произошедшее после зивуга, совершенного во власти левой линии, считается подобным смерти, т.е. исхождением света жизни. Как сказано: «Могу умереть теперь, после того, как увидел лицо твое»¹⁵³. Ибо поэтому удалились света – сразу после начала зивуга, на который указывает фраза: «Явился к нему», – что и означает смерть. И это по причине «что ты еще жив». «Ты еще жив» – союз святости, «оживляющий миры», правая линия, когда свет Хохмы, называемый «оживляющий», облачается в хасадим и существует, и поэтому он вынужден был вернуть зивуг во власть правой линии.

132) Сказано: «И Яаков благословил Фараона»¹⁵⁴. И хотя выяснилось, что не является клипой зла, а является свойством

---

¹⁵³ Тора, Берешит, 46:30. «И сказал Исраэль Йосефу: "Могу умереть теперь, после того, как увидел лицо твое, что ты еще жив».
¹⁵⁴ Тора, Берешит, 37:7. «И привел Йосеф Яакова, отца своего, и представил его Фараону, и Яаков благословил Фараона».

Имы Ацилута,[155] однако, согласно простому толкованию, он представляет собой клипу зла.

133) Сказано: «Кобыли́це в фараоновой колеснице уподобил я тебя»[156]. Есть колесницы у левой линии, принадлежащие ситре ахра. И есть колесницы у правой, находящейся наверху, в святости. И одни сопоставляются с другими. Те, что принадлежат святости, относятся к милосердию, а те, что принадлежат ситре ахра, относятся к суду.

134) Когда Творец вершил суд над Египтом, то каждый раз суд совершался точно таким же путем, который свойственен колесницам ситры ахра, и точно в том же виде, который соответствует именно этой стороне. Так же, как эта сторона убивает, забирая души, точно так же делал (с ними) Творец. Как сказано: «Умертвил Творец всякого первенца»[157] – хотя обычно Он милосерден. И всё, что Он сделал с египтянами, было именно в таком виде. И поэтому сказано: «Уподобил я тебя, возлюбленная моя»[156]. Ибо она уподобилась колесницам Фараона, чтобы убивать, забирая души людей, как это свойственно колесницам Фараона, т.е. ситре ахра, убивать, так же сказано: «Что Я – Творец»[158] – Я это, и никто иной. А о грядущем будущем сказано: «Кто это идет из Эдома в багряных одеждах из Боцры?»[159] – т.е. и тогда убьет их Творец, а не посланник.

135) Сказано: «И поселился Исраэль на земле египетской, на земле Гошен»[160]. «И вступили они во владение ею»[160], и это «владение миром». «И вступили они во владение ею» – ибо они достойны владеть ею, а не египтяне. «И плодились и

---

[155] См. выше, п. 104.
[156] Писания, Песнь песней, 1:9. «Кобылице в фараоновой колеснице уподобил я тебя, возлюбленная моя».
[157] Тора, Шмот, 13:15. «И было: когда Фараон противился тому, чтобы отпустить нас, умертвил Творец всякого первенца в стране египетской – от первенца человеческого и до первенца скота. Поэтому я посвящаю Творцу самцов из всего, открывающего утробу, а всякого первенца сыновей моих выкупаю».
[158] Тора, Шмот, 14:18. «И узнают египтяне, что Я – Творец, когда прославлюсь Я, наказав Фараона, и колесницы его, и всадников его».
[159] Пророки, Йешаяу, 63:1. «Кто это идет из Эдома, в багряных одеждах из Боцры, тот, кто великолепен в одеянии своем, опоясан могучей силой своей?! Я, говорящий справедливо, велик в спасении!»
[160] Тора, Берешит, 47:27. «И поселился Исраэль на земле египетской, на земле Гошен, и вступили они во владение ею, и плодились и умножались очень».

умножились очень»[160] – ибо не знали горя, являясь любимцами царей, пока еще родоначальники находились при жизни. И потому «и плодились и умножились очень».

Выражаем огромную благодарность группе энтузиастов из разных стран мира, выступивших с инициативой сбора средств для реализации этого проекта.

Спонсоры и инициаторы:

Сергей Лунёв, Вадим Плинер - *Канада,*

Борис Родов - *Филлипины,*

Максим Голдобин, Константин Фарбирович - *Россия,*

Николай Полудённый, Александр Зайцев,

Александр Каунов, Сергей Каунов, Евгений Сачли,

Андрей Нищук, Михаил Плющенко - *Украина.*

Идея:
Максим Маркин - *Украина*

Сайт спонсоров проекта:
http://zoar-sulam-rus.org/

Под редакцией президента института
ARI проф. М. Лайтмана

Руководители проекта: Г. Каплан, П. Ярославский

Перевод: Г. Каплан, М. Палатник, О. Ицексон

Редактор: А. Ицексон

Технический директор: М. Бруштейн

Дизайн и вёрстка: Г. Заави

Корректор: И. Лупашко, П. Календарев

Благодарность
за помощь в работе над книгой:

Э. Винер, Н. Винокур, И. Каплан, Р. Каплан, Л. Гойман,
И. Лупашко, Р. Марголин, Э. Агапов, А. Каган, З. Куцина

Видеопортал Zoar.tv

Видеопортал Зоар.ТВ располагает уникальным контентом в виде бесплатных видео материалов, видеоклипов, ТВ онлайн, добрых фильмов онлайн, музыки.

http://www.zoar.tv/

Курсы обучения

Миллионы учеников во всем мире изучают науку каббала.

Выберите удобный для вас способ обучения на сайте:

http://www.kabacademy.com/

Книжный магазин

РОССИЯ, СТРАНЫ СНГ И БАЛТИИ

http://kbooks.ru

АМЕРИКА, АВСТРАЛИЯ, АЗИЯ

http://www.kabbalahbooks.info

ЕВРОПА, АФРИКА, БЛИЖНИЙ ВОСТОК

http://www.kab.co.il/books/rus

www.ingramcontent.com/pod-product-compliance
Lightning Source LLC
LaVergne TN
LVHW081534070526
838199LV00006B/362